信息管理与
信息系统专业规划教材

应用信息资源管理

张士玉　董　焱　主编

清华大学出版社
北　京

内 容 简 介

本书为北京联合大学规划教材,在该校的"学以致用"办学方针指导下,以应用的视角综合了信息资源管理和信息管理学中的主要内容,并主要以企业为背景,介绍了信息资源管理的基本原理、原则和主要职能,信息资源活动过程管理,信息资源战略管理,信息资源标准化管理,信息资源规划,信息资源开发利用,一般企业的信息资源管理,中小企业的信息资源管理,以及政府和公共信息资源管理等内容,教材最后部分是实验指导。

本书针对信息管理与信息系统专业的本科生编写,更加适合具有技术应用特色和偏向管理信息系统方向的本科生。

图书在版编目(CIP)数据

应用信息资源管理/张士玉,董焱主编. --北京:清华大学出版社,2016(2022.1重印)
(应用型本科信息管理与信息系统专业规划教材)
ISBN 978-7-302-43952-3

Ⅰ.①应… Ⅱ.①张… ②董… Ⅲ.①信息管理—高等学校—教材 Ⅳ.①G203

中国版本图书馆 CIP 数据核字(2016)第 113443 号

责任编辑:贺 岩
封面设计:汉风唐韵
责任校对:宋玉莲
责任印制:宋 林

出版发行:清华大学出版社
　　　　网　　　址:http://www.tup.com.cn,http://www.wqbook.com
　　　　地　　　址:北京清华大学学研大厦 A 座　　　　邮　　编:100084
　　　　社 总 机:010-62770175　　　　　　　　　　　邮　　购:010-62786544
　　　　投稿与读者服务:010-62776969,c-service@tup.tsinghua.edu.cn
　　　　质量反馈:010-62772015,zhiliang@tup.tsinghua.edu.cn
　　　　课件下载:http://www.tup.com.cn,010-62770175 转 4506
印　刷　者:北京富博印刷有限公司
装　订　者:北京市密云县京文制本装订厂
经　　　销:全国新华书店
开　　　本:185mm×230mm　　　印　　张:22.75　　　字　　数:469 千字
版　　　次:2016 年 6 月第 1 版　　　　　　　　　印　　次:2022 年 1 月第 5 次印刷
定　　　价:56.00元

产品编号:052045-02

前　言

　　信息资源管理是一个十分宽泛的概念,所涉及内容博大精深,既有相对抽象概括的理论,又有具体的实际操作。近年来,随着信息技术和信息产业的快速发展,信息资源管理的内容仍在不断快速发展和扩充之中。"信息资源管理"课程是高等学校信息管理与信息系统专业的核心课程之一。在有限的课时内,面对如此庞大的内容和快速发展的领域,从何种角度讲述、侧重点放在何处是一个需要认真考虑的问题。本教材编写组认为,在这个问题上不应有千篇一律的模式,在遵循信息资源管理最普遍的共同规律基础之上,可以根据不同学校的情况、不同的办学方向和学校定位来考虑不同的教学角度和侧重点。

　　本书定位于组织机构的信息资源管理,以组织机构的信息资源管理为出发点,以提高组织效率、达成组织目标为目的,以现代信息技术为手段,以充分开发利用信息资源为途径,对信息活动和信息资源进行管理。本书以此为宗旨论述信息管理的基本原理、原则、过程、内容和具体方法;以应用的视角归纳综合了在组织机构中进行信息化建设和信息资源管理的主要内容,并主要以企业这类组织机构为背景,介绍一般企业的信息化建设和中小企业的信息化建设等内容。

　　本书为北京联合大学规划教材。在教育理念上,以能力培养为主,培养学生站在组织机构信息主管(chief information officer,CIO)的角度,以信息资源管理为手段实现组织目标的能力,包括制定解决方案的能力和实际操作能力。所以本书尽量将教学内容可操作化,而不是背诵概念。最后部分是实验指导,包括信息资源规划实验和面向中小企业的第三方应用服务平台配置实验。

　　在本书的编写过程中,作者尽量注意 4 个方面:一是以组织机构的应用为视角整合并实地调查现有成熟成果,例如,第 2 章所提出的信息资源管理的基本原理和原则,具体内容都是人类进行信息化建设的成功经验总结,在本章中给以系统归纳;二是注意引入教师多年的科研成果,例如,第 10 章"中小企业信息资源管理"的内容主要出自作者团队的科研成果和系列论文;三是引入行业资格培训,即"国家职业资格——企业信息管理师"培训的部分内容;四是介绍一点行业最新趋势,例如工业 4.0 和数据分析等内容。

　　全书共 12 章,由北京联合大学管理学院和商务学院的信息管理与信息系统专业教师完成。其中董焱教授完成第 1 章;张士玉教授完成第 2 章和第 8 章;黄艳副教授完成第 7 章;任成梅老师完成第 3、4、10 和 12 章;王宝花老师完成第 5、9 和 11 章;刘文芝老师完成第 6 章。全书由张士玉教授负责统筹规划。

　　本书的完成,首先感谢北京联合大学的大力支持,将本书列为校级规划教材。感谢各位行业专家在各种场合,包括行业会和访谈等对本书给以直接或间接的支持。作为一本本科教材,势必要参考大量的文献资料、行业专家的讲话资料和与作者的谈话资料等,尽管许多内容做了参考文献标注,但是难以详尽,在此衷心感谢所有为本领域贡献了智慧和经验的专家学者。

　　由于编者时间和水平有限,书中疏漏或不当之处在所难免,欢迎广大读者给以批评指正。

编　者

目　　录

第1章

总　　论

本章要点

　　人类历史上,恐怕没有一种技术能够像信息技术这样,对人类社会产生如此深刻的影响。计算机技术、通信技术和互联网技术等信息技术的长足发展和相互渗透融合,使得人类科技、经济、社会、文化等各方面形成了与以往不同的特质。自20世纪90年代,人类进入到以"信息化""网络化""全球化"为基本特征的信息社会,信息与物质、能量一道成为支撑社会经济发展的重要资源,信息经济成为社会的主导经济,产生了新的适应信息社会发展的信息文化,为了更好地适应信息无所不在的泛在信息社会的发展,提高企业等组织的管理水平和竞争能力,就应当了解信息、信息资源、信息科学、信息技术等概念,把握信息社会的发展规律,建立信息资源管理的理念并将其贯彻到组织管理的各个方面。

　　信息资源管理活动是对信息生产、信息资源建设(收集)与配置(分配)、信息整序与开发(处理)、信息传递服务、信息吸收利用(消费)的活动全过程所有信息要素(包括信息、人员、资金、技术设备、机构、环境等)的决策、计划、组织、协调、控制,从而有效地满足社会信息需要的过程。

　　信息资源管理学是以信息资源管理与信息活动管理为研究对象,研究人类社会信息资源管理活动的基本规律、普遍原理和通用方法的新兴学科。

【情景案例】

现代人的一天

　　陈倩是一家时装设计公司的客户经理。

　　6:30预设好的程序打开窗帘,电视也自动开启,陈倩起床后,边洗漱化妆,边收看英语新闻。

　　7:30开车送女儿上学,女儿告诉妈妈,学校要求新学期家长给孩子买一个iPad,因为某些课程授课材料和习题都要求利用电脑完成。

9:00 来到公司,通过指纹识别系统进入办公室,同时个人考勤信息也进入公司的人事数据库。打开电脑,先从日程设置中核查今天的工作安排,然后打开电子邮箱,阅读并回复了几份重要的客户邮件。

9:30 公司召开协调会议,设计部门人员用 PPT 等形式展示新款时装设计,他们展示了用 3D 打印机根据顾客各项数据打印的树脂模特,给与会人员留下深刻印象;陈倩汇报了增进客户关系的方案。

10:30 茶歇时间,陈倩喝着咖啡查阅股票行情。近期全球股市下跌势头强劲,她叹了一口气,经济形势不景气可能会直接影响时装市场的流行趋势。

12:15 午饭在公司写字楼的餐厅解决,陈倩与同事们聊天,了解到公司的人事变动及一些小道消息。

13:45 因有客户抱怨订货交货有延迟,陈倩开车前往承担公司产品运输的物流公司沟通。她是个路痴,容易迷路,因而用 GPS 导航仪帮助认路。

14:30 在 GPS 引导下,顺利地来到物流公司。物流公司的客户经理说明交货延迟是因为前一阵雷雨天气导致航班延误造成的。他还带领陈倩参观了公司。该物流公司采用物联网技术,各环节多为自动作业方式,采用射频技术的信息阅读装置扫描物品包装上的条码,将物品的相关信息自动存入物流管理数据库中,此后,该物品的运输过程和流向信息随时随地可查。

15:40 办公室秘书打来电话,总经理要求她立即提供全套的客户关系促进方案文本。陈倩用手机调用存在公司专用云平台上个人空间里的资料库,并将总经理需要的文案传到总经理的空间中。

16:00 陈倩与在巴黎的同行用网络视频方式,探讨双方在时装广告和发布等方面合作的问题。

18:00 离开公司,她与几位好友相约一同晚宴,精美的菜品引发大家的惊叹,纷纷拿出手机拍照,上传到微博和微信的朋友圈中。而她们在该餐厅聚会的一个重要原因是这里有免费 Wi-Fi。

20:30 回到家。快递员送来了她在网上商城订购的笔记本电脑。女儿要用 PPT 做一个绿色生活方面的专题报告,她指导女儿在网上查找资料解决问题。

21:50 跟女儿道晚安后,她用即时通信软件 QQ 与在美国普林斯顿大学访学的丈夫视频聊天。

22:30 陈倩在网上观看了一集美剧《广告狂人》(*Mad Man*)后,结束了繁忙的一天,进入梦乡。

资料来源:作者自编

课前思考:

1. 信息及其特征;

2. 信息社会的形成及其影响;

3. 信息社会的特征;

4. 信息及其相关概念;

5. 信息资源;

6. 信息资源管理;

7. 信息资源管理学。

1.1　信息社会

1.1.1　信息社会的形成

当前,人类社会已进入信息社会,人类生存在一个日益信息化、数字化、网络化的环境中,信息化生存、数字化生存和网络化生存成为人们的一种生活方式,而且有可能成为最主要的生活方式。信息技术和信息文化正在从根本上改变社会形态、社会规范以及人们的生活方式和思想观念。

信息社会是信息化的产物。人类社会的信息化进程始于 20 世纪中叶,并呈现出不断加速发展的趋势。自 20 世纪 70 年代起,世界主要国家先后进入由工业社会向信息社会过渡的转型期,信息技术成为主导性技术,信息产业成为主导性产业,信息在科技和经济中所贡献的份额越来越大,特别是计算机技术、通信技术、网络技术的发展,使得社会文化的各个方面发生了重大变化,包括社会的物质文化、精神文化、制度文化、行为文化,都显露出新的不同于以往的特质,新型的社会文化形态——信息文化正在形成。

1.1.2　信息社会的概念

"信息社会"概念,最早是在 20 世纪 60 年代由日本学者梅棹忠夫提出来的,在日语中称为"情报社会"。1963 年 1 月,梅棹忠夫在《论情报产业》一文中提出,"情报产业"结构的形成类似于动物进化过程,情报产业在农业、工业发展到一定水平后会迅速发展,成为社会的感觉器官、神经系统和大脑,推动社会前进。

1962 年,美国普林斯顿大学的经济学家费里茨·马克卢普教授在《美国的知识生产与分配》一书中提出"知识产业"的概念,初步概括出了"信息产业"的主要特征。

1973 年,丹尼尔·贝尔出版《后工业社会的来临——对社会预测的一项探索》一书,系统阐述了"后工业社会"的概念,描述了信息社会的基本轮廓。他提出,在"后工业社会"里,经济从产品生产经济转变为服务性经济,专业与技术人员处于主导地位,理论知识处于中心地位,控制技术和智能技术得以发展和创新。

1977 年,美国经济学家马克·优里·波拉特在《信息经济》一书中正式提出了"信息产业"的概念。他把"信息产业"划分为第一信息部门和第二信息部门。第一信息部门是指直接向市场提供信息产品和服务的部门;第二信息部门则是指将信息劳务和资本提供内部消耗,不进入市场的信息服务部门。波拉特还将信息产业纳入国民经济基本产业结构框架之中,提出国民经济"四产业划分法",把信息产业和传统的农业、工业、服务业并列,称为"第四产业",从而突出了信息活动在国民经济发展过程中举足轻重的作用。

1982年,美国未来学家奈斯比特出版《大趋势》,书中描述了信息社会来临的标志和基本特征。

1996年,曼纽尔·卡斯特尔出版其最具影响力的著作《信息时代:经济、社会与文化》三部曲,包括《网络社会的兴起》《认同的力量》《千年终结》三部著作。他在从历史、社会和经济等角度对信息化社会进行深入研究的基础上,进一步发展了其信息社会理论,展示了一幅瑰丽壮阔、超乎寻常的网络社会图景。

20世纪90年代以来,受到国外相关理论的影响,国内学者从不同的学术领域对信息社会进行了初步的探讨和研究,主要集中于对信息社会概念和基本特征的分析。代表性的论著有:秦麟征的《后工业社会理论和信息社会》、崔保国的《信息社会的理论与模式》、乌家培的《信息社会与网络经济》等。

目前,"信息社会"的概念被人们广泛接受。信息社会也被称作信息化社会、知识社会、网络社会、虚拟社会、后工业社会等,是与农业社会、工业社会等相对而言的一种新型的、建立在信息技术基础上的社会形态。信息社会是一种新的社会形态、新的社会模式,是信息科技广泛应用的结果。目前较为普遍接受的信息社会的定义是在2003年日内瓦信息社会世界峰会《原则宣言》中提出的,即一个"以人为本、具有包容性和面向全面发展的信息社会。在此信息社会中,人人可以创造、获取、使用和分享信息及知识,使个人、社会和各国人民均能充分发挥各自的潜力,促进实现可持续发展并提高生活质量"。

1.1.3 泛在信息社会

随着通信技术、信息技术、射频识别技术等新技术的日渐发达,一种能够实现人与人、人与机器、人与物甚至物与物之间直接沟通的泛在网络架构——U网络正逐步走进人们的日常生活之中。

U网络即泛在网络(Ubiquitous Network),是指无所不在的网络。最早提出U战略的日韩给出的定义是:无所不在的网络社会将是由智能网络、最先进的计算技术以及其他领先的数字技术基础设施武装而成的技术社会形态,也就是一个任何时间、任何地点、任何人、任何物都可以联网的环境。

从2004年开始,"泛在信息社会"相继被日本(U-Japan)、韩国(U-Korea)、美国(Smart Planet)、欧盟等国家和区域性组织列为领先全球和振兴经济的基础战略。我国也于2009年制定了"感知中国"的战略性新兴产业规划,将其列为重点研究领域。

泛在网络意味着信息技术与信息服务的发展不仅要满足产业和经济的增长,而且将对人们日常生活带来革命性的进步。

随着泛在网络的形成,人们把信息社会的发展阶段粗略地分为 e 社会(Electronic Society)和 u 社会(Ubiquitous Society)两个阶段,e 社会是信息社会发展的初级阶段,u 社会是信息社会的高级阶段。在 e 社会中,能够实现任何人和任何人在任何时候和任何地点的通信与联系,即"三 A"通信(Anyone,Anytime,Anywhere)。在 u 社会里,要实现"四 A"通信(Anyone,Anytime,Anywhere,Anything),即能够实现任何人和任何人,任何人和任何事物(对象),在任何时候和任何地点的通信与联系。u 社会是一个"人—机—物"组成的动态开放的网络社会,即人类社会、物理世界、信息世界组成的三元世界。"泛在信息社会"是在"信息社会"基础上的延伸和扩展,是"信息社会"高度发展的结果,是今后一段时期内信息技术与人类的生产生活全面对接的一个宏大目标。

下面介绍泛在信息社会的主要特征。

1. 泛在技术融入日常生活

美国施乐公司帕克研究中心的首席技术专家马克·维瑟(Mark Weiser)在《科学美国人》杂志上发表的论文《21 世纪的计算机》(1991)中,第一次提出了泛在计算的概念。他描绘了一个任何人可以在任何时间、任何地点访问任何信息源的世界,一个包含成千上万个互联嵌入式系统的大型分布式网络将包围在用户周围,以满足他们对信息、通信、导航及娱乐的需要。"最具有深远意义的是那些从人们注意力中消失的技术,这些技术已经渗透到人们的日常生活中以致与生活难以区分。"

泛在计算的目标是在日常生活的各种环境和场景中广泛部署微型化且具备一定计算能力的泛在设备,并与已有的互联网技术结合,实现移动、无缝、透明和泛在的计算支持和服务。在泛在计算环境中,计算将融入人们的日常生活之中,成为像空气、水、电一样的生活必需品,人们能够随时随地无妨碍地获得计算和信息服务。

2. 信息成为世界的一种展现形式

信息社会里,形成了信息世界观,而在泛在信息社会中,人们利用泛在技术来描述我们生活的世界,物理世界得以信息化展现,物理世界与信息世界将实现无缝对接,信息在人类活动中的作用将与物质并驾齐驱。

3. 泛在信息社会提供智慧服务

泛在信息社会是在泛在网络的基础上,利用泛在计算的方法和技术进行数据的采集、管理、处理、分析和输出,以提供"无所不在"和"透明"的信息为核心目标的系统环境。从理论上讲,泛在信息社会中,任何事物都可以连接到泛在网络中,因而能够给人类提供海量、即时的物理世界的信息,并通过计算,达到对物理世界和人类生活更加科学、精细、动态和"智慧"的管理。泛在信息社会极大限度地减少了与用户的交互操作,能更主动、更智能地为用户提供智慧服务。我们所处的环境将建成"智慧地球",它包括 3 个维度:第一,能够更透彻地感应和度量世界的本质和变化;第二,促进世界更全面地互联互通;第三,在上述基础上,所有事物、流程、运行方式都将实现更深入的智能化。

泛在网络把物理世界与信息世界联系在一起,联通的是各种传感和感应设备,能主动地感应环境,以使人们能够方便地以"人—计算—物/人"的方式进行信息交流与合作,从技术层面上实现了人与物的智能化交流。泛在信息社会提供了一个整体的智慧化的服务平台,促进人类社会与物理世界协同发展。

泛在信息社会,信息无所不在,但人们又处在"信息爆炸"与"知识缺乏"并存的时代,杂乱无序的原始信息本身并不能产生价值,只有将其加以有效的管理,才能产生价值。因此,对于现代组织来讲,信息资源管理与战略管理、财务管理、人力资源管理、生产管理、物流管理等一样重要。

1.2 信息与信息资源管理

研究信息资源管理,首先应对"信息"这一核心概念加以界定,并辨析与其关系密切的"知识""符号""传播""情报"等概念,为确定"信息资源管理"定义及其范围做好理论准备。

1.2.1 信息及其相关概念辨析

1. 信息的定义

信息(information)是信息科学的基本概念,也是信息资源管理及其研究的出发点。迄今为止围绕"信息"定义的流行说法不下百种,但归纳起来,可概括为以下两大类。

1) 从广义上理解

信息可以认为是物质的一种属性,是物质存在方式和运动规律与特点的表现形式,是包含了与客观世界和人类社会相关的各种信息现象。代表性定义有:"信息是组织程度的度量;信息是有序程度的度量;信息是负熵;信息是用以减少不定性的东西。""信息这个名称的内容就是我们对外界进行调节并使我们的调节为外界所了解时与外界交换来的东西。""信息是事物相互作用的表现形式,是事物联系的普遍形式;信息是被反映的物质属性。"等等。1978 年在日本召开的国际会议上为"信息"所下的定义是:"信息概念所概括的,是与信息加工系统的研究、制造、使用和物质技术服务相关的领域,同时包括机器、设备、软件和组织方面,还有工业、商业、管理、社会和政治作用的组合。"这种"信息"概念试图将社会生活的一切方面都包括在其外延之中。

2）从狭义上理解

信息是一种消息、信号、数据或资料，在多数时候指已经分门归类或列入其他构架形式的数据："信息是加工知识的原材料；信息就是数据。"从管理者的角度看，"信息是经过加工的对决策者有用的数据"，这个定义界定了信息和数据的关系。马克·波拉特提出："信息是经组织化而加以传递的数据。"信息经济和知识经济研究中的"信息""信息资源"概念，或人们从具体领域的操作角度使用"信息"概念时，往往指的是狭义层次的信息。

信息定义复杂多样的原因，一是由信息现象自身的普遍性、多样性决定的，上述信息定义从不同角度反映了信息的基本特性，反映了人们对信息现象不同方面的认识；二是不同领域由于研究和操作的需要提出适合本领域的信息定义。这些定义并非是矛盾和不相容的，它们共同向人们揭示了信息现象的各个方面。在理解信息定义时，应当注意人们是在不同的层次，为了不同的目的研究信息现象的。

我们可以综合广义和狭义信息概念来为信息下定义并界定其范围：信息是再现的差异，是事物（包括客观事物和主观思维）的运动状态和过程以及关于这种状态和过程的知识；信息是用来消除不确定性的东西，它是生物、人以及具有自动控制系统的机器，通过感觉器官和相应的设备与外界进行交换的一切内容；信息可以以消息、信号、符号、数据等形式被表达、存储、传递、处理、感知和使用。

这个定义的合理性在于：它将每个人的日常活动中与周围世界的信息所发生的联系都包括在内，而不局限于某个特定的专业领域内；同时，它也并不排斥狭义的信息概念，而是将以数据、资料等编码形式存在的经过加工、整序的信息看作信息这个大概念中的一个特别重要的部分，即所谓"信息资源"。我们在日常生活中所利用的信息并非全部是经过加工、整序的信息，而这些非加工、未整序信息对于人们认识世界和自身所处的状态，采取行动，同样具有不可忽视的作用。

上述有关信息的概念，不论是广义还是狭义，还可以从不同层次上理解，即物理层、应用层和哲学层。物理层是基础，是信息的承载媒介，可以用仪表测量；哲学层则是信息高度抽象、高度概括的表示；处于中间层次的是应用层，是站在人们应用信息进行决策的角度看待信息，图 1-1 表示了信息的 3 个层次。我们应重点理解应用层面的信息含义。

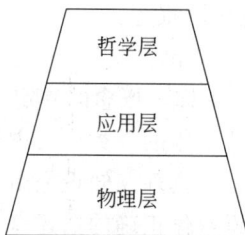

图 1-1　信息定义的 3 个层次

2. 信息相关概念辨析

与信息相关的概念，包括消息、信号、数据、情报、知识、符号、传播等，信息与这些概念之间，在某些方面是等同关系，在某些方面是包含关系，其中有些概念与信息混合使用，有的概念在使用时未作严格限定。特别是在不同领域中,人们虽然使用不同的概念,但所论述的却都是信息现象。因而,有必要对与信息密切相关的几个概念加以辨析。

1) 消息

消息(message),亦可称作讯息,指"用适当的语言或代码从一个信息源向一个或多个目的地传送的情况"。在信息论和通信论中,消息指"用于传送信息的有序字符列"。

信息和消息是互相联系的,消息是信息的外壳,信息则是消息的内容。一则消息可能包含很少的信息,也可能包含很多的信息,具体包含多少信息,与消息的背景有关;一则消息所传递的信息有无价值、价值的大小则取决于接受消息者。

2) 信号

信号(signal)是信息的物理载体,信息是信号所载荷的内容。信号用在信息传递过程中时与信息的意义无关,即同样一个信息,可以用不同的信号来载荷。信号的类型主要有模拟信号和数字信号。

3) 数据

数据(data)指未经加工的原始消息、原始记载、原始记录等。我国国家标准将"数据"定义为:"数字、字母与符号的集合。"数据基本上指互不联结的"事实",有时候也被称为"资料"。通常,资料更多指文字的、人文科学的原始材料,数据则倾向于指数字的、自然科学与工程技术的原始记载,不过,这种区分并不严格。数据只是记录信息的一种形式,而且不是唯一的形式。

4) 情报

日语将 information 一词译为"情报",我国曾仿照日本文献亦将其译为情报,因此,情报曾经作为信息的同义语被使用。目前,在汉语中,通常对信息和情报加以区分——情报只是一类专门的信息,是信息的一个子集,特指经过筛选和发掘的、符合人们特定需要的信息,是"被传递的知识或事实",在现实中,情报可以理解为有关竞争的信息,如军事情报、竞争情报等。

5) 知识

(1) 知识概念的界定。知识(knowledge)概念与信息概念的关系最为密切。知识观念在几千年的人类历史中不断演变,众说纷纭。以亚里士多德为代表的古典知识观认为知识就是真理。知识是由两要素构成的:真理和对现实存在的理解。科学主义知识观则将知识看作正确的描述体系或判断体系。实用主义知识观认为:"知识是一种认识和处理相对模糊的、非形式的、不确定的、处于连续变化中的活动范围的方式。""知识是对人类有机体适应或调整的相对非形式的、非精确的、不确定的、连续变化的刺激源的过程的表述。心灵这一人类有机体发展了生物机能,吸取相对说来未形成的原料,并通过选择和定义来学习怎样做出反应和回答。知识就是这一学习过程的结果。因此,知识是一种调整活动,借助这种调整活动,相对非形式的活动范围被建构到生存环境中。"当代认知心理学认为,知识就是个体通过与其环境相互作用后获得的信息及其组织结构;储存于个体之内的结构性信息可称为主观知识,储存于个体之外的结构性信息则可称之为客观知识。

知识经济中的知识概念和对知识的划分扩展了知识的范围,对实用性和可操作性知识给予了前所未有的格外关注。经济合作与发展组织(OECD)的报告《以知识为基础的经济》(1996)提出了知识的 4W 概念:知道是什么(know-what);知道为什么(know-why);知道怎么做(know-how);知道是谁(know-who)。袁正光解释道:"知道是什么的知识(know-what):指关于事实方面的知识,如纽约有多少人口,中国有多大面积。知道为什么的知识(know-why):指原理和规律方面的知识。如牛顿三大定律、市场机制、供求规律等。知道怎么做的知识(know-how):指操作的能力,包括技术、技能、技巧和诀窍等等。知道是谁的知识(know-who):包括了特定关系的形成,以便可能接触有关专家并有效地利用他们的知识,也就是关于管理的知识和能力。"

考察知识概念演化史,目的是对知识概念做出界定,我们倾向于这样的知识定义:知识是"认知主体以其认知图式适应、同化被认知客体的信息内容,经整合重构而再现的观念化、符号化的有序信息集合"。

(2) 知识与信息的关系。对于知识与信息的关系,有不同的认识。主要有以下几种提法:

① 并列关系。为了强调知识的重要作用,把知识从信息中分离出来而与信息相并列。

② 转化关系。信息经过加工转化为知识。

③ 包含关系。有观点认为知识包含于信息;相反的观点则认为信息包含于知识。

④ 分立关系。主张把知识从信息中分立出来,认为信息仅仅是知识的"原料"或"燃料",以突出知识的重要性。

⑤ 替代关系。由于信息与知识有不少共同的属性,两者在一定场合相互替代是可能的。

法国著名信息论学者布里渊(Leon Brillouin)认为:"信息是原材料,是由纯粹的数据集合构成的,而知识意味着一种确定程度的思想,以及通过比较和分类讨论、组织这些数据。"布里渊将信息看作知识的原材料,这一思想在知识经济及其研究中是具有普遍性的观点。

20 世纪 80 年代末,美国信息系统专家德本斯(A. Debons)等人提出从人的整个认知过程的动态连续体中理解信息的重要观点。他们将认知过程表达为:事件→符号→数据→信息→知识→智慧。

这个连续统一体中的任一组成部分,都产生于它的前一过程,例如,"信息"是源于数据的,又是"知识"的来源。

1993 年,IBM 公司高级商业学院的斯蒂芬·赫克尔进一步分析了信息的结构(见

图 1-2)。

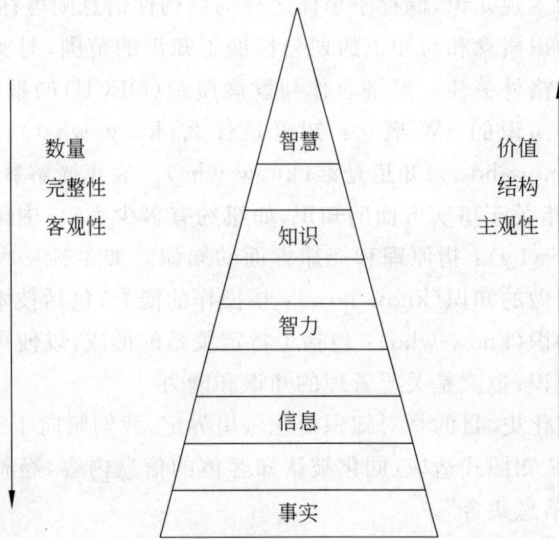

图 1-2　信息结构的一般等级划分

图中描述了信息结构的一般等级划分,不同层次信息的数量和完整性随着信息价值的主观性的增长而下降。

事实(fact):在一种真理价值观下得到的观察资料。关联(context):关于事实的事实。信息(information):关联中的事实。推理(inference):运用思考、理解能力的过程。智力(intelligence):对信息进行的推理。确证(certitude):既建立在主观基础上,也建立在客观基础上。知识(knowledge):对智力的确证。综合(synthesis):各种不同类型知识的合成。智慧(wisdom):综合了的知识。

上述几种观点,多将信息视作数据水平的概念。

从广义信息概念出发,对于信息与知识的关系倾向于这样的观点:知识是一种信息,是一种具有普遍性和概括性的高层次的信息,是信息的一个特殊的子集。它是人的主观世界对客观世界的概括和反映,是人类通过信息对自然界、人类社会及思维方式与运动规律的认识与掌握,是人的大脑通过思维重新组合的、系统化的信息集合。"知识是对事实或思想的一套有系统的阐述提出合理的判断或者经验性的结果,它通过某种交流手段,以某种系统的方式传播给其他人。"

知识是信息的一部分,是一种特定的信息,人类生活环境中普遍存在的信息是构成知识的原料,这些原料经过人类接收、选择、处理,才能组合成知识。卡西尔认为知识是客体的符号,这进一步说明知识是信息的一部分。因而,信息的范畴远大于"知识",知识是进入人们认识视野中的信息,是已被人们所感知与确认的信息,也有许多原始信息尚未被人们认识,不能被划入知识的领域(从广义信息角度来看)。至于知识作为信息传递,这里的信息指的是数据、资料等(从狭义信息角度来看)。

6) 符号

(1) 符号的定义。符号(sign),亦译作"记号"。符号是信息的编码,是物质性的标志,是意义的表达者,是信息的载体。或者说,"符号是人们共同约定用来指称一定对象的标志物,是人的思维得以进行表达和交流的工具"。皮尔士认为:符号是"某种对某人来说在某一方面或以某种能力代表某一事物的东西",是"确立另一事物(它的解释者)去特指一个它所特指的对象(它的对象)的任何事物"。艾柯认为:符号是"依据事先确立的社会规范,从而可以视为代表其他事物的某物","是能指和所指之间的对应关系"。波兰语言学家沙夫(A. Schaff)认为:"符的特性是用一个(起指号作用的)物质对象来代表一个'思想对象',或严格地说代表一个抽象的概念。""符号是抽象概念的感性表现。"法国符号学家罗兰·巴尔特则将符号扩展到实物领域:"自有社会以来,对实物的任何使用都会变为这种使用的符号,例如,雨衣的功能是让我们防雨,但是这一功能又同表示一定天气的符号结为一体。"

(2) 符号的分类。沙夫把符号分成自然符号(指标、征兆)和严格符号(或人工符号);其次,又把严格符号分成语词符号(以及这种语词符号的书写的替代物)和所有其他的符号(见图 1-3):

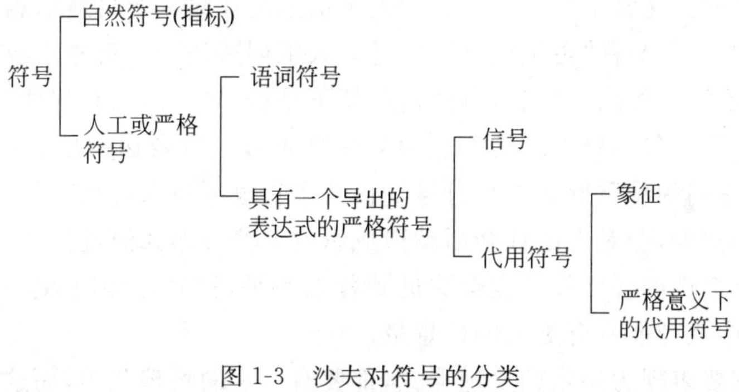

图 1-3 沙夫对符号的分类

意大利符号学家艾柯指出:符号学领域中研究的符号现象包括:动物符号、嗅觉符号、触觉交流、味觉代码、副语言、医学符号、运动和动作符号、音乐符号、形式化语言、书面语、未知字母、密码、自然语言、视觉交流系统、客体系统、情节结构、文本理论、文化代码、美学文本、大众传播、修辞学。这一分类表几乎涵盖了人与动物界信息交流的各个领域,表明符号与信息的密切关系。

(3) 符号与信息的关系。人类生活在一个无比丰富的对象世界中,无时无刻不在与对象打交道。人在与对象打交道时,为了能随时随地"提到"对象("称谓"或"指称"对象),

通常以一定的符号来代表一定的对象,于是,人们便采用各种符号表达和传递对象信息。

符号的最基本、最重要的形式——言语和文字,以及非语言符号,是人类交际和思维的重要手段。施拉姆研究认为,两个人在交际时,有 65%的社会含义是通过非语言符号来传达的。邓肯将人类的非语言交际分为六种形式:

① 身体动作或运动行为,包括诸如手势、姿势、面部表情和眼睛活动等;

② 辅助语言,即音质、语调等;

③ 环境空间,即个人和社会对空间的利用以及人对这种利用的感知;

④ 嗅觉,经由嗅觉通道传递的信号;

⑤ 触觉;

⑥ 衣服和化妆品等人工制品的利用。

这些实际上也是人们利用符号的行为。非编码化的信息符号是人们日常感知信息的重要来源。

人与周围世界打交道的信息通常可以分为两类:一类是"自然信息",一类是"人工信息"。自然信息就是直接来自客体对象的信息,没有经过人为地改变其形态,人直接就可以接收到的表征客体自身面貌或属性的信息。这种自然信息可以称作"原发信息"或"原始信息"。但也有些客体信息或客体的某些信息不是人从客体那里直接接收到的,是经过一定的与人有关的信息加工系统——人脑系统或者是人工信息反映系统——的加工转化之后为人所接收的。这就是"人工信息"。人工信息是在对象的自然信息的基础上经过人工转换而产生的,因而又称"再生信息",它是以人工创造物——符号为载体的信息。

当然,符号不完全等同于信息,自然信息就不是符号信息,只有那些经过人工转换、经过人有意识地借用对象本身以外的人造的某种物质形式所表达的信息,才是人工的符号信息,从而运载它们的物质形式才是符号。自然事物也可被人化从而具有符号意义。

符号形式的演变,会对人的社会活动造成影响。符号形式演进到什么水平,人们的社会交往水平或社会性的程度往往也会演进到什么水平,符号越能有效、准确、迅速地传递信息,人群系统中就越能具有更大的信息量。

任何信息都要表现为一定的物理形式,都要有一定的物理载体,而这些形形色色的物理形式和物理载体都可以看作形形色色的符号形式。在信息论研究中具有重大意义的"编码"和"译码"理论实际上也就是关于"符号变换"的理论。符号学研究也在探讨符号学并入信息科学的可能性,表明二者之间存在的某种共同性。

7) 传播(交流)

传播(communication),英语中的 communication,起源于拉丁文的 communicare(拉丁词根 communis 的意思是"使共同"),中文译作传播,亦译通信、交流、交际、沟通、通信等。communication 最初指的是交通工具,传统社会信息的传递必然伴随着人与物体的移动,因而它同时也指信息交流。17 世纪末叶,传播一词的含义扩大到传递、转达或信息和物资的交换,在这个意义上,传播工具仍然包括公路、运河、铁路等在内。电报发明后,把传播(信息、思想)与运输(人员、物资)区分开来。目前,"传播"这个概念已广泛应用于传播学、文化学、符号学及信息科学等领域,它的含义也由过去仅仅视为一个单向扩散过程而转变为将传播理解为一个双向沟通的结构形式。

传播的定义很多,代表性的观点有以下几种:

美国传播学家威尔伯·施拉姆认为:"传播是对一组告知性符号采取同一意向。"

戈德认为,传播是:"使原为一个人或数人所独有的化为两个人或更多人所共有的过程"。

贝雷尔森提出:"传播:以符号——词语、图片、数字、图表等,传递信息、思想、感情、技术等。这种传递行为或过程常被称为传播。"

卡尔·霍夫兰认为:"传播是某个人(传播者)传递刺激(通常是语言的)以影响另一些人(受传者)行为的过程。"

威弗尔提出:"通信(传播)一词在这里是以很宽广的意义使用的,它包括一个人的思想可以借以影响另一个人的思想的一切过程和步骤。当然,这不仅涉及书面语言和口头语言,而且也涉及音乐、绘画艺术、戏剧、芭蕾舞等,事实上包括人们的一切行为。在某些方面,还可以令人满意地使用一种更宽广的通信定义,包括一个机器……用以影响另一机器……的过程和步骤。"

肖恩·麦克布赖德认为:"传播(交流)是指信息的传递、扩散和信息的交换。从传播(交流)的最广泛的意义上看,它不仅是交换新闻和信息,而且包括一切传送和分享各种思想、事实和资料在内的一种个人的和集体的活动。"

概括来说,传播是人们运用符号并借助传播媒介来交流信息的行为与过程。传播媒介是人们用来传送和接受信息的中介物,是一切用来传播信息和获取信息的工具,及旨在促进与扩大信息交流的社会设施。狭义的媒介则是指大众传播媒介。如奥斯古德所指出的:"从最普遍的意义上说,传播是一个系统(信源),通过操纵可选择的符号去影响另一系统(信宿),这些符号能够通过连接它们的信道得到传播。"

传播学大师麦克卢汉说过:媒介就是信息。他认为,传播媒介真正传递的是媒介本身的特性,而同其传递的具体内容无关。一种新的传播媒介一旦出现,无论它将传递什么样的具体内容,这种媒介本身就会给人类社会带来某种信息,引起社会的某种变革。

8) 信息相关概念辨析小结

通过对与信息密切相关的几个概念的辨析,可以看出知识、数据、符号、传播(交流)、情报等概念与信息具有很强的同一性,使用时的区分并不十分严格。信息是涵盖面更广的概念,知识、数据、情报是信息的子集,符号是信息表达方式,而传播则是对信息的传递,是信息发挥作用的手段和过程。因此,除特别强调外,一般不将上述概念与信息加以严格区分,而是作为同一概念使用。

1.2.2　信息资源的含义与分类

1. 信息资源的含义

信息资源具有广义和狭义的两种含义。按照马费成的定义,广义的信息资源是指人类社会经济活动中积累起来的一切信息活动要素的集合,包括信息、信息生产者和信息技术。狭义的含义是指人类社会经济活动中经过加工处理并大量积累的有用的信息集合,信息资源的狭义理解实际上就是前述从应用层面理解的信息。本书在框架上按照广义的理解,但在某些章节和场合按照狭义的理解。

2. 信息资源的分类

对于狭义的信息资源的分类,就是对信息内容的分类,可以从各个角度进行。上述信息的不同形式都可以算作对信息资源的分类。从便于对信息资源管理的角度出发,分为四种类型:记录型信息资源、实物型信息资源、智力型信息资源和零次信息资源。以后述及,对于不同类型的信息资源,使用者可以采用不同的利用策略。

1) 记录型信息资源

记录型信息资源是用各种介质记录的信息,传统的记录介质有竹简、纸张等,现代记录介质有磁盘、光盘等。具体形式有书籍、期刊、电子文档、数据库和互联网中的 Web 形式等。记录型信息是信息资源的主体,具有比较固定形式的一次信息、二次信息和三次信息等都是以记录型信息存在。记录型信息按照是否数字化又分为数字化信息和非数字化信息,根据保存形式又分为结构化信息和非结构化信息。

2) 实物型信息资源

实物信息是由实物本身来表现的知识信息,例如某种样品、样机等表达了一种技术信息,古董和艺术品表达了历史和文化艺术信息,人的表情表达了情绪信息等。

3) 智力型信息资源

智力型信息又称为隐性知识,是存在于人的头脑中未曾有序编码或难以用语言文字表达的知识信息,表现为经验、感觉、诀窍等。例如:有经验的营销员可以直观感到客户是否购买商品,不能说百分之百准确,但是可以达到相当高的准确性。有经验的医生可以通过人的面容判断身体状况。如何将隐性知识显性化,将个人的智力型信息资源变为组织的信息资源,是知识管理的重要内容。

4) 零次信息资源

零次信息是人们直接交流的信息,大多是口头谈话、邮件和微信等交流的信息。如果这些信息被有序地收集,就形成了一次信息,按照某种方式加工,就形成了二次信息、三次信息。

不同类型的信息具有不同特点，在信息资源开发利用过程中，要根据不同的信息资源类型采用不同的方法。

1.2.3 信息资源管理

1. 信息资源管理的内涵

"信息资源管理"(information resources management，IRM)作为一个特定的、专用的概念，是 20 世纪 70 年代末 80 年代初在美国开始兴起的，最早出现于美国的政府部门，随后迅速扩展到工商企业、科研机构和高等学校，并逐渐成为一门新的学科和管理理论。

美国学者霍顿(F. W. Horton)、迪尔博德(J. Diebold)和马钱德(D. Marchand)等人是 IRM 兴起中的主要人物。霍顿最早使用了 IRM 这一术语。以美国管理咨询专家迪尔博德为首的一个研究小组在 1979 年明确突出和强调了 IRM 这一新领域。他们在 Inforsystems 杂志上发表了两组专门的研究报告——第一组首篇题为"信息资源管理：新的挑战"，第二组首篇题为"信息资源管理：新的方向"，从而拉开了 IRM 研究的帷幕。

80 年代中期，对 IRM 的研究已深入到各个分支问题。马钱德等对"组织中的信息管理"作了较深入广泛的研究，之后，对 IRM 的研究从美国扩展到其他国家，我国自 1993 年正式引入"信息资源管理"概念。卢泰宏、马费成、赖茂生等为本领域著名专家学者。

美国的政府信息资源管理(government information resources management)是信息资源管理的起源和一个重要分支。

按照美国政府管理与预算局 2000 年修订的 A2130 号通报《联邦信息资源管理》中的定义："信息资源(information resources)既包括政府信息，也包括信息技术(information technology)；术语'信息技术'是指由行政机构在自动采购、存储、处理、管理、移动、控制、显示、转接、交换、传递或接收数据或信息的过程中使用的任何设备或互联的设备系统或子系统，包括计算机、附属设备、软件、固件和相似的程序、服务(含支持服务)和相关的资源，但不包括联邦承约人因联邦合同而采购的任何设备。"从政府的角度来看，"信息资源管理"是"与政府信息相关的计划、预算、组织、指挥、培训和控制，该术语既包括信息本身，又包括诸如人员、设备、资金和技术之类的相关资源"。

在 1996 年和 2000 年修订后的通报中，"信息资源管理"是指为了完成机构的使命而管理信息资源的过程。这个术语既包括信息本身，也包括诸如人员、设备、资金和信息技术之类的相关资源。

关于这一定义有两点需要注意：第一，"信息资源管理"中的"信息资源"是广义的，它不仅包括信息本身和信息技术，而且还包括其他一些"信息资源"的定义中不包括的要素，如人员、设备、资金等；第二，它引入了法约尔创立、孔茨发展起来的管理过程学说，即认为信息资源管理是管理信息资源的全过程。

信息资源管理引入了资源管理、集成管理、系统管理等思想,关注的是对信息资源的集中控制。从政府的角度看,这种控制主要是通过宏观的政策手段来实施的。信息管理则把重点放在微观层面,强调要运用一般管理的原理、方法和手段确保信息活动的有序化。信息管理要在信息资源管理的政策指导下进行,而且必然要动用诸如人员、资金、设备和技术之类的相关资源。

IRM 是信息管理的一个新的发展阶段,所代表的资源时期的特征是:

(1) 信息被视为五种经济要素之一。五种经济要素包括人力、原材料、资本、科技、信息。五种经济要素确立了信息资源作为经济资源、管理资源,以及信息作为商品的新观念。

(2) 深化了技术时期发展起来的信息经济思想,信息管理不能单靠技术解决问题,需重视人文因素、社会因素。

(3) 信息管理的结构发生变化,转向重视组织信息系统的完善,从集中型的信息基础结构转向集中与分散并存的结构。

(4) 越来越重视信息在战略决策、行业发展状况、市场供求动态、新产品开发、企业经济决策等方面发挥的重要作用。

著名的信息管理专家马尔香认为,信息管理职能的演变经历了 4 个阶段,依次为信息的物理控制、自动化技术的管理、信息资源管理和知识管理。"在信息资源管理阶段,人们开始运用管理的原理、方法来对信息活动所涉及的各种资源包括信息本身和相关资源进行控制,以确保这些稀缺的资源能够得到经济有效的利用,并促进机构或组织的战略目标的实现。"也就是说,信息管理的目标和重点已经发生了决定性的转变:从主要是支持职能发展到管理职能,从主要重视效率发展到重视效益。

2. 信息资源管理的意义

信息资源管理是人类管理活动的一种。从本质上讲,管理是作为一种协调资源与社会需求不平衡关系的机制而存在的,管理通过对资源的开发、配置、利用过程的有效控制达到系统的目标——实现系统的可持续发展。从宏观上讲,管理能实现全社会的可持续发展;从微观上讲,管理能实现企业(或组织)的生存与可持续发展。

在信息社会里,人类创造的信息量激增,信息作为社会发展的基础性资源被日益重视,与物质、能量共同成为社会运行与发展的基本要素。然而,人们发现飞速增长的信息并不能带来更多的财富,相反,信息的无序化和过度膨胀给社会带来更多的混乱和迷茫。于是,社会信息需求的不断变化增长与适用信息相对稀缺之间的矛盾日渐突出,成为信息资源管理诞生的内在动力,信息资源管理成为解决社会信息无序性的有效机制。

从微观角度上讲,企业(组织)产生、处理和使用的信息也越来越多,信息技术包括技术系统渗透到企业的方方面面,成为现代企业管理不可缺少的组成部分和支撑,企业信息化也成为社会大趋势。然而,由于对信息资源的管理还不够完善,企业信息化过程中往往伴随着"信息悖论""信息黑洞"等负面现象,影响到信息在企业(组织)中作用的发挥,也需要进行信息资源管理。

信息资源管理活动是对信息生产、信息资源建设(收集)与配置(分配)、信息整序开发(处理)、信息传递服务、信息吸收利用(消费)的活动全过程所有信息要素(包括信息、人员、资金、技术设备、机构、环境等)的决策、计划、组织、协调、控制,从而有效地满足社会信息需要的过程。

信息资源管理不仅包括对信息本身的管理,也包括对与信息相关的技术、人员、资金、物质等在内的各类信息资源的综合管理。

3. 信息资源管理的产生与发展

尽管企业界在引进信息技术处理记录信息方面处于领先地位,但产生并率先实践现代信息资源管理思想的却不是企业而是美国联邦政府。美国联邦政府为了对记录的生产、整理、保管和处置进行更为系统的控制,在政府内部成立了专门负责此项工作的机构,制定了专门的规章制度。这些措施不仅促进了记录管理的发展,还直接促成了信息资源管理和信息资源管理思想的产生。

信息资源管理(IRM)概念在美国公共管理领域中的出现,是联邦文书委员会工作的结果。美国国会在 1975 年成立了联邦文书委员会(Commission on Federal Paperwork),它对联邦文书负担过重的问题进行了为期两年的调查研究,并于 1977 年 10 月向国会和总统提交了一份含有 800 项建议的最终报告,报告分为两大部分:约有 650 条建议涉及诸如卫生、教育、能源等领域中的记录保管要求以及削减强加在联邦、州、地方政府身上的文书及官派文章负担的方法;另有约 150 条是关于联邦信息政策制定过程的具体改革措施。这些建议的目的就是要政府官僚不再把数据和信息视为"免费物品"。为了推行这一思想,便引入了信息资源管理的概念。实施信息资源管理思想,就是把在控制和监督诸如资金、人员和设施等资源过程中所使用的管理技能应用到信息上。

根据联邦文书委员会的报告和建议,美国国于 1980 年制定《文书削减法》(*Paperwork Reduction Act of 1980*)。1980 年 12 月 11 日美国总统签署《文书削减法》。该法案旨在使联邦政府收集、维护、使用和传播信息的费用减至最低;使收集到的信息得到最充分的利用;协调联邦信息政策和实践工作;确保联邦政府的信息收集、维护和传播遵守《隐私权法》。该法首次在成文法中提出了"信息资源管理"的概念,它还要求将信息资源的费用也列入预算之中。这个概念强调的不是数量上的削减,而是记录管理效率的提高。

根据《文书削减法》的要求,联邦管理与预算局(Office of Management and Budget, OMB)成立了信息与规章事务办公室(Office of Information and Regulatory Affairs,

OIRA),负责信息政策工作。《文书削减法》第3505条规定该办公室主任"制定和实施联邦信息政策、原则、标准和方针,并指导和监督信息收集请求的审批、文书负担的削减、联邦统计工作、记录管理活动、记录中的隐私、机构间的信息共享,以及自动数据处理技术、电信技术和其他信息资源管理技术的采购和使用"。此外,信息与规章事务办公室主任还可以"制定和实施统一、连贯的信息资源管理政策,并监督信息管理原则、标准、方针的制定,促进它们的运用"。同时,它还承担了与信息资源管理有关的计划、评价和研究职责。这一系列的活动不仅奠定了信息资源管理的概念基础,还使它向实用化的方向发展。

4. 企业信息资源管理

　　企业信息资源管理是信息资源管理的一个重要应用领域。作为一种理论思想,信息资源管理是管理思想的重要组成部分。从某种意义上讲,管理思想的发展过程也就是从科学管理到信息资源管理的思想演变过程,是管理重心从物的管理到人本管理再到信息资源管理的变化过程。具体地讲,信息资源管理在企业管理领域生成的背景因素主要有4个方面。

　　(1) 全球经济和市场的影响。由于现代通信技术和新型交通工具的发展,许多企业由地方性企业扩展为跨国企业,企业在地理空间上的扩散要求加强信息资源的管理。

　　(2) 竞争态势的形成。为了适应全球市场的竞争,现代企业多采用多样化的经营管理模式,而要经营这样的企业就离不开计算机信息资源的管理。

　　(3) 组织机构平面化发展趋势的要求。韦伯(Max Weber)的金字塔结构在现代社会产生了越来越多的反功能,为此,许多现代企业借助于信息技术大力缩减管理层次,缩短组织内部操作层与决策层之间的通话,以期提高信息交流效率并鼓励员工参与决策制定过程,现代企业这种平面结构的运行是由信息资源管理所支持的。

　　(4) 新技术的推动作用。管理方法和理论的演进是与新技术尤其是计算机技术紧密联系在一起的,计算机技术的应用使许多管理工作实现了自动化处理并因此而改变了工人的工作场所和工作方式,更多的工人变成了白领工人,他们与管理者的工作内容开始趋同——都是以信息资源的开发与管理为主要内容,这样,传统的管理也就开始演变为信息资源管理。

　　企业可以借鉴美国政府机构的经验和具体做法,在企业中实行信息资源管理。不仅大型企业应实行信息资源管理,中小企业也应当开展信息资源管理。

　　(1) 企业是社会中极为重要的信息生产者、收集者、消费者和传播者。企业内外部不断产生着各类信息,其信息活动的范围也非常广泛,企业的信息资源管理对企业运营管理是非常重要的,必须充分认识到信息资源管理在完成企业使命过程中发挥的重要作用。引入信息资源管理的概念,是强调信息已成为一种宝贵的管理资源。

　　(2) 加强企业信息资源管理,可最大限度地减少企业的各类文书负担,最大限度地降低企业信息活动的成本。

（3）要重视企业各类信息记录的管理。系统地关注企业记录的管理是确保企业信息资源管理中的一个必不可少的要素。

（4）信息资源管理计划要与企业的战略计划结合起来。信息资源的运用应该支持企业的战略计划，帮助企业完成其使命。将信息资源管理计划和企业的战略计划结合起来，可以促进企业信息资源的正确运用。

（5）企业信息资源管理，在重视信息资源利用的同时，要注意对关系到企业生存与发展的一些核心的机密信息的公开和利用进行一定的限制。

（6）信息资源管理重视运用信息技术来加强企业信息的管理，并通过促进信息的传播和利用来优化企业的运营和管理活动，但是，开展信息资源管理活动要把重点放在信息上，而不是放在技术上。

（7）企业信息资源管理的政策要与企业其他政策相协调。企业信息资源管理政策和信息资源管理活动既可以影响企业其他活动和政策，也要受企业其他活动和政策的影响。企业要注重制定相关的信息政策，因为企业在实行信息资源管理时必须考虑诸如信息保密、信息公开、决策、计划等一系列问题，而这些问题都涉及企业的信息政策问题。信息政策的研究、制定与实施成为企业信息资源管理的重要内容。信息政策通常针对企业信息化中的具体问题，如确定哪些信息可以公开利用、机构怎样开展信息资源管理工作等。

（8）要加强信息资源管理方面的培训。企业信息资源的用户必须具备管理和利用信息资源所需的技能、知识，为此要开展信息资源管理方面的培训，以使企业信息资源管理能够有效地为企业服务。

（9）设立首席信息官。为使企业信息资源管理制度化，提高企业信息活动的绩效水平，应设立负责信息资源管理工作的机构，任命首席信息官。

5. 信息资源管理的发展趋势——知识管理

信息技术的发展带来了管理思想、管理手段和管理方法上的全面进步，人们也在不断根据新环境的变化、新思想和新技术的发展调整着对信息资源管理的认识与实践。过去人们研究的焦点往往只放在对可以编码的显性的信息资源（如记录型的和实物型的资源）的研究上，而对以人为载体的高度个性化的难以编码的隐性的资源和以口头交流和实时传播为特点的"零次资源"的研究却很不够，这是传统信息管理的一种缺陷。伴随着知识经济时代的来临和新的信息技术的进一步推进和应用，人们对信息和知识的管理也开始步入一个更高的新阶段——知识管理阶段。

知识管理是信息资源管理的延伸与发展。如果说信息资源管理使数据转化为信息，并使信息为组织设定的目标服务,那么知识管理则使信息转化为知识,并用知识来提高特定组织的应变能力和创新能力。

信息资源管理经历了文献管理、计算机管理、信息资源管理、竞争情报管理等阶段,进而演变到知识管理。知识管理是信息资源管理发展的新阶段,它要求把信息、信息与活动、信息与人连接起来,在人际交流的动态过程中,通过信息与知识的共享,运用群体的智慧进行创新,以赢得竞争优势。

"知识管理"一词最早出现在管理学大师彼德·德鲁克于1988年发表的《新型组织的出现》一文中,它包括两方面的含义:一是对信息资源的管理;一是对人的管理。知识不只来源于编码化信息,还有很重要的一部分来源存在于人脑中的未编码的知识,也即隐性知识。知识管理的核心是知识创新;管理对象是作为认知过程信息的使用者——人;管理工具是信息技术;管理本质是把知识作为最重要的资源并作为提高竞争力的关键;管理职能是知识发现、知识需求和知识源匹配、知识运用;管理特点是重视知识对创新的贡献、重视将知识科学整合和合理流动、重视将知识有效地运用到组织的各个环节。

在知识管理中,最普遍的实践过程包括:

(1) 创造和发现新知识。通过数据挖掘、文本挖掘、环境监测(environmental scanning)、知识启示、业务模拟、内容分析等途径实现。

(2) 共享和学习的团队合作。包括学习网络、经验共享、人际对话、定期的知识共享活动、跨部门的团队合作、决策记录、员工专业技能描述、知识资产清单登记、智力资本的测度等。

知识管理作为信息资源管理的更高阶段,与信息资源管理有很大的差异。准确地说,管理对象的差异是信息资源管理与知识管理两者差异的核心,具体表现在以下几点:

(1) 信息资源管理只关注对显性知识(如记录型和实物型的资源)的管理,而对隐性知识的管理不力;知识管理不仅对显性知识进行管理,同时也对隐性知识进行管理。

(2) 信息资源管理侧重于向用户提供信息;而知识管理不仅向用户提供信息,同时也把用户如何利用信息的过程纳入管理范围。

(3) 信息资源管理不能使信息资源增值,而知识管理却可以对知识资源进行资本化的运作,使知识资本增值。

(4) 信息资源管理的管理对象是人类智力劳动的成果——信息资源,而知识管理不仅可以对知识进行管理,同时可以对人类的智力劳动即学习和创新过程进行管理。

由此可见,知识管理是信息资源管理的拓展与深化:知识管理是在信息资源管理基础上发展起来的新阶段,是对信息资源管理的升华。知识管理是信息资源管理发展的趋势。中小企业应在加强信息资源管理的基础上,适时引入知识管理。

1.3 信息活动过程

1.3.1 信息活动的一般过程

信息活动主要是指人们运用自己的智慧,以信息为对象而展开的各种信息活动。从个体上讲,包括信息查寻、选择、利用、再生产等一系列过程;是人们在信息动机支配下,为了达到某一特定目标而采取的与信息相关的行动过程。从社会信息资源管理的角度,主要包括信息资源采集、信息资源组织加工、信息资源存储与检索、信息服务等一系列活动。

1. 个体信息活动

1) 信息查寻

信息查寻是人们为了学习知识或解决问题从文献、数据库或网络等信息载体中搜寻符合要求的信息的过程。用户的信息查寻行为既取决于个人的信息意识和信息能力以及个性心理特征,也要受用户所处的社会信息环境的制约。由于社会信息环境的发展,越来越多的用户倾向于利用信息技术包括网络来获得想要的信息,这表明用户信息查寻行为受信息技术的影响越来越大。

2) 信息选择

信息选择即对查寻到的信息依据一定的标准做出选择。由于人们所获取的信息往往在范围、数量等方面超过人们的需要,而且常常与人们使用信息的目的有一定的偏差,因而必须依据一定的标准对信息做出选择。

3) 信息利用

信息利用:用户获取信息的目的是为了利用,使其问题最终得到解决。因此,用户信息利用行为与问题解决是紧密联系在一起的。

4) 信息再生产

信息再生产:用户在利用信息的过程中,会通过加工、创造等将已有的信息转换成新的信息或产生新的知识。

2. 社会信息活动

从全社会使用和管理信息资源的角度来讲,是社会针对需要,有组织地开展的信息活动,包括信息资源采集、信息资源组织加工、信息资源存储与检索、信息服务等活动过程。

1) 信息资源采集

信息采集是指社会组织机构(如企业、图书馆、信息机构等)通过各种方式获取所需信息的工作。这项工作主要涉及的问题包括:信息资源采集原则、采集对象、采集过程、采集方法、采集技术等。

在信息资源采集活动中,必须对采集的信息加以选择,这是社会与信息活动与管理相关组织对于其采集和处理的信息对象进行选择和排除的过程。对于任何信息资源集合,一般都需要对其收录范围有一个选择和控制,一般应根据系统的性质和目标,对信息资源的对象范围、资源类型、收录质量等加以规定。

2) 信息资源组织加工

信息资源组织加工是以各种类型的信息源为对象,通过对其内容特征等的分析、选择、标引、处理,使其成为有序化的信息集合,并组织成检索工具揭示和标示信息的地址,为用户提供检索途径的工作。

通过信息组织和加工,将大量的、分散的、杂乱的信息经过整序、优化,形成一个便于有效利用的系统(如目录、索引、专题数据库、网络搜索引擎等)的过程。有效的信息组织可以使用户方便地从海量信息中快捷获取合乎目的的有价值的信息和知识。

信息资源组织加工的主要工作包括:信息资源筛选、信息资源分类、信息主题标引、信息资源评价等。

3) 信息资源存储与检索

信息资源存储与检索,即将系统组织的信息资源存储在一定的检索系统(如目录、索引、数据库、搜索引擎等)中,然后根据用户需求,从检索系统中检索出相应信息资源的过程。

主要内容包括信息资源存储、信息检索过程、信息检索系统、信息检索评价、信息检索相关技术。

4) 信息服务

信息服务是根据用户需要,传播信息、交流信息,实现信息增值的一项活动,它是通过研究用户、组织用户、组织服务,将有价值的信息传递给用户,最终帮助用户解决问题的信息资源管理活动。

信息服务可促进信息在社会成员之间的传播与接收。例如,在科学研究中,科研人员要从科技文献中获得别人研究的成果,在吸收前人成果基础上促进科技发展;军事方面,军队作战时需要将敌人兵力、布置等情报、作战命令及时传达给官兵;商务活动方面,企业和经营者必须及时了解市场信息和竞争情报。总之,通过信息服务,促进社会成员之间信息资源的交流和传递,才能使生产、生活、科技等活动正常进行。

为做好信息服务工作,需关注信息服务的原则、信息服务类型和信息服务对象。

1.3.2 影响信息活动的因素

信息活动是人们以信息需求为基础,在各种因素的作用下对信息及信息技术的利用,是把信息需求付诸实施的行为过程,是用户主体利用信息的需求和外界信息环境交互作用的结果。影响信息活动的因素包括用户主体因素与信息环境因素两个方面。

1. 用户主体因素

人们的信息活动始于信息需要的驱动。信息需要是信息活动的原动力,主要集中在求知、自我实现的需要这两个层次中。随着需要层次的上升,个体社会化程度越来越高,在经营管理活动和其他社会活动中遇到的问题会越来越多、越来越复杂,因而,信息需要也会在用户面对复杂问题而努力满足自我发展需要的过程中产生变化和不断发展。人们的信息需要永远不会得到完全的满足,因而,信息活动也不会停止。

1)信息需求和信息动机

按照德尔文的意义建构理论:信息行为产生于某一个人不能理解的情景或背景。当其意识到某种空白存在的时候,就会寻求各种方式来填补。因此,人们在生活、工作、学习中遇到问题时感到缺乏信息,就产生了信息需求,而信息需求则是用户信息活动的前提条件。信息需求一旦达到较强的程度被用户意识到就会转化为信息动机,信息动机是信息活动产生的根本动力。

2)信息意识

用户有了信息需求和信息动机以后,如果具有很强的信息意识,就可能产生信息行为。信息意识是信息及信息环境作用于用户的结果,它包括了用户对信息及信息环境的认识和对它们的态度两重含义。用户对信息及信息环境的认识是指用户对信息的价值、自身的信息需求、个人活动与信息环境的关系以及信息系统的功能等方面的自觉的心理反应;用户对信息及信息环境的态度可以理解为用户对信息及信息环境做何种评价,是肯定还是否定的,这是决定用户是否产生某种信息行为的关键。

3)认知能力

认知能力也称认识能力,是指学习、研究、理解、概括、分析的能力。从信息加工的角度来看,即接受、加工、储存和应用信息的能力。一般来说信息用户的认知能力由智力和信息能力两部分构成。智力主要包括观察力、注意力、记忆力、想象力和思维力等,它是信息用户能否实施自己信息行为的最为基础的能力。信息能力包括语言文字能力、计算机应用能力、信息检索与处理能力等。认知能力能够帮助用户明确信息行为的目标,确定信息行为方式,并排除信息行为过程中的干扰和障碍,其强弱大小对于信息动机向信息行为的转化有加速或抑制作用。

4)信息能力

信息能力不同,用户使用信息或信息系统的行为表现也不同。信息能力强的用户从信息行为中获益较多,就驱使其更多地使用信息,更多地开发信息系统的功能;信息能力较弱的用户会对信息技术产生恐惧感,从而避免使用信息系统。

2. 信息环境因素

除用户自身的主体因素之外,信息环境,特别是网络信息环境对信息用户行为的影响也不容忽视。

(1)网络环境下信息超载和有用信息的贫乏同时困扰着网络用户。信息超载使得用户不得不花费大量的时间和精力去收集、阅读,需要对各类信息进行艰苦的分析、过滤、去伪存真的工作,这无疑大大降低了用户的工作效率、决策效率,同时还造成了部分用户对网络信息资源的厌倦和排斥心理;而有用信息被大量无用信息掩盖这样的情况在一定程度上使得网络用户在很多情况还需要利用传统的信息来源进行补充。例如,企业研究人员更愿意参加产品展销会、发布会,营销人员更愿意通过人际关系了解市场动态,员工们还会通过阅读图书和期刊等纸质文献信息来弥补网络信息的不足。

(2)信息安全和隐私问题给用户利用网络信息造成了很大的障碍,用户使用网络时,最担心计算机病毒、隐私被侵害等问题。

(3)信息的易用性与否也影响着信息的使用。穆尔斯曾经在1960年指出:"一个检索系统,如果是用户在获取信息时比不获取信息时更费心、更麻烦,这个系统将不会利用。"这个规律在网络环境下一样发挥着作用。企业用户经常使用的网络服务主要有微信、网络聊天、微博、社交网、电子邮箱、搜索引擎、看新闻、软件上传或下载服务。也就是说,哪些功能最为简单易用,哪些就最容易成为用户最经常选用的行为。

(4)信息传播速度的影响。如果信息传播速度太慢,用户需要很多的时间来等待,就会影响用户使用信息的积极性。

1.4　信息资源管理学

1.4.1　信息资源管理学的形成

信息资源管理学属于交叉学科,既是信息科学的重要领域,也是管理科学的分支学科。信息资源管理学是指运用信息学的相关理论和方法,从管理学的角度来研究相关信息、分析和解决相关管理问题的学科。

信息资源管理学是以信息资源管理与信息活动管理为研究对象,研究人类社会信息资源管理活动的基本规律、普遍原理和通用方法的新兴学科。

信息资源管理学的形成主要基于以下因素:

1. 社会信息资源管理活动的发展需要

随着现代社会的信息化程度越来越高,社会信息活动更加广泛,社会信息现象日趋复杂,出现了所谓"信息危机"。为了克服信息危机,信息资源管理从社会劳动中分化出来,成为一种独立的职业活动。信息资源管理工作的进一步发展需要有理论指导,为此,人们开始总结信息资源管理工作的基本原理与普遍规律,从理论上探索信息资源管理最优化的途径,要求有一门学科为社会信息资源管理实践提供科学的理论与方法。这是信息资源管理学产生的直接原因之一。

2. 现代科学技术发展的大趋势之所向

20 世纪中后期以来,现代科学技术高度综合的发展特征,使得学科间的交互作用、交叉渗透趋势愈演愈烈。由于研究对象的交叉,即对复合对象整体研究的需要,交叉科学大量涌现。信息资源管理现象的广泛性、复杂性,要求人们对其进行系统的、综合的研究。信息资源管理学就是信息科学与管理科学相互交叉作用的产物,它的产生反映了现代科学技术整体化发展的大趋势。信息资源管理学吸收了信息论、系统论、控制论的理论和方法,借鉴了现代管理学的基本原理,在社会信息资源管理实践中逐步形成和发展起来,其研究内容日益丰富,学科体系日渐完善。

3. 人类信息活动日益复杂化、综合化的结果

传统信息管理学的研究对象主要集中于信息本身,但现代信息活动还涉及与信息相关的人员、技术设备、资金、机构、环境等要素,活动日益复杂化、综合化。单纯的信息并不能作为资源为人们带来效益,只有通过调动各种因素开发信息的功能使其成为信息资源,才能为社会带来效益。这也为信息资源管理学的形成提供了依据。

1.4.2　信息资源管理学的理论体系

1. 信息资源管理学的层次结构

从层次结构上分,信息资源管理学包括微观层次、中观层次和宏观层次的信息资源管理学。

微观层次的信息资源管理学主要是对信息的产生、搜集、加工、组织、传播和利用的研究,即对信息本身的管理。

中观层次的信息资源管理学主要为组织层面的信息资源管理,是对涉及企业等组织信息活动的各种要素(信息、技术、人员、经费、设备等)进行合理的计划、组织、控制,以实现信息资源的充分开发和有效利用。包括企业信息化管理、信息企业运作与管理、信息系统管理、非信息企业的信息资源管理等。

宏观层次的信息资源管理学主要为信息产业管理、国民经济信息化管理,是对社会信息事业及其环境因素进行综合性的规划、协调、指导,以推动信息产业和信息经济的发展,

最终实现社会信息化的战略目标。

2. 信息资源管理学的内容结构

从内容上分,信息资源管理学包括理论信息资源管理学和应用信息资源管理学。

理论信息资源管理学主要研究信息资源管理学的基础理论和方法。包括信息行为理论、信息交流理论、信息资源管理发展史和信息资源管理学进展、信息资源管理方法等。

应用信息资源管理学主要研究信息资源管理学的应用理论,包括企业信息资源管理、政府信息资源管理、信息资源生产管理、信息系统管理、信息产业管理等研究。

具体讲,信息资源管理学研究如下问题:信息资源对信息社会的影响;信息资源管理的基本规律和原则;信息资源管理与组织管理的关系;信息资源管理过程;信息资源战略管理;信息资源组织和标准化管理;信息系统体系规划;信息资源开发利用;企业信息资源管理(含中小企业信息资源管理);公共事业信息资源管理等。

本章小结

本章回顾了信息社会的形成及信息社会概念的演进史,分析了我们目前所处的泛在信息社会的主要特征;详细研究了信息及其相关概念(包括消息、信号、数据、情报、知识、符号、传播)的内涵及关系;探讨了信息资源、信息资源管理概念,信息资源管理的发展历程及其意义,研究了企业信息资源管理的基本问题,以及信息资源管理向知识管理转变的发展趋势。此外,还研究了人类信息活动的构成、影响信息活动的因素。最后,研究了信息资源管理学的形成及其理论体系。

课后思考题

1. 简述信息社会概念的形成。
2. 试述泛在信息社会概念及其主要特征。
3. 简述信息的概念。
4. 简述信息与消息的关系、信息与数据的关系、信息与情报的关系、信息与知识的关系。
5. 试画出信息结构的一般等级划分,并说明其间的关系。
6. 什么是信息资源?它包含哪些要素以及如何分类?
7. 简述信息资源管理的概念。
8. 简述信息资源管理的发展历史。
9. 试述企业信息资源管理的意义。
10. 简述知识管理及其与信息资源管理的关系。

第 2 章

信息资源管理的基本原理和原则

📖 本章要点

信息资源管理活动古已有之,人们总结了信息资源及其管理活动的规律,得出了一套原理、原则和方法,形成了独特的学科领域。早期的信息资源管理活动侧重于信息文献,随着计算机技术的发展和现代组织管理理论和方法的发展,在组织管理中越来越广泛地采用以计算机通信技术为基础的信息技术。信息资源的范围从早期的文献资料扩展为包括信息内容、信息技术、管理体制和相应人员的完整体系。信息资源管理的研究范围也更加广阔,可以从不同角度和侧重面研究信息资源管理,包括侧重对信息内容本身的管理,侧重支持组织机构运行的信息资源管理和对信息行业的资源管理。一个组织机构的信息资源管理活动与组织的生存与发展的关系越来越紧密,对于组织的运行和目标实现越来越重要。

本章从支持组织机构运行和目标实现的角度出发,在审视、归纳和总结前人积累的大量研究成果和实践的基础上,提出信息资源管理的基本原理和原则。通过学习本章内容,希望读者掌握信息资源管理的基本规律和原则,从而为以后其他专业课的学习和信息资源管理实践奠定基础。

📚 【情景案例】

如何控制异地分公司财务

1989 年 7 月,一个青年人怀揣独立开发的汉卡软件和桌面排版印刷系统软盘,南下深圳。由于受到当时深圳大学一位老师的器重,他得以承包一个电脑部。当时,除了一张营业执照和 4 000 元钱,他一无所有。以赊账的方式在某期刊做广告,付款期限只有 15 天,可一直到广告见报后的第 12 天,还是分文未进。就在关键时刻,第 13 天出现了转机:他一下子收到 3 张邮局汇款单,总金额 1.582 万元。两个月后,他账上的金额竟达到了 10 万元。他再把钱投入广告中,4 个月后,仅靠卖产品就回款 100 万元,半年之后回款

400万元。1991年4月,他在珠海注册成立了一家公司,当年公司获利1 000多万元,后来又开发了一种生物保健品,同样获得巨大成功。1992年,公司的资本超过1亿元,他本人也被罩上各种各样的光环,迎来第一个事业高峰。

20世纪90年代中期,他决意在美丽的珠海盖一栋自己的大厦,虽然当时他手里的钱仅仅能为这栋楼打桩,可在他一次又一次和国家领导人握手之后,这栋计划18层的楼被拔高到70层,他意气风发地决心要盖中国第一高楼。随着大楼施工的进行,不断需要大量的资金,公司总部不断催促遍布全国的分公司尽快上缴营销款。但是各分支机构经常不能按要求及时缴款,特别是外地的一些分公司和营销部门得知总部困难后,有意截流营销款,加剧了总部的困难。大厦没有建成,公司停止了经营。

当然,这次失败的原因首先是决策失误,老板过于好大喜功;其次是没有合理利用银行贷款。那些外地派出机构截流款项尽管不是主要原因,但是也起到了雪上加霜的作用。公司在外地的分支机构分为大区分公司、省或直辖市分公司、地级市分公司多个层级,财务核算和上缴钱款也是由基层向上层逐级进行,所以造成回款不及时,再加上人为原因,使得总部对基层的财务失去控制。

资料来源:作者参考多篇文献改编

[1] 史玉柱口述,优米网编著.史玉柱自述:我的营销心得.北京:同心出版社,2013
[2] 纪旭.史玉柱谈巨人大厦成烂尾楼:那是我一生的痛.时代周报,2009.5.7

课前思考:

一个具有多层级、跨地区分支机构的公司,可否在行政管理或业务管理的多级结构体制下,财务核算只是一级核算?在开展业务上对下级分公司充分授权,以发挥其积极性,而财务核算和控制集中在公司总部?

2.1 信息资源管理的基本原理

按照《现代汉语词典》的解释,原理是"具有普遍意义的最基本的规律或道理",原则是"说话或做事所依据的准则"。二者比较,原理更强调事物的客观方面,原则更强调人的主观能动性。按照实事求是、主观能动性要符合客观规律的做事要求,信息资源管理的原则是基于原理的信息化建设准则。根据这一思路,笔者将已有研究成果、实践经验和文献提出的信息资源管理的重要方面归纳为若干原理和原则。

2.1.1 数据的组织原理

信息的基础是数据,信息管理必须观察、研究和掌握数据的基本规律。从不同角度考查数据可以得到不同的规律,本书的宗旨是为组织管理服务的信息资源管理,所以是从管理与信息应用的角度来考察数据的规律性。数据的组织原理就是组织机构在保存、安排和应用数据时所表现的基本规律。

在人类的管理实践活动中,以对数据的管理和应用来支持组织管理活动古已有之。早在周朝春秋时期的秦国,宰相商鞅就提出了治国 13 数主张,即通过 13 个指标来反映国家实力和运行状况。在 16 世纪以后,欧洲逐渐兴起了以调查和数据统计的方式研究社会情况、国家政治和经济问题的趋势,1676 年英国学者威廉·配第(William Petty,1623—1687)发表的著作《政治算数》即为典型代表。目前,不论是企业管理、行政管理还是各类其他组织的管理,只要形成一定规模,对数据的收集、整理、加工和利用就是必不可少的日常基础管理工作,如按照日、周、月和年形成各类业务报表。人类在观察这些每日大量的、重复的数据管理工作中,发现了重要的规律。我国学者高复先教授在其专著《信息资源规划——信息化建设基础工作》中总结了国际上几位信息化建设的开创性学者,包括詹姆斯·马丁(James Martin)、约翰·柯林斯(John Collins)等人的理论,并结合我国大量的信息化建设实践,提出了一套完整的信息资源规划理论。

同科学界一般现象类同,重要的规律往往看上去简单,但是却是奠定某学科领域的基础。数据的组织原理的简单表述就是"数据是稳定的,应用是多变的"。

1. 数据的存在方式是稳定的

数据是对客观事物的描述,由数据名称和数值构成。数据是稳定的,指的是数据类型和模型是稳定的,不随组织机构的调整和领导人的改变而变化。

1) 数据实体类型是稳定的

对于一个组织机构来说,其日常应用的数据实体类型及其属性名称是一定的,基本不会发生变化。实体类型如职工、产品、客户、固定资产等。与业务有关的职工属性有职工编号、职工姓名、职工职务等。这些实体的属性名称构成数据元素,不可以分解。如果是学校,还要有学生编号、学生姓名、教室编号等;如果是企业,则要有产品编号、产品型号、产品名称、客户编号等数据。除非该组织机构的业务类型发生根本性的改变,否则这些数据元素不会因为组织机构的日常小的调整或领导人的变化而改变,改变的只是实体属性的值。例如:所有企业都有产品实体,都少不了产品名称、产品价格、销售时间、销售量等这些产品属性名称,这些属性名称是不变的,构成了数据元素,而属性值可以经常变化。由数据元素经过复合、汇总、计算得到的数据项则不是元素,例如:某产品一定时间的"销售额"。

2) 数据的模型是稳定的

数据模型即数据表达的逻辑结构。按照数据库理论,数据模型具有 3 个等级,即概念模型、逻辑模型和物理模型。此处指的是概念模型和逻辑模型。不同业务类型的组织机构,对于客观事物的描述角度是不同的,而只要组织机构的业务类型不做根本改变,对一类客观事物的描述角度基本不会改变。例如:同样是组织机构的客户,对于银行来说,描述其属性的数据名称有年收入、存款余额、贷款时间等涉及资产和信用的数据。对于医院来说,则称其客户为"患者",对其属性描述的数据经常有血压、心率等。对于一个组织机构来说,其部门的调整、具体业务的增减、领导人的变化等是经常发生的,只要不发生本质改变,例如从学校变为医院,则其对客观事物的描述角度是不变的,也就是其数据的基本组织形式是稳定的。例如:对于学校来说,学生是一个实体类,对其描述的数据如表 2-1～表 2-3 所示。

表 2-1 学生基本情况表

学号	学生姓名	学生性别	出生日期	政治面貌	专业	班级	电话号码	照片

表 2-2 学生学习成绩表

学号	课程编号	课程名称	学期	总评成绩

表 2-3 学生在校参与社会活动表

学号	时间	担任职务	活动类别	获奖情况

上述这些表,只依赖于组织机构的基本性质,而不依赖于组织机构的具体组织方式和活动内容,也就是说,只要该组织机构是大学,而不是企业或政府部门等其他性质,即使组织机构中的部门经常调整、课程名称和内容经常变化,但这些数据的组织形式也不变,数据模型反映了数据联系方式这种客观存在。

2. 数据的应用是多变的

数据的应用是多变的,表现在 3 个方面:一是应用的目的是多方面的;二是处理过程是多种的;三是表达形式是多样的。

以上述表 2-1～表 2-3 为例,其应用目的可以是:为学生提供成绩单、比较不同班级或专业的学习成绩、用于评定奖学金和优秀学生、研究学生学习成绩与性别、政治面貌或专业的关联等。对数据的处理过程包括对数据的各种查询方式,对数据值的增加、删除、修改的方式和权限设计,对数据的各种统计等。将数据处理后的表达方式是多样的,见表 2-4～表 2-7 及图 2-1。

表 2-4 某班学生综合评分排序表

班级:＊＊＊　　　　　　　　　　　　　　　　　　　　　　　　学期:＊＊＊

学号	姓名	平均成绩	担任职务	获奖情况	综合得分

表 2-5　班级统计表

专业名称	学期	班级	平均成绩

表 2-6　各学院基础课平均成绩统计

学院名称	政治	英语	高等数学	各学院平均
管理学院				
信息学院				
……				
各门课平均				

表 2-7　不同专业学生性别分布统计

性别 \ 专业		信管	工商管理	财务会计	合计
男生	人数				
	比率/%				
女生	人数				
	比率/%				
合计	人数				
	比率/%				

组织机构的各级各类管理人员,即信息系统的应用人员可以根据需要设计各种报表和数据处理方法,形式上可以千变万化,但只是通过编程,改变处理过程,数据的基本模型是不会变的。

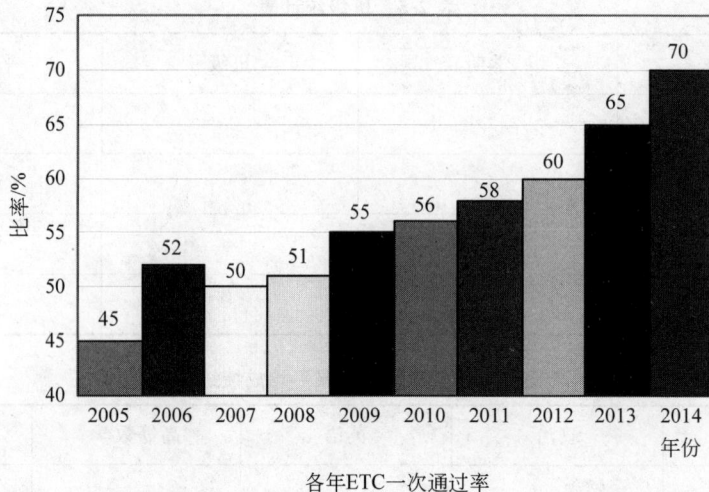

各年ETC一次通过率

图 2-1　某学院学生各年英语四级考试一次通过率

2.1.2　信息资源分布原理

1. 信息资源分布原理的含义

信息资源分布的基本原理(或称规律)就是不平衡性,信息在其存在的空间和场合、产生的时间、信息的载体、信息的生产者和使用者之间的分布都是不平衡的。这一基本原理既有对大量客观现象的观察、归纳与总结,也具有抽象的理论基础。

2. 信息资源分布不平衡性的表现形式

1) 信息资源的离散分布

信息资源的离散分布指的是信息资源的内容单元以不同方式从不同角度分布于各种载体中,包括不同的地理位置、组织机构、人员和信息传播媒介。这种分布在数量上是不均衡的,在表述角度和方式上是不同的。

对信息资源离散分布的研究首先源于对期刊所载论文的数量的研究,例如针对某个主题,将登载该主题的期刊划分为 3 个区域,在每个区域中登载该主题的论文都相等,则 3 个区域期刊的数量比例大致为 $1:5:5^2$,后来发现该现象在其他信息领域都存在,只不过比例系数 α 不一定是 5,但是一定大于 1,用通用的公式表述就是,3 个区域的比例是: $1:\alpha:\alpha^2$,这就是著名的"布拉德福"定律,如图 2-2 所示。

后来人们观察,这个定律不仅表现在期刊领域,而且在其他承载信息的领域,例如网站等同样存在。用文字可表述为:某主题的信息资源分布既有向核心区域集中的趋势,

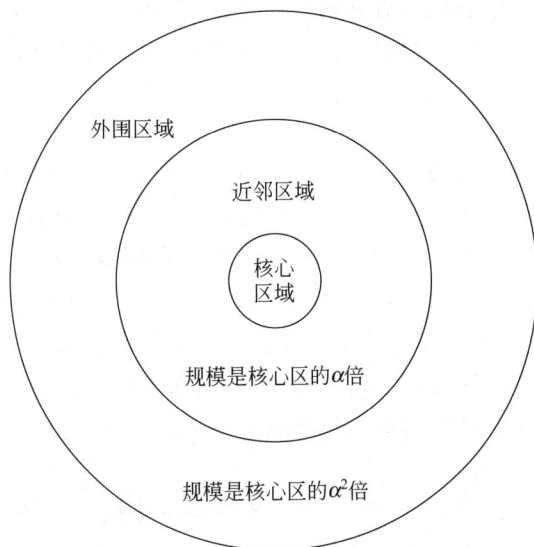

图 2-2　布拉德福定律示意图：承载等量信息的三层区域

又有向四周分散的趋势，如果按照等量信息将承载信息的区域划分为若干区域的话，核心区域以外的区域，其规模是核心区域的数倍或数倍的平方。例如网站的商品信息，如果将淘宝、阿里巴巴、京东等作为核心网站的话，要达到与此等量的信息，其他网站的数量可能成百上千。

信息在不同地理位置、不同组织机构和不同人员中的分布，同样表现出了这样的规律。"布拉德福"定律只是说明了信息的数量分布规律，其实信息资源的离散分布还包括了信息的表达方式不同和内容不同。例如：同一主题的论文在不同的期刊上，其具体表述方式和内容是不同的，某商品信息在淘宝网与在一个小网站上的表现形式、内容一般也不同。

2）信息资源分布的马太效应

信息资源分布的马太效应是指社会信息资源在产生、传递和利用过程中，常常表现出向核心载体集中，形成信息核心的趋势。例如：少数期刊登载了大量影响较大的论文而成为核心期刊；少数网站集中了大量用户；在大量存储的信息中只有少数被利用，少数人知道某领域的大量新闻而成为消息灵通人士。信息资源的马太效应，即向核心集中的趋势，与上述信息资源离散分布规律的表现很类似，但又不是完全相同，马太效应强调的是动态过程，即"多者越多、少者越少"。之所以称其为马太效应，是由于取自圣经《新约全书·马太福音》中的一段话："……谁若有，就给他，并不断增加；而谁没有，则连已有的都要被夺走。"

马太效应对于实际的信息工作既有有利的一面，也有不利的一面，信息工作者必须认识这一规律,在实际工作中利用其有利的一面,可以抓住主要矛盾,提高工作效率,但是也要注意其弊端。例如在收集某领域信息时,首先就要考虑该领域信息的核心载体,但同时也要顾及其他信息来源。

3)信息生产者分布

在界定了某类信息的集合和其生产者之后,就会发现一个普遍规律,即少数信息生产者生产了大量信息。例如:在一个组织中,当就某项方案征求建议时,往往少数人提出了许多建议。再例如:在一个微博朋友圈中,大量发信息的总是那几个人。这个规律实际上是马太效应在信息生产者分布中的反映,但是在不同领域有其量化规律。对这种规律的量化研究出自对研究学术论文的数量和其作者数量关系的研究,普赖斯提出了核心生产者分布的"平方根"定律,即在某一特定领域中,全部论文的半数是由该领域中全部作者数量的平方根的那些人撰写的,这些人就形成了一个高产作者群。

4)信息的时间分布特征

信息的时间分布表现在两个方面,一是随着时间的进展新信息的产生;二是随着时间的进展旧信息价值的衰退,一般都不是按照线性的变化规律。在许多场合是指数变化规律。新信息的产生是正指数规律,即开始时信息增加较慢,以后的一段时间增加很快;旧信息价值的衰退速度呈现负指数规律,开始时降低的速度很快,以后逐渐减慢,理论上说,许多信息永远不会过时,但是被应用的次数会随着时间的延长变得很少。这种规律如图 2-3 所示。

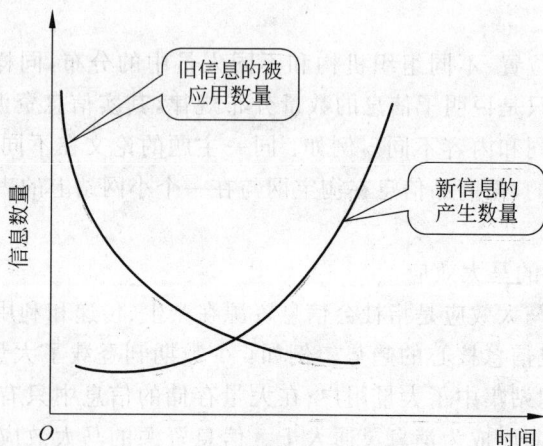

图 2-3   信息的时间分布特征

5)信息的空间分布特征

信息资源在空间上的分布同样是不均衡的,从地区差异上看,各类政治、经济、文化、科技和教育中心集中了大批信息资源,包括信息内容、信息技术,信息生产者、传播者、管理者和使用者,形成了信息资源密集地区。例如我国的一线城市和广大乡村地区,不仅信息资源的分布密度差距巨大,而且所扮演的角色也是差别很大。大城市往往既是信息产生的中心,也是信息使用的中心;小城市和乡村更多是信息的吸收者,尽管也提供某种局部的、离散的信息资源,但是经过信息资源密集地区汇总加工后,又反过来应用中心地区提供的信息。在一个组织机构内部,不同部门之间的信息资源分布和所扮演的角色同样是有较大差异的。

3. 组织机构中信息资源分布的不平衡性

1) 信息来源分布的不平衡

信息源的分布是一种自然现象,是长期的信息运动的结果,其实质是一种不平衡分布。从地理的角度而言,信息的来源和信息的归宿,在数量和内容上的分布都是不平衡的。有些地区信息的来源多一些,分布密集一些;而另一些地区以吸收信息功能为主,也有一些地区不论信息来源还是吸收信息的功能都不强。在组织机构中,有些部门和岗位以信息资源的产生、传播和管理为主要功能,因而形成了信息源;而另一些部门和人员以信息消费为主,因而成为信息接收者。

2) 信息内容分布的不平衡

一方面,信息内容在不同组织机构、不同部门和不同人员之间分布是不平衡的,不同的部门或人员掌握不同内容的信息;另一方面,信息内容主题的分布十分广泛,与其领域性质在表面上看不一定一致,但其具有内在关联。例如:收集营销和市场方面的信息有可能要进入其他领域。

3) 信息分布的不平衡具有动态性和相对性

信息源和信息内容分布特征会随着环境、时间的变化而变化。信息源和信息接收者也是可以转化的,根据信息源具有共享性和再生性特点,信息接收者将原始信息按照某种方式加工,可以成为新的信息源头。

4. 信息分布的不平衡原理的理论依据

信息分布不平衡这一现象实质上是信息势原理的具体表现形式。“势”的现象是社会和自然界的普遍现象,其概念也是具有普适性的科学概念之一。势的概念首先是差别,没有差别就没有势,同时与“联系”和“距离”这两个概念紧密相关。两个事物的差别越大,联系越紧密,距离越近,则势越大;反之则势越小。用公式表达,则为

$$势 = 差距 \times 联系 = 差距 / 距离$$

势不可当、势如破竹等语言是从文学的角度描述势;导数、梯度和斜率等概念是从数学的角度描述势;山势、水势、温度梯度、信息势、电势(电位)、化学势等概念就是势概念在各个领域中的反映。

2.1.3 信息的消除不确定性原理

1. 本原理的含义

信息的消除不确定性原理具有两方面的含义,一是从信息量的含义角度出发,信息量的大小反映了对事物不确定性的消除,信息量越大,对事物的不确定性消除得越多,也就是对事物认知得越确定。之所以从反面的角度说明,而不是从正面的角度将其称为"确定性原理",是因为百分之百的确定性经常难以达到,在掌握了一定的信息量,将不确定性降低到一定程度后,就可以进行决策等管理活动。二是从信息的作用角度看,不确定性即无序和混乱,确定性即增加了有序性,信息使得人们对事物的认识有序化,从而使得人们的思维、言论和行为有序化。也就是说,信息使得人类在认识世界和改造世界的一切活动中有序进行,离开了信息,一些都将陷入混乱无序。

2. 信息的消除不确定性原理的理论依据

从理论角度讲,信息的消除不确定性原理来源于信息熵原理。

熵是表示一个系统混乱程度的函数,熵值高则表示系统混乱和无序的程度高;反之,熵值低则表示系统混乱程度低而有序程度高。熵的基本原理就是熵增原理,即一个系统在没有外力的作用下,总是自发地向着熵增加的方向变化,即系统总是自发地向着无序化方向变化,如果要使系统有序化,必然要施加外力作用。业界一般公认 Shannon(Claude E. Shannon,1948)提出的信息熵理论是信息论诞生的重要标志。信息论把熵理解为一个信息源发出的信号的状态的不确定性程度,所获得的信息就是消除了不确定性,所以信息量就是负值的熵。按照信息熵理论,如果某事物具有 m 种状态,每种状态的概率为 $p_i(i=1,2,\cdots,m)$,则该系统的信息熵定义为

$$H = -\sum_{i=1}^{m} p_i \log p_j, \quad 0 \leqslant p_i \leqslant 1, \quad \sum p_i = 1$$

公式中当以 2 为对数底时,信息量的单位是"比特"(bit)。系统的熵值高,则说明系统的混乱程度高,数据分布均匀,变异程度小,所包含的信息量小,极端情况是每种状态的概率相等,即 $p_i=1/m$,熵取得最大值。系统的熵值小,则数据的变异程度大,所包含的信息量大。举个例子:抛出一枚硬币,其落地后向上的面只有两种可能:正面或背面,即 $m=2$,如果告知你这一结果,你得到的信息量就是 1 比特,即

$$H = -\left(\frac{1}{2}\log_2 \frac{1}{2} + \frac{1}{2}\log_2 \frac{1}{2} \right) = 1(\text{bit})$$

2.1.4　信息系统的基本作用原理

1. 本原理的基本含义

信息系统的基本作用,就是可以提供一个物理上的分散性与逻辑上的集中性相统一的信息管理平台。业界常说:"物理上是分散的、逻辑上是集中的",其意义就是要在信息化建设中紧紧围绕并充分发挥信息系统的这一基本作用。

物理上的分散性具有以下几点含义:

(1) 信息系统的终端用户是分散的。在组织机构内部,信息系统的用户上到总经理,下到普通职工,其办公地点是分散的,分布于不同的办公室、不同的办公楼、不同的地区甚至不同国家。

(2) 数据来源是分散的。数据的最开始来源,也就是数据的物理形式显然是分散的。由于用户和数据的来源的分散性和管理统一性的需要,数据库架构就有了相应的分布式、集中式和二者结合的形式。

(3) 设备的安置地点是分散的。由于用户的分散性,所以设备的安置显然也是分散的,特别是终端设备更是分散的,对于大型系统,众多服务器的安置也可以是分散的,通过计算机网络实现互联互通。

逻辑上的集中具有以下几点含义:

(1) 数据的逻辑形式需要集中管理。例如温度数据,某地 30 度,反映在测量仪器上的变化和人的感受都属于数据的物理形式,显然是分散的,而抽象为 30 度这个数据,可以跨越地区进行传递,跨越时间进行存储,也就可以将其进行集中的信息管理。再例如:在某超市某人以 100 元买了一个锅,这是数据产生的源,也即物理形式,对于管理的意义不大。而管理者需要的是将这些数据的逻辑形式集中起来进行管理和分析,例如:某种锅某时间内销售量 500 个,销售额 5 万元,占比 12%,等等。

(2) 按照业务流程进行集中管理。管理的计划、组织、领导和控制各项职能,实际上就是收集管理资源和各项业务活动信息,然后再通过信息的传递配置资源、指挥各项业务活动。一个组织的各个业务领域有其自身的流程,而部门是人为地划分,这时就需要信息系统按照业务流程,而不是组织部门的分割进行管理。

(3) 形成集中统一的信息平台。在形式上表现为集成各项业务的系统界面,将各项业务都集成在统一的系统平台上进行管理,不同的岗位和人员具有不同的权限。

2. 本原理的基本依据

这条原理的提出,一是基于信息系统技术提供的基本功能;二是汲取了信息化建设中的大量成功经验和失败教训。信息系统是一套收集、存储传递、加工和使用信息的复杂系统,其组成要素包括机器硬件、计算机网络、数据库系统、应用软件系统,以及相应的管理制度、组织结构和人员岗位。从技术层面上看,计算机网络的基本功能就是信息共享和互联互通,网络中计算机的角色分为服务器和客户机,数据库系统的结构可以是分布式、集中式或二者结合,通过应用软件系统可以实现远程操作数据库。信息系统提供了"物理上分散、逻辑上集中"的技术基础。如果在信息化建设中不最大化地利用其优势,就是没有充分发挥信息化的作用。

另一方面,从组织机构管理的现状来看,需要对物理上分散的部门、人员和岗位进行统一的管理,包括统一集中管理基础数据、将各项业务放在同一平台上操作、同时并行地处理许多业务操作、集中监督控制等。目前应用的各类信息系统,尽管服务于不同目的和不同行业,系统规模大小不同,都无不体现了这一基本作用,但是仍有潜力可挖。

2.2　信息资源管理的基本原理对实践的指导

原理是从对实践的大量观察、总结和归纳得出,具有一般规律,同时又反过来对实践具有指导作用。在信息化建设和信息资源管理中,应该在信息资源管理的基本原理指导下,根据具体问题进行具体分析,制定具体的解决方案。

2.2.1　各个原理对实践的单独指导作用

1. 数据的组织原理对实践的指导

对于一个组织机构来说,稳定的数据类和数据模型尽管是客观存在和固有的,但并不是显而易见的。数据模型反映了数据联系方式这种客观存在,尽管这是本质的数据联系,但是往往被形式多样的报表和各种各样的业务需求所掩盖。信息管理者的重要责任之一就是透过杂乱纷繁的数据表象看到本质,把这些稳定和固有的数据类和数据联系提取出来,设计出来,以数据库的概念模型和逻辑模型的形式表达出来。

2. 信息分布原理对实践的指导

由于信息对决策者是至关重要的,同时信息分布的不平衡又是客观存在的,所以决策者必须准确、完整、及时地收集并加工所需信息,对于一个组织机构来说,必须建立相应的信息系统,使得不平衡分布的信息在正确的时间以正确的方式向有关决策者提供。

一般来说,掌握有用信息量越大的组织和个人其成功概率越高。在博弈局面中的各方,包括(军事斗争、政治斗争、市场竞争和买卖双方)所掌握的信息量是不平衡的,理论和实践都已证明,掌握信息量大的一方占有明显优势。

在经济学中有一个领域专门研究信息不对称问题,提出了信息不对称理论。信息不对称理论是指在市场经济活动中,各类人员对有关信息的了解是有差异的;掌握信息比较充分的人员往往处于比较有利的地位,而信息贫乏的人员则处于比较不利的地位。该理论认为:市场中卖方比买方更了解有关商品的各种信息;掌握更多信息的一方可以通过向信息贫乏的一方有选择地传递信息而在市场中获益;买卖双方中拥有信息较少的一方会努力从另一方获取信息。

3. 信息的消除不确定性原理对实践的指导

信息的消除不确定性原理实际上回答了人们为何需要信息和信息管理的问题。在人类社会的生存与发展历程中,从国家管理、组织机构管理到个人的日常活动,自始至终面临着不确定性问题,时刻被这个问题困扰。有效地收集、加工处理和应用信息就成了人类一切活动所必不可少的部分。贯穿于任何管理活动始终的决策,一刻也离不开信息活动。获得诺贝尔经济学奖和图灵奖(计算机科学最高奖)的赫伯特·西蒙(Herbert A. Simon,1916—2001)归纳总结了人类决策的四个阶段:

(1) 收集情报。为了找出决策的依据,首先就要对决策所面临的内外环境进行调查和了解,收集有关信息,并对信息做相应的加工处理,对有关问题的状况进行描述和分析,寻找可能的机会和风险。

(2) 设计阶段。根据所掌握的信息考虑各种可能情况,设计若干解决方案。

(3) 选择阶段。对每个方案的利弊进行比较权衡,评估每种方案的可能结果,并从中选择一个最优方案。

(4) 实施阶段。执行决策方案,在执行的过程中和之后,同样要不断收集信息,对实行效果进行评价。

上述决策的四个阶段都离不开信息的支持,同时对信息的收集、处理加工和利用是其中关键的工作。

4. 信息系统应用原理对实践的指导

信息化不但变革了组织机构的管理方式,而且变革了人类几千年形成的贸易方式和自从有人类以来的交往方式,然而这都是基于信息系统的这一基本作用。在组织管理方面,集成化的信息系统突破了传统管理中部门和层级结构的许多约束,许多在传统中一定是串行的业务流程借助信息系统可以并行进行。在商业贸易方面,电子商务实现了 24 小时多地点跨地区的并行的商务活动。在人类交往方面,由于信息化的这一基本作用,使得"先见面、后交流"的传统交往模式不再是唯一模式,而"先沟通、后见面"的交往模式广泛流行。

信息管理人员在信息化建设中一定要充分利用信息系统的这一基本作用,只是用计算机代替原手工劳动的改变不是信息化,而只是计算机化。

2.2.2　各个原理对实践的综合指导作用

实践中所面临的问题是多样的和复杂的,在解决问题时要根据辩证法的观点,即全面的、联系和发展地分析问题,而不是片面、孤立和静止地看待具体问题。所以信息资源管理的基本原理对于实践中的指导作用是具有紧密联系、内在逻辑关系的。例如:数据的组织原理的基本含义是"数据是稳定的,应用是多变的",指的是组织机构的数据的基本元素和存在模式是稳定的,而应用是根据组织机构的业务的不同而有所变化的;信息分布原理的核心含义是因为人类的各项实践活动导致信息分布的不均衡;信息的消除不确定原理指明了信息对于人类决策的作用;信息系统的基本作用原理的核心"物理上的分散和逻辑上的集中"更是直接适应了组织管理的需要。由此可见,组织管理的需要这条主线贯穿于信息资源管理的各项基本原理中,在信息化建设和各类组织机构的信息资源管理活动中,要使信息资源管理活动为组织目标服务,不是为了技术而技术,这是各项信息资源管理原理的基本要求。

按照数据的组织原理指导,在实践中的信息资源管理要以数据为中心,而信息系统的基本作用原理要求建设"物理上的分散和逻辑上的集中"相统一的集成的信息系统,这两项原理共同决定了集成化信息系统建设的根本,就是数据的集成,只有数据的集成才是根本的集成。后面篇章将详细介绍数据中心的建设。

2.3　信息资源管理的基本原则

前已述及,原理更强调事物的本质特点和客观规律,原则是人们做事所依据的准则,强调人的主观能动性。为了把事情做好,就必须符合客观规律,原则符合原理。一般来说,在一个领域中依据少数几条基本原理可以提出相对较多的原则,而且可以从不同的角度表述,大的原则还可以包含若干小的原则。为了突出重点和共性,本书提出 5 条主要原则:一是以数据为中心原则;二是支持组织目标原则;三是系统集成化原则;四是业务流程再造和优化原则;五是整序原则。

2.3.1　以数据为中心原则

1. 本原则的基本内容

信息管理和信息系统建设既要以数据为基础,也要以数据为核心。整个信息管理工作都是围绕着对数据的收集、存储与传递、加工和使用而进行的。其目的也是充分开发和利用信息资源。现代信息管理以计算机信息系统为工具,而其基础就是数据库系统。

以数据为中心的信息系统建设,首先要对组织机构进行总体数据规划,在此基础上建立主题数据库,再以主题数据库为核心开发一个个具体的数据处理软件,这些数据处理软件针对各个具体的业务应用,其功能可以支持不同业务人员进行数据维护,并产生出数据汇总的报表、进行查询等,如图 2-4 所示。

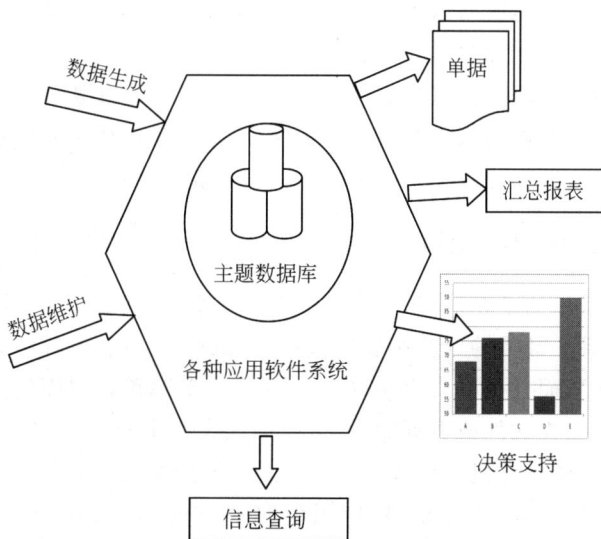

图 2-4　以数据为中心的信息系统

尽管这条原则的表述在不同场合可以不尽相同,有学者将其作为信息工程的基本原理,但是内容基本一致,是业界基本达成共识的重要内容。国际上的代表性学者为美国的詹姆斯·马丁(James Martin),他系统地提出了信息工程和数据规划的理论和方法,我国的高复先教授对其进行了全面总结并付诸了大量实践,其核心内容被纳入了国家职业资格—企业信息管理师培训内容。该理论和方法的提出是经历了信息化建设历程中大量失败教训和成功经验。信息系统建设如果不以基本数据为核心,则可能出现如下情况:

1) 以具体业务报表为核心

这样做明显违背了前述"数据是稳定的、应用是多变的"基本原理。业务报表是具体业务应用,可以经常变化,当报表变化后,系统就要重新改造甚至作废。这个问题之所以在此进行强调,不仅是因为这是系统开发曾经走过的弯路,也是我们学生目前在毕业设计时经常不注意之处。许多学生在为企业进行系统开发时,将数据库的设计与企业所提供的业务报表直接对应,但没有对业务报表进行规范化分析。

2) 以具体业务应用为核心

如果某单位的信息化建设以各个具体业务应用为核心开发信息系统,而不是事先进行统一的集成化设计,日后必然遇到系统集成问题。如果开发时各个应用的数据单独编码,数据库独立,必然形成各个"信息孤岛",为整个组织机构的互联互通、信息共享带来很大困难。

3）以组织部门为核心

尽管这种情况相比上述两种情况有了进步，但是由于不是从整个组织机构的整体着眼，不是以整个组织机构的数据为核心，仍然会形成组织部门之间的信息孤岛。

该原则在信息化建设中的具体应用，就是要建设一个集成的信息（数据）中心。从行政管理的纵向结构看，有国家信息中心、省（直辖市）中心、地市级信息中心和县级信息中心；从职能管理领域来看，公安、工商、税务、海关等领域都有其相应的信息中心。企业要建立自己的数据中心，这部分内容在第 9 章中将详细论述。

2. 计算机数据环境的发展

计算机数据环境指的是在信息系统中，相对于应用程序来说，数据的存在方式，即应用程序与数据的关系。最早的计算机软件数据以 input 语句输入，以 output 语句输出，所以不将其称为"系统"，而只是一个程序软件。后来以文件和数据库的形式实现了数据与程序的分离，以程序操作文件或数据库中的数据，四大基本操作的方式为：增加、删除、修改和查询。数据相对于计算机操作程序来说，也就成了"数据环境"，由低级到高级经历了 4 个阶段，即数据文件（data files）阶段、应用数据库（application data bases）阶段、主题数据库（subject data bases）阶段和信息检索系统（information retrieval system）阶段。

1）数据文件

当数据与程序实现分离之后，首先以文件的形式存储。程序员通过编写程序来实现对存在于文件中的数据进行操作管理，这种数据组织技术相对比较简单，由于对于简单、少量的数据处理时占用计算机资源较少，速度较快，至今某些场合中仍然在应用。典型的应用如网页的计数器模块，将数据写在 txt 文件上要比写在数据库中快一些。随着数据模型的复杂化，人们很自然地想到以行和列的形式在文件中组织数据，再进一步将其开发为通用软件，形成数据库系统。

2）应用数据库

当人们想到以二维表的形式管理数据，并按照这样的思想开发了应用软件后，对数据的管理进入了数据库阶段。之所以称其为应用数据库，就是数据库的建设以具体的应用为中心，包括以具体的报表为中心或以一个部门的需求为中心。例如：学校教务管理部门要开发一个汇总学生成绩的报表，输出是某班学生的各科成绩，输入是单科成绩，其数据流程如图 2-5(a)所示。学生管理部门要开发一个学生评价系统，除了各科成绩外，再加上学生的品德评价，其数据流程如图 2-5(b)所示。

当同学们看到上述针对两个具体应用建立的数据库时，是否能发现问题？一个大中型组织机构，其具体业务应用少则几十个，多则成百上千个，如果针对每个具体应用都开发一对一的数据库，则会造成大量数据冗余和信息孤岛，给管理造成很大麻烦和混乱。请

(a)

(b)

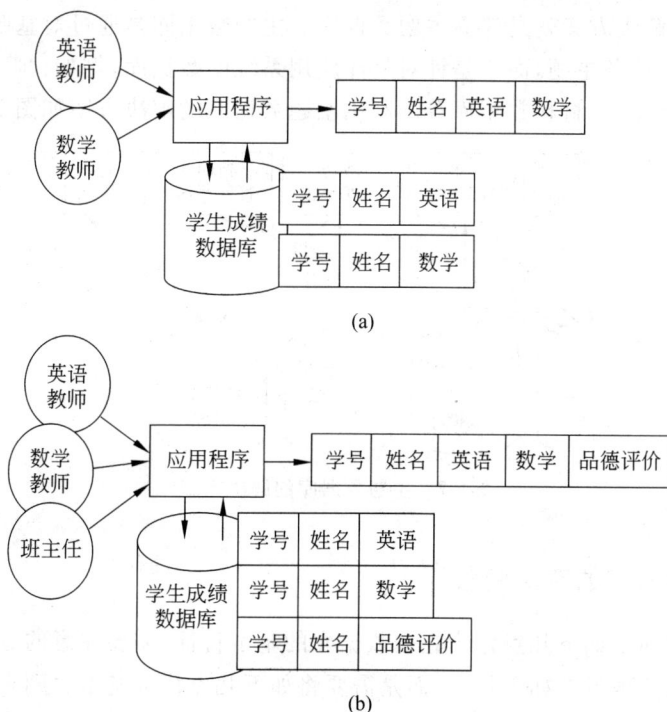

图 2-5　面向具体应用的数据库

同学们思考一下如何解决这个问题？

3）主题数据库

解决上述问题可以有两个途径，一是在各个独立的系统之间建立接口，也就是编写一个程序，建立两个系统之间的连接，如图 2-6 所示。

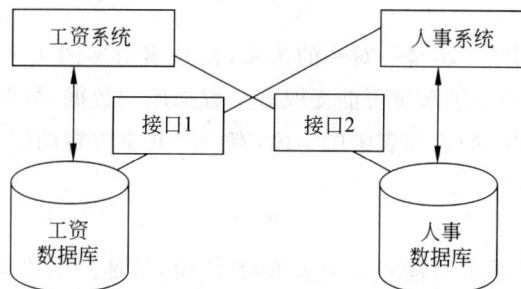

图 2-6　通过接口实现两个系统互联

接口的数量依据系统数量的组合公式计算，随着应用系统数量的增加，接口的数量会十分巨大，尽管解决了互通互联问题，但是由于接口数量过多，同样会为管理工作带来很多困难。最好的解决方案就是建立主题数据库。主题数据库是通过对基础数据进行分类和归纳,面向各类业务主题,而不是针对具体应用系统的数据库,例如:职工数据库、客户数据库、产品数据库、原材料数据库等。利用主题数据库的解决方案如图 2-7 所示。

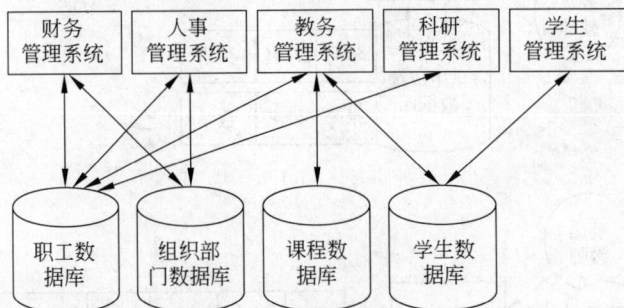

图 2-7   主题数据库的解决方案

3. 主题数据库的基本特征

笔者研究归纳了如下几点作为主题数据库的基本特征,需要注意的是,并不是建立了主题数据库就天然地具有如下特征,而是需要将如下几点作为基本原则来遵守。

1) 面向业务主题

主题数据库是面向业务主题,如产品、客户、职工、固定资产、原材料、供应商、生产工艺等,这些都是企业的业务主题,数据库要依据这些主题建立,而不是与具体的业务报表相对应,也不是与具体的计算机输出界面相对应。但是在开发系统的需求调查时,用户往往直接要求输出某格式的报表,这就需要有一个对数据进行汇总、归纳主题再进行规范化的过程,对于这个问题,同学们在毕业设计时要尤为注意。

2) 信息共享

主题数据库与应用已经不是一对一的关系,而是多对多的关系。一个主题数据库可能面向多个子系统,而一个子系统可能提取多个数据库的数据,数据库对所有子系统是共享的。所以对于数据库中的表和表中的字段,有一个共享方案的制定问题,也就是权限方案的设定。

3) 一数一源

一数一源要求一个数据只能有一个来源,具体说,就是一个数据只能由一个主体在一处和一个时间输入系统,可以由多个主体在多处并多次使用。数据输入的主体可以是人或者设备,数据必须由一个主体通过唯一的模块写入数据库,并且尽量一次性录入。例如身份证号,只能由一人在一处输入后,在系统的其他场合只能读出,不能改写,以后即使本人由同一渠道再次使用该系统,也不应重新输入,否则属于更改数据(可以在个人基本信息中更改)。只有这样,才能保证数据的准确、及时和完整。

4)由基本表组成

基本表指的是符合规范性要求的数据实体,此处要求符合第三范式要求。按照数据库理论,第一范式要求数据实体中的属性由数据元素组成;第二范式要求在第一范式基础上,由主键决定一般属性;第三范式要求在第二范式基础上,各属性之间没有传递依赖。

2.3.2 支持组织目标原则

在一个组织机构中的信息资源管理,毫无疑问要支持组织目标,为提高组织业绩服务。主要表现在两个方面:一是提高组织效率;二是达成目标效果。这也是由前述的信息资源管理原理所决定的。数据组织原理的核心就是"数据是稳定的,应用是多变的",而数据的应用就是为了实现组织目标的应用。信息的消除不确定性原理决定了在人类的管理活动中,首先就要得到有关信息,以准确、全面和及时的信息作为管理的基础。对现代组织机构的管理,一刻也离不开信息资源管理体系。一个可以有效支持组织管理的信息资源体系,是以信息活动管理为途径,包括信息的收集、存储和传递、加工和使用,在业务操作、管理控制和战略决策等各个管理层次上,全面支持组织的各项业务,如图 2-8 所示。

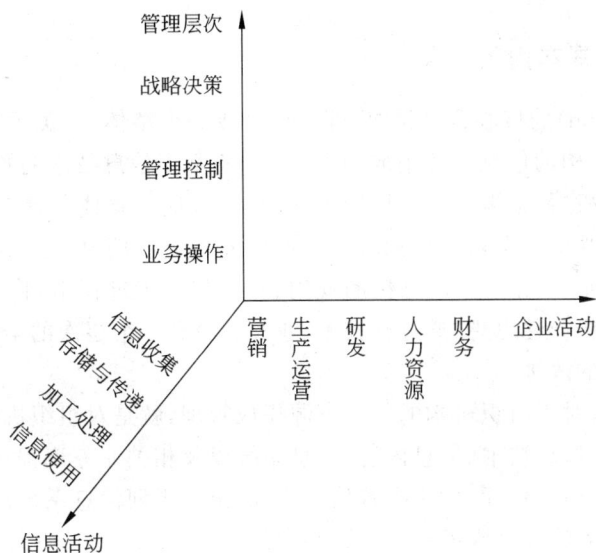

图 2-8 信息活动对企业管理的支持

以一个大型超市的营销活动为例。在业务操作层面,信息资源管理的主要任务就像大家在购物时所看到,首先要求每件商品都按照行业标准或要求制定条码,同时企业建立相应的商品数据库和销售系统,企业营销管理人员按照一定的制度将库存数量、销售价格等数据录入系统,客户在结账时,收银员通过柜台 POS 机读取商品信息,收取款项,系统再写入相应数据。业务操作层面的信息活动是针对个体信息的收集、存储、传递和处理。此处的处理一般只是简单地汇总,例如将每个客户每次所购商品的金额汇总为合计。在管理控制层面,就要将这些个体信息按照一定时间进行汇总,例如每日、每周、每月。汇总时可以按照时间、商品和客户类型等多个维度,例如:每月各种商品的销售额及所占比率、不同类型客户的购买额及所占比率等。营业经理可以根据这些数据分析在不同时间不同商品的销售情况,为决定商品种类、定价、制定营销策略提供依据。同时,营业经理也要按照内部的小组和营业员汇总营销业绩,为职工考核提供依据。对于战略决策层次,不但要收集、加工和利用这些内部信息,企业高层还要分析经济形势、国家政策的变化、竞争对手情况、社会居民的集中程度和收入水平等外部信息,以便为企业规模、市场定位、总体经营风格等战略决策提供依据。

做好信息服务工作,以信息服务支持业务工作,提高业绩是信息资源管理者的工作目标,所以首先必须了解不同类型、不同层次管理者的基本需求,按照业务人员的需求收集信息、加工信息、配置信息技术资源。

2.3.3　集成管理原则

1. 本原则的基本内容

集成(integration)的核心含义是"把部分组合成一个整体"。英国拉夫堡大学威斯汀(Westion)对组织机构的信息资源集成的定义是:将基于信息技术的资源及应用(计算机硬件、软件、接口和机器)集聚成一个协同工作的整体,这个整体包括功能交互、信息共享及数据通信。北京邮电大学教授傅湘玲系统地研究了企业信息化集成管理,对企业信息化集成管理的定义是:"在企业信息化的规划、实施和应用过程中,将应用集成管理的理念作为贯穿其中的指导性思想,通过在技术、业务和服务 3 个层次的全面集成而达到信息化建设的整体目标的改进。"

归纳已有成果,对于组织机构的信息资源集成管理,就是对组织机构中的信息资源及其各相关要素,包括信息技术、信息内容、信息系统以及相关业务流程、组织机构等作整体考虑,以提升组织业绩为目标,优化配置信息资源、统一规划信息系统建设,最终形成一个统一的集成各项业务的综合服务系统。

2. 本原则的应用

傅湘玲教授提出的信息化集成管理的 3 层次框架,可以作为组织机构信息资源集成管理的典型应用途径。当然这只是一个参考框架,在具体应用中要不断改进和细化。

1）技术集成

这是信息化集成的基础,要求各个应用子系统实现互联互通、信息共享。可以在总体数据规划之后建立主题数据库,然后在此基础上建立集成的管理信息系统。

2）业务集成

根据信息化要求进行业务流程再造或优化,同时对于组织机构的设置、目标、职责、运行机制等进行综合考虑和优化,与信息系统紧密结合,提高组织运行效率。这一层次的集成是集成化信息管理的保障。

3）服务集成

形成一个统一的集成各项业务的综合服务系统,使各类人员都从一个入口、一个界面进入系统,在一个平台上进行各类业务操作。

2.2.4　业务流程再造与优化原则

1. 本原则的基本内容

这个原则实际上是上述信息化要支持组织目标原则和信息系统集成化原则互动产生的必然结果。一个组织机构在进行信息化建设和应用信息系统时,为了显著提高效率和业绩,不能照搬原有业务流程,不能仅仅是用计算机代替原有手工劳动,而是要结合信息系统的功能和作用进行业务流程再造或优化。仅仅应用计算机和信息系统而不进行相应的业务流程再造和优化,不能称其为信息化,而只是计算机化。

业务流程再造指的是站在组织机构或某项业务的最终点,对原有流程进行根本性思考,进行重新设计和根本性变革,以在效率、质量、成本等方面获得本质提高。业务流程优化指的是对原有流程进行改造或改良,对某些环节进行删除、增加、合并和修改等改造工作,使得流程更加优化。从文字表述上看,业务流程再造比较激烈,业务流程优化比较平缓,在实际中二者没有绝对界限,都是根据信息系统的基本作用原理,即"物理上的分散和逻辑上的集中"这一基本作用,为了提高组织机构效率、支持组织目标而进行的资源重新配置。

2. 本原则的应用举例

业务流程再造或优化必须结合具体的业务实践,由本单位的信息管理部门牵头负责,而不是系统开发商主导的一项工作,其规模可大可小。现以同学们熟悉的课程成绩上报流程为例说明。图 2-9 为没有计算机时代的成绩上报流程,图 2-10 为仅利用了计算机代替手工劳动的成绩上报流程。由图 2-10 可以看出,尽管采用了计算机,在一定程度上提高了效率,但是由于二次录入的存在,在质量上具有出错的可能,在效率上由于重复劳动,所以仍可以大幅提高。图 2-11 为进行了流程再造后的成绩上报流程。

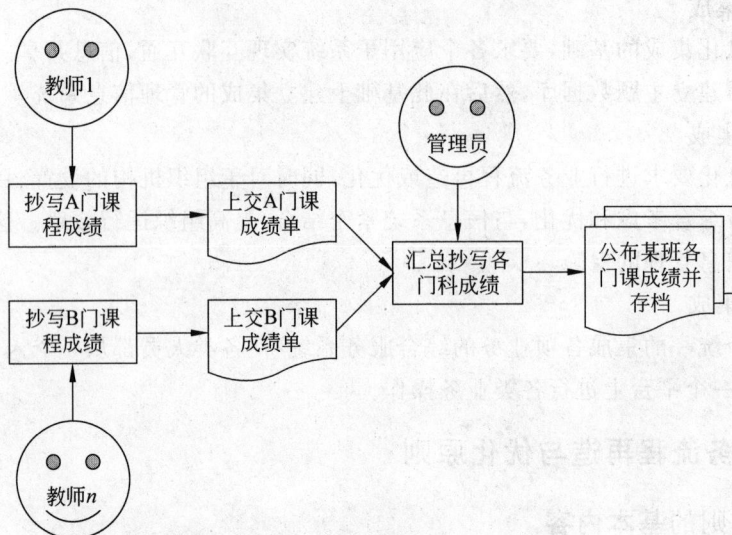

图 2-9　没有计算机时代的成绩上报流程

20世纪90年代初期,学校系级教务管理用了计算机,教研室也配备了计算机,这时人们首先想到的就是利用计算机代替大量繁重的手工劳动,并利用计算机保存资料。当时的成绩提交流程改为图 2-10。

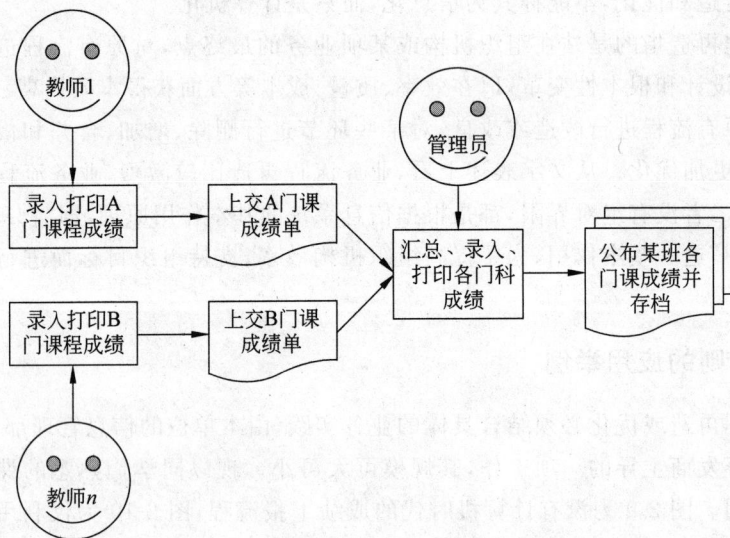

图 2-10　仅利用了计算机代替手工劳动的成绩上报流程

在图 2-10 的流程中存在二次录入的问题,明显不符合"一数一源"的原则。即使当时已经有了互联网应用,后来又建立了校园网,这个流程仍然保留了若干年。随着校园集成的信息系统的建立,目前的流程如图 2-11 所示。

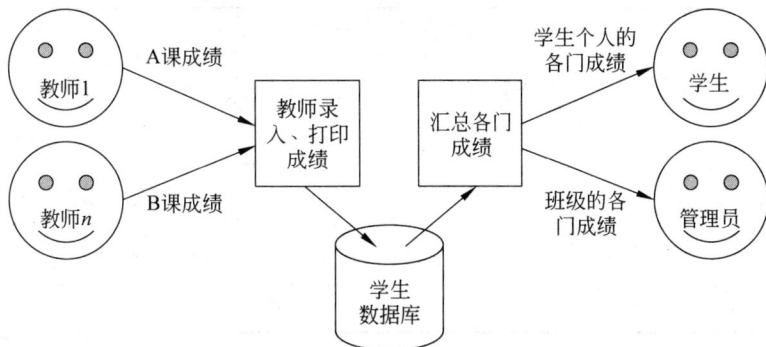

图 2-11 进行了流程优化,建立了"物理分散、逻辑集中"的信息系统

2.2.5 整序原则

1. 本原则的基本内容

信息资源管理的整序原则指的是对组织机构的各类信息资源都要进行统一安排,按照一定规则明确其位置,使之结构化、条理化、有序化。结构化指的是将整体的各个部分进行组织,按照横向分类、纵向分层的原则进行安排;条理化指的是在进行结构化时根据合理的原则和办法;有序化指的是按照特定规则将组成整体的各个要素的位置形成序列。整序原则本来是针对信息内容资源提出的,但也适用于信息技术、信息组织结构、人员等资源。

对于文献资料等信息资源,整序的方法主要是通过"关键词"进行分类排序。对于数据库中的资源,要进行数据结构设计,进行数据表的规范化处理;对于计算机网络,要进行网络结构设计;对于信息系统,要对其各个子系统和模块进行分层分类设计。

信息资源在有效整序之后,整个体系才可以形成有机整体,在这个由浩如烟海的繁多个体要素组成的庞大整体中,各个要素既可以单独发挥作用,同时多个要素之间又是互相联系,发挥整体作用。

2. 信息内容的整序

对于数据和信息内容的整序方法,主要有分类法、主题法、数据库技术方法等。

1) 分类法

分类法是图书馆等组织机构对文献资料的整序方法。按照《中国图书馆图书分类法》

（简称"中图法"），首先将文献资料分为 22 个大类，即 22 个主表，然后逐级细分，如表 2-8 所示。

表 2-8　中图分类号举例

大类	内　　容	小类	内　　容
A	马克思主义、列宁主义、毛泽东思想、邓小平理论	…	……
B	哲学、宗教	…	……
C	社会科学总论	C0	社会科学理论与方法
…	……	C1	社会科学现状及发展
…	……	…	……

这种分类方法的基本原则是"不重不漏"，即每一份文献只能被明确地分到一个细目下。在查询时，如果路径正确，则效率较高；如果路径不正确，则查不到。这种方法比较适合人工查询。

2）主题法

主题法是从文献信息的内容特征出发来实现信息有序化的方法，它直接用词汇来对信息进行分类整理。主题法可以分为四种：标题法、单元词法、关键词法和叙词法。这四种方法各有其特点，其中关键词法是信息发出者提供关键词，其他三种方法都是由信息资源管理者将其按主题归类，可以依据《汉语主题词表》《文献叙词标引规则》等标准设定主题。主题法比较适合计算机检索，也适合查全某主题的全部文献。随着计算机技术和信息资源技术的发展，可以利用计算机自动提炼主题。

3）数据库方法

前两种信息的整序和组织方式是基于文件的形式，随着计算机的发展，信息资源管理从文件阶段进入了数据库阶段。大量的信息需要按照数据库模式进行组织，数据库模型有三种：层次模型、网状模型和关系模型。最常用的是关系模型，以二维表的形式组织数据。以数据库的形式组织的信息，可以方便地通过信息系统进行查询。

本章小结

本章从一个具有跨地区多层次的公司总部对下属分公司的财务控制问题谈起，引出如何以信息化和信息资源管理支持组织目标的问题。本章以支持组织机构运行与目标实现的信息资源管理为出发点，提出了信息资源管理的几项基本原理，即数据的组织原理、信息资源的分布原理、信息的消除不确定原理和信息系统的基本作用原理，同时讨论了这四项原理对于信息化建设实践的指导作用。依据基本原理,在信息化建设的不同场合、不同角度应该遵循一些基本原则,本章提出了五项主要原则。

课后思考题

1. 对信息资源管理的研究可以有不同的角度,本章的角度主要是什么? 有何意义?

2. 简述数据的组织原理的主要内容及其对信息化实践的指导作用。

3. 简述信息资源的分布原理的主要内容及其对信息化实践的指导作用。

4. 信息的消除不确定原理的主要内容及其对信息化实践的指导作用。

5. 简述信息系统的基本作用原理及其对信息化实践的指导作用。

6. 简述信息资源管理的各项原理对信息化实践的综合指导作用。

7. 信息资源管理基本原理与原则具有何种关联?

8. 以信息化为手段将一个总公司的多级财务核算变为一级财务核算,主要应用信息资源管理的哪个原理和原则?

9. 思考计算机化和信息化的联系与区别。

10. 建立主题数据库是依据信息资源管理的哪项原理? 主题数据库的特点有哪些?

第3章

信息资源管理职能

本章要点

美国信息资源管理学家霍顿和马钱德等人在 20 世纪 80 年代就支持,信息资源与人力、物力和财力等自然资源一样,都是企业的重要资源,因此,应该像管理其他资源那样管理信息资源。信息资源管理是管理活动的一种,管理的计划、组织、领导和控制等四种职能也适用于信息管理。将这四种职能作用于信息管理的对象即信息资源和信息活动,形成信息资源管理计划、信息资源管理组织、信息资源管理领导和信息资源管理控制等四大职能。它们彼此联系、相互牵制、协同作用,构成一个完整的体系,其共同目的是实现组织预定的信息管理目标。

信息资源管理的职能不仅仅体现在对自身的管理上,同样体现在管理工作中。通过对信息资源合理科学的管理使得在管理工作的计划、组织、领导、控制环节产生了新的效用,使传统的管理工作效率大大提高,适应了信息时代发展需求。

本章共分 5 节,从两个角度阐述信息资源的管理职能,一个是信息资源本身的计划、组织、领导、控制职能,一个是信息资源管理在管理工作各环节中的支持职能。第 1 节是"信息资源计划职能",讲述计划的相关概念、信息资源计划、信息系统建设计划。第 2 节是"信息资源组织的职能",讲述组织的相关概念、信息资源管理组织的职责、信息管理组织的结构设计。第 3 节是"信息资源领导职能",讲述领导的相关概念、CIO 概念与 CIO 职责、CIO 素质要求及能力结构、CIO 发展机遇。第 4 节为"信息资源控制职能",主要讲述控制的相关概念、信息资源管理控制方法、信息管理控制系统。第 5 节为"信息资源管理对管理工作的支持",主要讲述在管理工作的各个环节中信息资源的支持作用。

在本章节中,重点在于理解和学习对信息资源的计划、组织、领导和控制。对于管理学中的计划、组织、领导、控制的基本概念仅作简单介绍,并不深入阐述,如需要了解相应内容,可查阅管理学类专业书籍。

【情景案例】

信息化建设与"信息孤岛"问题

　　某供电企业在发展中积极推进信息化建设,各个部门为提高自身的工作效率,使用了很多信息系统。用电营业、生产技术、客户服务、计量、安装等部门都有多个独立运行的计算机应用系统或模块。这些系统或模块,有的是上级部门下发推广的,也有的是自行开发或购买引进的。为此企业投入了很多资金去搭建计算机平台,购买软件、硬件等。

　　这些软件或模块在企业管理中发挥了一定的作用,使业务人员熟悉了计算机的应用。但是这样"遍地开花"的计算机应用状况并没有持续给企业带来对等的效益。随着电网规模的发展和改革的深入,企业各部门之间及企业和社会之间信息交换越来越频繁,对信息的及时性、准确性和可靠性的要求越来越高,这时,一些部门级单项应用系统的固有缺点就暴露出来。例如,电表更换业务,需要报装部门先录完用户名、地址等旧电表参数,打印出报表后,送到计量部门录入新电表参数,再拿回报装部门录入安装数据。信息源不唯一,部门之间相互封闭,信息不能共享,这就是所谓"信息孤岛"问题。

　　过去分散开发的供电生产管理软件,大多数是一些数据录入、简单查询和报表打印功能,只能解决生产技术的事后统计管理问题,不能发挥通信及计算机网络的作用,因此不能解决生产流程的计算机网络化管理问题。以供电设备缺陷管理流程和检修管理流程为例:从生产班组、县区局到市局生技、调度部门,不论是上报缺陷、停电计划,还是制定停电检修计划及其执行(包括了多种停电申请与批复、调令、操作票、工作票等信息流),都是一些跨部门、跨地域的实时管理活动。分散的计算机应用并没有从根本上改变传统的电话、报表传递的工作方式,不仅信息传递迟缓影响作业,而且存在误操作和事故隐患。

　　另外,一些企业准备引进实施企业资源计划(ERP)、客户关系管理(CRM)和供应链管理(SCM)等管理软件,但见到或听到的是一些管理咨询无效、系统实施失败的案例,虽然经过调研考察,参加过培训研讨,仍然没形成明晰的思路。

　　信息孤岛是信息化建设中的一个普遍问题,不是什么人的问题,也不是中国信息化特有的情况,全球每年的应用集成有近 3 000 亿美元之巨。信息孤岛的类型有很多,不仅企业内各环节存在着信息孤岛,企业间也存在信息孤岛。

　　究其产生的原因,首先,这是信息化发展的必然阶段。不论是企业信息化,还是政务信息化,都有一个从初级阶段到中级阶段,再到高级阶段的发展过程。在计算机应用的初级阶段,人们容易从文字处理、报表打印开始使用计算机。进而围绕一项项业务工作,开发或引进一个个应用系统。这些分散开发或引进的应用系统,一般不会统一考虑数据标准或信息共享问题,追求"实用快上"的目标而导致"信息孤岛"的不断产生。"信息孤岛"的产生带有一定的必然性,这并不可怕;可怕的是总停留在初级阶段而不发展,不去解决"信息孤岛"问题,还让新的"信息孤岛"继续出现。

其次,对于信息管理的认识误区。长期以来,由于信息化教育的深度和广度不够,在企业和政府部门中普遍存在着"重硬轻软,重网络轻数据"的认识误区。他们在设备选型和网络构筑上肯下功夫,肯花大钱,甚至成了"追新族",使网络设备"换了一茬又一茬"而造成很大的浪费,就是没有用心去进行信息资源的开发与利用,因而导致对"信息孤岛"问题熟视无睹,使其得以长期存在而得不到解决。

企业管理中,任何一个部门,不论计算机设计、材料零配件采购、加工制造和总装,还是销售和客户服务等过程,都充满着信息的产生、流通和运用,欲科学地进行管理,不是仅仅靠安装计算机或者什么系统就能一劳永逸,对于信息资源管理的全面计划是信息化建设的有效保障。在企业信息化过程中,对于信息资源的管理和利用,除了从技术角度进行建设,还必须从管理的角度进行优化。管理的基本内容是要求做好计划、组织、领导和控制工作,对于信息资源的管理也可以从这样的几个角度去进行建设。

在企业的信息化建设中,硬件建设必不可少,也是企业信息化的重要平台和基础,然而对信息资源的科学管理和利用更是不容忽视,它是信息化建设项目成功与否的重要保障。

资料来源:高复先.信息资源规划(IRP)系列讲座之一:冲出"孤岛"走向规划[EB/OL]. http://www.vsharing.com. 2003.2.10

课前思考:
1. 信息管理是否仅仅是技术问题?
2. 信息孤岛产生的原因是什么?
3. 如何解决"信息孤岛"的问题?
4. 信息资源的管理可以从哪些方面开展管理工作?

3.1　信息资源管理的计划职能

从管理学观点来看,信息作为一种资源,其管理职能包括计划、组织、领导和控制,其中计划是组织、领导和控制职能的龙头,是战略规划(决策)的组织落实过程。计划普遍存在于组织的每一层次、每个部门、每个环节,是为了保证战略规划制定的目标能够得以实现而制定的行动纲领和依据,为组织目标的实现提供强有力的保证。

3.1.1　计划及相关概念

1. 计划的概念

对于计划的定义,管理学中有很多。斯蒂芬•P. 罗宾斯(Stephen P. Robbins)曾说:计划即"定义组织的目标;制定全局战略以实现这些目标;开发一个全面的分层计划体系以综合和协调各种活动。"哈罗德·孔次等著的《管理学》中这样写道:"计划工作是一座桥梁,它把我们所处的这岸和我们要去的对岸连接起来,以克服这一天堑。"

可以从两个角度来认识计划的内涵。一方面,计划作为名词来理解,是指用文字、图表和指标等形式所表述的关于组织内部以及组织的不同部门和不同成员在未来一定时期内的行动方向、内容和方式安排的管理文件。另一方面,计划作为动词来理解,是指为了实现决策所确定的目标,预先进行的行动安排。

无论是名词角度还是动词角度,计划所描述的内容都可以用"5W1H"来概括,即需要什么样的行动(what)、为什么需要这项行动(why)、何时行动(when)、在何地实施这项行动(where)、谁负责这项行动、(who)、如何行动(how)。通过上述内容的确定来完成计划的基本职能,以支持组织工作目标的有效实现。

2. 计划的分类

计划的种类繁多,表现形式多种多样,常见的形式有宗旨或使命、目标、战略、政策、程序、规划或方案、预算。在应用中,根据管理工作的需要,通常从不同的角度对计划进行分类,以便有效地辅助管理工作的开展,计划分类如表 3-1 所示。

表 3-1　计划分类表

分类标准	分类结果	分类标准	分类结果
所涉时间	长期计划、中期计划、短期计划	确定性	专题计划、综合计划
管理层次	战略计划、战术计划	明确性	具体计划、指导性计划

总的来说,对于企业管理中的任何一个项目而言,可见的计划书是一个计划,同时未来相关的其他活动也是计划,后者往往是最容易被忽视或者遗漏的部分。为了理解计划的多样性,只需记住计划包含未来任何的行为过程,在管理工作中识别计划的各种类型和表现形式有助于管理者更有效地实施管理工作。

3.1.2　信息管理计划内容与结构

信息管理的计划职能是围绕信息的生命周期和信息活动的整个管理过程,通过调查研究,预测未来,根据信息战略规划所确定的信息管理目标,分解出子目标和阶段任务,并规定实现这些目标的途径和方法,制定出各种信息管理计划,从而把已确定的总体目标转化为全体组织成员在一定时期内的信息行动指南,指引组织未来的信息行为。

为实现上述职能,通常把信息管理计划分成两个重要部分:一是信息资源计划;二是信息系统建设计划。其结构如图 3-1 所示。

信息管理计划

信息资源计划 ── 信息系统建设计划

信息资源计划：
- 战略规则：总的方向、阶段目标、原则、资源分配等
- 常规管理计划
  - 信息收集计划
  - 信息加工计划
  - 信息存储计划
  - 信息利用计划
  - 信息维护计划

信息系统建设计划：
- 系统项目计划
- 网络建设计划
- 人员配置计划
- 培训计划
- 信息管理计划

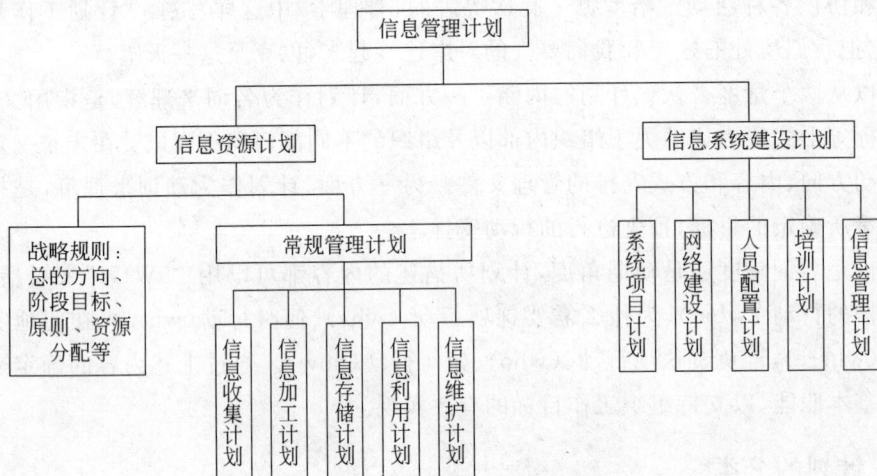

图 3-1　信息管理计划

在这里,我们把信息资源计划按照其包含的内容范围分为广义和狭义两种定义。广义的信息资源计划是将战略规划也视为信息资源计划的一部分,再加上信息资源常规的收集、加工、存储、利用和维护等计划(见图 3-1)。狭义的信息资源计划主要是指后者。信息资源战略规划是对组织的信息资源和信息活动面临的外部机会和威胁与内部优势和弱点进行战略分析和战略决策从而确定信息战略的过程。相对来说,信息资源的战略规划更强调全局性、目的性、关键性、超前性和长期性等战略特性。作为组织总体战略规划的一部分,信息战略规划为企业的高层经理提供思考信息管理和利用问题的方法,制定组织信息资源管理的总体目标,全面、系统地指导组织信息化过程,充分有效地利用信息资源,使信息管理全面满足组织业务发展的需求,合理规避信息技术的投资风险。信息资源规划的常用方法有企业系统规划法(business system planning,BSP)、关键成功因素法(critical success factors,CSF)等。

在本书中,为详细阐述两部分的内容,分为两个章节来讲述。信息资源的战略管理在第 5 章信息战略管理中进行阐述。本章节所讲述的为狭义上的信息资源计划。

1. 信息资源计划

信息资源计划简称 IRP(information resource planning),是信息管理主计划,是指对组织活动中所需要的信息,从采集、处理、传输、存储利用和维护的全面计划,是对信息资源管理的战略规划的具体落实,包括信息收集计划、信息加工计划、信息存储计划、信息利用计划和信息维护计划等。

信息资源管理的目的是通过组织内外信息流的畅通和信息资源的有效利用,来提高

组织的效益和竞争力。同人力、物力和财力等自然资源一样,信息资源是当今社会中的一项重要资源,应该像管理其他资源那样管理信息资源,要提高企业的管理效率必须进行科学的信息资源管理。在信息技术飞速发展的时代,信息化建设初期,很多企业(特别是大型集团企业)都意识到信息管理的重要性,也愿意投入资金建立通信与计算机网络,开发或购买各种生产自动化控制系统和经营管理信息系统,期望借助先进的管理设备和软件系统为管理工作带来高效率、高效益。然而事实情况是,在信息化初期,很多的企业由于其盲目的投入,对信息资源管理理解上的误区造成的后果是投资回报不成正比,企业在蒙受损失的同时,对信息化建设的信心也大打折扣。

比如"信息孤岛"的产生归根结底是由于缺乏高层的统筹规划和统一的信息标准,致使设计、生产和经营管理信息不能快捷流通,信息不能共享造成的,这样的信息化建设远没有发挥投资的效益。要解决这些问题,使组织的每个部门内部、部门之间、部门与外部单位、组织与外部环境的频繁、复杂的信息流畅通,充分发挥信息资源的作用,必须进行统一而全面的信息资源计划。

通过信息资源计划梳理业务流程,搞清信息需求,建立企业信息标准和信息系统模型。用这些标准和模型来衡量现有的信息系统及各种应用,符合的就继承并加以整合,不符合的就进行改造优化或重新开发,重新整合优化已有分散的应用模块,形成集成化、网络化的管理信息系统,改变原先各部门独立运行、信息封闭、功能单一的落后的信息环境,从而积极稳步地推进企业信息化建设。

信息资源计划的目的是在正规的信息化需求分析基础上,建立组织信息资源管理基础标准、信息系统功能模型、数据模型和体系结构模型,用以指导开发集成化、网络化的信息资源系统。

信息资源计划的意义:

(1) 全面进行正规的信息资源建设需求分析,规范化表达运作层、管理层和决策层的信息需求,为有计划、有步骤地进行信息资源开发利用做好准备。

(2) 通过系统数据建模,理清现有信息资源的不一致、冗余和复杂接口等问题,建立适应新的信息需求的规范化数据结构,为解决"信息孤岛"问题,改造和建立高档次的数据环境打下坚实的基础。

(3) 在系统建模过程中优化管理业务流程,以信息化支持管理创新,进一步提高管理工作效率和质量。

(4) 采用相关的软件工具,建立计算机网络化的组织信息资源元库,用以指导全面的信息系统建设,并建立长期的计算机化辅助设计与管理的基础。

(5) 在信息资源计划实施过程中,培训业务人员掌握信息资源开发利用的基本知识和技能,形成组织自己的信息资源建设和管理队伍。

2. 信息系统建设计划

搞好组织信息资源开发利用的第一步是做好信息资源计划,下一步要做的是将上述工作进一步落到实处。信息系统建设计划则是落实信息化建设工作的关键。在信息管理中,信息资源计划是前提,信息系统建设则是实现途径,两者相辅相成。

在知识经济时代,信息瞬息万变,我们甚至可以说信息系统是信息资源管理唯一可行的手段。信息系统是信息资源管理和利用的重要手段和方法,借助信息系统可以把信息资源计划中确定的信息资源管理基础标准、信息系统功能模型、数据模型和体系结构模型转化为可操作的系统,科学地对信息资源进行管理和利用,最终为实现组织的目标服务。

所谓信息系统(information system,IS)是由人、硬件、软件和数据资源组成,能及时和正确地收集、加工、存储、传递和提供信息的系统,它能实测组织运行情况、预测未来、辅助组织决策、控制组织行为,帮助组织实现目标。具体来说,信息系统由计算机、计算机网络、系统软件、数据库系统、信息系统应用软件以及开发、维护和使用系统的人员共同组成。

由上可见,信息系统是一个复杂的系统工程,包括网络工程和软件工程等,通常我们把信息系统建设称为信息工程项目。信息工程项目与一般工程项目相比,有相似之处,也有许多特殊性。在这里,我们强调一定要把信息系统看作一个能对管理者提供帮助的基于计算机的人机系统,而且把它看作一个社会技术系统,将信息系统放在组织与社会这个背景去考察,并把考察的重点从科学理论转向社会实践,从技术方法转向使用这些技术的组织与人,从系统本身转向系统与组织、环境的交互作用。

结合工程项目管理和软件工程的思想,信息系统建设一般需经过系统分析、系统设计、系统实施等阶段。

系统分析阶段主要研究系统需求,提出系统的逻辑方案;系统设计阶段依据系统的逻辑方案,设计系统的物理方案,一般又分为概要设计和详细设计,内容包括计算机网络集成方案、系统软件配置方案、应用软件详细设计方案等;系统实施阶段是将系统的物理方案变成现实,包括设备材料采购、网络施工、网络系统调试、应用软件程序编码、程序和系统测试、信息准备、系统安装、人员培训等。

为了使得这些工作能够有序开展,工作效率尽可能地提高,在信息系统建设过程首先要做好计划工作,即将上述工作的安排、方案设计、时间控制等相关工作一一落实,最终形成信息系统建设计划书,作为信息化建设中重要的阶段性成果和指导文件。

3.1.3　信息资源计划的主要内容

1. 信息资源计划的主要步骤及内容

信息资源计划在信息战略规划的基础上,对组织信息资源建设和管理制定详细的工作方案,以指导和规范组织未来的信息资源建设和管理。信息资源计划工作的内容主要包括 7 个方面,如图 3-2 所示。

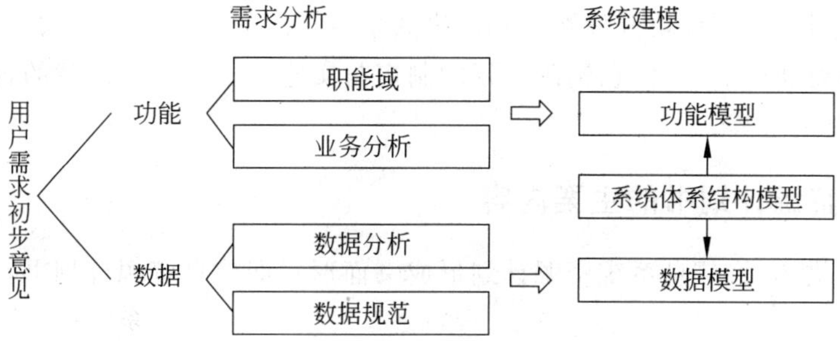

图 3-2　信息资源计划的主要内容

1) 职能域的定义

按信息工程方法论(IEM)关于信息资源计划要面向全部职能域或大部分/主要职能域的原则,信息资源计划的职能域以组织的主要业务过程为重点,覆盖组织的职能部门,而不是当前机构部门的翻版。

各职能域的具体划分和定义需经过认真研究和评审,最后由主管领导确定,并具体列出各职能域与当前机构部门的覆盖关系。

2) 职能域业务分析

分析定义各职能域所包含的业务过程,识别列出各业务过程所包含的业务活动,形成组织的管理业务模型。

3) 职能域数据分析

对每个职能域绘出一二级数据流程图(data flow diagram,DFD),从而搞清楚职能之间、职能域内部以及职能域与组织外部环境的信息流;分析并规范用户视图(单证、报表、屏幕表单等);进行各职能域的输入、存储、输出数据流的量化分析。

4) 数据规范,建立组织信息资源管理基础标准

包括数据元素标准、信息分类编码标准、用户视图标准、概念数据库标准和逻辑数据库标准。

5) 建立系统功能模型

基于需求分析和业务流程重组进行系统功能建模。系统功能模型由逻辑子系统、功

能模块、程序模块组成。

6）建立系统数据模型

系统数据模型由各子系统数据模型和全域数据模型组成，数据模型的核心部件是"基表"（base table），这是由数据元素按"第三范式（3-NF）"组织的数据结构，是系统集成和信息共享的基础。

7）建立系统体系结构模型

将功能模型和数据模型联系起来，就是系统的体系结构模型，可以采用 U/C 矩阵描述，它对划分系统、控制模块开发顺序和解决共享数据库的"共建问题"均有重要作用。

在这里需要强调的是，信息资源计划的制定与实施并不是一蹴而就的，而是一个循环往复、不断完善的过程。

2. 信息资源计划书的主要内容

根据前文描述，将信息系统资源计划形成书面形式即信息资源计划书，具体内容可参照如下安排：

信息资源计划书

1．系统目标

2．环境分析：技术环境、管理环境和社会环境等。

3．业务和技术分析

（1）全域分析：全域的业务模型、用户视图一览表、数据流程图（1-DFD 与 2-DFD）、功能模型、数据模型、信息分类编码一览表、数据元素集和数据元素—基表分布等。

（2）职能域（子系统）分析：各职能域（子系统）的数据流程图（1-DFD 与 2-DFD）、业务模型、用户视图及组成、数据流（输出与输入数据流量化分析）、数据存储（量化分析）、功能模型、数据模型和体系结构模型等。

4．资源需求

5．组织与领导

6．跟踪与控制机制

7．预算

8．常规计划要点

（1）信息收集计划；

（2）信息加工计划；

（3）信息存储计划；

（4）信息利用计划；

（5）信息维护计划。

其中,常规计划(或称分计划)是为保证组织信息资源计划的顺利完成而制定的。通过常规计划的制定来细化各项信息管理工作,最终落实信息资源计划提出的总体目标。

常规计划可以按年度或月制定,用以控制日常信息管理工作。在信息资源的日常管理中,一般按照信息的生命周期,可以将常规计划分为信息收集计划、信息加工计划、信息存储计划、信息利用计划和信息维护计划等。

1) 信息收集计划

按照信息资源主计划或战略规划提出的目标制定信息收集计划,旨在有计划有目的地集成信息、组织信息,丰富组织的信息资源库。

2) 信息加工计划

信息加工是对获取的信息采用适当的方法进行加工提炼获得新信息,这些新信息更加贴近组织决策目标,具有更高的价值,并且这些新信息也是信息资源的源泉。

3) 信息存储计划

无论是收集的原始信息还是经过加工获得的信息,为了能够长期保存或为更多人共享,都必须借助于一定的介质存储。

4) 信息利用计划

信息的收集、加工和存储,甚至包括维护,其目的都是为了信息利用,为实现组织目标服务。信息利用计划是信息管理人员制定的,规定组织的所有管理人员按其权限享受信息,完成其工作任务。

5) 信息维护计划

信息维护计划是关于修改信息、清理信息垃圾等工作的计划。

信息有生命期,从信息产生被采集获得开始,到信息存储、加工、传输、利用,直至最后消亡。

从信息的特征可以看出,信息会随时间变化和科学技术等的发展变得过时和无用。这些信息就不再是信息资源,而是信息垃圾。另外,由信息的定义可知,信息是对客观事物的运动状态和变化的描述,客观事物是运动和变化的,因而描述其运动状态和变化的信息也是变化的,这也要求对信息进行维护。

3.1.4 信息系统建设计划的主要内容

1. 信息系统建设计划的主要内容及步骤

信息系统建设计划是信息管理过程中一项重要的专项计划,是指组织关于信息系统建设的行动安排和纲领性文件,内容包括信息系统建设的工作范围、对人财物和信息资源的需求、系统建设的成本估算、工作进度安排和相关的专题计划等。这些专题计划是信息系统建设过程中为保证某些细节工作能够顺利完成、保证工作质量而定制的,包括质量保证计划、配置管理计划、测试计划、培训计划、信息准备计划和系统切换计划。

1）工作范围

信息系统建设计划的第一个任务就是确定信息系统建设的工作范围,即信息系统的用途和对系统的要求。主要包括系统的功能、性能、接口和可靠性等4个方面。计划人员必须使用管理人员和技术人员都理解的无二义性的语言描述工作范围。

系统的功能描述应尽可能具体化,提供更多的细节,因为这是系统的成本和进度估算的主要依据。系统性能是指系统应到达的技术要求,比如信息存取响应速度、数据处理精度要求、信息涉及的范围、数据量的估计、关键设备的技术指标、系统的先进性等。一般来说,进行成本和进度估算需要将功能和性能联合考虑。

接口(interface)一般分为硬件、软件和人三种。硬件指运行信息系统的网络硬件环境,包括服务器、交换机、工作站、外围设备和连接线路等。软件指信息系统运行和开发必需的系统软件和支持软件,如操作系统、数据库管理系统、开发工具等,此外软件还包括构成信息系统的一些成熟的商品化应用软件。人指系统开发人员和系统使用人员。系统开发人员包括系统分析人员、系统设计人员、程序员、网络施工人员、设备安装人员、测试人员等;系统使用人员包括系统维护人员、操作员和利用系统获取信息及辅助决策的管理人员。

系统可靠性是系统的质量指标,包括硬件系统和软件系统的质量。一方面是指系统对信息的存储、加工和分析处理的误差不影响管理人员决策;另一方面是指系统安全性高、故障率低或可恢复性强等。

2）资源需求

工作范围确定以后,接下来就是确定所需要的资源。信息系统建设对资源的需求由低级到高级可以用金字塔来描述,如图3-3所示。

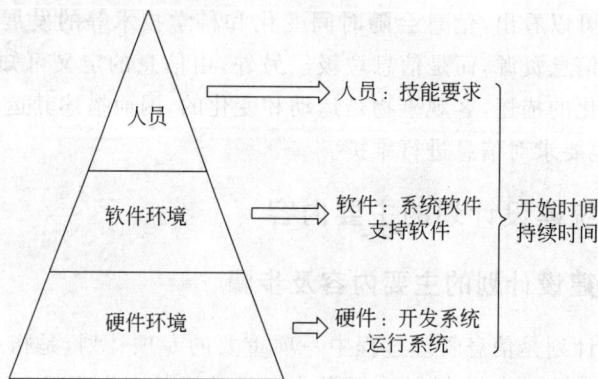

图3-3 资源需求

　　在底层,是支持开发和运行软件系统的硬件环境(计算机网络);在中间,是开发和运行应用软件的支撑环境(系统软件和支持软件);在高层,是最重要的资源——人员。信息系统建设,尤其是大型信息系统建设,人员是最重要的资源。但无论哪种资源,都需要描述 3 个属性。首先是关于人、软件和设备的描述,如需要哪种水平的人,什么样的硬件和软件;第二是开始时间;第三是持续时间。后两个特征可以看作时间窗口。

　　3) 成本估算

　　信息系统建设计划中的一项非常重要的内容就是建设费用预算,预算以成本估算为基础。信息系统的建设成本主要包括网络环境建设成本、软件购置成本和应用软件开发成本。

　　4) 项目进度安排

　　计划离不开进度安排,信息系统建设计划也不例外。其关键在于对各环节所需时间的估计,网络系统施工、设备采购、软件采购等所需时间的估计只需考虑施工现场的环境、施工进度、采购的供应时间等,况且这些不构成系统建设的瓶颈,可以和信息系统软件开发并行。而真正难以确定进度安排的和费用估算一样,仍然是软件开发。对软件开发的时间进行估计,最终又转化为对软件开发工作量的估算。

　　从信息系统的整个生命周期来看,信息系统建设期的各阶段工作量分配从统计学角度来看如图 3-4 所示,如果把信息系统的生命期划分为建设期和使用维护期,信息系统建设约占总工作量的 40%,信息系统使用维护占总工作量的 60%。图中所列数据为一种统计结果,对于某个具体系统可能会有所变动,但可以此为指导,具体情况具体分析。

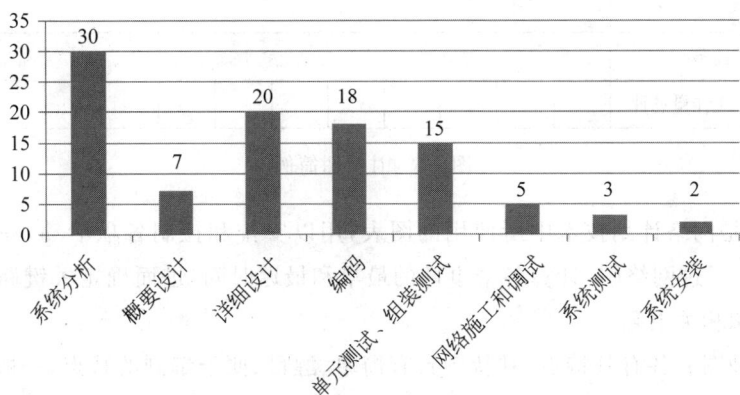

图 3-4　信息系统建设各阶段工作量分配

　　此外，R. S. Pressman 关于软件开发工作量分配提出了 40-20-40 的原则，即前期工作（计划、分析、设计）占 40％，编码占 20％，后期工作（测试、调试）占 40％。虽然对于信息系统软件开发来说有些出入，但仍然对信息系统建设的各阶段工作量分配有借鉴意义。该原则强调应重视前期和后期工作。前期工作容易被忽视，主要原因是管理人员往往认为编码才是工作的开始，他们不了解前期工作的重要性，技术人员常常也急于编码，认为写出代码就算完成任务了。后期工作也容易被忽视，大部分人认为编码出来就算完事了，对测试工作要占这么大的工作量没有思想准备。所以要制定好进度计划，要求管理人员按计划控制技术人员按计划完成任务。

　　进度安排是信息系统建设计划工作中一项最困难的任务，计划人员要把可用资源与项目工作量协调好，要考虑各项任务之间的相互依赖关系，尽可能并行安排某些工作，预见可能出现问题和项目的瓶颈，并提出处理意见。在进行项目工作计划中常用的方法有甘特图和网络图。

　　甘特图（又称线条图）是一种对各项活动进行计划调度与控制的图表。一般的样式如图 3-5 所示，其中完成任务所需时间是根据工作量来估计的。

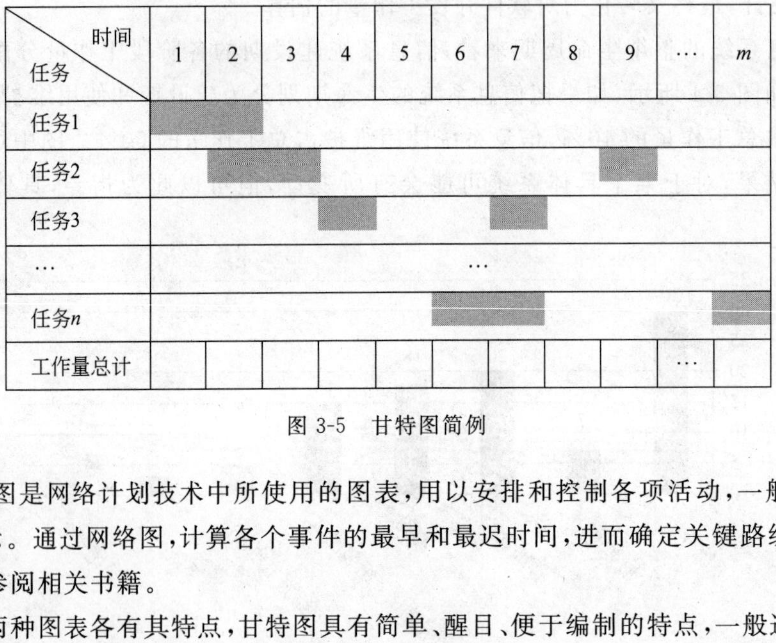

时间\任务	1	2	3	4	5	6	7	8	9	…	m
任务1											
任务2											
任务3											
…					…						
任务n											
工作量总计									…		

图 3-5　甘特图简例

　　网络图是网络计划技术中所使用的图表，用以安排和控制各项活动，一般的样式如图 3-6 所示。通过网络图，计算各个事件的最早和最迟时间，进而确定关键路线。具体计算方法可参阅相关书籍。

　　上述两种图表各有其特点，甘特图具有简单、醒目、便于编制的特点，一般适用于项目工作总体进度的控制；网络计划法一般适用于工作步骤密切相关的，错综复杂的工程项目的计划管理，因此适合在项目工作中工作步骤的安排，以便在细节上安排人力等，以达到控制项目进度的目的。

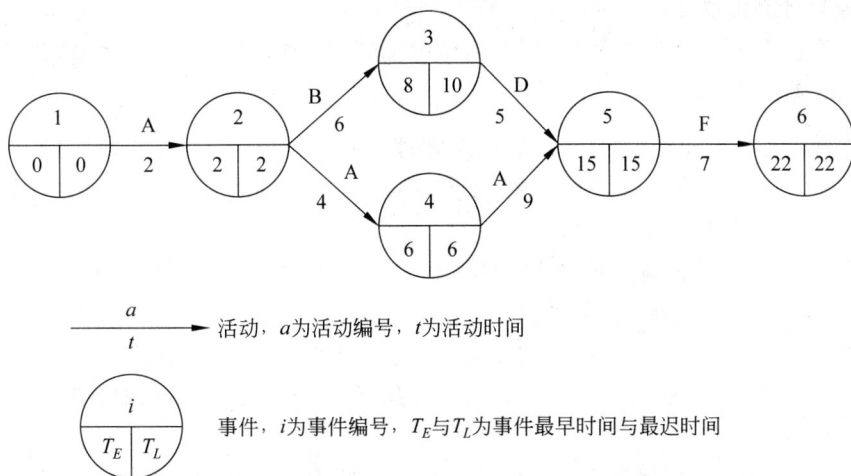

图 3-6　网络图简例

5）专题计划

信息系统建设过程中为保证某些细节工作能够顺利完成，并保证工作质量，常制定一些专项或专题计划。

2. 信息系统建设计划任务书

根据前节描述，将信息系统建设计划形成书面形式即信息系统建设计划书，具体内容可参照如下安排：

信息系统建设计划书

1. 引言

计划的目的、范围、目标（功能、性能指标等描述）、管理和技术约束等。

2. 估算

对工作量、成本、时间等方面的估算、估算的技术方法、估算依据的数据分析等。

3. 日程安排

工作分解、工作进度表（甘特图）、资源表等。

4. 资源

硬件、软件以及人员资源，项目需要的其他特别资源。

5. 人员组织

组织结构与管理机制。

6. 跟踪和控制机制

质量保证与变化的管理控制。

7. 专题计划的要点

软件质量保证计划、配置管理计划、测试计划、网络施工计划、培训计划、信息准备计划和系统切换计划等。

在专题计划里软件质量保证计划、配置管理计划、测试计划是主要的计划,后几个主要是围绕人力、财力和物力资源的调配、工作进度安排、评价标准制定等,计划比较简单。

1) 软件质量保证计划

在进行软件开发前制定的计划,目前较常用的是 ANSI/IEEE STOL 730—1984,983—1986 标准,主要包括:计划的目的,参考文献,管理中的组织、任务、责任,文档记录要求,标准和约定,评审和审计的详细要求及内容,测试,问题报告和改正手段,使用的工具技术和方法,媒体控制,供应者控制,记录、收集、维护和保密,培训,风险管理。

2) 配置管理计划

软件的规模越大,配置管理就显得越重要。参照 ISO 9000 程序,主要内容包括:术语说明和参考资料,软件配置中环境要求、配置内容、管理员配置等,软件配置库建立、标识管理、库控制、检查和评审、备份等一系列计划及计划的修订和附属规定,阶段任务完成标志表。

3) 测试计划

这里主要是指整个信息系统应用软件的组装测试和确认测试。本文件包括对每项测试活动的内容、进度安排、设计考虑、测试数据的整理方法及评价准则。一般包括测试计划、测试安排、测试培训、测试说明,测试评价准则等。

3.2　信息资源管理的组织职能

组织在我们的生活中无处不在,今天的社会是由多种多样的组织构成的。很多学者从不同的角度对组织的含义进行了探讨,组织的含义可叙述为:组织是具有确定目标、结构和协调活动机制的与一定社会环境相联系的社会系统,这样描述的组织为名词。当组织作动词用时,是指组织活动,即为了达到一定的目的,以某种形式按任务对做事的人进行系统安排,并形成工作秩序。

3.2.1　组织的特征及结构

组织的特征可分为整体性特征、结构性特征与环境特征。整体性特征反映整个组织的总体特征,包括组织规模、组织目标、组织文化、组织技术等。结构性特征反映组织的内部特征,包括组织复杂性、权力层级、集权化、规范化、专门化、标准化、职业化、人员比例等,它们为衡量和比较组织提供了基础。环境特征主要反映组织系统边界之外的各种因素。

组织结构是指组织内关于组织分部、等级、职务及权力关系的一套形式化系统,它阐明各项工作如何分配,谁向谁负责及内部协调机制。组织作为一个开放型社会系统,其结构的形成受到多种因素的影响。如组织目标与战略、规模、技术环境、组织中个体差异、工作任务要求、工作能力与技巧等。组织结构的形成取决于组织管理决策的四项内容:劳动分工、部门化、控制跨度、集权与分权。

组织结构对组织的指挥系统、信息沟通系统与决策系统具有重要作用。常见的组织结构形式主要有直线结构、直线职能制、事业部制、矩阵结构、虚拟型组织、团队组织等。

组织结构形成后并不是一成不变的。作为一个开放的社会系统,组织与外部环境不断地进行信息、人员、物质、资金等资源的交换,为了适应环境的发展要求,组织的目标、战略、生产技术、信息处理技术、组织规模、组织文化等都会不断发展变化,组织结构也会发生变化。权变理论强调,没有哪种组织结构是无条件最优的,只有充分发挥组织资源的作用,并且有利于组织目标的实现的组织结构才是最理想的。因此,管理人员需明确这些影响因素与不同结构之间的关系,从而合理地设计组织结构。

3.2.2 信息管理组织

20 世纪 90 年代以来,信息与知识成为组织的重要资源,组织的信息管理成为组织获得成功的关键因素和必须重视的战略问题。计算机信息处理技术的复杂性导致从事信息资源的开发、维护、操作与管理人员必须具备专门知识,组织信息资源系统的规模日益增大,信息资源系统的组织管理日趋重要,信息管理组织成为组织中的重要部门。由此形成了信息管理专业人员的岗位、信息管理职能部门和能承担信息技术外包业务的信息管理专业公司。

1. 信息管理组织的职能

为保障信息管理计划的顺利实施,组织需建立信息管理组织并规定其职能。信息管理组织的职能包括信息系统研发与管理、信息系统运行维护与管理、信息资源管理与服务和提高信息管理组织的有效性等 4 个方面。

1) 信息系统研发与管理

信息系统是随着组织的发展而逐步完善的,信息系统为组织的各项决策服务,信息系统的研发与管理是信息管理组织应具有的首要职能。

信息管理的研发与管理有两种形式:一种是企业自己完成所有的研发与系统应用;另一种是与信息技术专业公司建立战略合作伙伴关系,将信息系统的开发应用外包给专业公司进行。

在第一种情况下,信息管理组织需要对组织的各项活动进行研究分析,确定组织信息系统的战略发展规划与工作计划,自主分析、设计、编制、测试、实施组织的计算机网络信息系统。具体来说其任务包括信息系统建设和发展战略规划、信息系统分析、信息系统设计、信息系统实施和信息系统开发管理。

在第二种情况下,信息管理组织主要承担信息系统外包建设的监督、协调、管理工作。

2) 信息系统运行维护与管理

信息管理组织负责计算机网络信息系统的安装、运行和维护工作,保障信息系统正常运转。即负责设备、网络、软件和信息处理等的运行维护和管理。设备运行维护和管理包括信息系统的中心计算机(服务器)、终端计算机、网络设备、高级打印机和系统备份设备等的运行维护和管理;网络维护包括通信线路、网络安全、用户及其权限等的维护和管理;软件维护包括系统软件和应用软件维护,尤其是应用软件的维护;信息处理包括批处理工作的执行、分布式打印输出、集中数据录入、数据备份、历史数据转储等工作。

3) 信息资源管理与服务

信息管理组织既要负责收集组织的内部信息和与组织有关的外部信息构筑和维护组织的信息资源,又要负责向组织内各用户提供信息、技术资源的咨询服务与帮助,协调和督促组织成员合理利用信息资源。在软硬件知识上对信息系统的使用者进行培训,对组织内各部门跨平台网络应用、PC 间数据交换和集中式计算环境等提供培训和技术支持。

4) 提高信息管理组织的有效性

组织的有效性是组织实现组织目标的程度。组织的效率可用投入产出率来衡量,即产出一个单位的产品或服务所消耗的资源的数量。

通过对信息管理组织的改进与变革,使信息管理组织高效率地实现其目标。

2. 信息管理组织的结构

随着组织信息活动的不断深入渗透和网络通信技术的不断发展与完善,信息管理的组织形式出现了多样化,不同组织根据其信息资源、投资成本和安全性等因素做出了不同的选择。一般来说信息管理组织结构有如下几种。

1) 基本式

根据信息管理组织的职能,将职能部门化,可以得出信息管理组织的基本结构。这种结构是目前大多数企业所采用的形式,也比较适合中小型规模的组织或组织信息资源管理发展期,如图 3-7 所示。

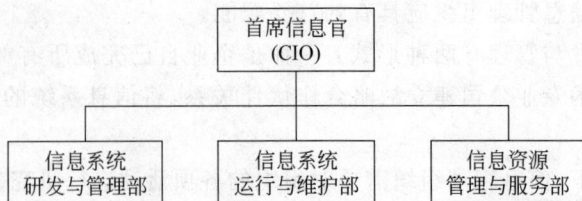

图 3-7 信息管理组织的基本结构

首席信息官(CIO)是信息管理组织的负责人,其下属 3 个职能部门为信息系统研发与管理部、信息系统运行维护与管理部和信息资源管理与服务部。该结构的好处是各个部门的职能分工明确,易于对信息部门进行管理与控制。当组织规模较小时,第二层细分的 3 个职能部门可以进行合并,或者将信息管理部门设置在其他职能部门中(如财务部或组织办公室等)。但这样信息管理部门发挥信息管理作用将有所限制。

2) 矩阵式

将信息管理部门与组织的信息活动以及其他部门融合,利用信息管理活动的相互渗透明确各个部门的信息管理职责,强调各部门协调配合来开展信息管理工作。按这样的方式进行信息管理组织,可以得到矩阵式信息管理组织结构,如图 3-8 所示。

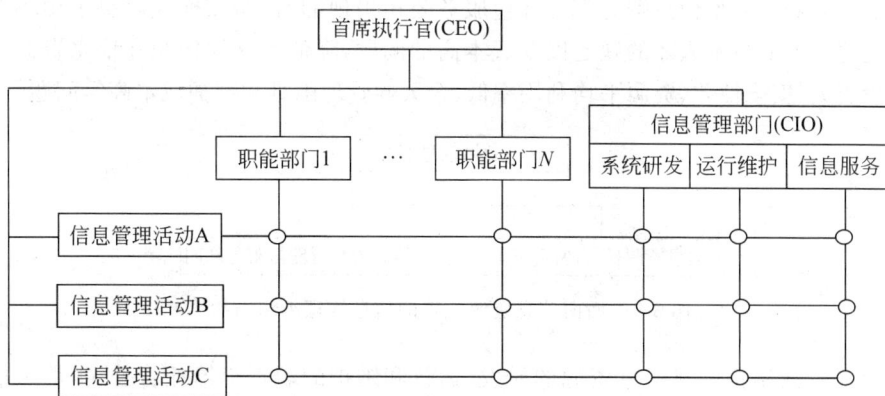

图 3-8 矩阵式信息管理组织结构

信息是组织活动的反映,组织的信息活动贯穿于组织活动之中。信息管理组织的结构形式受整个组织的结构形式的影响。信息系统组织的内部结构的确定,必须考虑协调好三方面的关系:必须处理好组织管理的灵活性、效率与向用户提供高质量服务之间的关系;处理好对现存系统的维护与因用户需求和外界环境变化所导致的对系统的更新之间的关系;处理好组织对信息管理组织责任与权力的设定和将信息资源的规划与组织的总体发展方向相协调的关系。矩阵结构较好地平衡了管理与用户两个方面的需求而被一些组织采用。

此结构体现了信息管理中"一把手"的原则。组织管理职责不仅是信息管理部门的职责,而且是组织所有部门的职责之一,只有团结一致才能完成组织的信息管理目标。随着 CIO 机制的不断发展和成熟,CIO 直接管理信息管理部门的所有工作以及其他各个部门的信息管理活动,在 CEO 直接领导之下参与企业的决策。该结构适合大中型规模的组织或组织信息资源管理成熟期。

基于上述两种结构,某些组织在信息管理初期,由于 CIO 机制不成熟,如果直接由一把手来分管信息管理工作,往往精力不够,为此又建立信息化领导小组或者信息管理指导委员会来分担一把手的信息管理决策职责。

信息管理指导委员会是由组织负责人与若干代表组织内各职能的高级管理者组成,指导委员会确立信息资源系统的优先级,并保证信息资源系统的功能可以满足组织的总体要求。其主要责任有:确定组织的信息管理发展战略,并把组织的信息资源系统发展战略和组织的总体战略结合起来;确定信息资源系统的规划与实施;确定信息组织结构和主要管理人员;明确信息资源系统的各职能岗位与工作标准,确定相关的规章制度。

3)面向信息资源托管式

资源托管式结构主要是针对信息管理职能中的外包情况产生的,如图 3-9 所示。在网络技术的发展和专业型信息资源管理外包服务公司出现的时期,该模式解决了中小型组织信息系统建设专业技术人才的缺乏以及成本高的问题,降低了这类组织在信息资源系统建设中的投资大、安全性差、资源平均利用率低、全天候管理困难和维护成本高等问题。

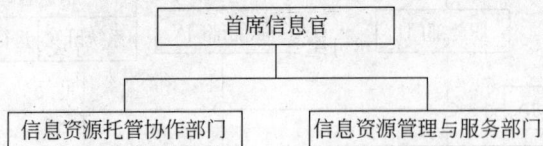

图 3-9   面向信息资源托管的信息管理组织结构

资源托管式结构中将信息资源的研发、运行和维护的职责交给托管公司,那么信息管理组织的主要工作是进行托管协作和管理服务。

3. 组织变革

组织变革是组织为适应环境的发展要求、更高效率地实现组织目标,打破组织系统原有的稳定的平衡的状态,建立适应环境形势的新的稳定平衡的状态,实现组织动态平衡的发展过程。

一般来说,引起组织变革的原因主要有:组织的外部环境变化、组织目标与战略的变化、组织技术变革、组织结构的完善、产品与服务变革、人员与文化的变革等。因此,组织变革的内容可分为以下 3 个方面:以组织结构为重点的变革、以工作任务和技术为重点的变革、以人为重点的变革。

1)以组织结构为重点的变革

组织结构的变革就是对组织构成、组织成员及组织管理者所担负的责任与享有的权利及其相互关系进行调整,包括部门的重组、协调各部门的工作、调整管理幅度和管理层次等。

2)以工作任务和技术为重点的变革

涉及工作任务和技术的组织变革是指对工作任务、技术及相关工作组织进行重组与改革。改变原有的工作流程、使用新的技术工具及对工作的专门化、规范化的改进等都会对组织产生影响。

3）以人为重点的变革

以人为重点的变革主要是指人的观念的变革、知识的变革、个人行为的变革以及工作群体行为的变革等。人员更新与调整、组织学习、培训、改变激励机制都会对人员的观念、工作态度、知识技能与行为产生影响。

组织变革目的在于通过一系列措施，使得企业获得更高的工作效率、更好的资源配置，培育优秀职员，最终为实现组织目标而服务。经济全球化、网络化、知识化与信息处理技术的发展对组织产生了深刻影响，组织变革成为组织生存、发展不可忽视的重要问题。因组织目标的不同，组织结构的形态也呈现多样化的特点。这里介绍几种在组织变革中较为引人注目的组织形态。

1）组织扁平化

组织扁平化就是通过破除公司自上而下的垂直高耸的结构，减少管理层次，增加管理幅度，裁减冗员，以建立一种紧凑的横向组织，达到使组织变得灵活、敏捷、富有柔性、创造性的目的。它强调系统、管理层次的简化，以及管理幅度的增加与分权。

与传统的"金字塔"相比，扁平化组织结构最显著的特点就是外形扁平，组织层次少，管理幅度大。管理幅度的增大带来管理层级减少，从而有利于信息的传递和快速地适应市场变化。

扁平化组织把组织看作由各个业务流程组成的系统，并基于业务流程来重组组织结构。它更强调业务的连续性和组织的系统性。在扁平化的组织结构中，管理幅度加宽，因此管理者不得不放权。扁平化组织中权力更加分散，同时更强调系统和团队协作。在团队合作过程中，团队成员相互学习，形成知识共享、转化和创新。另外，管理人员能够及时与供应商、客户、竞争者和其他外部组织保持密切联系，从而促使组织对外部知识的选择、吸收，并通过转化、创新知识，形成自己的核心竞争力。

此外，组织扁平化也推动企业营销渠道扁平化。扁平化营销渠道层级减少，渠道缩短，而渠道宽度大大增加。这样，商品在流通领域所占用的时间、空间和成本大大减少，极大地提高了商品的流通效率。

2）虚拟组织

虚拟组织是 90 年代初出现的一个新名词，但迄今为止，学术界对于虚拟组织的概念仍然没有确切的定义。

人们对虚拟组织有不同的定义和理解。虚拟组织研究大多集中在相互依赖、知识转移、共同目标以及虚拟组织成员的互动方面。这里引用胡昭阳在"虚拟组织概念及沟通问题探讨"一文中对虚拟组织的界定：虚拟组织与传统组织相对应，它是建立在网络传播技术基础上，通过密集的信息、平等的交流，整合利用跨越组织边界人员的智慧，以实现核心组织特定目标的各种人才的集合。该定义将虚拟组织的特点概括为：跨越边界的沟通，密集信息的沟通，平等交流的沟通，网络技术的能力，各种人才的集合。

在虚拟组织平台上，企业间的创新协作可以实现优势互补、风险共担。在网络环境下，企业用虚拟组织的形式组织生产与研发工作，这样可以适应全球化竞争的态势，更好地满足消费者的多变需求，使企业快速发展。

3）学习型组织

学习型组织是麻省理工学院的圣吉教授提出的一个概念，指的是为培养弥漫于组织的学习气氛、充分发挥员工的创造性思维能力而建立的一种有机的、高度柔性的、扁平化的、能持续发展的组织，这种组织具有持续学习的能力和高于个人绩效的综合绩效。构建企业学习型组织有助于消除团队协作的各种机能障碍，进而在组织环境的变化中能不断认识、适应环境，并能动地作用于环境。

学习型组织是分权的管理模式。决策权向组织下层移动，组织层级间隔少，上下便于沟通，学习能力强，信息的传播迅速、准确。这样团队决策权与信息分布相匹配，在团队协作中能克服集权管理模式的弊端。

学习型组织能够建立团队成员相互信任的基础。学习型组织的自我超越修炼和改善心智模式的修炼强调突破个人能力极限的自我实现，用系统思考的方式联系地分析企业运作的问题所在和前因后果，舍弃"小我"，员工之间坦诚相待，真诚地开展批评与自我批评。因此，建立学习型组织能够帮助消除团队成员的不信任感。

学习型组织具有团体学习能力，每个人都对自己所在的团队负一定责任，具有使命感和主人翁精神，能够从具体问题的分析中找到解决问题的出路。团队拥有的共同愿景驱使个人成员把团队利益放在首位。

学习型组织理论揭示的是善于应变组织的普遍规律与特征，探索组织学习、创造与组织发展的规律。学习型组织是组织形成竞争优势的重要源泉。

4）团队组织

团队型组织中以自我管理团队（self-managed team，SMT）作为基本的构成单位。所谓自我管理团队，是以响应特定的顾客需求为目的，掌握必要的资源和能力，在组织平台的支持下，实施自主管理的单元。一个个战略单位经过自由组合，挑选自己的成员、领导，确定其操作系统和工具，并利用信息技术来制定他们认为最好的工作方法。惠普、施乐、通用汽车等国际知名的企业均采取了这种组织方式。SMT 使组织内部的相互依赖性降到了最低程度。

团队型组织的基本特征是：工作团队做出大部分决策，选拔团队领导人，团队领导人是"负责人"而非"老板"；信息沟通是通过人与人之间直接进行的，没有中间环节；团队将自主确定并承担相应的责任；由团队来确定并贯彻其培训计划的大部分内容。

总之，信息技术的发展是非常迅速的，信息管理组织也必将随着技术发展而变化。不论是什么样的结构或者形态,其核心在于更好地为实现组织目标而服务。归根结底,信息管理组织的变革也是一个自我完善和逐步进步的过程。

3.2.3　信息管理组织岗位与人才培养

1. 信息管理组织岗位

信息管理组织的工作岗位,根据组织的规模、行业特点和自身发展的要求来确定。通常信息管理组织中的工作岗位可以分为首席信息官(CIO)、系统研发人员、运行维护人员、信息服务与技术支持人员等。图 3-10 提供了一种信息管理组织工作岗位的分布图。

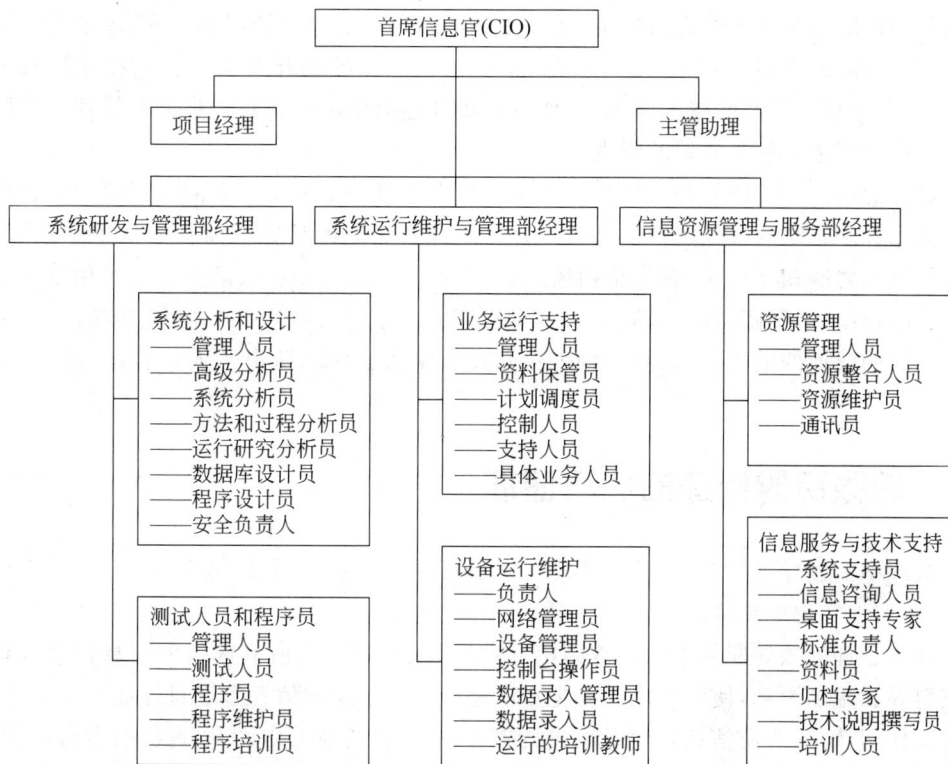

图 3-10　信息管理组织工作岗位

2. 信息管理组织的人才培养与管理

基于信息管理组织职能以及岗位设置来看,信息管理组织部门的工作人员一般要具备一定的专业知识,这些人员对组织的贡献与其具备的专业知识密切相关。

信息资源管理活动面对的特殊管理对象——信息资源,使信息资源管理成为一项专业程度很高的管理活动,从事这项活动的人必须掌握一整套复杂的专门理论、专门知识和专门技能,对信息资源的价值有清晰的认识和充分利用的能力。而作为联系信息资源和其他资源的中间,从事信息资源管理工作的人必须既懂信息技术,又懂信息管理;既懂本行业业务,又懂信息技术与信息管理方法的实际应用。信息资源管理活动作为一种专业化、复合型、高层级的管理活动,要求从事该项活动的信息资源管理专业人员必须是素质和能力并重的综合型人才。

对于这类人员的管理,除了吸取传统组织管理的原则与经验之外,还必须处理好新型组织中的控制与安全问题。尤其是新型组织中放权的同时,注意不能削弱组织对权利的监督和控制。此外,信息系统的研发与管理者都是需要有高度的智力和知识水平的人员,他们的知识能力是重要的人力资本,在管理中必须重视这样的知识的投入,体现按知识分配及组织贡献的原则。对员工的工作管理,由于信息系统的开发工作多是在计算机平台上进行,由于现代互联网技术支撑,工作方式更加趋向于灵活。对于员工的管理工作中应更多注重对其创造性和效率的激发。

良好的信息系统研发和管理部门需要充分发挥每一个员工的潜能。高效率的合作团队是信息管理组织的最佳选择。高效率合作团队对组织的目标有清晰的认识和理解,管理层与员工之间相互信任,愿意承担风险和共享信息,有一个有效的测评系统用以评价成员的工作业绩,激励团队的活动,并持续对团队成员进行人际关系技能、行政技能、技术技能等方面的长期的适当的培训。因此,建立高效率的合作团队也是人员管理中需关注的地方。

3.3　信息资源管理的领导职能

管理中的领导工作,就是管理者对组织成员或群体进行引导、施加影响,使组织更有效、更协调地实现组织目标。

信息管理的领导职能指的是首席信息官(CIO)对组织内所有成员的信息行为进行指导或引导和施加影响,使成员能够自觉自愿地为实现组织的信息管理目标而工作的过程。其主要作用就是,要使信息管理组织成员更有效、更协调地工作,发挥自己的潜力,从而实现信息管理的目标。信息管理的领导职能不是独立存在的,它贯穿于信息管理的全过程,以及计划、组织和控制等职能之中。

3.3.1　领导的基本概念

管理中,把领导定义为引导和激励人们去实现目标的过程。这个定义包含了下列 3个方面的含义:

(1) 领导要与组织中的"人们"发生联系,他们就是领导者的下属或称之为领导的对象,没有部下的领导者谈不上领导。

(2) 领导者与下属相互影响,但前者由于受组织赋予的权力及个人素质等因素影响,其影响力远大于后者,否则领导不能成功。

(3) 领导的目的是要实现组织目标。

领导的本质是一种影响力。领导者通过这种影响力对组织的活动施加影响,并使组织成员追随或服从。正是由于下属的追随或服从,才使领导者在组织中的地位得以确定,领导过程得以实现。

在理解领导的含义时,要注意下面两个概念的区别。

(1) 领导和领导者。领导者是实施领导的人,或者说是利用影响力带领人们实现目标的人。而领导是一种影响力,是对人们施加影响的艺术过程,通过这个过程使人实现组织目标。

(2) 管理和领导。管理是建立在合法的、有报酬的、强制性权力基础上对下层命令的行为。下层应当遵循管理者的指示,在此过程中,下层可能尽最大努力去工作,也可能只尽一部分努去工作,也就是说,下层还有潜力需要管理者去挖掘。

领导可能建立在合法的、有报酬的、强制性权力基础上。但是,领导更多的是建立在个人影响力和模范作用的基础上。也就是说,领导者可以通过其影响力,使其下层追随和服从他,并以最大的努力去工作。具有职权的管理者可能没有下层的追随和服从,他算不上真正意义上的领导者。因此,企业等组织应尽可能地选择领导者从事管理工作。

管理强调理性及控制,而领导则在乎直觉和情感。

3.3.2　CIO 的概念与地位

1. CIO 的概念

CIO 是 Chief Information Officer 的缩写,中文译作"首席信息官",也有译作"信息主管""首席信息经理""信息总监"的,名称尚不统一。

具体地说,CIO 就是负责制定组织信息政策、标准,并对信息资源进行管理控制的高级行政官员。据统计,到 1988 年世界排名前 500 强的企业有 80% 都实行了 CIO 管理体制。

CIO 最早出现于美国政府部门,我国引入 CIO 的概念在 20 世纪 90 年代初期。当时并没有出现 CIO 的环境,人们没有对 CIO 产生共鸣。随着信息技术的普及,企业信息化、政务信息化、商务信息化的发展,我国开始重视 CIO 及其管理体制的引进和应用。

2. CIO 的地位与作用

在我国,人们习惯把 CIO 看作信息管理组织的领导者。因此要明白 CIO 的地位和作用,必须了解 CIO 在组织结构中的位置。

一个企业的运营过程,不论其身处哪个行业,其实都是一个信息不断产生、传递、分析到最后删除的过程。对信息进行很好的管理,事实上也就是对企业的运营有一个很好的管理。CIO 的设立目的就是对信息进行很好的管理进而建立企业的竞争优势,最终在市场竞争中脱颖而出。

根据 3.2 节中所描述可以看到,作为信息管理部门的领导,CIO 所处的位置和作用和信息管理部门在组织结构中的位置有对应关系,同时也和组织本身对信息化的认知进程有很大关系。尤其是国内,信息管理机构(部门)能否在组织中发挥其重要作用,从某个角度讲取决于组织的重视化制度。如果将信息管理部门设置为计算中心、信息中心、计算机室等机构,则将其视为技术部门,起不到管理和协调作用,是不合适的;如果将它并入人事、财务或设备等部门管理,便达不到统管全局的目的,也是不行的;如果将其归类为科研或技术部门,则在开始阶段由于技术等问题占主导是可行的,而后阶段随着技术的普及,其他诸如管理类矛盾的突出,也会丧失其应有的作用。也就是说,信息管理部门不是组织内部技术、生产、销售、财务、人事等部门的附属机构,而应该是与它们并列的集技术与管理为一体的管理机构。即使把信息管理部门视为独立的管理机构,也不能把信息管理组织看作“计算中心”、网络中心的名词更换,而应该赋予它信息资源和信息活动管理的职能,给予相应的权利,让其参与决策。

在组织信息化程度不高的时期,CIO 可以在 CEO 的直接领导下,组建“信息化委员会”之类的机构,暂时代管信息管理部门的工作,待到观念、技术、管理等各方面工作做好以后,再进行权力移交或逐步移交。直至组织的信息化体制完善,最终 CIO 的位置应该是和其他各个业务部门的总监平等并列,直属 CEO 领导,参与组织的高层决策。信息管理部门是直属于 CIO 领导;CIO 除了直接管理信息管理部门外,还需从信息资源整体规划和管理出发,协调和监督其他部门提供和使用信息等。

因此,从上述定位出发,CIO 应该在组织中起到如下几个方面的重要作用。

1) 组织高层决策的参与

这是一个组织是否真正建立 CIO 管理体制的重要标识。这意味着 CIO 管理事务从执行决策上升到参与制定和执行决策,反映了信息管理在管理上地位的提升。CIO 在参与高层管理决策时,要能够向 CEO 提供解决全局性问题的信息和建议。

从这个角度出发,CIO 在组织信息管理中从战略的角度给组织的最高领导者提供具有决策参考价值的信息支撑,使组织的信息管理投入得到实质的回报。

2) 制定符合组织战略的信息政策和信息资源的基础标准

作为组织中信息管理的主要负责人,必须围绕组织的战略目标制定出合适的信息管理政策。对于组织中的信息资源管理制定出基础标准,这也是在信息化进程中的首要一步,关乎组织的信息化建设能否由量到质变化的关键。该标准涉及信息分类标准、代码设计标准、数据库设计标准等。

3）完成信息系统的研发、实施、管理工作

对于未建立计算机信息系统的组织,CIO 必须负责组织制定信息系统建设战略规划、决策外包开发还是自开发信息系统、在组织内推广应用信息系统以及信息系统投运后的维护和管理等。对于已经建立计算机信息系统的组织,CIO 必须负责领导信息系统的维护、设备维修和管理等工作。

4）担当组织中部门之间的信息工作的协调监督

组织中的各个业务部门既是信息的提供者也是信息的使用者,但是各部门对于信息的使用或者发出仅仅是从自己的视角出发,CIO 必须从整体出发,协调和监督各部门做好信息工作,使信息工作步调趋于一致,推动信息化工作顺畅地运行。

3.3.3 CIO 的素质要求及知识能力结构

20 世纪 80 年代,伦敦商学院信息管理学教授迈克尔·厄尔(Michael J. Earl)曾对企业 CIO 作了较全面的调查和分析,得出 CIO 的素质模型。在后期的信息化进程中,厄尔教授又改进了原始的模型,得出如下改进的 CIO 素质模型,如图 3-11 所示。

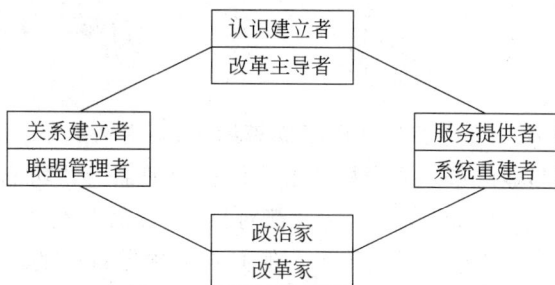

图 3-11 CIO 素质模型

该模型在原来的"认识建立者、服务提供者、关系建立者、政治家"的四方面描述基础上又添加了"改革主导者、系统重建者、联盟管理者、改革家"的描述,并强调了后者在信息化进行中对 CIO 素质要求的变化。

1. 改革的主导者

这往往出现在企业业务流程的重新设计和业务改革工作中。实践告诉人们,CIO 对业务流程有独到的见解,对技术引进有很好的设想,拥有大型项目的管理经验。如果将他们任命为业务改革总监或人力资源、战略规划、供应的管理和运作等方面的领导者,他们一定能较好地胜任工作。

2. 系统的重建者

成功的组织一直在通过建设新的、全球的或组织范围内的基础设施而使组织不断向前推进,如建立新的网络和平台,以及通用的信息系统。因此,IT 部门都在重建。作为CIO 必须确保新的工程能够满足当前的和预期的业务需要,必须紧跟形势,注意技术发展动向,注意什么时候引入什么组织、引进什么人,并及时向 CEO 提出建议。作为企业的"技术瞭望塔",CIO 更要关注的是信息管理中的发展和变化趋势,而不是复杂的技术细节问题。

3. 联盟的管理者

由于 IT 技术的迅猛发展,IT 商家也在不断地增加,CIO 必须判断,哪些商家可以作为联盟,而不是供应商。尤其是有些商家能提供资源外包服务时,CIO 必须清楚,如何取长补短并确保一定的投资回报。

外包带来信息技术和创新,同时也给管理和沟通带来新的麻烦,因此,CIO 及其管理部门必须与这些利益相关者建立联盟,区分轻重缓急,决定哪些是交易伙伴,哪些是战略伙伴——他们必须提供一套信息管理规划,将他们捆在一起。这时,CIO 实质上已经变成了战略联盟的管理者。

4. 改革者

20 世纪 90 年代,信息管理部门经历了规模缩小、资源外包、质量控制和新系统开发等变化。席卷全球的商业改革之风同样冲击了信息管理部门的功能,首当其冲的是集成技术,比如多媒体技术、Internet 技术等,这都对技能、方法和组织提出了新的要求。因此,前沿企业的 CIO 们已经变成了改革者。他们必须领导自己的部门进行改革,辨别什么是核心业务,哪些是非核心的以便外包,进而管理一个信息活动不稳定的"新模式",特别是在旧的业务方式仍然支撑着大部分业务量的时候。

如今,我们从 CIO 的职业角度和职责要求来看,CIO 是从企业管理的角度有意识地选择和运用信息技术,通过对信息资源的充分挖掘和有效利用来促进管理机制的变革及业务结构的调整甚至重组,从而提高企业的管理决策水平,在考虑成本的同时,借助技术实现信息的最大限度增值。根据前文的分析,这里将 CIO 的素质要求总结为三个方面:

1) 知识基础

作为信息管理部门的领导者一方面必须具有一定的信息技术、信息管理、信息系统的知识,否则就不能做到对组织中系统研发、实施及维护工作的实施和管理;另一方面还必须具有相关的业务领域的专业知识,否则就不可能对组织中的业务流程做到合理的优化和主导等;最后还必须具有基本的管理、组织、人事等知识或者工作经验,这也是作为一个部门合格的领导者必须有的基本素质。因此,理想的 CIO 应该具备组织所涉及的专业知识、信息技术知识和管理知识三位一体的知识机构,其知识结构如图 3-12 所示。

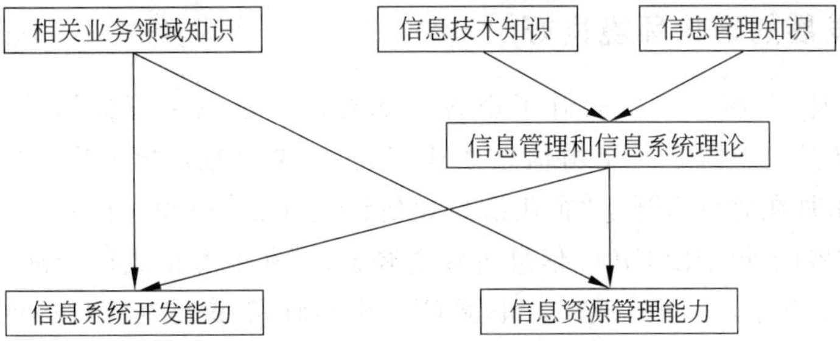

图 3-12　CIO 知识结构

从信息管理的发展历程来看,CIO 在成长中是由负责技术的基层技术员,到负责信息系统的中层管理者,再到负责全面工作的高层决策者。这期间,必须经过一定时期的磨炼和工作经验的累积才能成就一个完美的 CIO。CIO 的内涵实质是信息资源管理者,是战略信息管理者。CIO 的出现,使信息管理的管理范围由电子数据处理(EDP)和管理信息系统(MIS)扩展到对组织活动整体战略所涉及的技术、人文、经济等综合因素的把握。

2) 知识应用能力

以职责为目标和依据,能将个人的知识在实践中有效地发挥和执行。换言之也就是实践能力。技术的发展日新月异,尤其是在信息领域,拥有良好的知识储备是 CIO 成长的第一步,如何将学到的知识应用到实际工作中,这需要不断在工作中加以磨炼,同时在环境变化中,如何将知识活化,同时更新知识,也是对 CIO 的一个更大考验。

3) 个人特质

CIO 人才担负着极富挑战性的决策领导重任,加之长期面对计算机等现代化设备构成的特殊工作环境容易使人产生厌倦情绪、孤独感和诸多心理障碍。因此,要想成为合格的 CIO 必须具备良好的心理素质和超强的心理承受力以及某些独特的个性。此外良好的交流沟通能力、应变能力、敏锐的观察力、进取的精神以及良好的身体素质等也是成功的领导者成长之路上良好的基石。

总之,一个合格的 CIO 必须是管理与技术两方面都精通的复合型人才,并且他的组织管理能力比技术水平更重要。不懂计算机的人不能成为 CIO,只懂计算机的人也不能担任 CIO。理想的 CIO 应该熟悉业务,精通技术,善于管理。当然,随着时代的发展和社会的进步,对于 CIO 的素质要求也在不断地变化和提高,优秀的 CIO 也需要做到与时俱进,不断提高对自己的要求,以适应组织成长的需求。

3.3.4　我国 CIO 的发展

在我国,随着社会信息化进程的不断推进和加深,CIO 的地位和作用也越来越被企业和政府所认知,其重视程度也进一步提高。

1. CIO 发展的理论环境良好

1996 年 5 月,我国第一次召开了由各大部委高级信息主管参加的"CIO 国际研讨会";1998 年 12 月在上海召开了由信息产业部、科技部批准的"CIO'98 信息主管商业会议";1999 年 11 月在北京召开了"企业信息化研讨交流会";2001 年 9 月 14 日,由国家信息中心主办的"2001 年中国 CIO /信息主管高峰会议"在上海正式拉开帷幕;现在,中国信息协会信息主管分会已经正式成立,"中国 CIO 机制研究"课题在国信办也已经立项了。

这表明,我国政府主管部门和理论界已经深刻认识到设置 CIO 的重要性和迫切性,为 CIO 成长创造了良好的理论环境。

2. CIO 的地位正日益提高

2002 年,全国企业信息化工作领导小组办公室、国家经贸委经济信息中对 520 家国家重点企业、120 家试点企业集团和地方重点企业的信息化建设情况进行了调查,数据分析结果显示,有 83.3% 的企业设立了副总裁、副总经理级的信息主管。而 2001 年调查的结果是 69.4%,比例提高近 14 个百分点。同年,《IT 经理世界》杂志社在"中国 CIO 生存状况调查"中显示,对"CIO 的支持理解程度"持非常理解态度的高达 39%,持一般态度的占 37%,被认为是"外行指挥内行"的占 17%,放任自流、"不懂也不管"的仅有 7%。

从这些数据我们可以看到,在国内 CIO 的地位不论是企业层面还是企业内部的领导层面,其工作成果和地位正逐渐被认可和肯定。

3. CIO 发展中存在的问题

整体上来说,CIO 的成长拥有一个良好的大环境,但我们也必须正视,在 CIO 成长中还存在一些不容乐观的问题,这也正是在 CIO 发展中需要重视的问题。我们把相关的问题总结为以下几个方面。

1) CIO 有"职",还需要有"权"

在我国的许多企业中,虽然设立了 CIO 职位,位列副总裁、副总经理级别,但由于企业高层领导的信息意识较弱,使其实际工作范围和职责仅限于高级技术员的角色。CIO 的名头和实权完全不符,致使 CIO 无法从整体和战略的层面参加企业的决策,在企业信息化建设的推进进程中始终处于被动地位。在部署信息管理工作时,其他同级部门不能与 CIO 很好地沟通,甚至抵触 CIO 的协调工作,最终导致 CIO 只能成为一个解决技术问题的技术员,而不是从企业战略角度去开展工作。

CIO 角色必须从技术规划和实施向战略规划转变。与此同时,信息管理部门职能也需要从局部的战术运作向整体的战略规划转变。CIO 的声音在组织战略规划中应该变得更为重要。对组织而言,CIO 角色的实质转变是一项重要的人力资源挑战,这将意味重新认识和 CIO 功能有关的技能集,包括组织用 CIO 的方式,CIO 与高层管理人员的关系,绩效期望和评价过程,以及绩效激励和报酬等。

2) 合理构造 CIO 知识能力结构

CIO 来源于信息技术专家,拥有技术特长本是自然的,但是这不应该是 CIO 的唯一特征。"技术情结"不能成为 CIO 成长和培育中的绊脚石。信息技术是提高经营效率的技术手段,而信息才是改善企业业绩的本质所在。因此,CIO 更应该注重信息资源的发掘与利用,而不是只钟情于技术。

重构 CIO 的理想技能集,除了技术方面的知识,还要包括经营、金融、管理、业务等方面的经历和经验。正如前文中阐述的,担当 CIO 的应该是具有合理知识结构的复合型人才。

CIO 的理想成长历程是既有技术/工程方面的品格,又有金融、营销和战略规划方面的背景。这同时也是 CIO 人才培养中应该思考的问题。

3) CIO 的成长与激励

对组织而言,CIO 角色的转变是一项重要的人力资源挑战,这将意味重新认识和 CIO 功能有关的技能集,包括组织用 CIO 的方式,CIO 与高层管理人员的关系,绩效期望和评价过程,以及绩效激励和报酬等。

CIO 们的激励趋于来自新的、更刺激和更富挑战性的工作,而不是收入和报酬,这种趋势在美国尤其明显,因为美国 CIO 们的报酬已经是最高的。过去的 CEO 大都出身于销售主管和财务主管两条线。如今,已经进入了信息社会,企业的信息系统已经成为须臾不可缺少的基础设施,一个企业的信息化水平代表着它的竞争能力。因此,CIO 应该是 CEO 人才来源之一,对于 CIO 成长来说也有了更大的动力。

虽然我国的 CIO 建设任重道远,但是我们坚信 CIO 前途终将是光明的。

3.4　信息资源管理的控制职能

控制是管理职能环节中的重要一环。控制以计划、组织、领导等职能为基础,并对其有积极的影响。

所谓控制(control)就是监督管理的各项活动,以保证它们按计划进行并纠正各种重要偏差的过程。

信息管理的控制职能是指为了确保组织的信息管理目标能够顺利实现和为此而制定的信息管理计划能够顺利实施,信息管理者根据信息管理计划中确定的标准,对信息工作进行衡量、测量和评价,并在出现偏差时进行纠正。

纠正的主要手段是调整信息行为以防止偏差继续发展或以后再度发生,当然也可以根据组织内外环境的变化和组织发展的需要,修改信息管理目标和信息管理计划以实现纠偏。

3.4.1　控制意义与目标

控制就像一艘船上的舵,使组织朝着正确的方向行进。控制为组织提供了一种有效的机制,在工作偏离了不可接受的范围时调整行进的路线,确保高效、高速地到达终点。

在现代管理活动中,管理控制的重要目标有两个:第一,限制偏差的积累。一般来说,工作中出现偏差是不可避免的,但小的偏差并不会立即给组织带来严重的损害。然而,在较长的时间里,这些小的差错就会积累放大并最终对计划的正常实施造成威胁。因此管理控制应能够及时地获取偏差信息,及时地采取有针对性的纠正措施。第二,适应环境的变化。组织的内外部环境常常与计划中所设的条件有很大的不同,这些变化着的内外部环境不仅会使计划的执行过程产生偏差,有时甚至可能要求改变目标本身。因此需要构建有效的控制系统来帮助管理者预测和把握这些变化,并对由此带来的机会与威胁做出快速的反应。

在实现控制过程中,我们根据控制目标(即控制活动的目的取向),采用各种科学的方法和手段把主体(即各级管理者及其所属职能部门)、控制对象(即组织的整个活动)整合在一起,就形成了管理控制系统。

组织中的控制活动是通过组织的控制系统来完成。任何组织都需要一个与之相一致的管理控制系统来有效地贯彻它的战略。例如:企业管理系统就是企业的一个控制系统;管理信息系统也是信息资源管理的一个控制系统。

3.4.2　信息资源管理控制

信息管理控制工作根据侧重点不同,一般可分为两种,一种是纠正实际工作,减少实际工作结果与原来计划及标准的偏差,保证计划的顺利实施;另一种是调整组织已经确定的目标及计划,使之适应组织内外环境的变化,从而纠正实际工作结果与目标和计划的偏差。

有什么样的计划就有其相应的计划执行控制,根据信息管理计划的主要内容,信息管理控制可以分为信息资源管理控制和信息系统建设控制。

信息资源管理控制着眼于培养更好的信息管理人员,使他们能够熟练地应用信息管理的技术和原理,能以系统的观点来看待信息管理问题,从而防止出现因管理不善而造成不良后果。信息系统建设控制重点是把握信息系统建设过程,监控全过程,对关键控制点进行测量和评价,并采取相应措施,保持计划和实际工作结果的一致性。在实施方法上,前者一般采用直接控制的方式,后者一般采用项目管理控制的方式。

在这里要强调的是,不论是信息资源管理控制还是信息系统建设控制,其控制工作涉及所有信息管理者,包括原始信息产生着、信息加工者和信息再生产者。有些信息管理者常常忽略了这一点,认为实施控制主要是上层和中层管理者的职能,基层部门的控制就不大重要了。其实,各层管理者所负责的控制范围各有不同,各个层次的管理者都负有执行计划实施控制的职责。因此,所有的信息管理者包括基层管理者都必须承担实施管理工作的重要职责,尤其是协调和监督组织各部门的信息工作,保证信息获取的质量和信息利用的程度。

3.4.3　信息资源管理控制方法

1. 预算控制

预算(budget)是一种将资源分配给特定活动的数字性计划,是以货币和数量表示完成组织目标和计划所需资金的来源和用途的书面说明。预算不仅是财务人员和总会计师的重要管理方式,也是所有管理者的管理手段。在计划阶段,预算和预测也是计划的两种重要工具。预算控制是一种传统而又广泛使用的控制方法。

不同企业生产的特点不同,预算的项目会有不同程度的差别,一般来说根据预算主要内容和表现形式,主要涉及以下几个方面:收入与支出预算、现金预算、资金支出预算、负债预算。

对照计划阶段中所给出的预算,我们可以很好地对企业的资源进行控制和监督,但是在这里强调一下有效的预算应该注意的几点:

首先,如果要使预算控制很好地发挥作用,那么,管理者必须明确:预算仅仅是管理的手段,而不能代替管理的工作;预算具有局限性,而且必须切合每项工作。

其次,预算必须有管理者参与尤其是高层的支持。要使预算的编制和管理最有效果,就必须得到高层管理部门全心全意的支持。首先要给下属编制预算的工作提供在时间、空间、信息及资料等方面的方便条件。另一方面,如果公司的高层管理部门积极地支持预算的编制工作,并将预算建立在牢固的计划基础之上,要求各分公司和各部门编制和维护他们各自的预算,积极地参与预算审查,而不是迫使管理者仅仅去被动接受预算,这是保证预算成功的必要条件。

再次,必须制定各种标准,并且能够按照这种标准把各项计划和工作转换为对人工、经营费用、资本支出、厂房场地和其他资源的需要量,这是预算编制的关键。

一些管理者在审批下属的预算计划时之所以犹豫不决,就是因为担心下属供审查的预算申请额度缺乏合理的依据。如果管理者有了合理的标准和适用的换算系数就能审查这些预算申请,并提出是否批准这些预算申请的依据,而不至于没有把握地盲目削减预算。

最后,及时掌握预算执行的实际信息。管理者需要获得按照预算所完成的实际业绩和预测业绩的信息,了解工作的进展情况。信息的及时获得性可以使管理者及时对偏离预算的情况做出及时的反馈和处理。

2. 非预算控制

预算的方式对于控制可以计量的,特别是可以用货币单位量化的业务活动有很好的帮助,但是对于不可货币量化的如企业文化、形象等方面得不到足够重视,同时太多明确的预算对与外界环境的变化反应上缺乏一定的弹性,因此在控制中还存在一些非预算的控制方法:审计控制、比率分析、损益控制等。

1)审计控制

审计是一种常用的控制方法,财务审计与管理审计是审计控制的主要内容,近来推行以保护环境为目的的清洁生产审计。所谓财务审计是以财务活动为中心内容,以检查并核实账目、凭证、财务、债务以及结算关系等客观事物为手段,以判断财务报表中所列出的综合的会计事项是否正确无误、报表本身是否可以依赖为目的的控制方法。通过这种审计还可以判明财务活动是否符合财经政策和法令。所谓管理审计是检查一个单位或部门管理工作的好坏,评价人力、物力和财力的组织及利用的有效性。其目的在于通过改进管理工作来提高经济效益。

此外,审计还有外部审计和内部审计之分,外部审计是指由组织外部的人员对组织的活动进行审计;内部审计是组织自身专门设有审计部门,以便随时审计本组织的各项活动。

2)比率分析

比率分析是将企业的资产负债表和收益表上的相关项目进行对比,形成一个比率,从中分析和评价企业经营成果和财务状况。常见的有财务比率和经营比率。相对于绝对数字,比率更好地体现出了相对性,是比较常用的方法。

3)损益控制

损益控制是根据企业或企业中的独立核算部门的损益表,对其管理活动及成效进行综合控制的方法。

企业的损益表中列出本期内企业各类活动的收支状况及其利润。如果当期利润指标与预算利润水平发生偏差,则应分析使利润发生偏差的各个项目,以寻求原因,制定相应纠偏措施。

损益控制法有利于从总体上把握问题的关键,从而有针对性地进行纠偏措施。

但需要注意的是,损益控制的方法由于是一种事后控制,对于前期工作无法改善,而且对于很多事项并非在当期的损益表中有所体现,如外部环境变化等,从而仅仅观察损益表还不能完全保证纠偏的准确性,因此在实际应用中还需辅助其他方法。

3. 其他控制方法

1) 目标管理

目标管理是由美国管理学家德鲁克(Peter F. Drucker)在 1954 年正式提出的。目标管理的概念是,把经营的目的和根本任务转化为企业的方针和目标,实现各层次的目标的管理,一方面激发有关人员的责任心和创造性,一方面把总的目标层层分解,最终化为个人目标。目标管理在本质上是一种控制。通过目标的分解使控制的标准清晰、明确,各级管理者容易做出判断;而且,目标管理强调让管理人员和工人参与制定工作目标,员工的态度和行为与组织目标更为贴近;并在工作中注重推行自我管理,这使得对人员行为控制变得容易许多。因此有人称目标管理为"管理中的管理"。

2) 项目管理

信息管理中对于完成某项特定的任务(如信息系统建设计划)经常采用项目管理方法。

项目管理是管理学的一个分支学科,指在项目活动中运用专门的知识、技能、工具和方法,使项目能够在有限资源限定条件下,实现或超过设定的需求和期望。项目管理包括策划、进度计划和维护组成项目的活动的进展。项目管理方法是关于如何进行项目管理的方法,是可在大部分项目中应用的方法。在项目管理方法论上主要有阶段化管理、量化管理和优化管理三个方面。

阶段化管理指的是从立项之初直到系统运行维护的全过程。

量化管理指在公司的运作方面,应尽可能地进行数量化,做到责任清楚。

优化管理就是分析项目每部分所蕴含的知识、经验和教训,更好地发扬项目进程中的经验,吸取教训,在全公司传播有益的知识。

项目管理工作涵盖了很多内容,在具体实施中还可以借助相应的工具和平台来辅助实现,具体内容可参考项目管理学科类书籍。

3.4.4　信息资源管理控制系统

信息资源管理控制系统就是对组织信息进行收集、分类、存储、加工、检索、传递、输出和销毁以及对组织信息技术和信息生产者的信息职能进行管理的管理信息系统,是信息管理控制的重要工具。作为一个管理信息系统,它在管理信息的产生源与使用者之间起到媒介作用,并以此使管理信息从产生到利用的时间间隔大大缩短,同时保证管理信息处理的准确性和时效性,有利于提高管理信息利用率,更好地满足各种管理工作的需要。

1. 信息资源控制系统的基本功能

一个完善的信息资源管理控制系统可以实现对信息资源管理过程整个流程的支持。

其基本功能一般包括如下几个：

1）信息需求的确定

信息需求是人们在从事各种社会活动过程中，为了解决不同问题而产生的信息需要。不同管理层次的信息用户，信息需求各有不同，例如：管理人员信息需求侧重计划、管理控制、关键问题分析等，专业技术人员的信息需求偏爱原始数据、专业性。建立信息需求管理目标是为用户寻找合适的信息源。

2）信息的收集、加工等处理

借助计算机平台建立的信息资源的采集系统为人们提供信息的采集、信息组织加工及存储等工作。

3）提供信息服务

信息服务以用户为中心，按用户的要求提供相应的信息，包括资源开发、信息传递与交流、信息加工与发布、信息提供与利用、用户信息活动组织与信息保障服务等。

4）进行系统管理

完成信息用户和权限管理、信息管理监控等工作。

2. 信息资源管理控制制度

为了保证有效实现信息资源管理的控制工作，不能仅仅依赖一套系统或者一种计算机工具，还必须有相应的规则和制度来作为基础保障。因此，健全的和有效执行的信息管理控制制度是保证达到组织目标的强有力手段。

组织的信息管理控制制度可以根据组织的实际情况自成一体，部分融于组织的其他管理制度之中。综合来看，其主要内容包括：

1）信息责任制度

责任制度是信息资源管理的首要制度。根据"组织机构职责权限必须明确界定"和"不相容职务必须分离"的原则，对信息用户的权限、责任、激励和处罚措施等进行规定，建立具有预防控制功能的组织制度。

2）信息统计制度

为了实现对所收集的各类管理信息进行及时地收集、加工、整理、存储和利用，组织就必须建立健全信息统计控制制度。这样就能保证各类管理信息按照规定的程序进行统计、分类和加工整理，尽量减少不必要和无关的信息对决策的干扰。

3）信息质量控制制度

管理信息失真往往是导致决策失误的主要原因。信息质量控制制度是指为了保证反映的组织业务活动信息的真实、及时、可靠所采用的方法和措施。

4）信息管理流程控制制度

它是为保证组织目标的实现，管理当局为组织内部各种业务活动设计的预定运行程序,而形成的动态控制机制。它特别强调,任何一项业务活动都应按授权、核准、执行、记录、复核进行分工,且交由不同部门或人员处理。它与责权信息控制制度相结合,形成动静交融的高功效控制系统。

5) 管理信息系统相关制度

信息化时代,管理信息系统的建立和使用对于组织的管理控制有很大的帮助,同时由于信息系统本身的建立及使用过程耗时长、涉及资源多等因素,也必须对其进行控制管理。一般来说可以采用项目管理的方法,建立完善的信息系统项目开发控制制度、系统使用维护制度、系统评价制度、信息安全制度、信息系统日志管理制度等各方面的管理制度,以保证信息系统在组织中真正高效地发挥作用。

3.5　信息资源管理对管理职能的支持

正如美国信息资源管理学家霍顿和马钱德等人所提出的那样:信息资源与人力、物力、财力和自然资源一样,都是企业的重要资源。应该像管理其他资源那样管理信息资源、搞好信息资源管理。在信息时代,信息资源的作用日益凸显,它能为企业带来财富已经成为不争事实。例如:在客户管理中,拥有各类不同客户详细情况的信息资源,特别是包括客户的购买习惯和需求的信息资源是最有价值的,它对扩大企业销售是十分重要的。企业要获得竞争的胜利,那就必须在市场信息资源的开发和利用上下功夫。同时,企业资源的优化配置也正是通过信息资源的开发和有效利用来实现的。

20 世纪 90 年代以来,互联网技术和信息技术高速持续发展,网络向世界范围不断扩充,人类社会开发利用信息资源的方式和能力发生了很大的变化,信息资源管理的手段越来越多样化、网络化。基于计算机、互联网等技术平台上开发出来的信息系统,其功能越来越强大,成为管理工作中的得力助手。如今,说到信息资源管理时,基本上是和信息系统分不开了。在组织信息资源的管理中,任何一个方面都和信息系统的支撑相关联。因此这里讨论信息资源管理对管理工作的支持也主要是从信息系统对管理工作支持的角度出发。

任何组织都需要管理。组织的管理职能主要包括计划、组织、领导和控制四大方面。下面分别讨论企业信息资源管理中信息系统对计划职能、组织职能、领导职能和控制职能的支持。

1. 对计划职能的支持

计划是对未来做出安排和部署。任何组织的活动实际上都有计划,只不过有些计划未必是正式计划而已。非正式计划容易造成不协调和不完整;正式计划不仅可以作为行动的纲领,而且也是对执行结果进行评价的依据。管理的计划职能是为组织及其下属机构确定目标,拟订行动方案,并制定各种计划,使各项工作和活动都能围绕预定目标去进行,从而达到预期的效果。高层的计划管理还包括制定总的战略和总的政策。计划还应该为组织提供适应环境变化的手段与措施,因为急剧变化着的政治、经济、技术和其他因素要求及时修订计划和策略。

信息系统对于计划的支持主要包括:计划编制中的反复试算;计划数据的快速、准确存取;实现预测;计划优化等。相对于手工方式,信息系统在速度、准确率、工作效率上均有明显的优势,从而在不同层面上满足各级管理者的需求,为计划的科学性提供更可靠的保证。

2. 对组织职能的支持

组织职能包括人的组织和工作的组织。信息技术是现阶段对企业组织进行改革的有效技术基础。信息技术的发展促使企业组织重新设计、企业工作的重新分工和企业职权的重新划分,从而进一步提高企业的管理水平。

传统企业组织结构采用"金字塔"式的、纵向的、多层次的集中管理,其运作过程按照一种基本不变的标准模式进行。由于各项职能分工严格,加之信息传递和反馈手段落后,导致应变能力差,管理效率低且成本高昂。随着信息技术的发展,上述这种传统的企业组织结构正在向扁平式结构的非集中管理转变。利用信息系统完成整理资料、编制表格和分析数据,使管理者能直接查询使用信息,减少了管理人员的工作量,将他们从大量烦琐的事务性工作中解脱出来,从而有更多的精力去考虑具体的工作过程中的问题。在组织中可以减少一些专门从事数据整理、报表编制及简单操作的人员的数量,大大降低了组织内部信息交流的成本。通过减员增效,使决策层与执行层之间的距离缩小,优化了组织结构。

另一方面,由于计算机控制代替了人的监督,其结果是控制的范围更加广泛。同时,由于计算机技术和通信技术的迅速发展,使得信息传递越来越快,提供信息不受时间和空间的限制,因而出现了促进分权管理的趋势,这对于大型的从事多种产品生产和销售性质的企业来说,有利于抓住机遇,占领市场。

此外,全球网络的出现使企业、公司的经营和生产不再受地理位置的限制,可以在全世界范围内运作,实务处理成本和协作成本都可明显降低;企业网络的建设,多媒体计算机和移动计算机的广泛应用使信息传送从文字向多媒体发展,使领导和管理人员接受更多的信息和知识,使企业对工作过程的重新设计成为可能,使个人和工作组之间的协调得到进一步加强,从而形成一种新的、管理层次少的组织形式,它依靠近乎实时的信息进行柔性的运作,管理工作更加依赖管理人员之间的协作、配合及对信息技术应用的把握。

3. 对领导职能的支持

领导职能的作用在于指引、影响个人和组织按照计划去实现目标。这是一种行为过程。领导者在人际关系方面的职责是领导、组织、协调；在决策方面的职责是对组织的战略、计划、预算、选拔人才等重大问题做出决定；在信息方面的职责是作为信息汇总点和神经中枢，对内对外建立并维持一个信息网络，以沟通信息、及时处理矛盾和解决问题。

除此之外，信息系统对于不同层次的管理领导都能提供合适的管理支撑。

(1) 对于组织的上层管理者来说，信息系统向他们提供的信息应包括：国家和上级主管部门对组织长远规划的设想、国内外市场需要的预测、国内外同类产品主要技术经济指标和主要措施等组织外部情报，根据这类信息，管理者可以制定出组织的长远计划、战略决策和经营方针等；此外，还包括一些组织内部信息，如产品产量、质量、品种、计划完成情况，利润税收计划，资金利用率指标完成情况，经济合同完成情况等。

(2) 对于组织的中层管理者来说，信息系统可以提供：来自下属的各种报表，各职能部门主持制定的各种定额、技术标准、技术规程和其他规章制度，来自上层的决策，组织外的情报等。

(3) 对于基层管理者来说，信息系统可以及时了解上级的计划和下属的执行情况等。

由此可见，信息系统在支持领导科学决策、沟通协调等方面的作用。

4. 对控制职能的支持

一切管理内容都包括控制问题。控制职能是对管理业务进行计量和纠正，确保计划得以实现。计划是为了控制，是控制的开始。执行过程中需要不断检测、控制。通常是把实际的执行结果和计划的阶段目标相比较，发现事实过程中偏离计划的缺点和错误。所以为了实现管理的控制职能，就应随时掌握反映管理运行动态的系统检测信息和调控所必需的反馈信息。在企业管理方面，大多数控制有信息系统支持和辅助。其内容包括：行为控制、人员素质控制，质量控制、其他控制（如库存、生产进度、成本、财务预算等）。

随着科学技术的发展，尤其是计算机、信息技术的发展，自动化、智能化的控制将是一种更高级的形式。以对生产过程的控制为例，信息系统将有能力自动监控并调整生产的物理过程。例如：炼油厂和自动厂装配线可利用敏感元件收集数据，经过计算机处理后对生产过程加以控制。许多企业的生产过程控制已经与管理信息系统相沟通，在控制系统中引入了管理机制，分别与管理信息系统的各个子系统交互信息，从而形成一种更为综合的信息系统。

因此可以说，信息系统的存在很大程度上提高了控制工作的效率和质量。通过系统可以快速地发现偏差，采取措施，同时也可以分析数据提前预报一些潜在的问题，从而避免问题的发生。而且对于如此大量的工作，系统能快速高效地完成，大大降低了人力的成本,提高了管理者的工作效率。比如,一位销售经理不再需要花费几个小时来查找几十份报告和几千个统计数据来分析某一地区的销售量为什么下降;一个精密的信息系统可以在几秒钟内迅速而准确地完成这位经理的绝大部分工作,并为他提供相应的答案。在这里,信息系统可以提高信息处理的数量和质量,有利于管理者及时而准确地采取控制措施。高级的信息系统可以使管理者不必到现场就能得到及时而准确的信息,这样可以提高控制的效率并降低控制的成本。

综上,信息系统对于管理有着重要的辅助和支持作用。现代管理依靠信息系统来综合管理信息资源,合理利用信息资源,充分利用信息资源,最终实现其管理职能、管理思想和管理方法。但是这里要强调的是,信息系统是信息资源管理的工具和平台,并不是要代替管理者进行管理工作和决策,管理者对于信息资源的开发和利用需要在人机结合的模式下进行高效工作。信息资源管理的核心最终还是应该落实为人的创造性活动。

本章小结

本章主要围绕信息资源管理的职能,详细讲解了信息资源管理的计划、信息资源的组织、信息资源的领导、信息资源控制四大职能的主要概念、方法、结构等相关内容。此外,在上述基础上进一步阐述了信息资源管理对管理工作的支撑作用,强化了在管理工作中信息资源管理的重要性,有利于读者更好地理解信息资源管理的职能。

课后思考题

1. 信息资源的计划职能是什么?
2. 信息资源的组织职能是什么?
3. 信息资源的领导职能是什么?
4. 信息资源的控制职能是什么?
5. 简述信息资源计划内容。
6. 简述信息系统建设计划的主要内容?
7. 画出信息管理的矩阵式结构。
8. 什么是 CIO?
9. CIO 的职责有哪些?
10. 描述 CIO 的知识结构。
11. 信息资源控制方法有哪些?
12. 什么是虚拟企业?
13. 什么是扁平化组织?其特点有哪些?
14. 结合例子阐述信息资源管理对管理工作的支持。

第4章

信息资源活动过程管理

本章要点

为确保信息资源的有效利用，需要对信息资源进行规范的组织和管理。未经处理的信息广泛地分布在现实世界的各个角落，要使这些零散的、原始的信息成为具有使用价值的信息资源，发挥其可用性，就需要经过一系列的过程。按照信息资源处理的顺序，信息资源的过程管理包括信息采集、信息组织与加工、信息存储与检索及信息服务。

在信息管理过程中，有很多经典的方法和技术，尤其是在图书情报研究领域。然而，随着现代网络技术和计算机技术的发展，信息资源也呈现出很多新的特点。传统的信息资源管理方法和现代技术结合，衍生了很多有效的管理技术和方法，提高了信息资源管理的效率。本章节在概述基本的定义和经典的信息资源管理方法的基础上，针对网络化信息时代的资源特点还讲述了现代的信息资源管理工具。但由于技术涉及多种技术和学科内容，因此在讲述中着重从应用角度去阐述，并不分析详细的技术，在降低理解难度的同时，也给学生以引导，有兴趣的同学可以查阅相关专业书籍进行更深入的学习。

本章共分4节，第1节为"信息资源采集"，讲述信息资源采集任务、采集原则、采集对象、采集过程、采集方法、采集技术。第2节是"信息资源组织加工"，讲述信息资源筛选、信息资源分类、信息资源评价、信息资源组织的基本方法、信息资源组织的特点。第3节是"信息资源存储与检索"，讲述信息资源存储、信息检索的含义、信息检索过程、信息检索系统、信息检索评价、信息检索相关技术。第4节为"信息资源服务"，主要讲述信息服务原则、服务类型、服务对象，具体的信息服务内容和利用在第8章信息资源开发利用中阐述。

【情景案例】

三只松鼠与个性化服务

安徽三只松鼠电子商务有限公司成立于2012年，是一家以坚果、干果、茶叶等森林食品的研发、分装及网络自有 B2C 品牌销售的现代化新型企业。"三只松鼠"品牌一经推出，立刻受到了风险投资机构的青睐，先后获得 IDG 的 150 万美元 A 轮天使投资和今日资本的 600 万美元 B 轮投资。2013 年，三只松鼠集团推出全新茶类子品牌"松鼠小美"，定位为互联网时代的快消茶饮品。

"三只松鼠"主要是以互联网技术为依托，利用 B2C 平台实行线上销售。凭借这种销售模式，"三只松鼠"迅速开创了一个快速、新鲜的新型食品零售模式。这种特有的商业模式缩短了商家与客户的距离，确保让客户享受到新鲜、完美的食品。该公司开创了中国食品利用互联网进行线上销售的先河，以其独特的销售模式，在 2012 年双十一当天销售额在淘宝天猫坚果行业跃居第一名，日销售近 800 万元。其发展速度之快创造了中国电子商务历史上的一个奇迹。三只松鼠 2013 年销量突破 3 亿元。

三只松鼠能够在近两年快速发展起来，一方面是依靠品牌推广、产品品质；另一方面就是在数据分析的基础上不断完善细节，为顾客提供最具个性化的服务，例如："主人"的称呼、三只松鼠的卡通形象、赠品的差别化、不同的顾客标签分类以及用户体验等。

对于如何能做到这一点，公司的"四个现代化"功不可没，即：品牌动漫化——在新媒体时代与客户进行更具互动化的沟通；数据信息平台化——自助研发建立完善的数据信息系统平台；物流仓储智能化——设置物流可控制节点，完善全国物流仓储规划；产品信息可追溯化——让产品信息可以追溯到源头，建立产品信息的系统化机制。尤其是第二点和第四点，是三只松鼠能在互联网时代，面对大量的用户也能做到个性服务的关键。

用户通过网络购买公司产品，公司通过系统采集用户的数据、产品销售数据，进而对其组织加工，形成庞大的数据群体，在这样的综合数据之上进行检索分析，最后为企业的营销策略和公司管理提供科学的依据。

例如：通过分析用户的购买评价，来判断哪种口味的产品在哪个地区卖得最好、哪种产品是消费者最乐于接受的，从而进行更有针对性的产品首页推荐。同时，基于上述数据分析对顾客进行个性化、人性化的标签分类和细化分析，根据这些分类，推送不同的产品类型，进行针对性营销。比如爱老婆型，主要产品是以老婆食用为主，然后"三只松鼠"会在包裹里放上书信，以"松鼠"的口吻代替顾客给他老婆写一封信。

在企业的 CRM(客户关系管理系统)和 ERP(企业资源系统)中可以看到所有顾客在商城的购买记录，可准确抓取用户的评价，因为一些不经意的留言和评级会反映出客户的需求。比如，根据顾客过去在商城的购买习惯，判断他是哪类人群，进而分析这类人群喜欢的是哪一类产品和赠品，然后进行标签化，如此一来，这位顾客下次收到的体验品有可能就是不一样的。例如：公司送了很多乔巴的公仔给客户，但有很多顾客表示不是海贼迷，而是火影迷，所以在下一次公司会送鸣人的公仔或者我爱罗的公仔，这样顾客收到的惊喜要大得多，顾客的服务感受会特别好。个性化服务除了提高了顾客购买的重复率，还形成了良好的口碑，也给潜在顾客的形成带来了很好的影响。

　　标准化服务成就了许多知名企业,无论是餐饮、酒店还是旅游行业。所谓标准化服务,指消费者享受的服务经过标准限制和制定,不同消费者在实际体验上没有差别。标准化对企业来说很大程度上降低了采购、人力、服务等管理成本,但随着产品和服务越来越丰富,消费者的选择更广泛,始终遵循标准化服务的商家会发现他们的顾客在逐渐流失。

　　标准化服务的最大弊端就在于,企业把所有顾客当作一个顾客来对待,而当顾客发现有其他可以满足自己需求的服务时,很容易移情别恋。相比之下,个性化服务在管理成本上更高,而高多少则要看个性化的程度。以呷哺呷哺为例,它具备高标准的服务流程,但同时依据不同的消费需求为顾客提供了两种不同的体验,一种是吧台式分餐制的小火锅,适合 2~3 人的快餐式消费,另一种则是 4 人左右的大火锅,适合多人聚餐,这也是个性化服务的体现。但这种程度的个性化非常狭窄,它依旧是建立在压缩管理成本的基础上丰富其服务类型,企业要想达到千人千面的个性化服务,还得依托庞大的数据支持和有效的信息管理。

　　当然,千人千面的个性化服务可以应用在各行各业,但是能充分利用数据价值的依旧是与网络数字相关的产业和产品。其中最大的优势就是,企业可以通过技术支持实时获得用户的在线记录,并及时为他们提供定制化服务。2011 年 9 月 27 日,海尔和天猫在网上发起了用户定制电视活动。顾客可以在电视机生产以前选择尺寸、边框、清晰度、能耗、颜色、接口等属性,再由厂商组织生产并送货到顾客家中。这样的个性化服务受到广泛欢迎,2 天内 1 万台定制电视的额度被抢光。类似的定制服务还出现在空调、服装等行业,也都受到了顾客欢迎。这些例子已经展示了未来商业的曙光——通过满足个性化需求使顾客得到更满意的产品和服务,进而缩短设计、生产、运输、销售等周期,提升商业运转效率。

　　要想为用户提供理想的个性化服务,企业必须掌握两点:一是如何通过数据充分了解用户的个性;二是合理地掌控和设计服务的个性。

　　了解用户个性,就是要为用户提供他们想要的产品和服务。首先,企业需要从庞大的数据库中找出最具有含金量的数据。这要求企业在信息资源的采集、加工、处理、存储、检索等环节中进行科学的管理和规范的操作,找到有价值的关键信息。其次,把数据表现相同的用户分为一类,依据用户数据表现设计针对性的服务。这要求对数据的分析与利用要到位,同时要与企业的战略目标结合起来。

　　如今,用户需求变得越来越多样化,以前面对顾客的抱怨企业只能无所作为,因为它们没有源头去了解顾客的需求。但是,现在身处大数据和信息爆炸时代,企业有更多的机会去了解顾客,甚至可能比顾客自己还要了解自己的需求。企业通过对数据资源和信息资源的科学管理使得他们能够快速把握消费者的个性化需求和心理预期,使得企业的个性化服务变得更加靠谱、更接地气,也让昔日的个性化服务有了更好的延伸和更大的价值。

　　　　　　　　资料来源:百度百科. 三只松鼠[EB/OL]. http://baike.baidu.com. 2015.9.9

课前思考:

1. 简述个性化服务和标准化服务的区别。
2. "三只松鼠"的个性化服务有哪些?
3. 三只松鼠是怎么实现个性化服务的?
4. 三只松鼠在个性化数据分析中有哪些主要流程?
5. 试总结信息管理的主要过程。

4.1　信息资源采集

4.1.1　采集任务与原则

1. 信息采集的含义和任务

信息资源的采集是根据特定的需求和目的,按照一定的原则和方法,有计划地收集和存储相关信息的过程。

采集作为信息资源管理的第一步和首要环节,是开展信息服务的基础和保证,决定了后续信息工作的质量。为了提高信息资源的效率,信息工作者应该先了解信息采集的目标和需求,掌握信息资源的分布规律,在具体采集时应遵循一定的原则,在先进的信息采集技术和设备的支持下,完成信息资源采集任务。

信息采集的任务就是根据信息服务的需求,有计划地广泛搜集一定数量相关的信息。

2. 信息采集的原则

在进行采集的时候,由于涉及人力、物力、财力以及时间管理等诸多因素,为了提高采集效率,保证采集质量,必须掌握以下几个原则。

1) 主动及时原则

在信息的特性中,时效性是一个典型的特征。一般情况下,从信息源发出信息到接受、加工、传递、利用的时间间隔越短,也最能真实反映事物的最新状态,其效用最高;反之信息效用则越小。

主动及时采集信息不仅意味着从信息发生到被采集使用的时间间隔短,还有一层含义在于当企业或组织执行某一任务急需某一信息时能够很快采集到该信息。因此在信息采集开始之前,对于信息源的观察和基于用户需求的主动采集也是保证信息时效的一个重要方面。

2) 针对性原则

信息资源的采集就是为了让用户更好地利用这些信息。网络时代,信息无处不在,任何用户或机构都不可能也没必要对所有信息进行开发利用。因此,必须根据用户或采集机构的性质、任务和服务对象有针对性地确定信息采集的范围和重点,有计划、有步骤地采集信息,做到以最小代价最大限度地满足用户信息需求。

3）连续和系统性原则

信息服务系统要卓有成效地开展信息服务,满足用户的信息需求,需要追踪科学技术和国民经济发展进程,了解和掌握信息源的动态变化,系统和连续地采集和积累有关的信息。

当代信息的增长和老化不断加速,因此在信息的采集过程中不仅要充分关注现存的信息源和信息渠道,还要着眼未来。因此采集信息不仅有过去的信息,还要采集现在的以及反映未来趋势的信息。此外,信息资源时效性强的特点决定了信息在传递、增值过程中可能会呈现新态势,需要不断地更新、剔除老化信息,甚至重新采集。只有这样,才能既满足当前的信息需求,又适应未来发展所带来的信息需求。

同时由于信息资源使用者即用户的知识构成、文化构成等均存在多样化的特点,他们对资源的需求在类型、实践、范围和深度等不同维度上都有一定的专指性和系统性。要满足用户的需求就必须在信息资源的采集中多方位、全面采集,以便满足客户的系统化需求。

4）可靠性原则

可靠性原则是指采集的信息必须是真实对象或环境所产生的,必须保证信息来源是可靠的,必须保证采集的信息能反映真实的状况。可靠性原则是信息采集的基础。应避免道听途说,尤其是对于二次、三次信息,必须进行甄别,判断是否存在虚假信息,以免造成人、财、物的资源浪费甚至影响决策的准确。

5）科学性原则

当代信息数量庞大、形式多样、内容重复分散、品种繁杂,给信息的选择和搜集带来了极大的困难。因此,需要经常采用科学方法研究信息的分布规律,选择和确定信息密度大、信息含量多的信息源。

6）计划性原则

任何一个信息机构要用有限的人力、物力和经费获取最有效的信息源,就必须事先制定比较周密详尽的信息采集计划,以便按计划有目的、有步骤地搜集信息。

制定信息采集计划比较复杂。因为信息采集既要满足当前任务的需要,又要考虑今后的发展;既要广辟信息源,扩大国内外搜集渠道,又要节约资金,少花钱,多办事;既要突出重点信息,又要照顾一般性资料;既要保证信息的质量,又要注重数量。这些都需要通过大量的调查研究和反复斟酌才能确定。

信息采集计划从时间的角度可分为长期、中期和短期计划或年度和季度计划;从内容的角度可分为综合计划、专题计划、补配计划。采集计划的项目一般包括收藏信息的内容范围、重点信息和一般信息的划分及其比例、补缺配套的信息种类、采购标准、经费预算、完成计划的主要措施和保证等方面。

4.1.2 采集过程

信息采集的过程一般可分为以下几个步骤：信息源的选择、用户需求分析、确定采集途径和策略、实施采集活动、评价采集结果、整理数据和编写报告等，如图 4-1 所示。这几个步骤不是一成不变的，在实际生活中，根据实际情况可以有所取舍。

1. 需求分析

需求分析是信息采集之前必须有的重要环节，也是整个信息采集工作效率高低和成败的关键。通过需求分析明确信息需求，做到采集工作有的放矢。信息采集的需求分析主要包括以下 3 个方面的内容。

1) 确定信息服务的对象

进行信息采集必须首先明确服务的对象，根据服务对象的不同，信息采集的内容也不同。国家、企业、个人对信息的需求是不相同的。

2) 确定信息采集的内容

在确定了信息采集服务对象的基础上，进一步确定采集的内容。采集的信息不可能完全满足客户的要求，要兼顾重点原则和全面原则，合理确定采集的内容。

3) 确定信息的采集的范围和量

明确信息采集范围，才能使采集工作有的放矢；确定采集量，才能合理分配采集工作所需的人员、时间和费用。

除了上述因素外，在需求分析阶段还要根据需要确定其他一些因素。比如，信息的语种要求，著者要求，对查准、全的要求等。

图 4-1 信息采集过程

2. 信息源的选择

信息源指的是获取信息的来源。人们在科研活动、生产经营活动、文化活动和其他一切活动中所产生的成果和各种原始记录，以及对这些成果和原始记录加工整理所得的成品都是信息源。信息源种类繁多、形式复杂，可以从不同的角度进行分类。例如：按出版形式，可以分为图书信息源、期刊信息源、特种文献信息源等；按载体形式，可以分为印刷型信息源、缩微式信息源、机读式信息源和视听信息源等；按加工级次和加工方法，可以分为一次、二次、三次信息源；按组织形式，可以分为正式信息源和非正式信息源；按信息源范围，可分为内部信息源和外部信息源；按保密等级，可分为公开信息源和秘密信息源；按

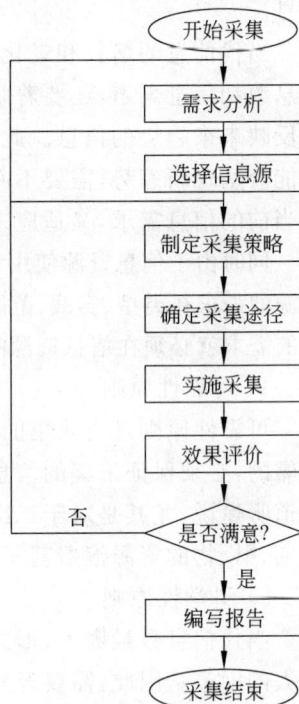

形态,可分为静态和动态信息源;按与时间关系,可分为连续信息源和离散信息源等。

不论是什么形式和状态的信息源,在采集的时候不仅要考虑采集的便利性、经济性,更重要的是从信息源的质量和价值上去衡量信息源。综合来说可从以下几个方面去衡量。

1) 信息量和可靠程度

信息量的大小和可靠与否是判断是否有必要采集的首要因素。这里的信息量不仅指信息资源容量的绝对数量大小或者记录条目的多少,更重要的是强调相对其他的信息源,该信息源能提供给用户有用的信息量的多少。例如,对于不同的用户,同一条信息所体现的信息有价值的量是可能完全不同的。可靠性则是对于信息源的价值性的重要保证,不可靠对用户决策会形成干扰。可靠性的判断指标主要有信息源的合法和公开性、信息源及发布者的权威性、信息的被推荐和被引用等关联性、信息内容的真实可靠以及是否能真实有效传递等。

2) 新颖和及时性

新颖是考察信息源中是否具有新观点、新理论、新架构等新的内容以及信息源是否能经常更新。及时则是针对信息的时效特点而言,要求信息尽可能快地被产生、传播到接受者手中。

3) 系统和全面性

系统和全面强调信息源在信息覆盖面上的深度和广度,以及连续性要求。即信息源能否从多角度、多主题反映信息,能否在一定时期内反映事物的多方面变化。

4) 获取便利性及经济性

获取的便利和经济性是从采集的角度来看信息是否容易获得、是否需要借助一定的工具或特定技术或权限、所需要支付的成本等角度来考查。此外,针对现代的网络资源,还要考查网站检索、用户界面友好等多种因素。

3. 确定采集途径

根据信息采集需求的不同,要采用不同的采集途径。通常采集方法主要有两类。

1) 传统采集方法

传统的采集方法主要是基于人工的方式进行,具体的方式有直接观察记录、阅读图书期刊或电子文献法、口头交谈或访问法、设计问卷调查法、采购、交换、索取、手工或机器检索、复制。

直接观察记录:采集人员在信息源现场,对客观对象不加干预,通过人的听觉、视觉或者借助录音、摄像等手段客观记录信息。这种方式获得信息直接、正式。

阅读图书期刊或电子文献法、口头交谈或访问法和设计问卷调查法也是获得一手资料的很好手段。从图书期刊或者电子文献中获取,可以借助相应的检索工具提高获取信息的效率。交谈或者访问的方式可以主动地获取访问者想要的信息,其形式灵活多变,可以直接面对面,也可以电话访问;可以个别访问,也可以集体访问。设计问卷调查方法则是一种更有针对性地获取信息的方式。

采购是一种稳定的获取信息的有效方式,通过国内外公开发行的各种书目购买。具体可分为订购、现购、邮购、委托代购等。

交换即利用本单位的出版物与其他单位的出版物进行交换,互相补充,以扩大信息来源。交换的信息资料多数为内部刊物、非卖品,不能通过采购获得,只有通过交换获得。

索取是指对于尚未发表的信息资料、少数不公开发表的信息资料,以及已经发表但不够详细和全面的信息资料,根据需要可直接通信联系或直接去人联系取得。

检索是一种有目的、有计划、有时间要求的信息查询行为。检索中使用检索工具,按照一定的原则和流程,通过各种数据库、联机和脱机检索系统获得所需要的信息。检索的内容可以是书目、全文、多媒体、事实、数据等;检索的形式可以是手工或者机器。

复制是到信息源(如图书馆等)复制所需的资料。

2) 网络采集方法

全球互联网的出现导致信息资源在形式上不再是单纯的数字、文字、符号,还包含声音、图像、动画、视频等多媒体综合的形式。各种文件格式上存在差异,也对信息的传输和保存方式提出了新的要求。除此之外,网络信息资源还具有覆盖范围广、数量庞大、分布范围广、更新速度快等特点,传统信息资源采集方法有时不足以高效地完成采集工作,因此需要借助一些信息技术或工具来提高采集效率。如基于网络检索工具的采集、基于PUSH 技术的采集、基于网页浏览的采集、基于网络交流工具的采集。

基于网络检索工具的采集:主要是借助网络检索工具进行检索。常见的网络检索工具有搜索引擎、公共书目查询系统、网页目录(也称站点导航、主题指南等)、FTP(file transfer protocol,文件传输协议)、Telnet(常用的远程控制 Web 服务器的方法)、Usernet (新闻组)、邮件列表、网络数据库及其他专门信息检索工具等。

基于 PUSH 技术的采集:PUSH 技术是互联网上一项新兴技术,在内容服务上按照用户选定的主题内容定期为用户提供信息。

基于网页浏览的采集:采用网页浏览器进行信息浏览,采集信息。与传统的信息浏览方式相比,其最大特点在于超文本链接浏览方式的介入,用户可以依次阅读信息,也可以根据超文本链接,进行主题相关节点非线性浏览,因此在信息采集上可能没有计划性,但是仍然具有目的性。

基于网络交流工具的采集:主要是指基于现代常用的网络交流工具如电子邮件、在线聊天、讨论组、FAQ 等方式进行信息资源采集,采集的渠道相对传统的方式而言,网络交流跨越时空,使交流变得更加便捷和及时。

4. 确定采集策略

采集途径确定之后,要确定采集策略。采集策略就是具体的执行方案。根据选择的系统不同,选择适当的执行方案,制定详细采集计划。采集计划的主要内容包括信息资源人员的分工、采集费用、考核条例、时间安排、采集工具的选择、采集方式、采集频率等。制定采集计划要留有余地,以便于在采集实施中有所调整,保持灵活性。

5. 采集实施和结果评价

确定了采集系统、采集途径和策略,接下来要进行采集实施。按照采集的计划,采用科学的方法广泛搜集信息。采集实施过程要注意监控,对于采集中遇到的新情况和新问题要及时分析原因,调整计划,以便获得更有价值的信息。

对于采集所得到的初步结果要及时进行评价与解释。这些信息都可作为采集途径和策略,甚至采集系统修改和调整的依据。调整范围可以触及信息资源采集过程中的各个环节,直到最后获得比较满意的结果。

6. 整理数据和编写报告

在信息采集完成之后,要进行数据的整理、原始文献的获取、检索报告的编写等,以便将综合性报告呈给信息决策者。

4.1.3　现代采集技术

随着网络技术的不断发展,信息内容和形式层出不穷,按媒体种类来分,主要是文本、图像、视频、音频这几种形式。在这里把它按照两大类信息来看待。

1. 文本类信息的获取技术

文本即使用文字的集合,是任何计算机交互作用的主要形式之一。在互联网上,可获取的大部分信息以文本形式存储为主。这类信息由大量文档组成,如新闻、研究论文、数字图书馆、Web 网页、电子邮件等。

1) OCR 技术

文本信息的输入除了手工还有自动输入方式。自动输入主要借助 OCR 技术(光学字符识别技术)。采用光电技术将汉字和字符转化为电信号送入计算机,由计算机进行自动辨认和阅读。识别时通过 OCR 工具,借助图像识别技术将汉字识别出来。

2) 文本挖掘技术

网络文本的检索,在传统的模式中主要是基于关键词检索,在信息海量的时代,关键词检索效率大打折扣。文本检索技术的产生可帮助我们从大量的文本数据中获取有效知识。

　　文本挖掘是数据挖掘领域的一个新兴分支。文本挖掘也称为文本数据库中的知识发现，是从大量文本的集合或语料库中抽取事先未知的、可理解的、有潜在实用价值的模式和知识。对文本信息的挖掘主要是发现某些文字出现的规律以及文字与语义、语法间的联系，用于自然语言的处理，如机器翻译、信息检索、信息过滤等，通常采用信息提取、文本分类、文本聚类、自动文摘和文本可视化等技术从非结构化文本数据中发现知识。

　　文本挖掘虽然从数据挖掘发展而来，但与传统的数据挖掘相比，文本挖掘有其独特之处，主要表现在以下几方面：文档本身是半结构化或非结构化的，无确定形式并且缺乏机器可理解的语义，而数据挖掘的对象以数据库中的结构化数据为主，并利用关系表等存储结构来发现知识。因此，有些数据挖掘技术并不适用于文本挖掘，即使可用，也需要建立在对文本集预处理的基础之上。

　　文本挖掘的处理过程如图 4-2 所示。

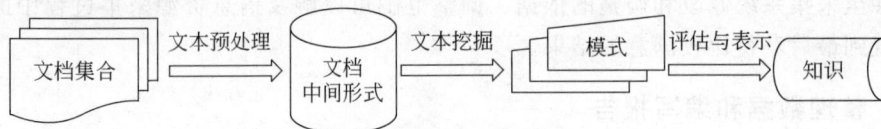

图 4-2　文本挖掘的处理过程

　　（1）文本预处理：选取任务相关的文本并将其转化成文本挖掘工具可以处理的中间形式。

　　（2）文本挖掘：在完成文本预处理后，可以利用机器学习、数据挖掘以及模式识别等方法提取面向特定应用目标的知识或模式。

　　文本挖掘是应用驱动的。它在商业智能、信息检索、生物信息处理等方面都有广泛的应用，例如，客户关系管理、自动邮件回复、垃圾邮件过滤、自动简历评审、搜索引擎等。其主要的应用方向和系统有：

　　① 基于内容的搜索引擎，代表性的系统有北京大学天网、计算所的"天罗"及百度、慧聪等公司的搜索引擎。

　　② 信息自动分类、自动摘要、信息过滤等文本级应用，如上海交通大学纳讯公司的自动摘要、复旦大学的文本分类，计算所基于聚类粒度原理 VSM 的智多星中文文本分类器。

　　③ 信息自动抽取，即将 Internet 上大量的非结构化的信息抽取出格式化的数据，以备进一步的搜索应用。目前是研究热点，至今还没有实用的系统。

　　④ 自动问答、机器翻译等需要更多自然语言处理和理解的应用。

　　（3）模式评估与表示为最后一个环节，是利用已经定义好的评估指标对获取的知识或模式进行评价。如果评价结果符合要求,就存储该模式以备用户使用;否则返回到前面的某个环节重新调整和改进,然后再进行新一轮的发现。

3) 其他

在图书情报研究领域,自动分类和自动文摘也是经典的资源采集技术。

自动分类技术是在手工分类技术的基础上发展起来的。借助计算机技术,20 世纪 80年代中期开始,一些大学、图书馆和文献工作单位研究开发了计算机辅助系统和自动分类系统,并将这些系统应用到中文处理领域。自动分类按实现的途径可以分为自动聚类和自动归类两种方法,常用的算法有:KNN(K 最近邻)算法、SVM(支持向量机)算法、VSM(向量空间模型)法、Bayes 法、神经网络算法、决策树分类算法。

自动文摘也称自动摘要,就是利用计算机自动地从原始文献中提取文摘。按照生成文摘的句子来源,其方法可以分成两类:一是使用原文句子生成文摘;二是可以自动生成句子来表达文档内容。具体的常用技术有:基于统计方法、基于理解方法、基于信息抽取的、基于结构的自动文摘。

2. 非文本类信息的获取技术

非文本类信息这里主要是指以图像、音频、视频等为载体的信息。相对来说,非文本信息以其直接、简单、形象化的信息描述特点,在网络时代是颇受人们喜爱的表述形式。对于非文本信息的获取通常采用专业技术和设备。

1) 图像

图像是人对视觉的感知,可以采用光学设备(如扫描仪、摄像机等)采集,也可以人工绘画创作。图像文件可以记录在纸质、胶片或者计算机中。计算机对于图像的数字描述主要是像素、强度和颜色。在计算机中可以按光栅格式(如 BMP、JPEG 等)或矢量图像格式(如 WMP、SVG 等)进行存储图像。

2) 音频

音频是连续的信号,在计算机处理中,可以对连续信号进行采样量化。在计算机存储中,主要的格式有 WAV、MP3、MP4、WMA、RM、MIDI 等。音频可以通过文娱语转换软件和语音识别技术和文本进行转换。

3) 视频

视频可以看作一系列静态影像以电信号方式进行捕捉、记录、处理、存储、传送和重现的各种技术。数字视频的获取是通过视频采集卡等专门设备对模拟信号的输出设备(如电视机、录像机等)输出信号进行采集量化,然后由多媒体计算机接受和记录编码后的数字化数据。数字视频的格式有 DVD、Quicktime、MP4 和模拟信号磁带等。

4.2　信息资源组织加工

互联网技术的飞速发展,造成了信息的海量性、无限性,但同时由于人的精力、时间的有限性,从而要求我们对于原始的信息必须进行有选择性的采用。此外,信息的无序性、严重污染性也要求我们必须对采集来的信息进行筛选和判断后才能加以利用。信息的组织加工就是要对采集来的大量原始信息进行筛选和判别、分类和排序、计算和研究、著录和标引、编目和组织而使之成为二次信息的过程。

4.2.1　信息资源筛选分类与评价

1.　信息筛选过程

信息的筛选是指对原始信息有无作用的检查和挑选。信息筛选的基本程序如图 4-3 所示。

1) 信息整理

整理信息是筛选的前提,信息整理要求将杂乱的信息进行有规则的整理,以方便以后进一步开展工作。

在整理过程中可以按照信息资源选定的分类表,对杂乱无章的信息进行分类。

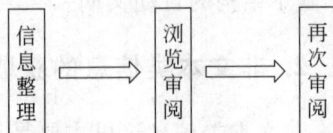

图 4-3　信息筛选流程

信息分类的主要方法有按地区不同分类、按时间顺序分类、按内容不同分类、按主题依据分类等,在实际应用中还有可能将多种方法混合交叉使用,如时间地区分类、主题地区分类等。分类的过程也是对信息资料进行分拣整理的过程。分类确定完成后还应该对相应类别的信息进行排序,井然有序的信息对于问题的发现和研究分析有很大的帮助。例如通过产品销售量地区排序发现各地区销售额的差异和走势,通过产品销售季节时间排序发现产品销售的季节性规律等。

2) 浏览审阅

审阅的目的是将错误明显或者无用的信息清除掉,而保留真正有用的信息,对一些无法确定其去留的信息则暂时放置一边,留待进一步处理。

在审阅中,我们着重关注一些不良信息的处理,如虚假信息、人为添加或拼凑的信息、夸大或缩小的变形信息、片面信息、残缺信息、模糊信息、因记录或传递等客观原因造成的走样信息等。总之,在审阅中最主要的就是保留对研究有价值的信息,关注不良信息。

3) 再次审核

再次审阅主要是针对一时拿不准的信息必须采取会诊或者其他科学方法,再一次对其分析研究,以便确定其取舍,提高信息筛选的准确性。尤其是不良信息中,如果某些信息不完整但是在研究中又非常重要,我们是取还是舍,如何处理等。再次审核对于整个信息的价值提升有极大的帮助。

2. 信息筛选方法

信息筛选和审核根据信息审阅人的经验、技术、工具不同,其筛选的方法也各有不同。一般来说常见的信息筛选方法有如下几类:

第一类是依赖个人判断,主要包括感官判断和专家裁决。

感官判断是信息加工人员对信息直接进行审查筛选,这是一种最直接、最简单的筛选方法。该方法对信息筛选人员的经验和学识依赖度很高。

专家裁决主要是对于一些一时无法决断的专业信息交给专家审核决断,这种方法和专家的个人经验素质有关。

第二类是对信息进行分析或者计算核查,主要有分析比较法和数学核算法。

分析比较是对筛选中采用前后、左右、不同渠道收集的信息进行对比以确定信息的真伪可靠。该方法准确性高,但费时也费力。

数学核算是采用计算方法对于对原始信息进行重新核算。该方法主要是避免信息采集、笔误、计算错误等造成的失真现象。

第三类是发挥集体智慧,主要是集体讨论法。

集体讨论是对某些无法下结论的信息采用集体会诊的方式,发挥集体的智慧。

第四类是重新回到现场,现场核实。

现场核实主要是对有疑虑的信息,责成采集人员或加工人员重新进入现场进行核实真伪。该方法准确性高,但较耗费时间和精力。

在信息的筛选中,对于信息的真伪、可靠性的评价可以借助一些比较分析方法来判断,但是对于信息价值的判断是个更为复杂的课题,它在很多情况下取决于信息利用者的工作范围、性质、目的和个人素质。在信息采集的章节中描述了对于信息源的确定的几个原则,在这里也可以应用到对于信息价值的判断上,据此我们把有价值的信息总结为:能够及时地以适当的方式提供解决问题所需要的依据;信息符合用户需求的内容;信息的可信赖程度;信息具有综合性;信息容易获取(即不是用特殊的手段或极少数人才能获取);信息的费用与目标吻合。以此作为信息价值评判的重要的直接依据。除此之外,还有采用量化的方式进行得分计算的间接评定方法,由于篇幅所限,这里不再一一赘述。

4.2.2　信息资源组织方法

在信息组织加工中,利用一定的规则、方法和技术对信息的外部特征和内容特征进行解释和描述,并按给定的参数和序列公式排列,使得信息从无序集合转换为有序集合,最后形成有序的,便于存储、管理、利用的信息供人们使用。

信息资源的组织方法与信息资源对象本身的特点有关,也与信息的存储利用方式相关。传统的文献信息资源组织方法历史悠久,如今在信息资源的分类组织、主题组织等方面仍然应用广泛,除此之外,随着信息技术、计算机技术、网络技术等新技术的出现,信息资源本身变化多端,其组织方法也涌现出很多新的形式。

1. 信息的基本组织方法

信息是事物运动状态和方式的记录。任何事物的运动状态和方式均具有外在形式、内容和效用,因此从认知的角度,可以把信息组织分为 3 个层面:语法层、语义层和语用层。

1) 语法信息组织

语法为语言学的一个分支,研究按确定用法来运用的词类、词的曲折变化或表示词间相互关系的其他手段及词在句中的功能和关系。信息组织借用"语法",用以表示按外在形式特征组织信息。

最常用的语法信息组织方法有字顺组织法、代码组织法、地序组织法和时序组织法。

2) 语义信息组织

语义信息主要利用数理逻辑和算法语言的方法来描述,以消除人们对事物发展变化认识的不确定性。语义信息是信息的表现形式之一。信息组织借用语义学中"语义",用以表示按信息的内容特性而对信息进行描述的一种方法。

最常用的语义信息组织法有分类组织法和主题组织法。

3) 语用信息组织

语用信息指对信息接收者来说具有实际效用、价值并能满足某种需要的信息。语用信息借助于语用学的特有含义来研究随环境与使用者的不同而不断变化,产生不同效用的这样一些信息群。常用的方法有权值组织法和概率组织法。

2. 传统文献资源组织方法

在图书情报学研究领域中,以纸张为记录载体的文献,其组织方法主要是以分类组织和主题组织为主要形式。两种方法都是语义信息和语法信息组织的综合,但是侧重点不同。文献分类组织从学科角度集约信息,便于族性检索。主题组织是建立在自然语言基础之上的语义和语法信息组织的综合,从事物角度集约信息,便于特性检索。前者是一种经典的、具有悠久历史的管理思想和方法,是对知识分类体系的反映;而后者在文献的计算机管理中应用起来更加便捷。

1) 分类组织

分类组织语言主要包括体系分类法和组配分类法。体系分类法主要应用"概念划分与概括"的方法,组配分类法主要应用"概念分析与综合"的方法。

　　体系分类法的构成原理主要是逻辑分类的原理,依据文献内容的学科、专业性质及其他特征,对文献信息进行系统化组织的一种方法。体系分类法是由成千上万个类目构成。类目的划分、类目的排列、类目名称及含义、类目之间的相互关系的处理,是体系分类法技术原理的重要内容。

　　组配分类法是将一个复杂概念分析为若干简单概念(或概念因素),若干简单概念综合为一个复杂概念。因此,一个复杂的主题概念可以用若干个简单概念标识的组配来表达。

　　无论哪一种方法,都采用概念划分与概括的方法建立等级体系,又采用分析与综合的方法实行组配。从实质上看,组配分类法的分类标识与体系分类法的分类标识并没有区别。

　　2) 主题组织

　　根据语词的选词原则、组配原则、规范措施、编制方法和使用规则,主题法可以分为标题法、单元词法、叙词法和关键词法。

　　标题法是最早出现的主题法。该方法用规范化了的自然语言(标题),即经过标准化处理的名词术语作为标识,按照字顺排列,来直接标引和检索文献所论及或涉及的事物主题。

　　单元词法是在主题法向叙词法过渡的过程中所产生的中间类型。该方法用规范了的单元词来标识文献主题。其基本原理是,任何一个完整的、具体的、复杂的概念(即复合概念)都可分解为若干个更为一般的、单纯的概念(即单元概念),而每个单元概念一般只需用一个单词来表达。

　　叙词法是在单元词法等多种检索语言的基础上,以叙词作为标识符号,标引和检索文献主题的方法。

　　关键词法就是将文献原来所用的,能描述其主题概念的那些具有关键性的词抽出,不加规范或只做极少量的规范化处理,按字顺排列,以提供检索途径的方法。

3. 网络资源的组织方法

　　互联网及信息技术的发展使人们可以打破时空的障碍进行信息交流和资源共享。我们在享受互联网带来的便利性的同时,也面临着更多新的问题,首要问题就是网络信息的混乱。网络信息资源类型多、数量大而且良莠不齐,但用户的需求是在有限的时间和精力范围内找到自己所需要的特定信息,因此对于网络资源的组织在网络时代尤其重要。

　　网络资源与传统的文献实体的信息资源相比,有其自身的特点:

　　(1) 种类繁多、形式多样;

　　(2) 关联度高;

　　(3) 动态性;

（4）交互性强；

（5）共享性；

（6）高增值性；

（7）时效性。

网络信息组织的目的在于便于使用，有利于解决问题。其组织方法按不同的角度可以做出如下划分，如图 4-4 所示。

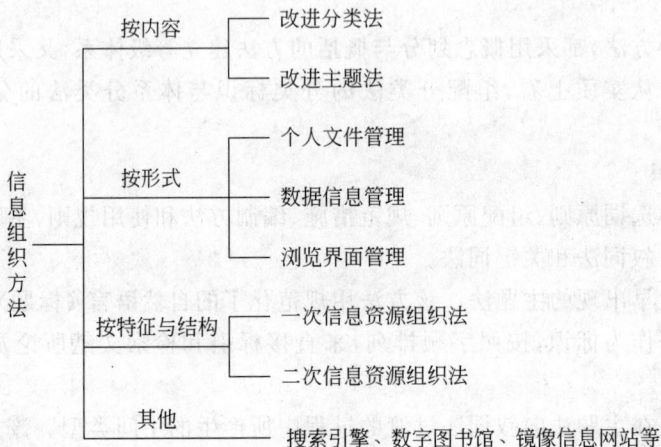

图 4-4　信息组织方法分类

1）按内容划分

从内容上来看，网络资源的组织方法主要是对于传统的信息资源组织方法的继承、发展和完善。如前节所述，在传统图书情报领域，主题法、分类法等是揭示和组织文献实体信息的有效方法。在网络环境下，根据网络资源特点需要加以改进和调整再应用到网络信息资源的组织中去。目前，对于分类法和主题法的网络信息资源组织的方式主要有以下两种。

（1）改进分类法。一种是利用现有分类法结合人工标引方式。围绕该种方法，国内外进行了不少研究，有些已付诸实践。例如，利用 DDC 比较成功的综合网络目录有加拿大国家图书馆的 Canadian Information by Subject；利用 UDC 的网络目录有 BUBL Subject Tree。另外，我国的中图法也被"网络指南针"用作组织信息资源的分类体系之一。

另外一种是采用自编分类系统结合人工或自动标引方式。其类型主要有以下 3 种：等级式主题分类系统，如 Yahoo；分面组配分类系统，如中文搜索引擎"中华网目"；学科分类系统，如"网络指南针"等。

（2）改进主题法。一种是利用现有词表，包括叙词表和主题词表组织网络信息资源；

另外一种采用关键词法,用户只需输入关键词检索即可获取指向网络信息资源的超链接。

2) 按形式划分

从形式上来看,可以划分为个人文件管理形式、数据信息管理形式及浏览器管理形式。

(1) 个人文件管理形式。在多数的网络及计算机管理中,文件是一种极为常见且简单易懂的管理方式。但是网络信息的增长速度十分惊人,一旦信息的数量超过了文件可控的范围,就难以进行有效的管理。并且文件无法对结构复杂的信息进行分类和识别,给用户的使用带来了一定的困难。

(2) 数据信息管理形式。数据库(database)将要处理的数据经合理分类和规范化处理之后,以记录的形式存储于计算机中,用户通过关键词及其组配查询,就可以找到所需信息线索。

数据库技术是对大量的规范化数据进行管理的技术,它可以大大提高信息管理的效率。数据库根据信息资源的内容进行分类的固定存储,其存储路径和查询方式都是严格按照信息资源管理标准所制定的。用户可以很轻松地通过搜索相关词汇或者主要内容对数据库内的信息进行查询,用户的登录也需要进行身份验证,使信息安全性得到了极大的提高。数据库还可以键入相关的信息链接,方便用户进行最大范围内的信息搜索,也降低了数据库的存储压力。

目前流行的数据库有三类:关系数据库、非结构化数据库及数据仓库。关系数据库以关系概念为基础发展起来,在处理文本数据、管理事务等方面奠定了自己的优势;非结构化数据库中的资源可以同时包含结构化的和非结构化的信息 ;数据仓库(data warehouse)是集成的面向主题的数据库集合,其中的数据是面向主题进行组织的,是在较高层次上对分析对象的完整、一致的描述,能反映各个分析对象所涉及的数据及数据之间的联系。

(3) 浏览界面管理形式。浏览界面是用户直接进行操作的平台,它在用户与资源之间搭建起了一座重要的桥梁。用户的直观体验直接决定了信息资源的利用程度。通过对浏览网站(web site)建立起分类明确的树状浏览结构的界面,来提供最有效的信息资源组织方式,使用户直接与信息资源的主要目录进行交流,然后通过主目录进行分支信息的详细查询,最后拓展到整个网络的信息末梢。

网站是网络信息资源的重要组成部分,互联网向用户提供的网络信息服务,在很大程度上是依靠网站来实现的。网站借助网络技术手段,集网络信息提供、网络信息组织和网络信息服务于一身,最大限度地保证了信息资源的利用率,也极大地节省了用户的查询时间。

3) 按特征与结构划分

从网上信息资源的特征和结构来看,可分为一次信息组织方法和二次信息组织方法。

（1）一次信息资源组织方法。传统信息资源数字化上网即为一次信息。目前网络一次信息资源的组织方法有文件方式、自由文本方式、超文本/超媒体方式、网页方式。

文件（file）是一种历时较长的组织方式。该方法参照主题法思想，用文件名标志信息，用文件夹组织信息，用网络传播信息。其优点是简单方便，除文本信息外，还适应于存储程序、图形、图像、图表、音频、视频等非结构化信息或多媒体信息。采用文件方式组织的网络信息资源，在传输、存储和使用过程中有很多格式。如：. doc 和. pdf 是世界通用的文本格式；图形文件：. jpg、. jpeg、. gif；. mp3、MP4 为声音文件；. avi 为最流行的多媒体文件格式；等等。

自由文本方式主要用于对非结构化文本信息的处理，适用于全文数据库的组织。该方式利用自然语言揭示文献中的知识要素，根据文献全文自由设置检索点。

超文本/超媒体方式。超文本既是一种信息组织方式，也是一种新兴检索方式。目前互联网上绝大部分信息资源均采用这种组织方式。这种信息组织方式将网络上相关文本的信息存储在许多节点上，逻辑上，节点表示信息单元、片段或组合；链表示节点间关系，如同义、反义等。节点间以链路相连，用链将这些节点连成一个网状结构。用户使用时可从任一节点出发，从不同角度浏览、查询信息。

超媒体是超文本的扩充，它所组织与管理的对象不仅仅是文本，还可以是图形、图像、动画等多种媒体。所以超媒体可以看作"超文本"＋"多媒体"。当前，网上单纯的超文本用途有限，而这种超媒体的形式应用更广。

网页方式。这种信息组织方式是将大量各类信息集中组织在一起，利用网页定义一些固定元素对某一特定事物加以全面描述介绍。它是网页浏览器界面管理形式的主要工具。

（2）二次信息资源组织方法。对网络一次信息资源进行描述、揭示、分析和存储后，形成有序化、系统化的信息即形成二次信息资源。目前网络二次信息的组织方法主要有以下几种：主题树/网络资源指南方式、指示数据库方式、菜单方式。

主题树/网络资源指南（web directory）方式。主题树方式是目前国内外大多数门户网站采用较多的方法。该方法以人工或半自动方式搜集信息，由编辑人员查看信息之后，根据事先约定的主题和一定的选择标准来挑选所录用的链接资源，人工形成信息摘要，然后将挑选出的资源置于事先确定的分类框架中，形成分类树形结构目录。用户通过浏览的方式层层遍历找到信息线索，再通过超链接获取网络信息资源。

Yahoo 就是这种组织方式的典型代表。它是将网络信息资源按主题划分为 14 个基本大类，每一类目下根据信息资源、网络站点的多寡细分为不同层次的项类目或子类目，从而建立了一个类目设计合理、结构全面完整、等级层次鲜明的等级目录结构。

主题树的资料库中并不保存网页，而是保存各网站的站名、网址和内容提要。按主题树方式收录的信息质量高、专题性强、组织严密，且具备很强的适用性与可操作性。但是，由于需要人工分类整理,其收录范围与新颖性不够,缺乏摘要,所以对资源的描述也不够,而且分类中使用的分类体系与方法也不尽合理,需要进一步地发展才能成熟。

指示数据库方式常用来组织专题性或专用的网上二次信息。指示数据库储存的是有关网上一次信息之网址以及相关信息的描述信息,即对网上的信息资源进行分类编目。指示数据库方式与搜索引擎相比,优点是针对性强,可靠性高,检索结果适应性强;不足之处在于,它需先获地址后获资源,而搜索引擎可以一站式获取所需的一次信息。

菜单方式是围绕某一专题,采用分类法、主题法、时序法等方式,将与该专题有关信息线索、描述信息等依次罗列,供用户浏览选择。

4) 其他方式方法

除了上述的常见分类模式外,还有一些比较常见的组织方式和方法。如搜索引擎、数字图书馆、镜像信息站点等。

搜索引擎通过在互联网上提取各个网站的信息来建立自己的数据库,并向用户提供查询服务。它由信息采集软件(如网络机器人 robot、网络蜘蛛 spider 等)、索引、检索模块三部分共同组成。较著名的搜索引擎有 Google 和百度等。搜索引擎可以定期自动搜寻有关 Web 站点,以采集各类信息资源;自动对这些资源进行标引、编制目录、摘要数据;自动将这些标引著录的数据组织到数据库;提供以 Web 为基础的检索和各种限制在内的信息检索,并可按相关度或其他标准输出检索结果。

数字图书馆是以数字化资源为馆藏,以先进的信息处理技术和计算机设备为手段,以互联网为服务平台,以信息收集、开发、管理、存储并提供利用为己任的分布式、面向对象的巨型数字信息空间。

当一个组织有了自己的网络服务站点后,对于网上最重要和本单位最常用的信息,可采用全部或部分复制方式,将这些信息移植到自己的服务器上,供本单位使用。这种站点为镜像信息站点。这种方式可以保证复制过来的信息与源站点一致,能实现对信息的更新和及时跟踪。

总之,随着网络技术的发展,对于网络信息资源的组织方法也在不断地变化发展,针对应用上的需求,其发展趋势是围绕资源用户的需求,逐步向简单、易用、科学的方向前进。

4.3　信息资源存储与检索

4.3.1　信息资源存储

1. 信息资源存储的含义和分类

信息资源存储就是将经过科学加工处理后的信息资源,按照一定的规定记录在相应的信息载体上,并将这些载体按照一定的特征和内容性质组织成系统的检索体系。

信息资源存储对以后信息的开发和利用有着重要意义。经过存储的信息资源方便检索,延长了信息的使用寿命,便于资源共享、反复利用,从而充分发挥信息的价值。其重要意义主要体现在以下几方面:有利于增大信息资源的拥有量;有利于集中管理信息资源;有利于开发高层次的信息资源;有利于充分利用信息资源,提高管理工作效率。

根据信息资源载体的不同可以分为以下几种。

1) 以人本身作为载体

人的大脑和语言是信息交流和储存最原始的载体。文字产生之前,人类只能依靠大脑的记忆功能来存储信息。语言是人们交流思想的工具,也是人类最早的信息资源存储形式之一,人们将自己的思想加到语言中,并通过语言的方式表达出来,传递给对方,以实现信息交流、沟通思想的目的。

2) 图文形式的载体

文字和图画既是一种信息表现方式,也起着存储信息资源的作用,记录信息的材料由最初的石头、龟甲、兽骨发展到后来的简牍、丝帛、纸张等。

3) 图书报刊类载体

书刊的出现要晚于文字,但它是一种更有效的信息资源存储方式,其特点是:信息存储容量大,并且高度集中。

4) 电磁波载体

电磁波是一种通信的手段,也是一种信息的载体,其形式包括电报、电话、电传等。

5) 计算机载体

计算机载体存储的特点是:传递速度快,存储容量大,联网后处理信息的范围极大。

6) 新材料载体存储

随着科学技术的发展,人类发明了许多可以用作信息资源载体的新兴材料载体,包括磁性载体(如磁带、磁盘等)、晶体载体(如集成电路等)、光电载体(如光盘等)、生物载体(如蛋白质等)。这些新兴材料载体的共同特点是:体积小、容量大、效率高,可以更有效地用来存储各种信息资源。

2. 信息资源存储技术及原则

各种载体具有其自身的不同特点,将不同表现形式的信息资源存储到相应的载体上,这就是信息的存储技术。传统的存储技术以印刷为主,现代的存储技术主要是和新材料、新设备以及计算机技术相关联的,例如:缩微存储技术、声像存储技术、计算机光盘存储技术等,它们具有存储容量大、密度高、成本低、存取迅速快等优点,所以获得广泛应用。

信息资源的存储是待以后信息利用的,选择合适的存储形式很重要。信息资源存储时应遵守以下基本原则:

1）统一性

统一性原则是指信息资源的存储形式应该在全国甚至全世界范围内保持一致，这就要求信息资源存储时要遵守相关的国家标准或者国际标准。

2）便利性

便利性原则是指信息资源的存储形式要以方便用户检索为前提，否则会影响用户使用该信息资源。

3）有序性

有序性原则是指信息资源存储时要按一定规律进行排列，以方便用户检索。

4）先进性

先进性原则是指信息资源的存储形式应该尽量采用计算机以及其他新兴材料作为信息资源存储的载体。

除了遵循以上原则外，信息资源存储时还需要注意存储内容全面性、存储信息时效性及存储费用经济性，同时良好的信息存储设备和管理措施也是保证信息存储能有效提供信息服务的重要环节。

4.3.2　信息检索方式和流程

1. 信息检索的定义

信息检索是信息用户为处理解决各种问题而查找、识别、获取相关的事实、数据、知识的活动及过程。广义的信息检索包括信息的存储与检索；狭义的信息检索主要是指后者，指借助一定的设备和工具，采用一系列的方法与策略从信息集合中查询所需要的信息。

信息检索相关理论和方法在信息资源的管理和有效利用上发挥着日益重要的作用，小到个人应用研究，大到国家社会的管理都需要用到信息检索技术。

2. 信息检索的类型

对于信息检索其类型多种多样，下面介绍两种常见的划分方式。

1）按检索对象和目的划分

可以分为书目检索、全文检索、多媒体检索、数据检索及事实检索。

书目检索是从存储有标题项、作者项、出版项、文摘项等书目（著录）信息的检索系统中获取标题、作者、摘要、出处、专利号、收藏处等相关信息线索的一种检索类型。检索结果不直接解答用户提出的技术问题，而是提供与之相关的线索，供用户参考。

全文检索是从存储整篇论文、专利说明书至整本著作的检索系统中获取全文信息的一种检索类型。它是在书目检索基础上的更深层次的内容检索，是一种直接检索。通过对全文的阅读，可进行技术内容及技术路线的对比分析，掌握与研究现状，为研究的创新点提供参考和借鉴。可以利用各种论文全文数据库和专利说明书全文系统来进行检索。

多媒体检索是从存储有多媒体文件的检索系统中获取多媒体信息的一种检索方式。它是随着计算机技术的发展而产生的新的检索类型。检索结果是以多媒体形式反映特定信息的文字、图像、音频、视频等。目前可以在因特网上利用特定的检索引擎(如 Google、百度等)来进行检索。

数据检索是从存储有大量数据、图表的检索系统中获取数值型信息的一种检索类型。检索的结果是获取经过评测、评价过的各种数据,可直接用于比较分析和定量分析。可以利用各种手册、年鉴、图谱等进行检索。

事实检索是从存储有大量知识信息、实时信息和数据信息的检索系统中获取某一事物发生的时间、地点及过程的检索,可以利用各种百科全书、年鉴、名录等进行检索。

2) 按检索方式划分

可以分为手工检索和机器检索。

手工检索是指人们利用卡片目录、文摘、索引等检索工具,通过人工查找所需信息资源的行为。

机器检索是指人们借助机器查找信息资源库中所存信息的行为。机器检索主要包括机电检索(如打孔机)、光电检索(如缩微计算机)和计算机检索(基于计算机、网络技术等建立的计算机检索系统)。机器检索的服务方式有两种:一是回溯查找服务,是指从提出需要时算起回溯到过去某个时候为止而提供的一次性检索服务;二是定题服务,是指信息服务机构根据用户对于某一专题的特定需求,输入计算机建立需求档案,定期对最新资料进行检索,然后将检索随时提供给用户。

这几种检索方式各有特点,手工检索由于检索人员可以与之直接接触,具有方便、直接、灵活、判断准确、可随时根据需求修改检索策略,查准率高的特点,但人工操作的检索速度慢,检索的效率较低,而且也不适合复杂的多元概念检索。机械检索中机电检索和光电检索一般只能针对某种固定形式的信息资源进行特定检索,对于设备的依赖程度高,检索操作复杂,成本也高,检索质量并不十分理想。计算机检索是信息时代最重要的一种检索方式,它借助数据库技术、电子技术、通信技术、计算机和网络技术等构建的计算机系统能快速地对检索对象进行匹配运算,并按要求输出结果,其检索效率也随着相应技术的发展在不断地提高,是现代人最欢迎的一种检索方式。

4.3.3　信息检索过程及信息检索系统

1. 检索过程

在进行信息检索时,不论选择什么样的检索方式,其检索流程大致相同,如图 4-5 所示。

```
                      ┌─────────┐
                      │  开始   │
                      └────┬────┘
                           │
              ┌────────────┤
              │   ┌────────────────┐
              │   │   确定检索需求   │
              │   └────────┬───────┘
              │   ┌────────┼────────┐
    ┌─────────┴──┐ ┌──────┴─────┐ ┌──┴──────────┐
    │  选择检索工具│ │ 确定检索途径│ │ 确定检索方法 │
    └─────────┬──┘ └──────┬─────┘ └──┬──────────┘
              │   ┌────────┼────────┘
              │   │   ┌────────────┐
              │   └───│   实施检索   │
              │       └──────┬─────┘
              │       ┌──────┴─────┐
              │       │   调取资料   │
              │       └──────┬─────┘
         否   │       ┌──────┴─────┐
              └───────│  满意与否?  │
                      └──────┬─────┘
                           │ 是
                      ┌────┴────┐
                      │  结束   │
                      └─────────┘
```

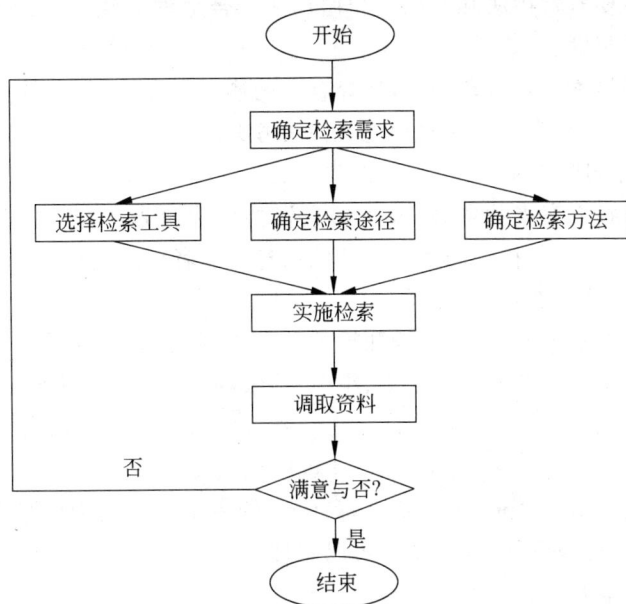

图 4-5　信息检索流程

1）确定检索需求

在检索开始之前需要对检索的主题对象、范围和内容的详细程度进行确认。这是保证检索准确度、检索效率和检索成果正确与否的第一步。例如：企业要了解某产品的价格信息，是当前的售价，还是价格的形成信息、价格的体制信息；是只需要当季度的，还是具体哪个时间或周期范围内的所有价格；是只需要收集结果信息还是需要信息原件；等等。因此，做好信息检索需求的调查是成功检索的基础。

2）选择检索工具、途径与方法

检索的工具、途径、方法有很多，可根据实际检索的条件和要求，选择适合自己的，这样有助于提高检索效率，降低成本。

检索的工具有很多种，按照处理信息资源的手段可分为手工检索工具、机械检索工具、计算机检索工具等；按照载体形式可分为书本式检索工具、卡片式检索工具、缩微式检索工具、胶卷式检索工具、磁带式检索工具等；按记录格式可分为目录型检索工具、题录型检索工具、索引型检索工具、文摘型检索工具、全文型检索工具等。随着信息检索技术的不断发展，检索工具也在不断地更新，现代化的检索工具为高效的信息检索做出了很大的贡献。

检索是根据信息的某种外表特征或者内容特征来查找索取信息，这些特征被称为信息检索途径，一般包括分类途径和主题途径。

检索的方法主要有常用法和回溯法和循环法。合适的方法对于减少检索时间、查全资料信息有很好的帮助。

对纷繁复杂的检索工具进行筛选，选择合适的途径和方法，这也是一个不断地尝试的过程，可在比对过程中找到一项相对较优的检索方案。

3）实施查找并调取资料

按照既定的查找方案查找资料，并把信息资料调取出来，这是过程检索的实质性阶段。这里要强调的是，对于找到的信息要按照信息需求者要求的形式返回给他们，有可能是原件，也有可能是复印件或者电子稿件。

我们将容纳了技术设备、工具方法和检索的数据源、使用操作的人结合在一起，形成信息检索系统来提供一整套的资源采集、组织、检索和使用的完整系统。

2. 检索系统

信息检索系统（information retrieval system）的主要目的是为信息需求者提供信息，它是按照特定的信息需求所建立起来的可以实现信息搜索、加工、存储和检索的程序化系统。其包括如下基本要素。

1）信息资源

即检索文档或数据库。在手工检索系统中指书目、索引和文摘中的由文献款目组成的正文，工具书中的由条目或者短文形成的主体；计算机系统中的数据等。

2）技术设备、工具和方法

如计算机系统中的输入/输出设备、存储器、网络通信设备、软件等；手工检索的卡片目录和检索刊物，计算机检索的检索语言、标引规则、输入/输出标准及相应的计算机软件等。

3）使用系统的人

如信息标引人员、录入人员、检索人员、系统管理员、数据库管理员等。

信息检索系统中的检索不仅仅是用户提出查询请求进而获得结果信息的过程，还包括了信息的存储即信息资源的有序化过程。也就是说信息检索系统的检索是广义上的检索。由此可见，建立一个完整高效的信息检索系统需要涉及信息采集、信息组织、信息存储、信息检索（狭义）、信息输出等，最终才能达到为信息服务的目的。

3. 检索评价

信息检索的任务完成的效果如何，我们需要对其进行评价以进一步完善检索工作。对于信息检索的效率评价指标，一般来说有三个：

（1）查全率（recall），指的是对于检索系统提供的检索结果集中相关信息文档数在系统总相关文档数中的比例。以此判断检索的信息覆盖率。

（2）查准率（precision），又称精度，是检索结果集中相关信息文档数与用户信息需求的匹配程度，也是检索结果中有效信息的文档数与检索系统提供的全部文档数之比。

（3）响应时间，又称检索速度，是从用户从发出查询需求到获得查询结果，中间经过的时间长度。

查全率和查准率两项指标是信息需求者在检索时最常用的两个指标，可以对每一次检索的效率进行评价，也可以对检索系统性能进行评价。影响检索系统性能的因素很多，最主要的是信息检索模型，包括文档和查询的表示方法、评价文档和用户查询相关性的匹配策略、查询结果的排序方法和用户进行相关度反馈的机制等。

对于一个检索系统来讲，查全率和查准率很难做到两全其美：查全率高时，查准率低；查准率高时，查全率低。一般来说，在网络检索中，因为一个检索系统很难去搜索到全部的网络资源，查全率很难计算，因此对于网络检索的评价中更看重查准率。

除检索系统的效率评价外，还可从系统的有效性上进行评价。这方面主要是比对检索系统的目的，对检索结果做出的评价，如用户满意与否、社会的认知和组织环境等。这些也是检索评价中要考虑的因素。这方面的评价，相比前面的客观计算来说，带有一定的主观因素，把用户的因素考虑进去，使评价结果更加全面和实用，但在主观因素的科学选择上仍需要进一步研究和探讨。

对于信息检索的评价，还有很多其他的指标，如 TREC 特定检索任务的 85 种检索评价指标等。这些指标主要是针对特定的环境和评价目标而采用的，其基础思想仍然是查准率和查全率。

4.3.4　信息检索相关研究与技术

公元前 3000 年左右，人类就开始了信息组织和检索活动。早期的信息检索活动主要围绕纸质文件展开。20 世纪中期，计算机的发明和应用使信息检索作为一个相对独立的研究领域得以快速发展。60—70 年代，人们建立了文本检索系统，信息检索的三大经典模型（即布尔模型、向量空间模型、概率模型）先后产生。此外还出现了一些信息检索系统和实验测试集，如康奈尔大学的 SMART 检索系统和 Cranfield 测试集。80 年代，全文检索技术快速发展，不过处理对象主要是文本。90 年代，互联网的出现使信息检索打破了区域和局限性，信息检索进入崭新的阶段，网络化信息检索成为大势所趋。各种新技术和传统检索方法相结合，形成了种类繁多、功能强大的信息检索技术。

1. 搜索引擎

搜索引擎是网络环境下人们进行信息检索的主要工具之一。搜索引擎（如 Google、Yahoo、Baidu 等）的出现给非专业人士带来了前所未有的服务体验。网络时代，信息无处不在，然而如何才能快速有效地获取所需信息却成为一个难题。搜索引擎正是为了解决

"信息丰富，知识贫乏"奇怪现象问题而出现的技术。

从技术原理来看，搜索引擎一般分为三种：目录索引类搜索引擎（search index/directory）、全文搜索引擎（full text search engine）和元搜索引擎（meta search engine）。

目录索引类搜索引擎是利用各网站向其提交网站信息时填写的关键词和网站描述等资料，经过人工审核编辑后，如果符合网站登录的条件，则输入数据库以供查询。典型代表有 Yahoo，还有 Open Directory Project（DMOZ）、LookSmart、About 等，国内的搜狐、新浪等搜索引擎也是从分类目录发展起来的。

全文搜索引擎又称基于 Robot 搜索引擎，即通过 Robot（SPIDER 等）程序从互联网上搜集信息而建立索引数据库，检索与用户查询条件匹配的相关记录，然后按一定的排列顺序将结果返回给用户。这类搜索引擎的代表是：Google、Fast/AllTheWeb、AltaVista、Inktomi、Teoma、WiseNut 等；国内代表为：百度（Baidu），"天网"、OpenFind 等。

元搜索：这类搜索引擎没有自己的数据库，而是将用户的查询请求同时向多个搜索引擎递交，将返回的结果进行重新排序等处理后，作为自己的结果返回给用户。著名的元搜索引擎有 InfoSpace、Dogpile、Vivisimo 等。中文元搜索引擎中具代表性的有搜星搜索引擎。

各种技术各有长处和特点，如目录式准确度高、信息导航质量高，但是需要人工维护量大；全文式信息全面，但是准确度不够；元搜索可以说是面向网页的全文检索，信息返回量更大更全，但也需要用户做出更多的筛选。

除此之外，还有集合式搜索引擎、门户搜索引擎（如 AOL Search、MSN Search 等）、免费链接列表（free for all links，FFA）等非主流形式的搜索引擎。在使用中用户可根据自身的检索需求以及检索结果的检索速度、查准率等角度去衡量选择合适的搜索引擎。

2. 多媒体检索

互联网、多媒体以及相关技术的发展，使得网络信息从简单的文本扩展到图像、声音、视频、图形等各种多媒体信息。多媒体信息检索是指根据用户的要求，对文本、图形、图像、音频、视频等多媒体信息进行识别和获取所需信息的过程。

根据检索方式的不同，多媒体检索可以分为两种方法，即基于文本的多媒体信息检索（text based information retrieval，TBIR）和基于内容的多媒体信息检索（content based information retrieval，CBIR）。

1）基于文本的多媒体信息检索

这是一种间接的多媒体信息检索方法，通过对多媒体信息进行文本注释，用文本信息描述多媒体信息的语义信息，进而通过文本信息检索技术来实现多媒体信息检索。

70 年代末，这种技术首次被用于图像检索中。首先人工用关键字对图像进行注释，然后通过匹配用户查询（关键字）和图像的注释来搜索相关图像。但人工标引效率太低，随着网络信息的迅速增长，自动化标引技术随之出现。目前自动标引通常借助 OCR 技术、语音识别、信息抽取等技术完成。

由于该检索方法主要问题存在于人工注释的主观性和自动注释准确性上，为了解决上述问题，研究者们提出了基于内容的多媒体信息检索。

2）基于内容的多媒体信息检索

该方法是对多媒体对象的内容及上下文语义环境进行检索，如对图像中的颜色、纹理、形状或者视频中的场景、片段进行分析和特征提取，并对这些特征进行相似性匹配。

基于内容的图像检索技术于 90 年代初期出现，后来这种技术又相继被运用到视频检索和音频检索中。基于内容的图像检索在指纹识别、人脸识别、商标检索和医学图像检索等领域得到广泛应用。目前，典型的图像检索系统有 IBM Almaden 研究中心开发的第一个基于内容的商用图像及视频检索系统 QBIC、MIT 媒体实验室开发研制的 Photobook、Virage 公司开发的 virage 检索系统及中国香港中央图书馆的 MMIS（多媒体信息系统）；音频检索系统如 IBM 的 voice、剑桥大学的 VMR、卡内基梅隆大学的 Informedia 等；视频检索相关研究成果有 MPEG-7、JJACOB 及卡内基梅隆大学的 Informedia 数字图书馆等。

3. Web 挖掘

1）Web 挖掘的定义

信息技术极大地加快了现代社会各行各业的信息化进程，推动着人类社会的全面发展。网络数据无论从数量还是从种类其更新速度、动态发展超乎人们的想象。如何有效地处理并迅速找寻到所需信息成为迫切需要解决的问题。普通的信息检索技术在面对海量数据时无法实现高效的信息服务，此时，基于数据挖掘技术的 Web 挖掘得到了快速发展，成为研究的热点。

数据挖掘技术旨在从海量数据信息中发现具有指导意义的知识和挖掘常用常见的信息。这些知识和模式作为挖掘结果，以可视化方式展现给客户，来进一步辅助决策部署、信息管理等未来工作。Web 挖掘技术作为数据挖掘技术在互联网领域的一种延伸和拓展，特别针对互联网相关的应用研究，不仅需要考虑信息形式的复杂性，还需要从海量数据信息中排除繁杂的噪声数据。

对于 Web 挖掘的定义有很多种，我们引用马费成主编的"信息资源开发与管理"教材中的综合定义：Web 挖掘是利用数据挖掘、文本挖掘和机器学等技术从 Web 页面数据和超链接关系中发现感兴趣的、潜在的和有用的规则、模式或领域知识等。

Web 挖掘是一项综合技术，涉及 Web、数据挖掘、计算机语言学、机器学习、模式识别、人工智能、统计学、计算机网络技术、信息学等多个领域。

2）技术分类与应用

互联网数据一般分为三类：Web 文档数据，主要是 HTML 或 XML 格式的文档；Web 结构数据，如 Web 文档中的超链接；用户访问数据，如服务器上的日志信息。前两种属于显式数据，后一种属于隐式数据。

针对上述挖掘对象，可将 Web 的挖掘分为以下三类。

（1）Web 内容挖掘。Web 内容挖掘是一种基于网页内容的 Web 挖掘，是从大量的 Web 数据中发现信息、抽取知识的过程。这些数据既有文本数据，也有图像、声频、音频等多媒体数据；既有来自数据库的结构化数据，也有用 HTML 标记的半结构化数据和无结构的自由文本。对无结构的自由文本的挖掘称为文本的知识发现，对多媒体文档的挖掘称为多媒体数据挖掘。此部分知识在"信息采集技术"中有所阐述，这里就不再重复。

其应用有：互联网新闻和微博的话题检测与动态追踪等。

（2）Web 结构挖掘。Web 结构挖掘是从 Web 的组织结构、Web 文档结构及其链接关系中推导知识。海量 Web 文档之间并不是相互独立的，而是通过超链接将彼此联系在一起，组成互联资源网。这种文档之间的链接关系同样重要，存在着潜在知识。

挖掘 Web 结构的目的是：发现 Web 的结构和页面的结构及其蕴含在这些结构中的有用模式；对页面及其链接进行分类和聚类，找出权威页面。

这方面研究的代表有：奠定 Google 搜索引擎技术的 Pagerank 算法和另外一个基于网页分析的 HITS 搜索引擎算法。

（3）Web 使用挖掘。Web 使用挖掘是从 Web 访问日志中发现用户的访问模式，预测用户的浏览行为。通过对不同的 Web 站点的 Web 访问日志文件数据的挖掘分析，发现用户的使用习惯、兴趣点等潜在使用信息，为个性化服务、电商潜在客户发现、制定广告策略等提供数据。

此外通过分析，了解 Web 结构，分析系统性能，为改进 Web 站点的结构、系统的设计及其提升用户服务质量提供依据。各种日志统计数据如：频繁访问页、单位时间访问频度、访问量的时间分布等可为网络舆情分析、用户行为分析提供数据支撑。

除上述三种常见应用外，在信息检索领域热点领域研究还有：跨语言检索（CLIR）、XML 信息检索、语义检索、智能检索、分布式检索、信息可视化等。总的来说，信息检索技术研究不论是什么样的形式，它们始终围绕着一个服务宗旨，就是帮助用户快速有效地找到有用的信息。

4.4　信息资源服务

信息服务是信息机构向用户按一定方式提供信息的过程。其服务对象是对服务具有客观需求的社会主体，包括社会组织和社会成员。在服务中，这些主体称为用户，也称为信息用户,可以是团体用户,也可以是个人用户。

4.4.1　信息服务的类别

从信息用户和社会信息源与信息流的综合利用角度看,社会化信息服务包括以下内容:信息资源开发服务、信息传递与交流服务、信息加工与发布服务、信息提供与利用服务、用户信息活动组织与信息保障服务等。信息服务是一种基本的社会服务,为了更好地实现信息服务,可按多种方式对其进行分类。

1. 按信息服务传递、处理和提供信息客体分类

可分为以下几种:

(1) 实物信息服务:包括材料、样品、样机信息服务。

(2) 交往信息服务:包括信息发布服务等。

(3) 文献信息服务:包括传统文献服务和电子文献服务。

(4) 数据服务。

2. 按信息加工深度分类

可分为以下几种:

(1) 一次服务:提供具体的一次信息,传统的信息是书、刊类出版物和收录原始信息的文本全文、数值信息和全文-数值混合信息的源数据库。

(2) 二次服务:提供获取信息的线索,如题录、索引和文摘服务等。

(3) 三次服务:在原始信息基础上的研究、综述与评价服务等,提供软件开发和系统技术服务。

3. 按信息的内容和所属领域分类

可以分为科技信息服务、经济信息服务、技术经济信息服务、法律信息服务、流通信息服务及军事信息服务等。

4. 按信息服务的业务形式

可以分为信息传输服务(通信服务)、宣传报道服务、信息发布服务、新闻出版服务、信息提供服务、信息检索服务、信息资源开发服务、信息分析与预测服务、信息咨询服务、信息系统开发服务及信息代理服务等。

5. 按服务手段

可以分为传统信息服务和电子信息服务等。

6. 按信息服务的指向范围

可分为以下几种：

(1) 单向信息服务：指向单一用户的服务。

(2) 多向信息服务：指向众多用户的服务。

7. 按信息服务对象的范围

可分为以下几种：

(1) 内部服务：面向内部用户的服务。

(2) 外部服务：面向外部用户的服务。

8. 按服务的主动性

可分为以下几种：

(1) 被动信息服务：由用户先提出服务要求，然后按需组织的信息服务。

(2) 主动信息服务（主动面向用户的信息服务）。

9. 按信息服务是否收费

可分为有偿信息服务和无偿信息服务。

4.4.2　服务原则

信息服务以用户为中心，与信息需求和信息提问有密切的关系。由于用户的信息需求千差万别，并且随时间的变化而动态地变化，因而要向用户提供满意的信息服务是一件很不容易的事。为此，在信息服务活动中需要遵循以下原则。

1. 针对性原则

满足特定用户在特定时间的特定需求是信息服务的基本出发点。信息服务机构要认真研究用户的信息需求和需求的变化，掌握用户利用信息的习惯和特征，选择符合用户需求的信息内容、信息载体、信息渠道，为用户提供针对性很强的信息服务。

2. 及时性原则

信息具有时效性，即在特定的时间范围内才能发挥其效用。这个时间一般是在用户做出决策和选择需求信息之前。信息提供过早，用户没有需求，信息效用不能实现；提供过晚，信息毫无价值。

3. 易用性原则

实践表明,用户利用信息受到可获得性和易用性的影响。在决定是否选择和利用信息时,可获得性和易用性往往超过信息本身的价值。因此,信息服务机构应为用户获取利用信息提供最大的便利条件。

4. 成本/效益原则

信息服务既要讲究社会效益,又要讲究经济效益。虽然信息服务的效益具有潜在性和延迟性,很难做出确定的评价,但不论是对信息服务机构还是用户都需要花费一定的成本(时间成本和资金成本),应当确保以最小的花费来获得信息服务的最大效益。

本章小结

本章主要围绕信息资源管理的过程,详细讲解了信息资源的采集、信息资源的组织加工、信息资源的存储与检索、信息资源服务 4 个环节的内容。在描述信息资源主要流程的基础上,对各个环节所涉及的基本方法、关键技术,尤其是网络化时代下所采用的技术进行了重点介绍,使读者在理解基本原理的基础上,更进一步把握信息化时代信息管理过程中的特点及相应的处理方法。

课后思考题

1. 信息资源管理过程包括哪些环节?
2. 简述信息采集的原则。
3. 如何进行信息筛选?
4. 现代采集技术有哪些?
5. 简述信息资源组织方法的分类。
6. 如何对信息进行筛选?
7. 什么是搜索引擎?列举常见的三种搜索引擎工具。
8. 什么是 Web 挖掘?其应用有哪些?
9. 常见检索评价的指标有哪些?
10. 信息服务的原则有哪些?

第 5 章

信息资源战略管理

本章要点

制定和实施信息资源管理战略是信息资源管理的必要组成部分。本章从广泛存在的信息悖论入手,引出信息战略、信息资源战略的必要性及其基本概念、基本模式,以及信息资源管理战略的主要内容,最后以基于过程的战略信息管理理论为基础,介绍战略信息资源管理过程的 3 个阶段,包括信息资源战略的规划、实施和控制过程。

【情景案例】

击 败 对 手

最近,某大型食品公司的一名主管取消了自己的战略计划——利用现有的内部信息,他无法确定该项目能否获得成功,所以他凭直觉终止了项目。后来,他从有点沮丧的老板那里了解到,外部分析家认为该项目能够成功。该主管抱怨道:"我们的数据太多,却无法把所有的数据都综合起来,以了解它们之间的联系。"听起来是不是很熟悉?这是现代许多企业都面临的问题:拥有大量数据,但缺乏对数据的洞察力。多年来,企业需要获取和存储的数据越来越多,这简直成了负担。随着技术的进步,现有信息的类型和来源都发生了爆炸性增长,互联网造就了现在的海量数据——大量的系统数据、文本文件、视频图像、音频……这些数据的可靠性也参差不齐。信息安全成了一个主要问题,尤其是美国最近发生两件事(两个大型数据库不小心让未经授权的人访问了秘密客户信息;另外,一家大银行在数据记录转移过程中丢失数据)之后,对安全的担心和管理上的要求使企业面临的压力不断增加,他们不仅要获取数据,而且要对数据流及其使用进行更为有力的控制。

随着挑战的日益增加,企业在不断努力奋斗——不仅包括数据的获取、存储和管理,还包括有效地利用数据,但这些努力很难在整个企业内得到融合。因为在企业内部,数据往往被分割在不同的部门,而从事数据工作的人员对于数据的意义和用途常常缺乏共识——有时,他们不愿在各部门间分享数据;也有些时候,他们对于数据管理的规章制度并不清楚。公司与其花钱来改进数据的获取与控制，为什么不努力挖掘该投资的战略价值呢？为达到这一目的，主管们需要有广博的商务智能观点，并想方设法使数据能够更好地支持决策，有些期待取得高绩效的企业已经朝着正确的方向迈出了重要步伐。

下面的案例分析说明了这些企业所经历了两个阶段的商务智能流程，最终制定出企业信息战略。

第 1 阶段：确定战略

该流程的第 1 阶段采用由上至下的方法来确定信息战略，它分为 3 个步骤。

（1）统一思想认识

更好的信息意味着什么？在全公司员工中统一对信息管理的思想认识是出发点。不同部门的人员，尤其是关键员工，必须就信息需求与信息管理面临的问题，甚至关键术语的定义达成共识。

卡地纳健康公司是全球著名的卫生保健产品与服务提供商，同前文提到的大型食品公司的主管一样，该公司的各级经理们长期以来也一直抱怨"糟糕的数据"。为此，公司召集这些主管进行了为期 12 周的一系列研讨，来确定公司信息质量问题的确切性质。他们重点讨论了这些经理级别的用户为何对公司的数据管理如此不满：是因为数据不完整或不清楚吗？是因为提供信息所用时间过长导致数据不及时吗？是不是所提供的数据形式难以使用？是不是使用这些数据需要复杂的操作？经过研讨，卡地纳的经理们更好地了解了问题所在，从而可能探寻到解决问题的方法。他们还对信息本身有了新认识：它与物资设备一样，也是公司的资产。数据在其生命周期的每个阶段都要消耗运营费用，因为信息的获取、编译、分析、更新和存储（或丢弃）都需要花钱。然而信息只有得到使用时才会创造价值。因此，数据投资是否能够得到丰厚回报取决于既要对数据经济地加以管理，又要使数据能为决策服务。卡地纳的主管们因此认识到改进信息管理的必要性。为此，公司还为经营部门设立了新的职位——"信息干事"，专门负责统一公司内部各种数据的定义，制定数据使用指南，设定信息技术优先事项，并长期跟踪和报告数据质量情况，从而能够提供及时、可靠的信息帮助主管们制定正确的运营决策。

（2）诊断：我们的机会在哪里

在公司上下统一对信息管理的思想认识后，公司便可进入诊断步骤：要超越眼前的需求和问题，看到信息所能提供的更好、更长远的机会。该诊断涉及一系列问题：什么样的信息可以帮助企业提高运营水平？这些及时的信息将为企业带来什么价值？如何利用信息帮助企业高速、高效运营，并获得新的市场机会？通过这一诊断步骤，企业可以逐步构建自己信息管理的独特战略。

（3）制定战略：如何运用信息推动决策改进和绩效提高

企业要由上至下推动这一环节进行：公司决策者必须以"让信息为提高绩效、取得经营优势提供支持"为着眼点，把信息管理过程中涉及的技术问题、企业挑战、安全问题等作为一个整体来考虑、处理。企业可以依据信息管理战略远见来设定自身的优先事项,从而最大限度地缩短时间,使工作取得最大进展。美国商务部国家标准与技术局(NIST)负责衡量标准与技术的开发和促进,该机构的工作为信息管理整体战略提供了成功范例。NIST 最初将信息管理项目的重点定为实施财务管理系统。不过,作为诊断流程的一部分,该项目小组成员经过深思采取了更为宽广的战略视角。他们自问:如果用户可访问的信息不仅用于报告,还可以用于预测和计划,会有什么额外的价值?如果有一个通过门户网站界面就可以管理和分析信息的工具,用户体验将有何改进?如果该门户界面还可以支持访问新闻、教育材料、用户表格和互动答疑,情况又会怎样?如果用户能够通过同一门户界面访问所有业务系统,情况又会怎样?对这些问题的回答成为 NIST "商务经营系统门户"更为宽广的战略眼光的基础,该"门户"整合了 NIST 及其所服务的商务部 9 个局中 15 个商务系统应用软件和相关内容。

另一个用整体战略构想来管理信息的公司是一家信息系统和服务提供商。尽管该公司在特定的知识管理解决方案上已花费数百万美元,但它仍在寻求更好的方法来创造、管理、共享信息和提供服务。该公司希望信息能在全球 50 多个国家运用 10 种不同语言的客户、合伙人和销售人员之间实现无缝传输。因此,他们依据整个企业的信息管理收益模型开发了信息管理战略,其中最重要的内容就是建构单一、强大的新门户网站。

第 2 阶段:支持战略

第 1 阶段开发的整体战略为第 2 阶段将要处理的数据管理、数据技术考虑因素、存储及传输这 4 个核心领域打下了基础。由于各企业信息管理的起点不同,并且面临着不同挑战,因此他们处理这些领域的顺序及在各个领域投入的注意力也不尽相同。

例如,在商务部,NIST 小组的工作重点是构建和提供有意义的财务信息。该小组结合了包括数据仓库在内的现有数据存储系统,将其作为信息管理系统的基础,并在此基础上造就了 NIST "商务经营系统门户"。该门户通过新型用户界面为 NIST 用户提供实时、集中的高质量数据访问,NIST 还对该界面不断进行人性化的修改和扩展,以便满足新要求,为新增用户群提供服务。尽管信息访问是该小组的工作重点,但管理问题也需要同时得到重视。为此,NIST 建立了一个变革控制委员会,每月开会对信息管理的要求进行评估,然后修订管理中的各项优先事项,从而改进该组织的决策。

而那家信息系统和服务提供商则决定,其首要任务是开发强大的门户,以使全球的合伙人、客户和销售队伍能够访问信息,从而支持他们的企业战略。为使正在开发的网站新颖而有针对性,他们开发了能对内容进行翻译并为全球不同用户群服务的工具。与此同时,翻译功能也需要融入工作流,例如有新的市场营销信息时,系统可以将其发送给翻译公司,并将返回的版本与其英文原文相链接,从而给予公司在业务开拓上极大的灵活性。

如今,越来越多的企业认识到开发信息管理战略可能是取得高绩效的关键步骤。因为高绩效企业不仅要及时获取和控制数据,还需要一套更为全面的商务智能解决方案,为各级职能部门制定战略、管理和运营决策提供及时、可靠的相关信息,从而创造价值。美国商务部和那家信息系统和服务提供商等组织,已经率先采取措施确保有意义、有战略价值的信息总是唾手可得。而像本文开头提到的那位枪毙了自己项目的食品公司主管一样,不知道如何将数据转变为对决策有用信息的主管们,注定要落在竞争对手后面。

资料来源:(美)迈克尔·库恩,格雷格·B.托德.击败你的对手——从建立信息管理战略开始.IT时代周刊,2007(2):76-77

课前思考:

1. 企业为什么要制定信息资源管理战略?
2. 如何制定和实施信息资源管理战略?

5.1 信息悖论、信息战略和信息资源战略

柏拉图的 20/80 定律,即利用 20% 的信息技术投资获得 80% 的商业利润,已经被每个企业家所熟知。随着企业信息化浪潮逐步趋于理性,大多数企业家意识到一个与柏拉图定律相左的现实问题,即"信息悖论"。很多案例都表明"信息悖论"存在的危险性,企业要解决这个问题,关键在于革新自身的信息管理战略。

5.1.1 信息悖论

19 世纪 90 年代人们就注意到这样一个现象,越来越多的钱投向了信息技术,但信息技术难以创造商业价值。这就是"信息悖论"。人们原以为信息技术的投资是有利可图的,但大多数走向了反面:投资信息技术与商业利益毫不相关。我们可以从许多角度来理解信息悖论。首先,可以从信息技术价值观来理解。信息技术可以减少大量的显性成本,却带来了相当大的隐性开支。这就决定了信息悖论的一个特质,即信息技术商业利益的高风险和严重的不确定性。其次,还可以从实际中工人和管理者的角度看。由于信息技术的应用使得他们拥有了可观的信息资源,但常常缺乏所需的特定信息。另外,这还可以引出一个被称为 IT 黑洞的问题,即 IT 项目实施的失败将企业拖入无底的信息深渊。这些企业起初在选用某种应用软件时最关心的是某个单一的核心应用,没有或者说没有能力考虑这些不同的应用系统之间的关系。而且,常见的现象是,项目实施各自为政,结果是数据库不统一、操作平台不统一、显示模式不统一、开发语言不统一。一方面造成更大的信息孤岛,另一方面由于系统之间的功能冲突造成 IT 投入和回报的递减效应。更为常见的是纷繁复杂的应用环境,服务器、PC 机、交换机、路由器、PC 外设等各种品牌、型号集于一处。说得夸张些,与其说是 IT 应用环境,倒不如说是 IT 产品博物馆。为了让这个博物馆有活力,隐性成本如维护成本、咨询培训费用等往往居高不下。企业的决策层也越来越感到 IT 正在不断蚕食企业的有生资源。不同于以往单一应用实施困境的是,

复杂的应用环境与多种应用系统之间的冲突正形成一个新的信息悖论。

5.1.2 信息战略

1. 国家或政府信息战略

从国家层面而言,所谓信息战略,当指一国在平时和战时发展和使用各种信息资源达成国家政策目标的艺术与科学。它是一国大战略的重要组成部分。

战略信息战是信息战的最高表现形式,通常是指在世界军事、政治、经济、科技及其社会各领域,国家、国家集团或利益集团间为了抢占信息空间和争夺信息资源,从而影响和控制对方决策者和民众的信念和意志,运用各种形式的战略信息斗争手段,有目的、有计划、有组织地进行的战略信息对抗活动。例如"维基解密"网站的信息解密行为,就以战略信息战的形式出现,具有明确的战略指向,清晰地反映了欧、美垄断资本集团对世界格局及世界形势未来走向的基本态度。

> 案例 5-1:"维基解密"事件的战略信息战价值

"维基解密"(WikiLeaks)网站是一个国际性的非营利媒体组织,专门公开来自一些匿名来源和网络泄露的文件。该网站成立于 2006 年 12 月,由阳光媒体(The Sunshine Press)负责运作。它声称其首要关心的是所谓"暴虐政权",揭示其政府和企业的不道德行为。在成立一年后,网站宣称其文件数据库已经增长至超过 120 万份。2007 年 1 月,"维基解密"网站首次公开出现在因特网上,声明该网站是由"来自美国、欧洲、澳大利亚和南非的政治异见者、记者、数学家以及公司技术人员所创立"。朱利安·保罗·阿桑奇是网站的主导者。"维基解密"网站在创立时曾为使用者可编辑的网站,后转型为较传统的单向出版模式,不再开放使用者进行评论或编辑。从可编辑到不可编辑,从动态开放到静态可控,这一转变耐人寻味。

2010 年"维基解密"网站已连续三次大规模公开美国军事外交机密:①9 万多份阿富汗战争文件。②40 万份伊拉克战争文件。这些文件指出伊战中近 11 万人丧生,63%是伊拉克平民。③25 万份美国秘密外交电报。如此大规模解密行为,又以揭露阿富汗战争、伊拉克战争机密文件为主,"维基解密"曾被一些媒体奉为权威解密,甚至上升到理论高度来阐释一个新的网络时代的到来,甚至声称:"美国政府和军方的眼中钉、华尔街大佬们的噩梦、肯尼亚大选的操控者、各国外交机密的爆料者、全球变暖阴谋的揭露者——所有这些头衔都归于朱利安·保罗·阿桑奇和他创办的'维基解密'网站。""维基解密"曾获数个奖项,包括 2008 年的《经济学人》杂志新媒体奖。

然而在一些国家,由于"维基解密"网站引人关注的大规模行动,造成许多媒体充分认可"维基解密"的新闻权威在前,"维基解密"攻击某些国家在后——美国对某些国家的战略信息攻击获得圆满成功。对于"维基解密"网站的大规模披露行为，伊朗高级人权理事会秘书长拉里贾尼称："维基解密"网站披露美国大量外交密电让美国处于尴尬境地，但其实这是美国为改善自身形象而策划的阴谋。"维基解密"泄露的文件像是在制造公众舆论，以改变美国在各国眼中的形象。从解密效果看，对伊拉克战争的解密，直接配合了美国从伊拉克撤军；对阿富汗战争的解密，必将对美国国会中期选举产生影响，同时暗含着促使美国下一届国会改变现行的政策。

事实上，"维基解密"选择国际上最富有声誉的五家报刊：美国《纽约时报》、法国《世界报》、西班牙《国家报》、英国《卫报》和德国《明镜周刊》公布相关文件。这些媒体对"维基解密"网站提供的电报进行阅读、分析和核实，包括日期、作者、地址、保密等级和报告文本内容。电报文本还经常提及线人的名字。所以，"维基解密"网站解密的所谓秘密文件，是通过国际垄断资本集团所控制的庞大主流媒体来实现其"解密的指令性任务"，具有明确的战略指向。"维基解密"网站短时间内蜚声世界，关键在于它选择了与国际垄断资本集团控制的重要媒体进行有效的合作，其解密运作的关键并非是网站运营的结果，而是符合国际金融垄断资本与工业垄断资本的根本利益，是经过重要媒体的认可，进而获得的要闻披露的权威地位，然后经过这些媒体整体运作、包装和炒作的结果。从这个意义上讲："维基解密"网站是美国战略信息战的重要组成部分。

2. 企业信息战略与信息资源战略

从企业层面而言，信息战略是应用于企业信息功能领域的战略思想，它是企业总体战略的重要组成部分，是企业根据内外环境和要素资源的情况，为实现企业总体战略和竞争战略而对企业信息资源开发、利用、管理活动及其相关要素资源进行的统筹安排，它是企业信息活动要实现的任务、目标以及实现这些任务和目标的方法、措施的集合体，是关于企业信息资源及其相关要素资源的目标及其实现的总体谋划。

企业信息战略的主要内容划分为信息应用系统战略(IAS)、信息技术战略(ITS)、信息管理与组织战略(IM & OS)和信息资源战略(IRS)4 个方面，这 4 个方面的有机整合构成了一个集成化的信息战略，其模型可以用图 5-1 表示。

信息资源战略(IRS)是企业信息战略的核心内容，它规定了信息资源在企业运营过程中的价值作用取向，并从信息资源的价值作用角度指明了企业信息开发与利用活动的方向。一般而言，信息资源战略是面向价值的，主要解决在企业信息管理过程中"我们往哪里去？"(where)问题。信息技术战略(ITS)关注于信息技术方面的政策，它规定了企业信息活动中关于技术的体系结构、技术标准、技术风险等方面的内容或目标。信息技术战略是面向技术的传递，要解决企业的技术基础设施或平台"如何"(how)做的问题。信息应用系统战略(IAS)则指明了企业面对大量的信息以及先进的技术，应该做"什么"(what)，规定了企业的信息应用系统的开发方向，并且确定了企业信息资源应用的形式、

图 5-1 集成化信息战略模型

优先性等方面的原则与目标。

信息管理与组织战略(IM & OS)是关于"谁"(who)的内容,它规定了在企业的信息资源开发与利用过程中企业信息活动的管理或组织的框架、原则以及目标,主要解决关于角色和责任的问题。一般而言,企业信息管理与组织战略关注于管理的责任、流程、性能的衡量以及人员的组织等相关方面的内容。

3. 信息资源战略与企业战略

1) 信息资源战略是企业战略的一部分

企业战略是企业根据内外环境和可获得资源的情况,为求得长期生存和持续的均衡发展而进行的总体性谋划。企业战略是相对的、分层次的,一般可分为公司层的总体战略、战略业务单元层的竞争战略、经营层的职能战略。企业信息战略属于职能层面的一种战略。

从管理的角度来看,信息战略从属于企业战略管理和企业信息管理这两个领域,并且是连接两个领域的纽带。企业信息管理、信息战略、企业战略这三者的关系可用图 5-2 来表示。

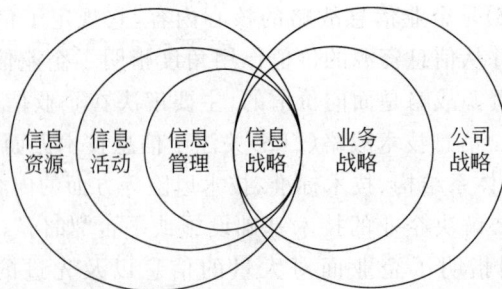

图 5-2 企业中的信息战略

在图 5-2 中，从右往左，信息战略是企业战略的一个子集，企业战略是企业信息管理的指导思想；从左往右，信息资源是企业战略的基础；信息活动是信息资源以及其他要素资源如信息技术、人员等以信息价值链为基础组成的系统，其目的是提供相应的信息开发与利用服务；信息管理是对企业信息活动及其要素资源的计划、组织、协调、控制活动；信息战略则是信息管理的组成部分，是对企业信息管理活动的目标及其实现的一种战略规划。

例 5-2：中国远洋运输（集团）总公司

在金融危机时期，航运市场应声下落，但是中国远洋运输（集团）总公司战略发展部科技信息管理室经理袁爱东并不悲观。由于长期在集团负责信息化宏观管理工作，她敏锐感觉到，业务下滑的情况下，人们反而会有更多的精力关注内部管理，这实际上是一个契机。与此同时，从 2008 年开始，集团也开始以规模发展向精细化经营转变调整，信息技术无疑可以大展拳脚。

这一年，她在信息化项目的管控上，把握了两个方向：一方面，2008 年底项目审批上，她通过了一批下属子公司报批的信息化项目，一批涉及主业的信息系统建设和优化的项目依然如期进行，包括空运信息系统、货代信息系统等。另一方面，受经济形势的进一步影响，在年度新增项目的审批上，袁爱东更加关注那些能为企业带来降本增效、环保节能的项目，比如虚拟化技术的应用等。而一些并不紧急的项目则被暂时搁置。

2009 年，中远集团下属的大多数子公司都完成了核心业务系统的铺设和优化，中远集团也在这一次经济低谷中逐渐深化内部的精细化管理。这一年，其在整个集团层面上实现了整体盈利。

2）企业战略应与信息资源集成相融合

（1）企业管理的核心问题是信息问题。企业管理主要是解决两个基本问题：一是如何最优配置企业资源；二是如何让企业资源发挥最大效用。而解决这两个问题的核心是信息。西方经济理论已经证明：在信息完全条件下，企业可最优配置企业资源；在信息对称条件下，企业资源可发挥最大效用。可见，企业管理的核心问题是信息问题。

（2）信息资源集成机制是实施企业发展战略的保障。企业战略信息资源集成与企业战略管理是一个耦合的过程，这种耦合关系一方面说明战略管理的基础是信息资源集成，另一方面说明信息资源集成的首要目的是为企业战略服务。因此，必须把信息技术投资与企业经营战略进行集成管理。

（3）企业信息技术投资与企业战略管理的集成管理主要表现为以下两个方面：首先，企业信息技术投资要融入企业战略管理之中。其次，企业战略管理要以企业信息技术投资为前提。而企业的网络信息技术投资的战略管理的核心就是，如何对企业网络规划和资源配置进行决策选择,来确保网络的有效利用和对企业的正面回报。

5.1.3 信息资源战略

1. 企业信息资源的战略特性

企业作为国民经济的重要组成部分,拥有大量的人力、物力和信息资源。企业信息资源作为一种战略资源,具有价值性、稀缺性、难以模仿性和难以替代的特点。根据企业资源理论,战略资源是企业绩效差异的来源,企业信息资源在现代企业,如知识工厂中的作用将越来越重要。企业信息资源对企业绩效将具有积极的正面影响,通过合理有效地配置企业信息资源,可以有效地提高企业的绩效水平。

2. 信息资源战略

1995 年,荷兰信息管理学家德波尔在《信息战略的理论与实践》一书中区分了不同类型的信息资源战略(见表 5-1),这些信息资源战略事实上构成了信息资源战略家族。

表 5-1 信息资源战略术语体系

信息资源战略	
用途	信息政策 战略信息系统规则 战略管理信息系统规划 战略信息规划
广义定义	信息管理 信息资源管理 公司战略 战略
狭义定义	信息系统战略 信息管理战略 信息规划 信息技术战略 业务系统规划
相关术语	信息技术 信息系统 管理信息系统

信息资源战略是一组模糊的或清晰的目的、远见、方针和计划的复合体,该复合体与一个组织的正式信息的需求与供应相关,被组织高层管理者认可,目的是支持组织的长远目标并使之适应环境的变化。该定义包含以下要素:

(1) 目的、远见、方针、计划是信息资源战略最重要的实质内容。

(2) 识别信息供应和需求表明对信息需求(信息系统)和各种资源(信息技术)的关注。

(3) 注重作为信息资源战略的支持和激励者的管理角色。

(4) 信息资源战略被认为是清晰的或模糊的目标的复合体。

(5) 信息资源战略与企业整体战略密切相关,或者充当引导作用或者扮演推进角色。

3. 信息资源战略管理的原则

(1) 信息是一种极其重要的组织资源;

（2）信息用户必须负责经济有效地管理信息；

（3）信息资源的需求应与战略规划和管理控制类的基本组织管理过程有机结合起来；

（4）信息技术必须集成起来；

（5）信息是一种有生命周期的资源；

（6）要把注意力从技术转向内容；

（7）利用信息反思组织的经营。

4. 企业信息资源战略模型

1）基于企业战略与信息管理的企业信息资源战略管理模型

这种模型认为，信息资源战略从属于企业战略管理和企业信息管理两个领域，并且是连接这两个领域的纽带，如图 5-3 所示。自上而下看，信息资源战略是企业战略的一个子集，企业战略是信息管理的指导思想；自下而上看，信息资源战略是企业信息管理四层结构的顶点，信息是支撑企业战略的基础。就信息、信息处理、信息管理和信息资源战略四层结构而言，信息特指信息内容，相当于本书的狭义信息资源概念；信息处理系统是由信息技术、程序、数据、人员等组成的复杂系统，其目的是为支持决策而收集、处理、存储和传递信息；信息管理的任务包括一般管理、数据处理管理、数据处理咨询和审计；信息资源战略是一种战略规划活动，是信息管理的组成部分。

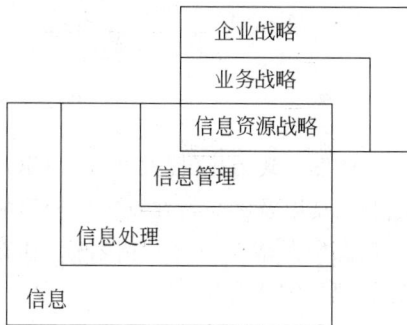

图 5-3　企业信息资源战略管理框架

信息资源战略模型中各要素之间的关系是：信息资源战略的环境影响信息资源战略过程，信息资源战略过程孕育信息资源战略的内容和形式，信息资源战略的内容产生结果，而信息资源战略结果又进而改变环境并引发新的信息资源战略管理活动。该模型的 4 个要素各自都可以扩展为一个领域，这些领域的活动本身是信息资源战略的展开的结果。这 4 个领域如图 5-4 所示。

信息资源战略环境是指外在于信息资源战略但又与信息资源战略相关的所有事实和条件，包括信息技术及其资源、组织的性质、组织在产业中的位置的共同作用。其中，信息技术是指外部世界中可利用的信息技术能力，信息技术资源则是指组织过去在信息系统、硬件、软件、程序和人力方面的投资（见图 5-4(a)）。

信息资源战略过程是指制订或改变信息资源战略的方式或程序。信息资源战略过程包括机械化（发明一种机器来处理信息资源战略问题）、问题驱动型（信息资源战略由问题或

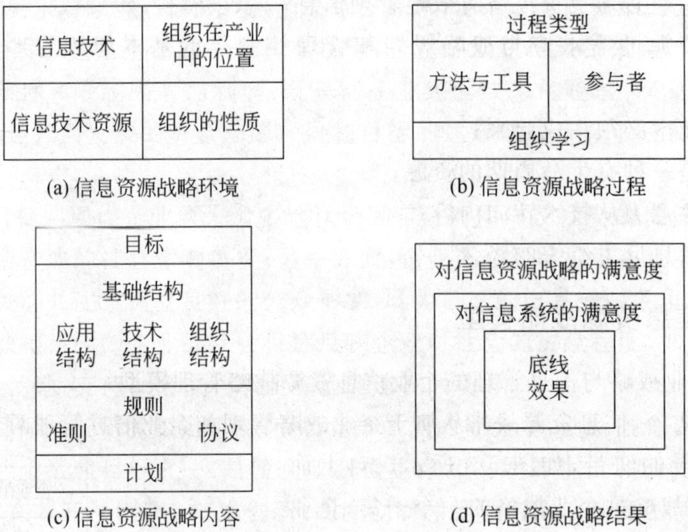

信息技术	组织在产业中的位置
信息技术资源	组织的性质

(a) 信息资源战略环境

过程类型	
方法与工具	参与者
组织学习	

(b) 信息资源战略过程

目标		
基础结构		
应用结构	技术结构	组织结构
规则		
准则		协议
计划		

(c) 信息资源战略内容

对信息资源战略的满意度
　对信息系统的满意度
　　底线
　　效果

(d) 信息资源战略结果

图 5-4　信息资源战略扩展领域

机会所激发)、政治化(授权某人如 CIO 负责信息资源战略)等类型,不同类型过程所运用的方法和工具以及参与者在其中所扮演的角色均规定着组织的学习与进化(见图 5-4(b))。

信息资源战略内容是指目标、基础结构、规则和计划等所组成的复合体,是企业信息资源管理的解决方案(见图 5-4(c))。

信息资源战略的结果是指信息资源战略实施的效果,具体的效果是以用户满意度和所有者满意度来表示的。其中,必须达到的效果水平称为信息资源战略的底线(见图 5-4(d))。

2) 基于信息与竞争关系的企业信息资源战略模型

这种模型从战略管理角度出发来设计战略信息管理理论。战略竞争过程由 3 个有序的部分组成,即战略设计、战略实施、战略设计与战略实施的匹配。信息在整个战略竞争过程中起着无可替代的作用,信息是战略设计的素材和最重要的资源,信息处理和信息基础结构所支撑的信息行为是确保战略实施成功的前提条件,信息为战略设计与战略实施的匹配提供了中枢神经系统。总之,由 3 个有序部分组成的战略竞争过程是在充满各种现实信息和潜在信息的环境中进行的(见图 5-5)。

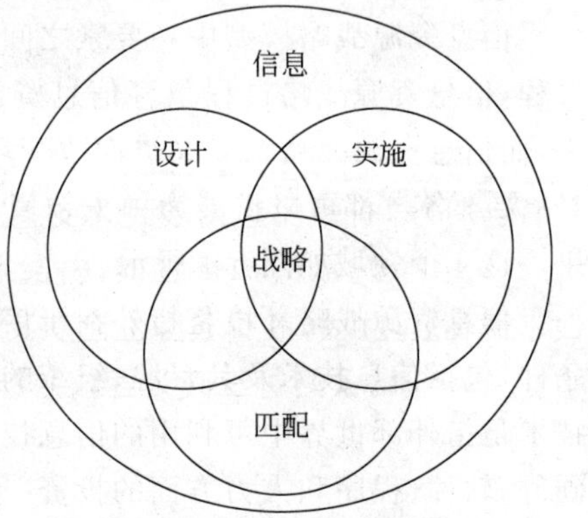

该模型重点探讨了以下问题:

信息与战略设计。该部分首先从信息的角度

图 5-5　基于信息与竞争关系的企业
信息资源战略模型

分析了作为整体的公司战略,指出信息技术的优势易于模仿所以不能持久,只有持续地改进信息管理才能与竞争对手拉开距离;其次,论述了信息怎样促进传统战略的设计以及怎样为新的战略创造机会。

战略实施。信息过程、基础结构和政治学。该部分着重探讨了组织内部的信息管理怎样影响战略实施的问题,包括信息管理的过程、信息基础结构以及信息政治学模型。

连接设计与实施。该部分着重论述了信息在连接设计与实施方面的中心作用,内容包括信息与管理过程、信息与组织学习等。

3) 基于信息集成和企业信息化的企业信息资源战略模型

基于信息集成的信息资源战略模型的研究对象是三位一体的多功能信息领域(见图 5-6),是围绕信息资源战略的展开而形成的一系列活动。该理论以信息技术管理为依托,以信息资源战略体制管理为手段,以信息资源战略管理为核心,多方位、多层面地展开信息管理活动,以此激活所有的信息功能,并全面推动或拉动企业业务功能的发展,增强企业的竞争优势,达成企业目标。

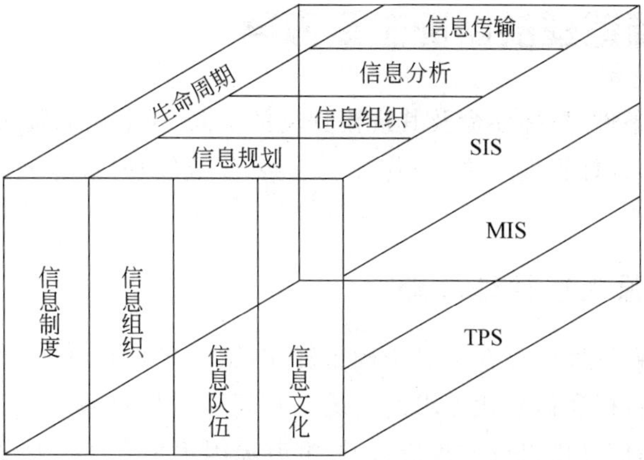

图 5-6　基于信息集成的企业信息资源战略模型

在图 5-7 所示模型中,供应链管理(SCM)、企业资源计划(ERP)和顾客关系管理(CRM)自左至右将供应商、企业和顾客连为一体,构成了所谓的 B2B 或 B2C 价值链;信息技术平台、信息资源流和电子商务活动自下而上构成了立体的企业战略信息资源管理结构,其中,信息技术平台是与企业的业务流程相对应的,是战略信息资源管理的技术支撑;商业智能既包括生成和承载智能的各类企业人员,也包括智能产品——各种应用软件。商业智能是企业信息资源管理的核心,是维系信息技术平台和电子商务的中介;电子商务是信息技术平台、信息资源管理与企业业务活动相结合的产物,是与网络经济相对应的,是网络经济的承载体,是战略信息管理的归宿。

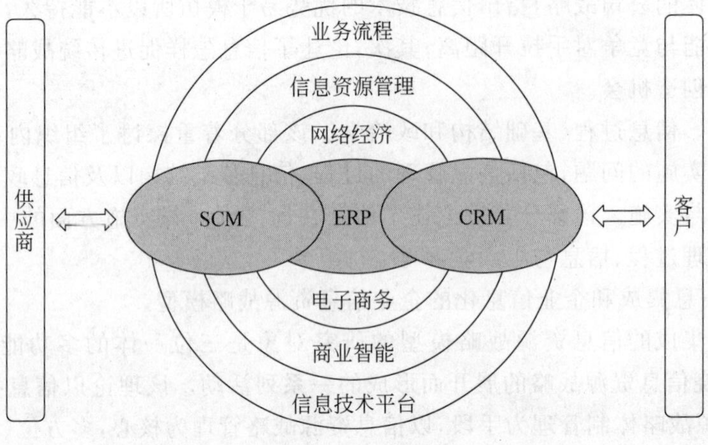

图 5-7   基于企业信息化的战略信息管理模型

5.2   信息资源管理战略的主要内容

根据企业自身条件、目标使命及其规模程度的不同,企业信息资源管理可以有选择地制定规划管理战略,杠杆管理战略,经营管理战略,集成管理战略,调配、重组与外包管理战略和安全管理战略。

5.2.1   信息资源规划管理战略

我国一些企业在发展中存在信息机构重复建设、恶性竞争和"信息孤岛"现象,有些企业在不清楚信息化目标和信息化需求的情况下盲目引进信息系统,反而造成成本增加和效率下降,没有发挥信息化建设的投资效益,究其原因正是有些企业没有制定信息资源规划管理战略的结果。

1. 企业信息资源规划管理战略

企业信息资源规划是企业生产经营所需要的信息资源,从搜集、处理、传输、利用等过程进行统一、全面的规划。通过信息资源规划管理,从而达到梳理业务流程,摸清信息需求,建立企业信息标准和信息系统模型,并以此来衡量企业现有信息系统及其开发利用的目的。从信息资源管理的角度看,企业信息资源规划管理战略的企图首先是依据企业发展战略对信息资源实行重组和优化。现代企业要建立和完善对总裁负责的信息主管负责制,统一管理企业的专门信息机构,这个机构由信息资源规划部门、信息资源中心、信息技术保障中心、电子商务中心等部门组成企业信息资源核心。

　　企业在制定信息资源规划管理战略时要明确：围绕企业的任务、目标及发展战略确定信息资源战略部门和战略人员，并阐明各自任务使命，在此基础上制定信息资源管理目标的总体计划，组织筹措信息资源所需的硬、软件设施及其人力、技术资源，并结合信息资源管理目标任务实现优化组合；了解用户需求，并根据需求制定详细的信息资源搜集计划，包括信息资源的种类、广度、深度，主要信息源，搜集的方式和方法，预期成本投入、时间要求等；根据用户需求，结合企业的战略发展规划过程，制定具体时间安排表，规定各阶段的任务以及完成期限，明确全过程的重点并预计可能出现的问题及应对策略；区别不同的战略任务和要求，预计其战略信息资源的目标，制定评估标准和指标，形成管理过程的质量管理计划。

2. 信息资源标准化管理战略

　　信息资源标准化管理战略是信息资源规划的一部分，其内容主要包括：一是技术标准化。信息技术标准化是整个信息资源管理的重点，同时也是信息资源开发和利用的基础和保证，是围绕着信息技术开发、研制和信息系统的建设与管理等一系列活动而进行的标准化工作，主要包括信息资源的生产、识别与提取、检测和分类编码、交换或传输、处理、存储、显示与打印、控制以及信息资源的利用等技术的标准化。二是设施标准化。搞好信息资源设施的标准化工作，对保持设施性能、延长设施寿命、提高设施效率、保证信息资源产品与服务的质量具有重要意义，所以信息资源管理设施标准化是信息资源管理活动中不容忽视的环节。其内容有：学习和执行有关国际标准、国家标准、行业标准和地方标准，制定和贯彻执行企业标准以及与各级标准有关的各项规章制度等。三是术语标准化。信息资源管理的术语标准化是指对信息资源活动中某一事物或过程的称谓或代号的标准化，其目的是为了使国际和国内标准化统一，同一术语表达同一概念，避免二义性，保证一致性。其原则是：优先原则，术语标准化先于技术标准化；简化原则，进行术语标准化应使用简练的语言；灵活性原则，在术语标准化过程中，应采用灵活方针；广义性原则，术语标准化要以集体方式进行。四是管理标准化。标准化的信息资源管理过程（或工作过程）是使信息资源管理工作的全过程按规范化的程序来进行，它是信息资源标准化的重要组成部分，包括学习和贯彻标准、制定标准，以及制定工作流程、管理制度等。

5.2.2　信息资源杠杆管理战略

　　信息资源杠杆战略借用了物理学中的"杠杆原理"，形象化地反映了信息资源对企业管理的作用机制。它的实质是企业的产品加工、生产、服务及管理活动都可以建立在一个"信息资源杠杆系统"的基础上，以企业获取或创造的信息资源及其支持技术为杠杆，以企业内部的决策者、管理者和员工的信息需求为支点，通过满足企业决策者、管理者和员工的信息需求以及在企业内部最大限度地促进信息资源共享，来达到提升企业决策水平和质量,提高企业的生产效率,增加产品或服务的信息含量,支持企业的创新活动,促进企业可持续发展的目的。其中的信息资源是作为辅助企业管理的工具而发挥其作用的,如图 5-8 所示。

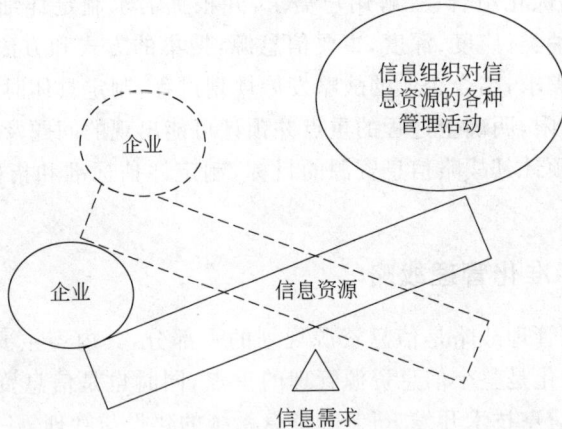

图 5-8　企业信息资源杠杆系统

作为"杠杆"的信息资源可以是企业内部的信息或从外部获取的信息,可以是企业投资购买的硬件设备或软件包,也可以是企业自己开发的应用系统;可以是员工的诀窍、技能、领悟、经验积累等,也可以是企业长期积累的企业文化和知识资产等。这些企业不断建设和积累的各种信息资源就是实施信息资源杠杆战略的基础之一,信息资源越丰富,"杠杆"所能承载的负荷就越大。

要使"信息资源杠杆"起到全面提升企业各项性能的作用,还必须找到一个适当的支点。准确地识别企业发展的目标以及实现这些目标所需要的信息就是解决支点定位问题。企业需要的信息质量越高、种类越多,对撬动"杠杆"的力量的要求就越大,而且最终对企业水平提升的层次就越高。实施企业信息资源规划,是解决"支点定位"问题的有效手段。

作用在"杠杆"上的撬动力就是信息组织对信息资源的各种管理活动,它是直接决定企业整体提升水平的因素。企业信息资源杠杆战略并不仅仅是利用计算机的软、硬件来进行信息的收集、加工、传输和使用,更重要的是对知识的管理。信息资源杠杆就是通过支持知识在企业内部转移和共享来帮助企业竞争战略的实施,从而发挥作用的。

5.2.3　信息资源经营管理战略

信息资源杠杆战略是建立在企业传统的规模经济或产品差异化基础上,主要由信息技术带动业务流程创新或业务流程重组,从而增强企业竞争优势,其战略核心是知识的转移。

　　信息资源产品战略是当企业完成了信息化转型和升级时可以考虑实施的,该战略不仅要利用信息提高产品和服务的质量进而提高顾客和利益相关者的满意度,而且也要为他们提供信息副产品,以便他们在消费物质产品和服务的同时能够获取相关知识,即通过综合加工信息副产品为企业产品或服务创造新的机会的战略,其核心是实现知识的创新。

　　信息资源经营战略的实质是超越物质产品或服务的生产和经营,主要关注特定业务领域或行业生产的信息与知识的需求,并据此组织信息商品的生产和销售。这里的信息产品不再是一种副产品,而是一种商品,其战略核心是实现知识经营。当存在信息产品或服务的市场需求,并且企业内部信息系统的过剩能力可以租用或出售给行业内其他企业时,就可以采用信息资源经营战略。

1. 信息资源产品战略

　　信息资源产品战略的实质是同时关注外部顾客的信息需求并生产和提供能够满足这些需求的信息产品。信息资源产品战略构建在专有能力的基础上,这些专有能力是通过信息资源杠杆战略将信息资源置入当前的产品和服务中而发展起来的。伴随着信息资源产品战略的实施,信息资源被作为“产品包”的关键组成部分而卖给顾客。传统上,信息资源一直被看作公司运作的一种副产品,没有独立的价值,但对于那些期望在未来取得成功的企业,不仅要利用信息提高产品或服务的质量,而且也要通过生产信息产品来满足顾客的需求。

　　信息资源产品战略是企业发展到一定阶段的必然选择。信息产品是作为物质产品或服务的副产品或服务的品质,信息产品是作为物质产品或服务的副产品而出现的,如生产高端产品的公司为顾客提供的咨询服务、企业网站提供的各种信息等就是这样的副产品,这些副产品原本是企业物质产品或服务的延伸,在与顾客的双向互动过程中逐渐显现出其独特价值,进一步发展下去就会引发企业的经营变革,使企业进入信息资源经营阶段。

　　信息资源产品战略的根本是信息产品的生产,或者说是知识创造活动。企业内部创造知识有 10 种途径：①作为工作经验的产品；②引进具有专门知识的人才；③作为辅导计划的产品；④作为某些教育和培训形式的产品；⑤通过分析来创造知识；⑥通过与外来因素交流创造知识；⑦通过发表独创性建议；⑧通过谈话；⑨通过教学；⑩通过倾听你的直觉。

　　这些途径可以用于信息资源产品策略的制定。

2. 信息资源经营战略

　　信息资源经营战略要求企业在关注用户的信息需求的同时,还必须深入分析、动态监测和管理用户的信息需求。也就是说企业要超越物质产品或服务的生产与经营,而且主要关注特定业务领域或行业的信息与知识需求,并据此组织信息商品的生产和销售。对信息商品实行个人化定制,使顾客的价值最大化,并从顾客价值最大化中获取最大利润。

信息资源经营战略的核心是信息商品经营,必然会涉及信息商品成本和定价等核心问题。所以企业要掌握信息资源经营管理战略涉及的信息经济、信息定价、信息版本划分、版权管理、锁定顾客、管理锁定、网络和正反馈、合作与兼容、信息时代标准、信息政策等内容。当信息资源经营管理战略成为一个企业的主体战略时,该企业不仅要重新调整其使命和根本目的,而且要从信息资源经营出发重塑企业的核心竞争能力。

信息资源经营战略是企业基本完成信息转型后的必然选择。一些老牌企业为了保持在竞争中的绝对优势,逐渐将一些非核心的或效益成本很低的业务外包出去,只保留那些效益成本高的核心业务,这些业务如战略规划、研发、财务和营销等都是信息密集型业务,久而久之,他们的经营重点也开始发生转移,信息资源不再仅仅是与物质产品或服务配套的产品,而成为一种盈利的商品。如思科(Cisco)公司原本是经营路由器等网络产品的,随着其产品的热销和普及,以经营信息资源为核心的"思科网络工程师认证培训"也流行起来,成为思科公司收入的主要来源之一。信息资源经营战略也是电子商务时代企业经营的一种战略选择。企业在物质产品或服务市场提供有形的产品或服务,在信息市场提供无形的信息产品。联想集团在 2000 年网络经济鼎盛时期推出了自己的 FM365 网站,该网站不仅仅是联想集团推销自己产品的门户,它同时也是信息市场的组成部分,联想集团重组后杨元庆提出的"服务经济"转型如果没有 FM365 这样的平台是很难想象的。

5.2.4 信息资源集成管理战略

1. 企业信息资源集成的基本思想

一般而言,企业信息资源集成管理实质上是指将集成思想创造性地运用于企业信息资源管理活动,在管理思想上以集成思想及其基本原理为指导;在管理行为上以集成的行为机制(方式)和组织机制(方式)为核心;在管理方式上以集成为基本手段,将企业信息资源管理要素结合成一个有机的整体,实现各要素的协同互补,使得企业的信息资源管理行为(活动)的整体效能得到极大的提升和跃变。

具体来讲,企业信息资源集成管理是指从集成这一新的角度来分析、对待企业信息(资源)活动及其要素,将它们按照一定的集成模式和方法进行整合,通过创新性地综合运用各种方法、手段、工具,拓展管理的视野和疆域,促使各种企业信息活动要素的功能和优势互补、匹配和协同,从而提高各种信息活动要素的交融度,实现企业信息活动整体功能的倍增或涌现,充分有效地发挥企业信息资源的潜能和作用,为企业催生出更大的竞争力。

总体来讲,企业信息资源本身是企业信息活动的核心要素,而诸如信息技术、信息主体等信息活动要素是企业信息资源发挥作用的必备条件。因此,企业信息资源集成管理的对象是企业信息活动及其要素,其核心是企业信息资源的集成,其内容包括企业信息技术、企业信息组织等信息活动要素的集成,其目标是通过企业信息活动的核心要素(信息资源本身)的集成以及企业信息活动的其他要素(如信息技术)的有机集成,提升企业信息活动的整体效能,从而促使企业信息资源的整体潜能与作用有效发挥。

2. 企业信息资源集成管理的总体框架

一般而言,企业信息资源集成管理框架总体上可用图 5-9 来描述。

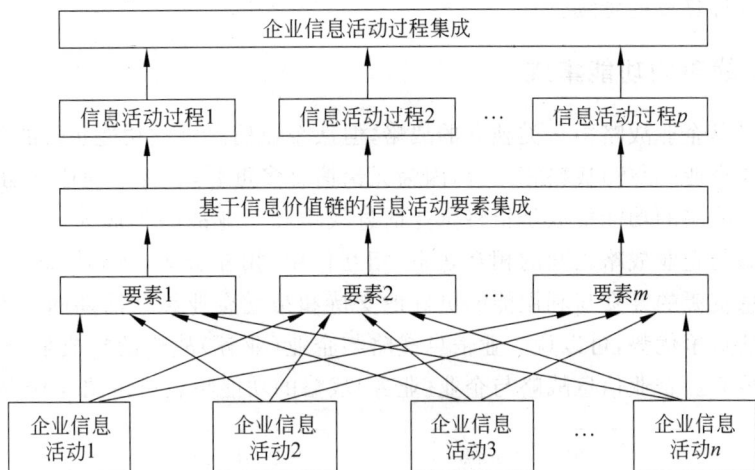

图 5-9　企业信息资源集成管理概念框架

如图 5-9 所示,企业信息资源的集成管理总体上可以划分为两个层面:一是信息活动要素集成层面;二是企业信息活动过程集成层面。企业作为经济社会的基本组织单位,其生产经营活动为了实现其总目标和各项具体目标,需要利用各类信息。在企业生产经营活动的各个层面,各种信息活动的具体内容和侧重点都有所不同。通过对各种企业信息活动的要素进行集成,使得分散在企业各个层面的企业信息资源要素以及其他信息要素能够有机地整合起来,从而提升各种企业信息活动要素的整体效能。同时,围绕着信息资源要素将其他相关信息活动要素以信息价值链为基础集成起来,通过要素间的互补、竞争和协同作用,从而更好地支持企业中的各种信息活动过程。

信息资源管理是一种集成化的多维立体管理模式,是对信息资源进行整合和优势互补。它不仅涉及信息内容以及与信息内容紧密相关的信息技术、信息设施、信息人员、信息机构的集成管理,而且还涉及信息资源与企业业务活动和管理活动的集成管理。从层面上来分析,企业信息资源集成管理战略要把握企业内部信息资源和企业外部信息资源的集成；口语信息资源、文献信息资源和网络信息资源的集成；现实信息资源与潜在信息资源的集成；战略层次信息资源、管理层次信息资源和操作层次信息资源的集成。

企业在制定信息资源集成管理战略时要重点把握以下几点：第一，信息功能集成。即在识别企业内部所有信息功能单元的基础上对企业的信息结构实施重组，以达成企业信息要素优化配置和整体功能最优。第二，信息资源集成。它是信息功能集成的具体化，其实质是确定企业内部及企业与环境之间的各种信息流的汇集点，使企业信息流在此点汇聚并实现集成，然后再分流导向信息流的目的地。第三，信息处理集成，包括硬件集成、软件集成和应用集成三部分，其中软件集成是核心，硬件集成是通过软件集成实现的，应用集成则是软件集成的延续。

3. 信息战略的功能集成

信息战略是企业战略中一类独立的战略，但从企业信息资源功能实现的角度来看，信息战略必须与企业（业务）战略相结合，因为无论信息多重要，它都是为业务功能的实现而存在的。信息战略的功能集成是指将企业信息战略和企业战略集成为一个有机的整体，通过信息战略与企业战略之间的相互联系、相互作用、相互影响，达到协同、和谐的状态，使得企业信息资源的开发与利用能够更好地支持和帮助企业经营活动的开展，从而保持或获得企业的竞争优势，可以说企业信息战略与企业（业务）战略的集成是企业信息战略集成管理的核心。企业信息战略与企业（业务）战略的功能集成可由图 5-10 描述。

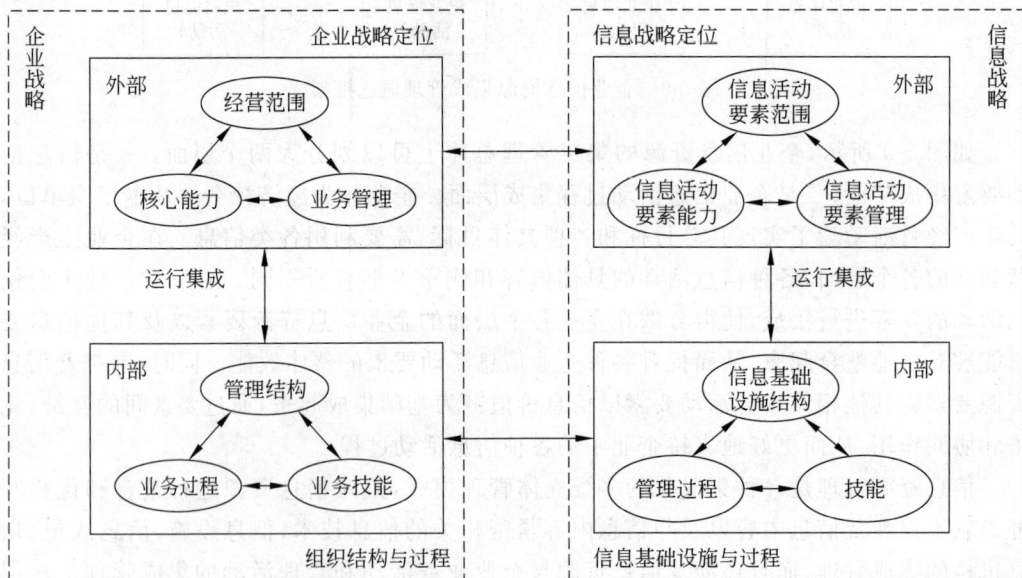

图 5-10　企业战略与信息战略集成模型

由图 5-10 可见,企业战略与信息战略的功能集成主要包括两种类型的集成。一是战略运行的外部集成,通过将企业战略与信息战略的外部定位有机地集成起来,从而使得企业信息活动的开展能够更好地支持企业战略。对于信息资源已成为企业获取竞争优势的重要资源的企业而言,这种能力是极其重要的。二是战略运行的内部集成,它主要考虑的是企业内部的问题,通过将企业战略与信息战略的内部管理有机地集成起来,使得企业内部的组织结构和过程与企业的信息基础设施和过程之间能够更好地结合、匹配与协调,从而确保企业的要求和期望与企业信息资源开发和利用活动所提供的能力相一致,促进信息资源更加有效地发挥其潜能与作用。

在集成的运行方式上,图 5-11 为企业战略驱动模式,图 5-12 为信息战略驱动模式。

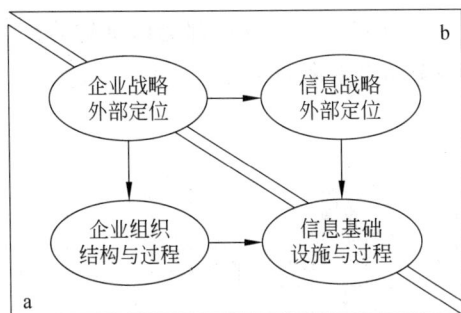

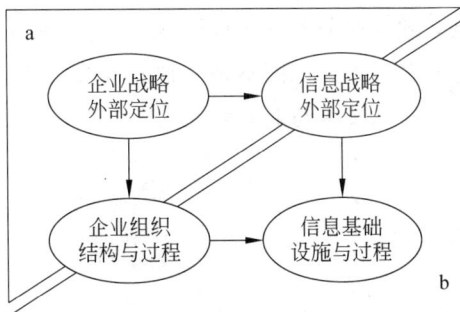

图 5-11　企业战略驱动模式　　　　　　图 5-12　信息战略驱动模式

信息战略作为使能者驱动着企业战略与信息战略的集成,也形成了两种集成运行方式。第一种运行方式如图 5-12(a)所示,其运行过程是由企业信息战略的外部定位开始,然后确定最佳的企业战略定位,并在此基础上建立与企业战略相适应的内部组织机构与过程。这种运行形式是根据当前信息要素,如技术的先进性来确定信息战略的外部定位,再选择企业最好的战略定位,如改进产品性能或服务方式(业务范围)、改善战略的关键指标(独特的能力)、形成新的关系(业务管理),然后建立与之相适应的组织结构和过程。该方式运行的一个重要条件是企业必须较准确地把握相关要素资源的发展,如计算机技术的功能与水平的发展,并了解其对企业战略产生的影响。考察该种方式的运行,通常是从定性和定量的角度评价业务的先进性,具体指标如产品市场占有率、增长率以及新产品开发状态等。该模式的第二种运行方式如图 5-12(b)所示,它也是以信息战略定位为基本的出发点,由此确定企业的信息基础设施结构和过程,再在此基础上建立与信息基础设施结构和过程相适应的企业组织结构和过程,其主要目的是提供高水平的服务。在这种运行方式下,企业战略的作用是间接的,主要用来了解用户的需求,该方式通常被认为保证企业能够充分有效地利用信息资源及相关要素如技术,更好地满足企业不断增长和变化的需要,其性能的评价准则主要是用户的满意程度。

5.2.5 信息资源的调配、重组与外包管理战略

1. 企业信息技术的调配战略

"调配"是指这样一种现象:当事物处于调配状态时,它们能够自然而协调地相互作用以实现共同目的,它们之间不存在摩擦也不存在阻力,它们能完美地彼此互补和增援,它们实际上已合为一体。当一个企业处于调配状态时,其所有的功能或过程都能根据共同的目标或业务范围联结在一起:一个企业作为一个整体又必须与市场需求相调配,必须与其供应链相调配。对于信息、技术功能与业务的调配而言,首要的问题是信息技术功能必须与业务范围实现调配,通过这种调配使企业的所有功能和过程都能以卓越的方式为顾客服务。调配不是一种静止的状态,相反是一个动态平衡的过程。

信息技术与业务调配的概念模型如图 5-13 所示。

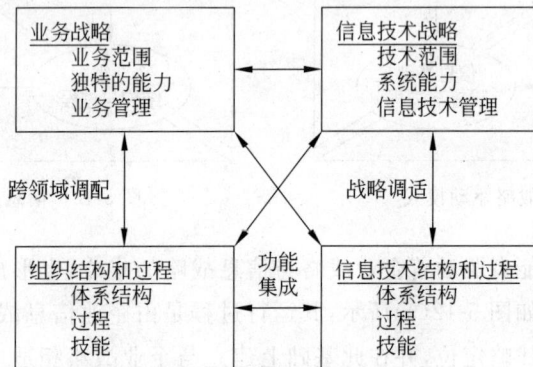

图 5-13   信息技术与业务调配的概念模型

该模型的中心思想是:最优的信息技术与业务调配只有当业务战略与信息技术战略共同发展时才会成为可能,这样,两种战略就能够彼此影响以获取最大优势;而任何层次的调配不当都会导致信息技术和业务关系的功能失调。

该模型认为,当信息技术进入调配状态时,它将依次经过 4 个阶段对业务产生积极的影响。这 4 个阶段为:功能自动化阶段,信息技术被用于单个的业务功能领域的自动化;跨功能集成阶段,信息技术被用于建立跨越多个功能领域的共享系统;过程自动化阶段,信息技术被用于建立超功能领域的过程中心的系统;过程转型阶段,信息技术被用于过程和组织结构的再设计。

信息技术与业务的战略调配是信息技术战略管理领域最为重要的一个议题。信息技

术与业务之间完美的战略调配不仅要能够促进业务过程的转型,而且还要能够造成市场的错位(dislocation),即打破市场的平衡、削弱或摧毁竞争对手的竞争优势,从而给错位的设计者创造一种新的和有利的市场。从这个意义上讲,信息技术与业务的完美的战略调配只有当信息技术被用于创造和开发业务机会时才会形成。信息技术与业务调配的实质就是要在调配要素之间形成一种"协同作用"。

2. 企业信息技术的重组战略

业务流程重组与其说是一种方法论,不如说是一个概念,是一种思想,是一种着眼于长远和全局、突出发展与合作的变革理念。归纳起来,业务流程重组的原则包括以下几点:

(1) 企业结构应该以产出为中心而不是以任务为中心;

(2) 让那些需要得到流程产出的人们自己执行流程;

(3) 将信息处理工作纳入产生这些信息的实际工作中去;

(4) 将分散在各处的资源视为一体;

(5) 将并行工作联系起来而不只是仅仅联系它们的产出;

(6) 使决策点位于工作执行的地方,在业务流程中建立控制程序;

(7) 从信息源一次性地获取信息。

企业实施信息技术重组的原因包括:

(1) 减少维持成本。由于不可预期的变化,维持当前的业务成为一项昂贵而费力的事情;

(2) 引进新的技术。新的技术如 EPR 引进的前提是原有业务流程必须重组;

(3) 实现整合。整合包括水平整合和垂直整合,如三网合一就是一种整合;

(4) 促进组织变迁。BPR 本身就是一种变迁过程,如扁平型组织结构就是变迁的结果;

(5) 提高效率和降低成本。这是 BPR 的根本目的之一;

(6) 满足自动化、质量改进和系统简化等方面的要求;

(7) 改进信息流;

(8) 更新信息技术体系结构等。

3. 企业信息技术的外包战略

外包是业务活动或工程的转包过程,意指一个组织将一些传统上由组织内部人员负责的非核心业务以契约的形式外包给专业的、高效的服务提供商,借以保持较小的规模和较高的敏捷性,克服许多由于规模经济产生的容易被对手攻击的弱点。就信息技术业务外包而言,它是指聘用一个外部组织来为企业提供信息技术服务的一种实践和管理策略,也引申为雇佣外部组织或个人来发展企业内部的信息系统的行为。外包最初源于数据批处理,后来发展到几乎所有信息技术活动。

根据外包业务量的多少,企业信息技术业务外包可以划分为整体外包和选择性外包两种类型。整体外包是指外包业务占企业所有信息技术功能的 80% 以上;选择性外包是指外包业务所占的比例在 80% 以下。需要指出的是,无论什么时候都不应把所有的企业信息技术业务都外包给外包服务商,如那些构成企业核心能力的信息技术功能就必须留在企业内部。

根据外包业务的复杂性程度,企业信息技术业务外包可以划分为如下 3 种类型:

(1) 购买供应商开发的即买即用的应用软件包;

(2) 购买供应商开发的应用软件包的同时,要求供应商根据企业的需求做某些修改;

(3) 要求供应商为企业开发一个完整的能够满足业务需求的新系统而不是购买供应商开发的通用型系统。

显然,这种划分所涉及的信息技术业务外包是比较宽泛的概念,其中的第(3)种才属于严格意义上的信息技术外包。

完整的业务外包决策应回答以下问题:企业计划外包哪些业务?外包是否是最佳选择?选择由谁来做外包服务商?需要与外包服务商建立什么样的关系?如何管理外包过程?当外包合同终止时怎么办?依据对这些问题的回答,业务外包过程可以划分为外包业务选择、外包方案评估、外包合同管理、外包服务的监控等阶段。

5.2.6　信息资源安全管理战略

随着计算机网络技术的发展和 Internet 的广泛应用,信息的公开和共享大大提高,与此同时世界范围内的计算机犯罪、计算机病毒泛滥等问题也日益严重,使得安全问题成为当前信息资源开发与利用管理需要解决的最紧迫问题之一。在这种情况下,信息资源的安全管理战略问题显得极为重要。

1. 企业信息资源安全管理的要素

信息安全管理标准 ISO/IEC 17799:2005 作为信息安全管理领域的一个权威标准,是全球业界一致公认的辅助信息安全治理的手段。参考该标准,可以将企业信息资源安全管理要素分为:组织与人员安全管理要素、环境与资产安全管理要素、通信操作与系统开发安全管理要素、应急响应与恢复安全管理要素(见图 5-14)。通过对这 4 部分的分析,可以进一步明确企业信息安全管理内容。

企业信息安全管理要素
- 组织与人员安全管理要素
  - 安全方针
  - 组织信息安全
  - 人力资源安全
  - 符合性
- 环境与资产安全管理要素
  - 资产管理
  - 物理和环境安全
- 通信操作与系统开发安全管理要素
  - 通信和操作管理
  - 访问控制
  - 信息系统建立开发和维护
- 应急响应与恢复安全管理要素
  - 信息安全事故管理
  - 业务连续性管理

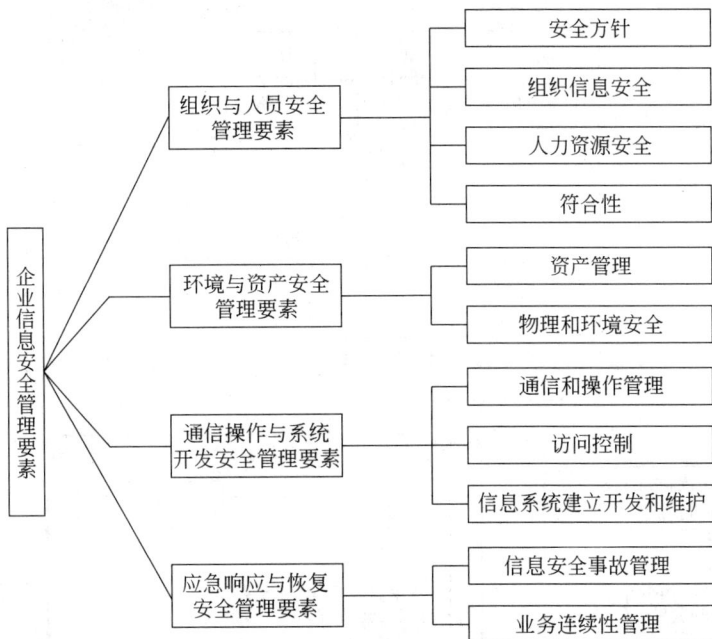

图 5-14　企业信息安全管理要素

2. 企业信息资源安全管理体系

信息安全管理体系(ISMS)的思想源于 ISO 9000《质量管理体系》和英国标准学会的 BS 7799-2,借鉴 BS 7799-2:2002 理念,采用了 PDCA 循环的质量哲学思想 PDCA(P—plan,D—do,C—check,A—act),在对企业信息安全管理环境、要素和企业信息安全管理体系构成详尽分析研究的基础上,构建企业信息资源安全管理体系,体系共分四层:规划层、控制层、监管层和响应层(见图 5-15)。

上述信息资源管理战略存在着相互支撑的辩证关系。其中,信息资源规划管理战略对企业信息资源管理进行全面、统一的蓝图描绘,起着宏观指导的作用;在规划管理战略的指导下,杠杆管理战略以市场营销能力为核心,夯实企业信息资源的基础;经营战略则是在杠杆管理战略和产品战略长期实践的基础上实现的跃变;杠杆管理战略、产品战略和经营战略之间存在一种后包前的进化关系,同时这三种战略又成为集成管理战略的核心内容;标准化管理战略是信息资源管理水平的更高要求,是信息资源管理实践活动的科学总结和理论概括;而信息资源安全管理战略则是上述管理战略的重要保证和前提条件。

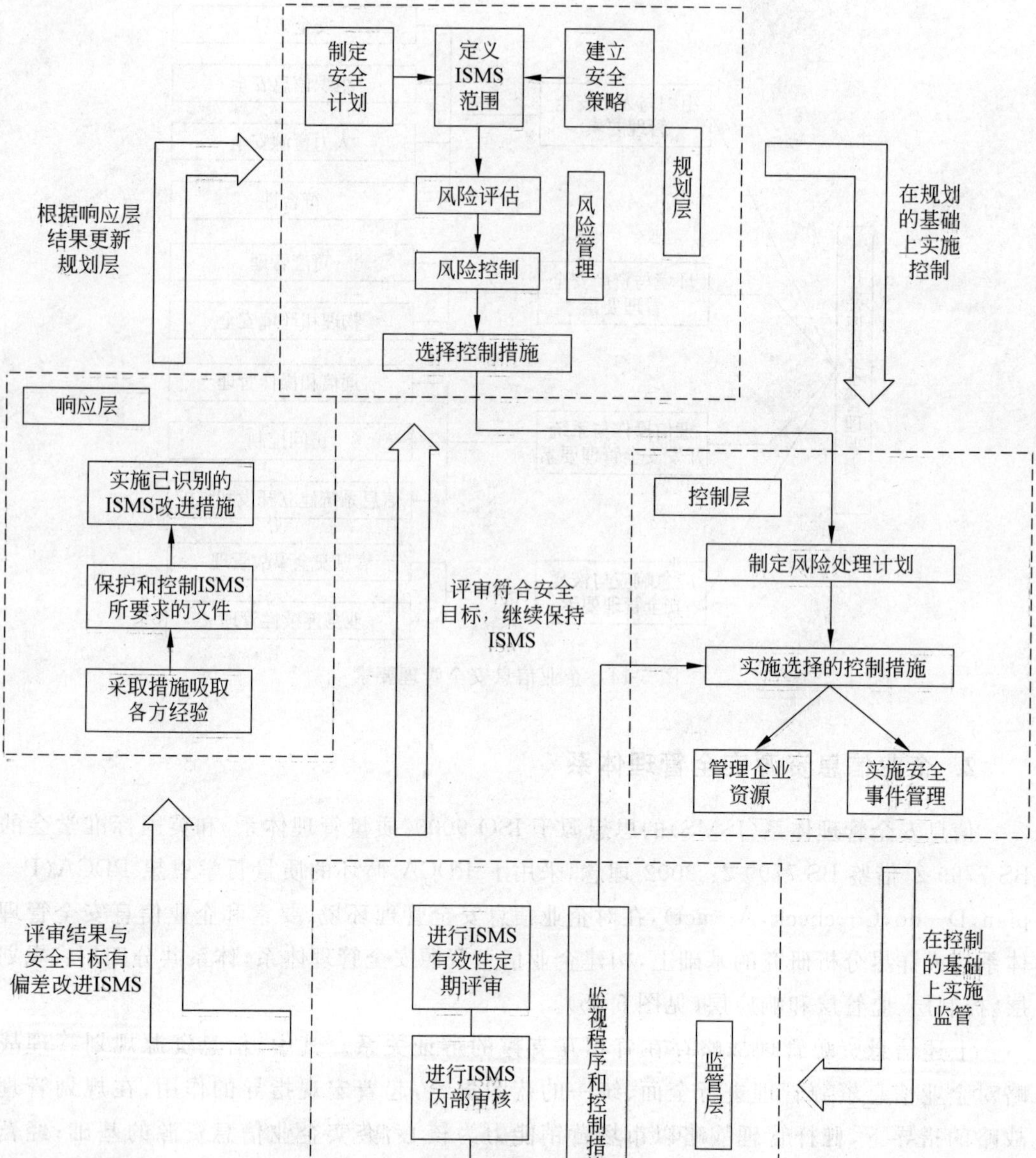

图 5-15　企业信息资源安全管理体系

5.3　信息资源战略规划

5.3.1　信息资源战略管理过程

信息资源战略是一项覆盖企业所有业务和管理领域的活动,同时又是一个相对独立的职能领域,要管理好这样一个跨部门和层次的领域,必须加强信息资源战略的制定、实施和控制。就此而言,信息资源战略管理可谓围绕信息资源战略而展开的过程,是由信息资源战略制定、信息资源战略实施、信息资源战略控制 3 个环节组成的。

在制定信息资源战略时,首先要理顺信息资源战略与企业业务战略和总体战略的变化趋势,确定影响信息资源战略制定和实施的关键性因素,并有针对性地制定、评价和选择企业信息资源战略。在实施信息资源战略时,首先要确立和培育适应时代的信息价值观和信息文化,建立适应企业战略发展所需的信息组织和信息队伍,不断调整和完善资源配置的方式,强化信息功能与其他业务功能和管理功能的协调与协同,最大限度地发挥信息资源的降低风险、提高效率、改进效果、促进创新等方面的作用,切实支持企业战略目标的实现和企业的战略转型。在进行战略控制时,首先要制定科学合理的评价指标体系,动态追踪企业信息资源战略的实施过程,联系企业信息资源战略目标和实施情况进行实地分析,并根据内外部环境的变化及时调整和修正战略,以确保企业的可持续发展。

5.3.2　信息资源战略规划概述

1. 企业信息资源战略目标规划

1) 规划原则

(1) 系统原则。首先估计企业发展的潜力,分析企业的优势与劣势;然后明确企业的现状,充分估计通过对外界环境的分析判断,会给企业带来的机会和威胁,从而定出本企业的发展趋势和信息资源战略目标。

(2) 平衡原则。具体包括:近期需要和远期需要之间的平衡;总体战略目标与职能战略目标之间的平衡。

(3) 权变原则。由于客观环境变化的不确定性、预测的不准确性,定目标时,应制定多种方案。一般情况下,在制定企业信息资源战略目标时,应分析其可行性及利弊得失,针对宏观经济繁荣、稳定、萧条三种情况分别制定,同时选择一种而将另外两种作为备用;或者,制定一些特殊的应急措施。

2) 目标内容

(1) 市场目标。一个企业在制定信息资源战略目标时最重要的决策是企业在市场上的相对地位,常常反映了企业的竞争地位。企业所有预期达到的市场地位应该是最优的市场份额,这就要求对顾客、目标市场、产品或服务、销售渠道等做仔细的分析。

(2)盈利目标。这是企业的一个基本目标,企业必须获得经济效益。作为企业生存和发展的必要条件和限制因素的利润,既是对企业经营成果的检验,又是企业风险的报酬,也是企业乃至社会发展的资金来源。盈利目标的达成取决于企业资源配置效率及利用效率。

(3)社会目标。现代企业愈来愈多地认识到自己对用户及社会的责任,一方面,企业必须对本组织所造成的社会影响负责;另一方面,企业还必须承担解决社会问题的部分责任。企业日益关心并注意树立良好的公众形象,既为自己的产品或服务争取了信誉,又可促进组织本身获得认同。企业的社会目标反映企业对社会的贡献程度,如环境保护、节约能源、参与社会活动、支持社会福利事业和地区建设活动等。

(4)创新目标。在环境变化加剧、市场竞争激烈的社会里,创新概念受到重视是必然的。创新作为企业战略目标之一,是使企业获得生存和发展的生机和活力。在每一个企业中,基本上存在着三种创新:技术创新、制度创新和管理创新。制度创新即对企业资源配置方式的改变与创新,导致新的生产方式的引入,既包括原材料、能源、设备、产品等有形的创新,也包括工艺程序设计、操作方法改进等无形的创新。

为树立创新目标,战略制定者一方面必须预计达到市场目标所需的各项创新,另一方面必须对技术进步在企业的各个领域和各项活动中引起的发展做出评价,从而制定制度创新目标。随着生产的不断发展,引起新的企业组织形式的出现,从而使企业适应不断变化的环境和市场。

制定技术创新目标将推动企业乃至整个经济广泛而深入地发展。

管理创新涉及经营思路、组织结构、管理风格和手段、管理模式等多方面的内容。管理创新的主要目标是试图设计一套规则和程序以降低交易费用,这一目标的建立是企业不断发展的动力。

2. 企业信息技术的基础设施规划

1)计算机基础设施结构规划

企业计算机基础结构是指支持一个组织内部信息技术服务供应的硬件、软件与计算机相关的电子通信技术的统一体,也称信息技术体系结构,如图5-16所示。

信息结构的目的是通过有效地利用信息系统来支持企业业务目标,为此,业务需求必须转换为支持技术,图5-16所描述的就是这样一个转换过程及其三种视角。

(1)业务视角:解释为什么需要信息技术设施。

(2)功能视角:描述需要提供什么设施和服务。

(3)工程视角:描述怎样满足业务需求。

信息技术体系结构模型始于业务流程,业务流程的实质是业务需求,业务需求是从业

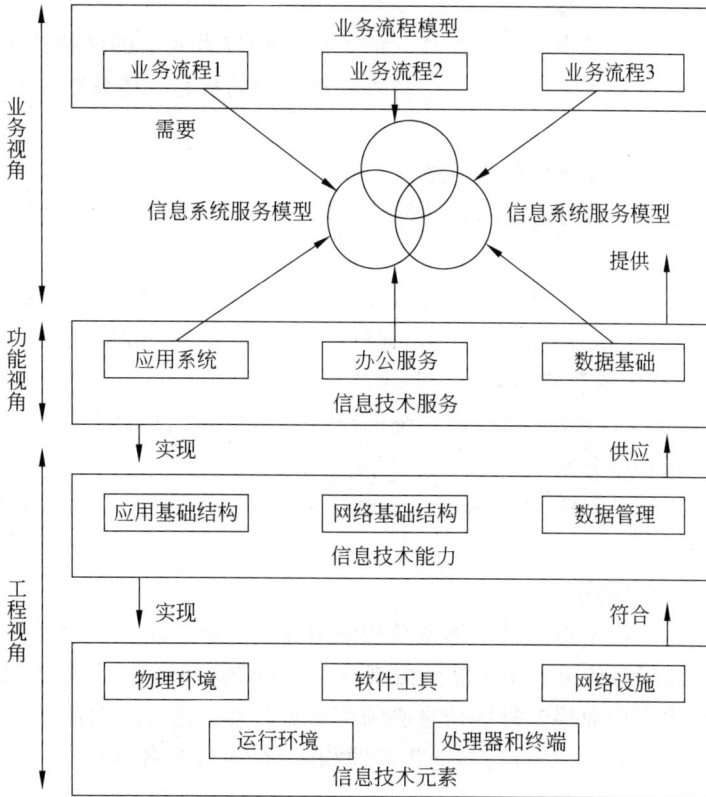

图 5-16 信息技术体系结构模型

务功能和过程中产生的;信息系统服务模型就是业务流程的信息模型。信息技术服务则是信息技术体系结构提供的技术服务,信息系统服务模型定义信息需求,信息技术服务则是满足这些需求的基于技术的工具。信息技术能力是指信息技术元素结合起来支持信息技术服务的能力。对于用户而言这些能力是看不见的,但却能够改进企业的生产力、提高响应速度、增加安全性、增强灵活性、提高生产效率和效力。信息技术元素是构建信息技术能力的基石,通常包括数据库管理系统、软件发展工具、处理及存储设备、终端设备、网络协议、网桥、电缆、操作系统、物理环境如建筑等,这些元素是形成信息技术能力的基础,故必须符合其需求。

信息技术体系结构的底层是各信息技术元素,这些元素及其组合即各种业务应用系统分布于企业的各个角落、各个层面,如何将这些元素和系统集成为一个协同运行的整体就是信息技术体系结构规划的主要任务,而这个协同运行的整体就是信息技术体系结构。现代信息技术的发展为构建信息技术体系结构提供了许多可供选择的技术实现手段和方案,但具体选择什么方案、构建什么样的信息技术体系结构应取决于企业的信息技术战略方向和目标。

信息技术体系结构是由许多相互独立的不同标准技术元素的结构构成的,它支持企业业务流程和管理的技术平台,是信息、技术战略规划的核心。体系结构本身的规划主要包括:

(1) 衔接体系结构规划与企业信息技术战略规划。

(2) 描述构建体系结构的原则,搞清企业当前已购置的主要系统,确定体系结构规划的起点。

(3) 依次分析客户机结构、工作组服务器结构、企业服务器结构、局域网结构、广域网结构及其他辅助结构的硬件和软件元素,详细描述客户、服务器结构、局域网结构、广域网结构的设计,联系其配置和使用来分析隐含的风险。

(4) 确定体系结构内数据和应用系统的位置并分析它们对体系结构性能的影响,描述期望的性能指标和服务水平。

(5) 实施系统管理集成,描述管理企业整体环境所需的硬件和软件,并根据业务和管理需求实施集成。

2) 信息基础结构规划

信息基础结构是决定信息技术体系结构的最直接因素。在一个拥有各种各样的部门和地区站点的大型跨国企业中,常常会出现这样的问题:每个站点存在放着什么信息?哪些信息应该集中在企业层?哪些信息必须跨站点共享?这些问题都必须在进行信息技术体系结构的战略规划之前确定,与这些问题相关,企业及其各部门、各地区站点还必须决定谁负责哪些信息。

在设计企业信息技术体系结构之前,首先必须分析不同层面和流向的信息需求并揭示信息需求之间的关联,即建立信息需求结构。信息需求结构是信息技术体系结构的深层依据。若进一步确定各层次的多样化信息需求所对应的信息由谁负责开发、更换、更新和剔除,那么,企业信息技术体系结构的概念框架也就成型了,诸如企业需要购置哪些软件和通信设备、计划采用什么技术结构、如何实现信息技术元素的布局等问题要求,因此,制定企业信息系统的目标应在企业总体战略的指导下,综合考虑信息系统建设的各项约束条件和企业对信息系统的需求,确保目标的可实现性和合理性。

3) 信息系统规划

信息系统结构的确定主要指系统的划分,将系统按功能划分成若干个子系统。在考虑信息系统规划时,某些不合理的职能部门划分问题会显得很突出,从事信息系统规划的专家应注意给有关领导一些建议,以便对企业的组织结构进行必要的调整。

制定实现目标的方法和进程,包括确定应用项目的研制程序、各应用项目的研制者、软硬件资源配置方案、培训计划以及实现目标的具体方法等。

(1) 确定应用项目的研制顺序。根据应用 IT 项目的经济效益、对企业战略的影响程度、成功的可能性确定研制顺序。优先研制开发效益大、有全局影响的且易成功的应用项目,并确定研制项目的起始时间和完成时间,即进度。

(2) 确定研制者。研制者通常都是本企业内从事信息系统开发工作的系统分析员、程序员和外部聘请的专家、技术人员,但目前随着开发工具、生成工具的发展,工具的易用性将导致用户直接参与信息系统的研制。另外,信息系统的建设不同于一般的技改项目,它可能涉及企业组织结构的调整、人员设备的调动、资金的筹措和使用等许多重要决策。因此,为了保证企业信息系统研制的顺利展开,企业的第一把手或 CIO 应该参与进来。

(3) 软、硬件资源配置。当现有设备能力不足或新的应用研制需要配备新的软、硬件系统时,应考虑增加系统资源投资。资源配置的计划性要强,要与项目研制的进度相一致,同时又要考虑到每年投资的可能性以及信息技术的进步,有组织地分批引进和安装设备。

(4) 培训计划。人员培训是实现目标的重要保障。要多种层次、多种形式地持续开展、制定各类人员培训目标和进度要求。不仅要培训软、硬件操作人员,而且应对最终用户的信息处理能力、信息系统利用能力进行培训。

(5) 组织落实。建立信息系统战略规划的领导小组。小组由企业的最高负责人或 CIO 以及各职能部门负责人、信息中心负责人等组成,定期召开信息系统规划会议,检查、监督规划的落实情况,同时根据形势的变化,适当地修改规划以适应企业织结构的变化、技术进步的影响等。

(6) 编制预算。根据规划中的实现目标的方法和进程编制预算。预算费用主要包括:软、硬件的购置费用;应用项目的研制费用;系统运行、维护费用;培训费用。

3. 战略信息资源分析框架

战略信息资源分析旨在确立和确定使企业能够最好地实现任务与目标的行动方案。企业现行战略、目标和任务,加上外部与内部分析信息,为制定和评价可行的备选战略提供了基础。在实际战略管理过程中,总是存在多个可供选择的行动方案,每种方案又存在多种实现途径,因此,需要建立一组具有吸引力的备选战略并确定这些战略的优势、劣势、利弊、成本和收益,以利战略决策。

制订和选择战略方案的过程可以分为 3 个阶段,即信息输入阶段、匹配阶段和决策阶段,在这 3 个阶段中采用的战略分析和选择技术主要有 9 种,它们的关系及其分布见图 5-17。

在图 5-17 中,信息输入阶段相当于战略分析阶段,主要任务是为制定战略方案、收集和提供各种信息,所采用的方法主要包括外部关键因素评价矩阵(EFF)、竞争态势分析矩阵(CPM)、内部关键因素评价矩阵(IFE)等;匹配阶段相当于战略制定阶段,主要任务是在信息输入阶段提供的各种信息的基础上进行合理推断和预测,制定多种可供选择的战

第一阶段：信息输入阶段		
外部关键因素评价矩阵 (EFE)	竞争态势分析矩阵 (CPM)	内部关键因素评价矩阵 (IFE)

第二阶段：匹配阶段				
优势—弱点—机会— 威胁矩阵 (SWOT)	战略地位与 评价矩阵 (SPACE)	波士顿咨询 集团矩阵 (BCG)	内部—外部矩阵 (IE)	大战略矩阵 (GSM)

第三阶段：决策阶段
定量战略计划矩阵 (QSPM)

图 5-17   企业战略信息资源分析框架

略方案,所采用的方法主要包括优势—弱点—机会—威胁矩阵(SWOT)、战略地位与评价矩阵(SPACE)、波士顿咨询集团矩阵(BCG)、内部—外部矩阵(IE)和大战略矩阵(GSM)5种;决策阶段相当于战略选择阶段,主要任务是对匹配阶段形成的各种方案进行评估并最终确定各种方案的优先顺序以供企业决策者选择,所采用的方法主要是定量战略计划矩阵。

5.3.3   信息资源战略的实施

1. 战略实施的计划准备

战略方案仅是一种纲领性的东西,是一些粗线条的规定。要转化为现实的东西,还必须通过制定和实施具体的计划。制定计划,一方面要紧紧围绕战略目标的实现,理顺计划与战略的关系;另一方面采取的措施要具体,对每一种目标的实现都要进行具体策划。企业信息资源战略的计划准备就是将其战略方案具体化;依据战略方案的战略重点,规定出任务的轻重缓急和时机,进一步明确工作量和期限。战略实施的计划准备主要包含以下几个部分:

1) 战略实施的中间计划

中间计划是一种中短期计划,它的制定有利于将企业信息资源战略计划在时间上实现阶段化,使得整个信息资源战略的实施既有阶段性,又不失连续性,形成一个阶段性与连续性相协调一致的实施过程。中间计划一般都为一些大型企业集团,特别是跨国公司在实施其信息资源战略计划中所采用。中间计划在战略实施过程中最主要的作用就是将企业信息资源战略所要达到的作用具体化。只有将信息系统的总目标在时间和内容上加以分解,然后落实到有关单位或个人,战略实施才有可靠保障。

2) 战略实施的行动计划

行动计划是战略计划通过中间计划分解和细化后,作为具体实施的行动方案。

3）预算

预算是以货币形式陈述的一种特殊计划,它是企业对其信息资源战略可行性的最后审查。如果各项计划预算过高,企业的信息资源战略缺乏资金来源,就不可能顺利实施。

4）程序

程序包括一系列的步骤以及每一步骤的技术要求。这一过程非常重要,很多企业在建设信息资源过程中屡遭挫折甚至失败,它们可能有很好的人才、软件和硬件,失败的原因可能就是采取的步骤不对。

2. 战略实施的组织准备

企业信息资源战略的推进,由于涉及企业的方方面面,必须有站在战略高度,从全局角度推进战略的组织机构,才能顺利进行。

企业的组织结构与其信息结构具有密切的相关性。一方面信息资源的组织和管理应适应信息是以企业组织和管理的基本原理为前提的,并且信息资源的组织原则应与企业组织机构的管理原则相一致。另一方面,在信息资源战略实施过程中,由于信息技术对企业的巨大影响,尤其是为了更有效地支持企业战略,不可避免地要对企业的组织结构进行必要的调整,建立新的"信息构架"。例如,网络化的信息技术,有可能使企业的内部信息传递环节减少,速度加快。为了提高信息传递的效率,提高企业的快速反应能力,就有必要改变传统的企业组织结构,即由"金字塔型"向"扁平型"过渡。

"二战"以后,世界上的发达国家率先开始从工业化社会向信息化社会过渡,信息资源管理兴起的最初 10 年,投资巨大,技术更新频繁,但成功率远不如人意。在经过失败的痛苦之后,人们逐步从组织机构对信息、技术的适应性方面进行研究和探讨。70 年代末 80 年代初,西方国家的一些大企业里出现了一种被叫作 CIO 的新职位,其级别相当于公司的副总裁。CIO 的出现并不是偶然的,它有着深刻的历史背景:一是伴随着全球经济走向信息经济,信息资源逐渐成为企业赖以生存发展的战略资源;二是企业管理逐渐由传统管理走向更高层次的以信息为中心的管理。企业必须在对企业长远发展战略目标和信息技术未来发展趋势的双重因素考虑下进行管理,这就是 CIO 产生的根本原因。

3. 战略实施的资源配置

1）企业战略资源

企业战略资源是指企业用于战略行动及其项目计划的人力、物力、财力等的来源。它们是企业信息资源战略转化为现实行动的前提。它有以下几个特点:

(1) 战略资源的使用直接服务于企业战略目标和战略计划的实现;

(2) 企业战略资源的分配和取得的周期长,可支配的资源总量和资源结构都具有一定的不确定性;

（3）在战略实施过程中,资源稀缺程度、资源价格都会发生变化;

（4）企业战略资源的可替代性比较高;

（5）非物质资源影响作用大。

2）企业战略资源的配置

企业战略资源的配置就是对战略实施过程中所需要的人员、资金、物质和信息进行具体分配。

（1）人力资源的选择与分配。人力资源的选择和分配重点要解决好以下3个问题:首先为各个战略岗位配备管理和技术人才,特别是对关键岗位的关键人物的选择;其次是为战略实施建立人才及技能的储备不断为战略实施输送有效的人才;最后是在战略实施过程中,注意整个队伍的综合力量搭配和权衡。

（2）资金的分配。一般说来,管理信息资源的成本、费用由硬件成本、软件成本、系统维护及使用成本、人才培训费用和准备费用五部分组成。企业一定要合理地分配资金的使用,尤其是系统使用与维护的费用往往很高,在以前的系统建设中这一点常常被忽视。

（3）信息资源的配置。由于企业信息需求的综合性,企业应配置多种资源,但各类信息应有主次之分。在内容方面,应以经济、科技、管理、政策、法规信息为主;在范围方面,应以竞争对手信息和本企业自身的信息为主;在时间方面,以反映现在和未来的信息为主;在语种方面,应以中文信息为主;在文献类型方面,应以电子型文献信息为主。

5.3.4   信息资源战略的控制

战略信息管理的调控是根据企业总体经营目标,结合企业现有资源,在企业战略信息管理过程中保证战略信息管理各项内容顺利进行并达成预定目标的内容、方法和措施。企业战略信息管理调控的主要任务是:确定目标和标准、绩效评价及反馈、差异分析、纠正措施。

战略信息管理调控的主要功能有:保证战略信息管理目标的合理,即与企业经营目标一致;促进战略信息管理方案的贯彻实施;促使战略信息管理目标的顺利达成。企业战略信息管理调控的重点是企业实施战略信息管理前、中、后所涉及的信息、信息技术、信息人员、信息设备等与当前或今后很长一段时期企业生产及运营活动不协调的问题。其目的性非常强,就是要解决这些问题,使所有这些资源与企业战略信息管理绩效紧密联系并起到积极作用,达到企业经营绩效的大幅提升。因此不论采用何种调控方法,都必须以这一目的为基础,调控的最终效果也应体现在这一目的当中。

1. 战略信息管理绩效评价的平衡计分卡体系

卡普兰和诺顿经过对12家在绩效评价方面处于领先地位的企业进行为期一年的项目研究后,于1992年提出了平衡计分卡这一战略绩效评价工具。平衡计分卡不仅提供评估过去成果的财务性指标,同时对顾客、内部过程以及学习与成长等三方面进行绩效考核,弥补传统绩效评价方法的不足。

平衡计分法从财务角度来考虑绩效,并允许组织关注非财务因素,所以它与信息管理领域尤其相关。图 5-18 是采用平衡计分法框架制定的战略信息管理指标。由此可以制定财务、顾客、学习与成长、内部流程等 4 个方面的详细指标,分别如表 5-2～表 5-5 所示。

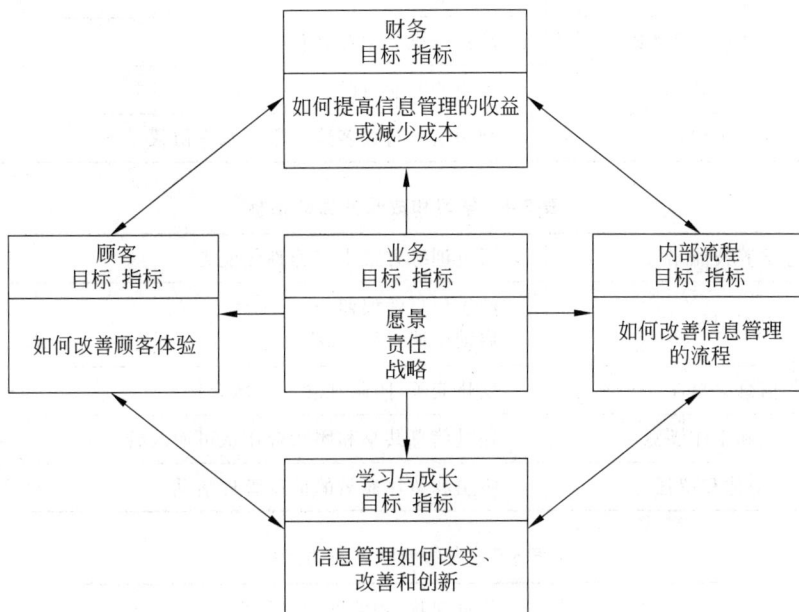

图 5-18　采用平衡计分法框架制定信息资源管理指标

表 5-2　财务方面的指标

节省运营开支	减少员工需求(精简工作、避免重复) 减少重复订阅(期刊、电子信息资源)
节省资本开支	减少物理存储需求(由于硬拷贝记录的数字化) 信息管理的软件/硬件平台集成
创收	更好地管理知识资本——专利、执照、商标和版权
减少返工而节省开支	"浪费"分析
提高生产率	减少搜索关键业务信息的时间 缩短产品发展周期的长度
效率结余	通过更好地利用信息资源而精简工作活动

表 5-3　顾客方面的指标

顾客满意度	提高满意度水平,特别是在提供建议/指导/支持的方面 呼叫处理(时间和质量)
信息获取	关注内网和外网 导航和搜索 分类框架
提高产品、服务的交叉销售	从销售机会中提高转换率
投诉处理	更快的响应时间
服务水平协议	利用信息与顾客建立服务水平协议

表 5-4　学习和成长方面的指标

信息素养技能培养	通过训练方案来培养胜任能力
组织记忆	组织信息的保留 启动访谈过程,捕捉信息
信息共享	变化变革、团队观念和团队合作
员工士气和工作满意度	通过信息共享和团队合作认可而改善
员工退休和留任	吸引和留住雇员的信息管理活动

表 5-5　内部流程方面的指标

信息质量	信息现状、相关性和可得性 信息更新和存档
规范过程和手续	流程手册、训练支持、指导的可得性
良好的实践数据库	标准化的模板 常见问题(FAQs)

2. 企业战略信息管理的调控内容

对于战略信息管理绩效来讲,产生绩效差异,主要是信息资源、信息技术和信息系统等要素及其互动而形成的,对战略信息管理绩效的控制及提升需从它们入手,对企业战略信息管理运作方面的调控可以从信息资源调控、业务流程重组(主要通过信息技术调控、信息系统调控来实现)、信息机构以及人员调控等方面来进行。

(1)从资源出发进行战略信息资源调控,特别是涉及情报管理和决策制定的信息资源质量的提升是战略信息管理调控的核心内容,它还是下一步进行业务流程重组的重要依据。

（2）从业务出发进行适应战略信息管理的业务流程重组，而这种调控又必须以信息技术与信息系统为基础来实现。

（3）从结构、体制与过程出发进行战略信息管理中信息机构和人员调控。灵活多样化的信息机构形式和高素质的信息人员是战略信息管理调控得以顺利实施的体制保障。信息机构形式变化是业务流程当中信息技术以及信息利用方式影响的结果，信息人员素质的提高依靠不断地学习。

（4）从整体出发进行战略信息资源、业务以及组织结构、信息文化之间的一致性调控。

本章小结

本章由信息悖论引出信息战略，在论述政府信息战略和企业信息战略、信息战略与企业战略、信息资源战略与信息战略的关系的基础上，讲述了企业信息资源战略管理的基本概念、主要模式，然后讲述信息资源战略的内容和过程。重点是信息资源战略管理的三种基本模式、六项基本内容，以及企业战略信息资源管理的三阶段过程。要求读者学完本章后，能够对一个企业进行信息资源战略管理的分析，包括信息资源战略设计和规划、信息资源战略的实施以及信息资源战略的控制。

课后思考题

1. 什么是信息悖论？
2. 信息战略与信息资源战略之间是何关系？信息资源战略与企业战略之间是何关系？
3. 阐述信息资源战略和企业信息资源战略管理的概念。
4. 企业信息资源战略管理的基本模式有哪些？
5. 企业信息资源管理战略有哪些内容？
6. 如何进行信息资源战略规划？
7. 阐述信息资源战略管理过程。
8. 自选一个感兴趣的企业，对其信息资源管理的全过程进行分析。

第6章

信息资源标准化管理

本章要点

在信息化工作中,信息资源的标准化发挥着基础作用,是一项重要工作。为了能更好地理解信息资源标准化管理,本章将介绍信息资源标准化的定义、分级、原理、过程、组织机构信息资源管理的基础标准、信息资源管理的基本思想、数据字典的建立以及数据管理工作等内容。通过学习本章,希望读者掌握信息资源的标准化管理,对以后其他专业课的学习和信息资源管理实践奠定基础。

【情景案例】

数据管理混乱的根本问题

1. 高校信息资源的标准化管理

我国普通高校在信息化建设方面的起步较晚,而且其建设路线有如下特点:从最基本的单一系统建设起步,如教务系统、学生管理系统、财务系统、招生管理系统等。由于缺乏管理方面的标准和规范,各个系统分别产生自己的信息资源,而该类资源分别隶属于不同的行政职能部门,造成了应用系统间的难以兼容,不能使数据有序流通,发挥出最大的价值,容易产生以下问题:

(1) 信息的重复录入与数据不对等;

(2) 管理复杂与系统维护、升级困难;

(3) 信息不能有效共享导致信息缺乏一致性。

例如,新进教师到单位报到后取得一个职工号,第一时间可以用此职工号在人事系统上添加相应的信息,但其他系统,如图书馆、财务系统、教务系统还需要人工一个一个录入信息,而且各个系统都需要设置各自的账号密码,造成信息的重复人工录入、管理混乱等问题。因此,从1999年开始,教育部专门成立了专家组、顾问组和课题组,历时三年,于2002年9月正式颁布了《教育管理信息化标准》中的第一个部分"学校管理信息标准",从而各个高校陆续建立了统一身份认证平台。

2. 图书馆的信息资源管理工作

早期文献收藏的内容基本上都是社会生活中的各种文字记录,如宗教仪式记录,皇帝的法令、政令,征收赋税、接纳贡物的各种记录,多为各类文书档案。因此早期管理图书和档案的社会机构是同源的。随着社会经济、科技和文化的发展,文献记录的类型大量增加,图书馆作为最初的文献馆藏与管理机构,逐步与档案管理机构分流,成为知识和文献收藏、整理、提供利用的中心,形成了独立意义上的图书馆。

图书馆收藏文献的最终目的是为了利用,图书馆自诞生之日起就十分重视"藏"与"用"的统一,为用而藏。但是要有效解决藏和用之间的矛盾是相当困难的。图书馆在其漫长的发展历程中,一直致力于协调这对矛盾,尽量使二者和谐统一。于是,图书馆不仅创造了许多卓有成效的文献整理技术方法,还引入管理的概念,对机构、人、文献整理和提供过程进行综合性管理,已具有现代信息资源管理的萌芽。尽管引入了管理的概念和方法,图书馆在解决文献收藏和利用之间的矛盾方面并不是十分成功的,主要原因是文献信息利用在时间和空间上分布都非常复杂。在空间上,即使是一个很小的区域,图书馆面对的也是无穷无尽、不断变化的需求,在时间上则更是一个漫长的分布,入藏图书馆的文献信息源可能在遥远的未来才会被阅读。此时此地之"藏",不知何时何地要"用"。这使得图书馆不得不着眼于文献信息源的收全藏全,以备日后难以预料之"用",因为收藏总比利用容易把握得多,目标也明确得多。再则图书馆本身就具有文化遗产的保存功能,这就是图书馆为什么重视"源"的管理的原因。

资料来源:案例 1:作者自编

　　　　　案例 2:佚名,http://wenwen.sogou.com. 2012.7.19

课前思考:

1. 简述信息资源管理标准化的意义和作用。
2. 说明我国国家标准代号的构成。

6.1 标准化的基本概念

6.1.1 标准化的定义

1983 年在我国颁布的国家标准(GB 3935.1—83)中对标准化的定义是:

"在经济、技术、科学及管理等社会实践中,对重复性事物和概念,通过制定、发布和实施标准,达到统一,以获得最佳秩序和社会效益。"从以上的定义可知:

(1)标准化的目的是获益;

(2)标准化有一个过程,一般是制定标准、发布标准和实施标准这三个过程。

关于信息资源标准化的定义,学者毛燕提出,信息资源标准化是指利用"信息资源所必须遵循的标准,主要包括数据源标准和信息分类与编码标准";学者单长革与蒋东兴提出,在信息标准化方面,具有狭义的信息标准化与广义的信息标准化两种概念:狭义的信息标准化是指信息的表达标准化;而广义的信息标准化指的是针对信息处理全过程的规范法则。

6.1.2 标准化分级

根据其适用领域和有效范围的不同,可以将标准化分为不同的级别。据《中华人民共和国标准化法》(1988 年 12 月 29 日公布)的规定,我国标准分为国家标准、行业标准、地方标准和企业标准四级。

1. 国家标准

国家标准是对全国技术经济发展有重大意义而必须在全国范围内统一的标准。《标准化法》规定:"对需要在全国范围内统一的技术要求,应当制定国家标准。"国家标准是我国标准体系中的主体。

国家标准的编号由国家标准代号、标准发布顺序号和发布的年号组成。根据《国家标准管理办法》的规定,国家标准的代号由大写的汉语拼音字母构成。强制性国家标准代号为 GB。推荐性国家标准代号为 GB/T。推荐性标准不具有强制性,任何单位均有权决定是否采用,违反这类标准不构成经济或法律方面的责任。例如,GB/T 13387—1992《电子材料晶片参考面长度测量方法》系指该标准为推荐性标准。国家标准编号如图 6-1 所示。

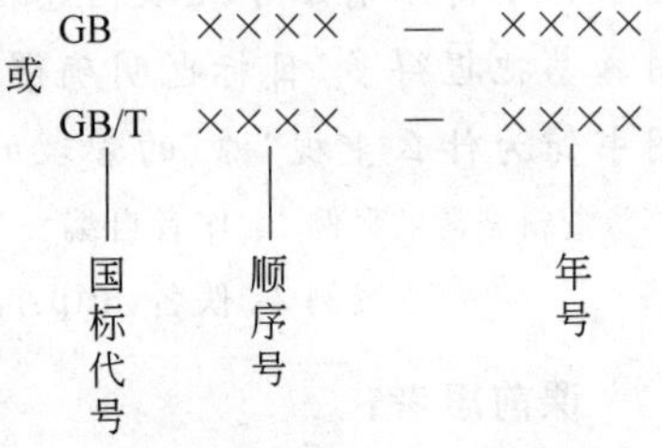

GB   ×××× — ××××
或
GB/T   ×××× — ××××
        | | |
       国   顺   年
       标   序   号
       代   号
       号

图 6-1 国家标准编号

2. 行业标准

行业标准是指全国性的各行业范围内统一的标准。《标准化法》的规定:"对没有国家标准而又需要在全国某个行业范围内统一的技术要求,可以制定行业标准。行业标准由国务院有关行政主管部门制定,并报国务院标准化行政主管部门备案,在公布国家标准之后,该项行业标准即行废止。"行业标准是全国某个行业范围内需要统一的技术要求,是专业性较强的标准,由国务院有关行政主管部门制定、审批、编号和发布,在相应的国家标准实施后即行废止。行业标准是国家标准的补充。行业标准由国务院有关行政主管部门统一制定、审批、编号和发布,并报国务院标准化行政主管部门备案。

行业标准编号由行业标准代号、专业代号、分类代号行业标准顺序号和发布年号组成。根据《行业标准管理办法》规定,行业标准代号由国务院标准化行政主管部门规定,在尚无新规定的情况下,仍沿用原部标准代号。行业标准也有强制性标准 ZB 和推荐性 ZB/T 标准两种。行业标准编号如图 6-2 所示。

3. 地方标准

地方标准是指在某个省、自治区、直辖市范围内需要统一的标准。《标准化法》规定:"没有国家标准和行业标准而又需要在省、自治区、直辖市范围内统一的工业产品的安全卫生要求,可以制定地方标准。地方标准由省、自治区、直辖市标准化行政主管部门制定,并报国务院标准化行政主管部门和国务院有关行政主管部门备案。在公布国家标准或者行业标准之后,该项地方标准即行废止。"

地方标准编号由地方标准代号、标准顺序号和发布年号组成。根据《地方标准管理办法》的规定,地方标准代号由汉语拼音字母 DB 加上省、自治区、直辖市行政区划代码前两位数字再加斜线,组成强制性地方标准代号;再加 T 则组成推荐性地方标准代号。地方标准编号如图 6-3 所示。

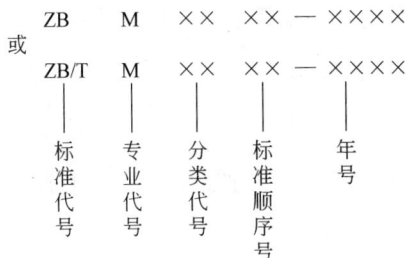

图 6-2 行业标准编号   图 6-3 地方标准编号

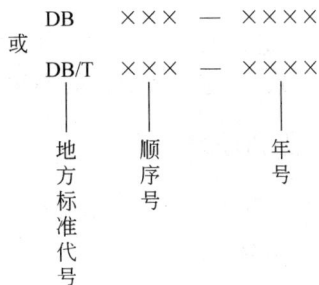

4. 企业标准

企业标准是指由企业制定的产品标准和为企业内需要协调统一的技术要求和管理、工作要求所制定的标准。企业标准是企业组织生产经营活动的依据。《标准化法》规定:"企业生产的产品没有国家标准和行业标准的,应当制定企业标准,作为组织生产的依据。企业的产品标准须报当地政府标准化行政主管部门和有关行政主管部门备案。已有国家标准或行业标准的,国家鼓励企业制定严于国家标准或行业标准的企业标准,在企业内部适用。"凡是取得企业法人资格的,无论是国有企业,还是集体企业、个体企业、乡镇企业,或者建立在我国境内的外商投资企业,都有权利和义务按照《标准化法》的规定制定企业标准,作为组织生产的依据,并按规定上报备案。

企业标准编号由企业标准代号、标准顺序号和发布年号组成。根据《企业标准化管理办法》规定,企业标准代号由汉语拼音字母 Q 加斜线再加上企业代号组成。企业代号可用汉语拼音字母或用阿拉伯数字或两者兼用,具体办法由当地行政主管部门规定。企业标准编号示例如图 6-4 所示。

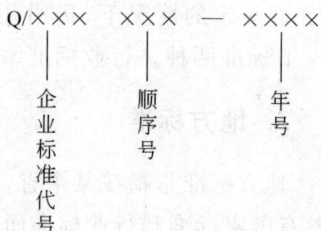

Q/×××　×××—××××

企业标准代号　顺序号　年号

图 6-4　企业标准编号

6.1.3　标准化的基本原理

经过几年的讨论和实践,大家一致认为,"统一""简化""选优"和"协调"是实施标准化的基本原理。

1. 简化原理

简化原理即:具有同种功能的标准化对象,当其多样性的发展规模超出了必要的范围时,即应消除其中多余的。可替换的和低功能的环节,保持其构成的精练、合理,使总体功能最佳。

2. 统一原理

统一原理即:一定时期,一定条件下,对标准化对象的形式、功能或其他技术特性所确立的一致性,应与被取代的事物功能等效。

3. 协调原理

协调原理即:在标准系统中,只有当各个标准之间的功能彼此协调时,才能实现整体系统的功能最佳。

4. 最优化原理

最优化原理即:按照特定的目标,在一定的限制条件下,对标准系统的构成因素及其关系进行选择、设计或调整,使之达到最理想效果。

5. 四者的关系和特点

简化、统一、协调和优化是一个辩证的过程,我们不能将其单独地割裂开来看待。在标准化过程中必须自始至终贯彻简化、统一化和协调,从多种可行方案中选择或确定一种最优方案。在标准化活动中,无论是对标准系统的简化、因素的统一、关系的协调,都要达到一个共同的目的,使整个系统的功能最佳。

6.1.4　标准化的管理原理

1. 系统效应原理

实践证明:标准系统的效应不是来自某个标准本身,它是多个标准互相协同的结果,并且这个效应超过标准个体效应的总和,这就是系统效应原理。

因此,企业的标准化工作要想收到实效,必须建立标准系统,多个标准共同实施时,关键是标准之间的互相关联、互相协调、互相适应。

2. 结构优化原理

实践证明:标准系统的结构不同,其效应也会不同,只有经过优化的系统结构才能产生系统效应;系统结构的优化,应按照结构与功能的关系,调整和处理标准系统的阶层秩序、时间序列、数量比例以及它们的合理组合。这就是结构优化原理的含义。

根据这一原理,在对标准系统实施的过程中,应不断协调彼此的关系,及时发现结构的不合理,并加以调整。

3. 有序发展原理

标准系统的结构经过优化之后,系统内部各要素之间彼此协调,系统与其外部环境之间也保持适应的状态。我们把这种状态叫作系统的稳定状态,系统只有处于稳定状态,才能正常地发挥其功能,产生系统效应。

当外部环境发生变化时,系统不断调整,逐步适应环境的变化,稳定向前发展,如果在系统形成和发展过程中对系统内、外部因素之间的关系处理不当,便可能降低系统结构的有序度,使系统向无序方向转化。

此外,即使原有的系统结构状态较好,也会由于外部环境的变化使系统中的个别要素首先发生变化,从而使要素之间的联系变得不稳定,由此也会向无序方向演化。

4. 反馈控制原理

标准系统同环境的联系表现在它和环境之间的物质和信息的不断交换过程中,标准系统从环境得到各种信息之后,据以调整自己的结构,增加必要的标准,使标准系统同环境相适应,实践证明:标准系统演化、发展以及保持结构稳定性和环境适应性的内在机制是反馈控制。这就是反馈控制原理,因此,标准系统在建立和发展过程中,只有通过经常的反馈,不断地调节同外部环境的关系,提高系统的适应性和稳定性,才能有效地发挥出系统效应。标准系统同外部环境的适应性不可能自发实践,需要控制系统(管理机构)实行强有力的反馈控制。

6.1.5　标准化的过程

标准化的具体过程,包括标准的制订、贯彻、效果评定、修订等几个主要部分。不过,这几个部分还可以细分为研究项目、调查研究、试验验证、标准起草、审查定稿、审批发布、出版发行、贯彻准备、贯彻实施、标准检查、技术监督、效果评定、标准修改等。

1. 确定项目

主要确定是什么标准。

2. 调查研究

要调查与标准有关的设计、生产、使用、科研等各方面的意见和要求,摸清各方面现有生产技术水平,了解与该标准上下左右相关联的配套标准情况,还要掌握国内及国外同类标准的情况。

3. 试验验证

为了获得关键性的技术数据,使标准建立在科学的基础上,要对产品的一些重要指标与规定认真地进行科学试验和验证工作。

4. 起草标准

在调查研究和试验验证的基础上,对数据和情况进行分析和综合,确定标准的内容和水平,起草标准草案与该标准起草说明、征求各方面意见。

5. 审查定稿

征求意见后,对标准草案进一步修改。然后召开审查会,对修改稿进行充分讨论研究和审查、修改。最后定稿。

6. 审批发布

审查会通过的标准草案,经过起草单位进一步整理、修改后,按审批要求报送上级主管部门审批。

7. 出版发行

标准审批、发布后,由技术标准出版社出版,书店发行。

8. 全面准备

各单位和企业收到标准和贯彻该标准的文件以后,按贯彻标准的日期和其他要求进行全面的准备。主要包括思想准备、物质准备、技术准备。

9. 设计与工艺贯彻

首先是在设计和工艺的图纸中正确地贯彻新标准,只有先在设计图纸和技术文件、工艺规程等环节中采用新标准,生产过程中贯彻才有基础。

10. 标准化检查

通过标准化检查,保证设计、工艺的图样和技术文件中正确的贯彻标准。

11. 质量监督检验与认证制度

质量监督分为生产部门监督、用户监督、群众监督和国家监督。企业质量监督和检验部门按标准对产品质量进行检查,符合标准的产品是合格品,由检查部门发给产品合格证。或按有关规定发给优质产品标志,以及其他奖励办法。标准的实施要与认证制度相结合。有些国家采用认证制度,即由国家对达到国家标准的产品发给认证标志。取得认证标志的产品因为有了一定的荣誉会得到用户和消费者的信赖和欢迎。

12. 标准化效果的评定

标准贯彻以后,到一定时候要总结、计算由于实施标准所带来的技术效果和经济效果,以便最终评价和确定该标准的效果。

13. 标准的修改

标准的效果评定后,隔一定时期对落后于生产技术发展要求的标准要及时进行修订。标准修订是一个不断循环的过程。

6.2　组织机构信息资源管理的基础标准

对于组织机构的信息资源基础标准的建设,高复先教授提出了一套完整解决方案,建立了 5 套标准,即数据元素标准、信息分类编码标准、用户视图标准、概念数据库标准和逻辑数据库标准。

6.2.1　数据元素标准

数据元素(data element)是最小的不可再分的信息单位。可继续分解的信息(实体)不是元素。例:"学生状况",不是数据元素,可分解为学号、姓名等。大量的信息可由少量的数据元素构成。

为什么要建立数据元素标准?

无标准就不统一,例如:职工姓名、员工姓名、职员姓名等。

数据元素标准包括命名标准、标识标准和一致性标准。

6.2.2　信息分类编码标准

信息分类编码(information classifying and coding)是根据信息内容的属性或特征，将信息按一定的原则和方法进行区分和归类，并建立起一定的分类系统和排列顺序，之后对信息对象(编码对象)赋予一定规律性的、易于计算机和人识别与处理的符号。按照国际标准-国家标准-行业标准-企业标准的顺序原则，引用或建立企业的信息分类编码标准。

(1) 国家标准：身份证号、职称编码。

(2) 行业标准：生产统计项目编码。

(3) 企业标准：设备编码、客户编码。

将信息分类编码对象按稳定性划分为 A、B、C 三类，如表 6-1 所示。

表 6-1　信息分类编码对象的类别

类别	特　征	举　例	处　理　措　施
A	码表内容不稳定，在应用中经常扩充	身份证号、客户编码、职工编码	代码表寓于主题数据库之中，经常扩充
B	码表内容相对稳定，内容多，在应用中常被多个模块共享	国家行政区编码、职称编码、生产统计项目编码	分别设立单独的库表管理
C	稳定性高、码表短小、使用频率高	人的性别、文化程度、婚姻状况	所有 C 类编码对象设立一个库表

信息分类编码的标准化管理步骤如下：

(1) 识别所需要的信息分类编码；

(2) 归属为 A、B、C 三类；

(3) 对每一编码对象制定相应的编码规则；

(4) 编制代码。

例：班级编码：0205322。具体含义如下：

020——2000 年级

5——管理学院

3——本科

2——信息管理与信息系统专业

2——第 2 班

6.2.3　用户视图标准

用户视图(user view)是一些数据元素的集合，它反映了最终用户对数据实体的看法。用户视图是数据在系统外部（而不是内部）的样子，是系统的输入或输出的媒介或

手段。常见的用户视图种类有:

(1) 输入的表单;

(2) 打印的报表;

(3) 更新的屏幕数据格式;

(4) 查询的屏幕数据格式;

(5) 分类编码。

我们将用户视图分为三大类:"输入"大类代码为 1,"存储"大类代码为 2,"输出"大类代码为 3;四小类:"单证"小类代码为 1,"账册"小类代码为 2,"报表"小类代码为 3,"其他"(屏幕表单、电话记录等)小类代码为 4;为区别不同职能域的用户视图,需要在编码的最前面标记职能域的代码。该七位五层码 D XX X X XX X 简述图 6-5 所示。

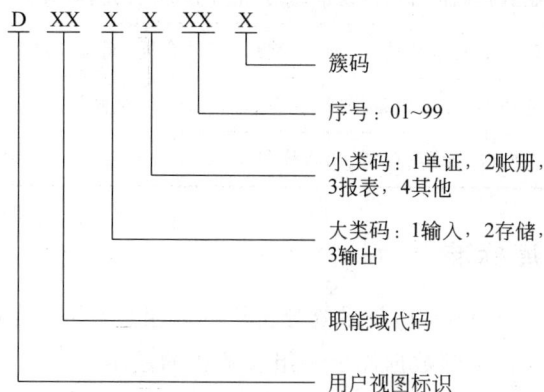

图 6-5　用户视图的分类编码

其中"簇码"是指同一视图规范化后形成的几个同簇表的编码。

用户视图编码例子:"月生产计划报表"编码为 D012304。

用户视图组成的规范化:按顺序描述数据元素和数据项。例如,零件加工计划视图如表 6-2 所示。

表 6-2　零件加工计划视图组成

序号	数据元素/项标识	数据元素/项名称
1	SJ	时间
2	LJBH	零件编号
3	LJMC	零件名称

6.2.4 概念数据库标准

概念数据库(conceptual database)是最终用户对数据存储的看法,是对用户信息需求的综合概括。简单地说,概念数据就是主题数据库的概要信息。概念数据库标准是指全组织所有主题数据库的界定——列出每一主题数据库的名称及其内容的描述。企业的概念数据库标准(如表 6-3 所示)是列出所有主题数据库的概要信息,一般为 20~50 个。

表 6-3 企业概念数据库标准

序号	数据库名称	数据库简介
1	组织机构	企业所有机构部门的统一编码,记存各部门的基本信息
2	职工信息	所有职工的自然情况、简历、奖惩、劳动合同、岗位合同等
3	设备信息	设备基本信息、设备组成、变更、运行、故障、维修计划等
4	库存信息	仓库构成、库容、存货、出入库等信息

6.2.5 逻辑数据库标准

逻辑数据库(logical database)是系统分析设计人员的观点,是对概念数据库的进一步分解和细化。一个逻辑主题数据库由一组规范化的基本表(base table)构成。基本表是按规范化的理论与方法建立起来的数据结构,一般要达到三范式(3-NF)。逻辑数据库标准是指全组织所有主题数据库分解出的基本表结构规范——按主题列出每组基本表,对每一基本表列出其主键和属性表。

企业的逻辑数据库标准指以基本表为基本单元,列出企业的全部逻辑数据库。"职工信息"的逻辑数据库标准如表 6-4 所示。

表 6-4 "职工信息"的逻辑数据库标准

职工自然状况(如职工编号、职工姓名、性别、出生日期、学历、职称)

职工信息——联系方式(如职工编号、职工姓名、电话、通信地址)

职工信息——简历(如职工编号、职工姓名、简历)

职工信息——奖惩(如职工编号、职工姓名、奖惩记录)

6.3　基于标准的信息资源管理工作

6.3.1　信息资源管理的基本思想

霍顿和马钱德等人是美国信息资源管理专家,是 IRM 理论奠基人、最有权威的研究者和实践者。他们关于 IRM 的论著很多,其主要观点有:

(1) 信息资源与人力、物力、财力和自然资源一样都是企业的主要资源。因此,应该像管理其他资源那样管理信息资源。IRM 是企业管理的必要环节,应该纳入企业管理的预算。

(2) IRM 包括数据资源管理和信息处理管理。前者强调对数据的控制,后者则关心企业管理人员在一定条件下如何获取和处理信息,且强调企业中信息资源的重要性。

(3) IRM 是企业管理的新职能,产生这种新职能的动因是信息与文件资料的激增,以及各级管理人员获取有序的信息和快速简便处理信息的迫切需要。

(4) IRM 的目标是通过增强企业处理动态和静态条件下内外信息需求的能力来提高管理的效益。IRM 追求 3E,即高效、实效、经济,三者之间关系密切,相互制约。

(5) IRM 的发展具有阶段性。到 20 世纪 90 年代,IRM 的发展大约可分为物质控制、自动化技术管理、信息资源管理和知识管理 4 个阶段。每个阶段的发展情况可用推动力量、战略目标、基本技术、管理方法、组织状态等因素进行比较。

6.3.2　数据字典的建立

数据字典(data dictionary,DD)是数据管理的重要工具,是有关数据的信息收集、维护和发布的机制。

"有关数据的信息"也称作元数据(meta data)。例如,"职工姓名"是职工张大光、李小惠等姓名的抽象,这些具体的姓名是业务数据,而抽象的"职工姓名"即为元数据。其实,与"职工姓名"相关的元数据还有"职工代码""出生日期""基本工资""住址"等;进而,信息系统中代表"职工姓名"的标识(字母字符串),它的数据类型、长度等信息也属于元数据。

企业所有的元数据可以存储在一个数据库之中,这个数据库就叫作元数据库(meta database)或中心元库(central repository)。

1. 数据字典的基本内容

大体上说,数据字典提供了关于数据元素、元素组(记录或片段)、记录组(文件或数据库组)信息的定义和使用机制,以及这些数据实体之间的联系。还可以定义其他一些对象,如输入格式、报表、屏幕界面、处理程序模块等。

但是,所有数据实体定义是建立在数据元素定义的基础之上的。图 6-6 数据处理系统的一个数据元素定义的实例。

```
元素名：US—POSTAL—STATE—CODE
创建者：应付款账户管理部门
编号：02 JULSl AT15：13
别名/同义词：
    COBOL：US—POSTAL—STATE—CODE
    IMS：STCODE
    分类：US STATE CODE
    POSTAL ST CD
    说明：美国邮政部门所使用的州名称标准缩写字母代码
    注意：这些代码是为确认供应商通信地址的所在州而使用的。该字母
代码应与工资系统中STATE-TABLE 的代码相一致。
    有效值：AK=Alaska
    AL=Alabama
    AZ=Arizona
    AR=Arkansas
    CA=Califomia
    CO=Colorado
    CT=Connecticut
    DE=Delaware
    DC=District of Columbia
    FL=Florida
    GA=Georgia
    HI=Hawaii
    …
    VI=Virgin Islands
格式：2 位大写字母
```

图 6-6   数据字典内容实例

(资料译自：William Durell. Data Administration：

A Practical Guide to Successful Data Management,1985：2)

在企业信息系统开发的不同阶段,对数据元素在数据字典中描述的详略程度是不同的。在总体规划阶段,只需要界定数据元素的标识和名称,我们称作概念数据字典;在系统设计阶段,要界定数据元素的数据类型、长度等,我们称作逻辑数据字典;在系统建造实现阶段,要说明数据元素在具体应用系统内是什么样的以及如何被使用的(如图 6-6 中所列出的),我们称作物理数据字典。

2. 通过数据字典进行数据管理

数据管理的整个目标是规划、管理和控制全企业的信息资源。数据管理的任务是通过使用数据字典和设计良好的数据结构来集中管理全企业范围的信息资源。

为便于解释数据管理的概念,让我们讨论某些为了数据管理的性质和目的而提出的

最一般的问题。

问题一：我们已经有了数据字典,为什么还需要数据管理?

对于如图 6-6 所描述的信息的所有数据元素,应该考虑到时间和经费的投入。如果没有适当的规划与协调,恐怕得不到多少投资回报。

数据管理的目标是在数据字典建成之前回答这些以及更多的问题。一个企业能做到这些,就能确信它的数据字典的建立与实现将是有意义的,收益是大于成本的。

问题二：我们已经有了数据库管理员,为什么还需要数据管理员?

通常,数据库管理员(data-base administrator,DBA)仅仅负责物理数据库(physical database)的设计、实现、安全性和维护工作。数据管理员(data administrator,DA)的职责,在于确定每个数据库的内容和范围。数据管理首先建立数据库的逻辑模型(logical model),随后再由 DBA 来实现。这类似于系统分析员和系统设计员之间的区别。尽管在数据管理之前,DBA 就可以设计单个的逻辑的和物理的数据库,而数据管理则应该致力于规划和协调整个组织的所有数据库的建设。

表 6-5 说明了数据管理和 DBA 职责上的区别。

表 6-5　数据管理员和数据库管理员的职责区别

比较项目	数据管理员(DA)	数据库管理员(DBA)
主要职责	管理上	技术上
范围	所有数据库	特定数据库
数据设计	逻辑的	物理的
主要联系人	管理人员	程序员,系统分析员
关注问题	长期数据规划	更关心短期数据库的开发和使用
主要倾向	元数据 数据字典 数据分析 DBMS 无关性	数据 数据库 数据设计 特定的 DBMS

注：DBMS 是"数据库管理系统"的英文缩写。

问题三：程序员和分析员一直在进行数据管理,为什么还要进行数据管理?

分析员和程序员所管理的,仅仅是在他个人控制下的系统和程序中的那些数据结构,这种分散的管理已经导致程序与系统中的冗余数据和不一致数据的激增。

随着企业计算机应用的发展,用户需要的是综合的数据处理系统,他们的数据分布在许多应用之中,甚至遍布整个组织。例如,现在人事部门希望存取的数据,正是以前工资部门的专用性数据。同样,工资部门会需要与人事部门相关的职工个人信息。这就需要进行协调和规划,只有采用自顶向下的方法,才能做到这一点。在这项工作中,数据管理员必须是领头者。

数据字典的建立和使用,会加强企业各部门之间关于数据和系统知识的沟通。数据字典的另一作用是作为一个术语汇编。在许多方面,数据字典类似于大词典,包含公司所使用的术语词汇。如果说大词典对于准确的语言交流是必不可少的,那么数据字典对于企业内信息资源的了解和相互沟通同样也是十分重要的。作为各种术语的词汇表,数据字典对于数据处理和用户部门的新来职员也是非常有价值的培训工具。

3. 数据字典的设置

当要完成一项企业内的数据管理职能时,数据管理员必然提出这样的问题:为支持该公司需要的信息资源管理,应该建立几个数据字典?对于仅在一个地点的小公司来说,这个问题的答案是显然的。但是,对于具有若干子公司的跨国公司来说,所建立的数据字典的个数取决于该公司各个领域所使用的公用数据的情况。比如,哪些数据元素或对象类是该公司不同领域所共用的、国内和国外公司全体所共用的、制造部门和人事部门所共享的?

数据字典系统的用户可分为两类:一类为系统用户,即数据处理部门的系统开发、维护人员;另一类为最终用户,即信息系统的使用人员。一个公司可能有几个分散在很大的地理区域的分部,但是该公司所有的信息资源应该由一个中心数据字典来管理。整个中心数据字典或其中一些部分可以下载装入或传输到几个远处地点,形成分布式数据字典。这就为大批的远处地点的数据字典用户提供了元数据和各种数据定义。但是,最终用户所做的任何更新或修改,应该与数据管理部门沟通。整个的物理数据字典能满足几个同时进行的应用开发项目的需要。尽管这几个项目各有自己的逻辑数据字典,但它们都包含在同一的整体物理数据字典之中。

6.3.3　数据管理工作

按企业计算机化发展的"诺兰模型",处于起步和扩展阶段的企业不抓数据管理工作,因而没有数据管理部门;处于控制阶段的企业开始注意到数据管理工作,一般由别的部门代管数据管理工作;到了集成阶段和数据管理阶段,则必须设立专门的数据管理部门来抓数据管理工作;当然,"数据管理部门"未必需要新设的科、处建制,可以是在信息中心或企管部门中设立的一个专门工作组。

相对来说,由于数据管理是数据处理领域内较新的科目,因此,一般单位在数据管理的任务或方向上都缺乏规划,在为什么需要数据字典来支持数据管理工作方面也存在着误解,正因为如此,一些单位可能对数据管理的投资估计过低,或者对数据管理的作用寄予不合理的过高期望。像其他任何数据处理项目一样,数据管理项目在进行具体工作之前,也要进行估计并提出预算,向主管部门提出数据管理活动的实现目标和时间进度。虽然我们不能精确地算出数据管理活动的有形效益,但重要的是,我们可以用资料来证明其间接的或无形的效益。我们可以为每一项效益赋以一个相对的权数(重要性系数),再按项目汇总这些单个的无形效益,经比较就可看出各个项目整体效益的大小了。

数据管理的各种有关工作范围见表 6-6。这些工作是按其范围从上到下排列的,也考虑到了对企业管理方面的影响。要想最大地获得较底层工作的效益,就必须从上到下地完成这些工作。例如,要想尽量减少冗余并最大限度地发挥物理数据库的效用,就必须首先尽可能地做好主题数据库的规划,并制定出实现的进度计划。没有数据管理工作的从上到下的实现,要想从任何一项工作中获得效益都会非常困难。

表 6-6　数据管理的有关范围

数据管理工作	工 作 范 围	影 响 范 围
企业数据模型建立 　定义实体类 　定义主题数据库 　制定数据库实现计划	所有系统 所有数据结构	高层管理部门
数据结构设计 　逻辑数据库设计 　其他数据结构设计 　建议/辅助/批准数据结构设计	一个或多个系统 数据库(多个) 数据存储(多个)	数据处理 数据库管理
数据实体设计 　数据实体命名 　定义数据实体 　建立数据实体联系	个别程序(多个) 数据组(多个) 实体(多个)	程序员 系统分析员

1. 数据管理部门的职责

在企业计算机化发展的集成阶段和数据管理阶段,不论是专门数据管理部门,还是设立的数据管理工作组,都要担负起以下的数据管理工作。

1) 集中控制和管理数据定义

数据管理部门应该控制所有系统开发人员和维护人员所使用的数据定义。全部应用程序和数据库管理系统所使用的数据定义的增加、修改和删除,都要由数据管理部门来管理。这种管理,还包括数据定义的安全性、备份、恢复和所有修改的跟踪检查。

2) 控制元数据变化

数据管理部门对所有元数据和数据定义的变化,都要规定正规的文档和批准手续。在采取这种控制措施后,任何未经批准的对数据字典或数据定义的改动都不能进行。他们还要负责研究任何这种修改所带来的影响。通过这项工作,数据管理部门可以通知可能受到影响的人员,告诉他们数据定义格式或数据结构即将发生的变化。这样,可使数据格式与这些数据的程序之间的矛盾减至最少。

3) 支持数据设计专业人员的工作

逻辑数据库设计是一项专门化的工作,需要专业人员来做。数据分析员的主要职责是完成逻辑数据结构设计,或者向其他与数据结构设计有关的数据处理人员提供培训、建议和帮助,这些数据结构包括参数表(parameter tables)、数据文件(data files)、数据库(database)、记录(records)和片段(segments)。数据管理部门要完全支持这些工作。数据管理人员的有关逻辑数据设计知识的规范化技术,是一个企业的宝贵资源。

4) 协调数据使用

数据库分析员、应用开发程序员或系统分析员,都要对个别数据结构的设计和/或维护负责任。但是,数据管理人员通常还要负责包括在较高层次上的数据规划与设计,这是一种更高层的数据观点,一般要看到多项应用或多个数据库,而且有时要看到整个组织的数据资源。数据管理部门要为部门之间,应用项目或各个数据库范围内信息的有效协调和共享提供必要的知识,这就会使整个组织中的数据冗余最小,从而增加数据的共享程度。

对整个组织数据使用的协调,是一项要求越来越高的工作。当应用开发部门能设计出单项应用、"独立的"系统时,最终用户会逐年获得更多的数据处理经验和知识。这样,就要求数据处理部门能提供更多和更完善的信息。没有数据管理部门来自全局观点的倡导和支持,应用开发人员绝不可能完成数据的协调使用。

数据处理服务需求日益增长,但能提供的专业的数据处理人员却是有限的,这就要求把越来越多的传统的数据处理责任转交给最终用户。最终用户不仅存取自己的数据,还要存取关于这些数据资源的信息(或元数据)。在有效地利用这种信息之前,最终用户必须了解这种数据的格式和特征,以及要检查数据的多方面联系的性质。例如:如果人事部门要有效地使用整个工资数据库中的数据,那么人事部门必须得到有关这个数据库的元数据信息。这些信息可包括在下述问题的回答中:

(1) 这些工资数据库的数据现状如何?

(2) 由谁更新的?

(3) 这种数据与人事系统中的职工数据库的关系或一致性怎样?

(4) 这些数据的保密级别是怎样规定的? 哪些信息允许人事部门存取和/或更新?

(5) 在职工记录中这些数据的格式是什么样?

(6) 与一个职工有关的记录类型有多少种?

(7) 这个库表的数据排列顺序是什么? 是按职工号顺序、社会保险号顺序还是所在科室或部门顺序?

(8) 一个特定的职工数据如何检索? 是按职工社会保险号、工资单号还是职工号?

这些关于数据的信息(或元数据)是由数据管理人员来完成编辑和维护的。数据管理的最重要的受益之一,就是与全体用户来共享这些元数据。

2. 数据管理人员职务说明

要使数据管理工作卓有成效,数据管理部门必须成功地选拔、培训和组织好数据管理工作人员。重要的是,数据管理部门要认真地编写出数据管理岗位的职务说明文件。每个职务说明应包含下述内容:资格,包括该职务在教育、训练和经历方面必须具备的条件;职责,包括该职务的任务和责任的详细说明。职务说明文件将具有下述作用:

(1) 帮助数据管理部门选拔最能胜任工作的候选人。如果不能准确地规定完成数据管理任务需要哪些技术,选拔工作就不会得到好的结果。

(2) 提供有关人员需要培训的信息。如果一个员工需要专门的培训,该文件可用来说明培训开支的合理性。

(3) 为员工的工作评价提供考核标准。以文件形式规定对员工的管理要求,有利于建立公正合理性。

(4) 为企业提供员工的职责保证。重要的是,文件要写清楚要求数据管理人员的工作结果是什么。

(5) 有助于企业数据管理工作责任制度的建立。每个数据管理人员的责任都写在文件里,就能全面地了解数据管理工作应该完成的任务,加强管理。

着手数据管理人员招聘,较好的方法是制定适当的任务说明文件。最常见的三类数据管理职务——数据管理员、数据分析员和数据库管理员的职务说明见表 6-7。

表 6-7 数据管理职务责任矩阵

工 作 任 务	数据管理员	数据分析员	数据库管理员
数据资源规划	P	R	
培训	P	A	
建立数据管理标准和规程	P	A	R
逻辑数据库设计	R,A	P	
数据结构设计	R	P,A	
调查和命名数据实体		A,R	P
数据字典维护		A,R	P
数据定义维护		A,R	P

注:R 表示复查;P 表示完成;A 表示帮助。

1) 数据管理员资格

教育：数据处理或有关领域学士学位程度。

经历：5～10 年的数据处理经验；3～5 年的管理职责，必须具有 1～2 年的数据管理和数据字典的经验，最好是这方面的管理工作经验；具有在数据库环境下的应用开发与系统维护的经验；具有结构化分析、设计和编程的经验；必须擅长口头和书面交流。

责任：负责整个支持企业目标的信息资源的规划、控制和管理；协调数据库和其他数据结构的开发，使数据存储的冗余最小而具有最大的相容性；负责实现和维护为支持这些目标的数据字典，必须审批所有对数据字典所做的修改；负责监督数据管理部门中的所有职员的工作。

知识：系统生命周期方法论的概念；结构化分析与设计原理，高级程序语言，逻辑数据库设计规范化方法；高效率、一致性使用数据的原则，数据字典的功能和局限；大型项目规划与估算；规范化和自动化文档编制方法。

能力：提出关于有效使用数据资源的整治建议；向主管部门提出不同的数据结构设计的优缺点忠告；监督其他人员进行逻辑数据结构设计和数据管理。

人际关系：善于同高层管理人员研究信息资源的短期和长期规划；在数据结构的开发、文档和维护工作中，同项目负责人、数据处理管理人员和数据库管理人员一起工作；同最终用户一起工作，提供有关数据资源的信息。

2) 数据分析员资格

教育：数据处理或有关领域学士学位程度。

经历：2～5 年的数据处理经验；必须具有 1～2 年的数据管理和使用数据字典的经验；具有在数据库环境中进行应用开发的经验。

责任：必须说明并编写最终用户的信息需求资料；必须能够用规范化方法设计出满足最终用户需求的逻辑数据库模型；必须为程序员和系统分析员在结构设计中提供帮助和建议；必须检查这些结构，保证符合数据管理标准；帮助准备和进行对数据处理和用户人员的数据管理培训工作；帮助维护数据字典，为数据存储管理员提供所需要的帮助。

知识：高级程序语言；使用规范化方法建立逻辑数据库模型；使用数据的一致性和有效性原则；数据字典的结构和功能。

人际关系：同数据库分析员、系统分析员和最终用户一起来检查逻辑数据库的设计；同系统分析员和程序员研究数据的设计和使用，在数据字典的使用方面，对用户和数据处理人员进行培训。

3) 数据库管理员资格

教育：数据处理专科毕业或同等学历。

经历：1～2 年的数据处理经验；一年程序设计经验。

责任：负责数据元素的命名和定义研究；必须检查输入数据字典数据的质量，编辑这些数据,使之符合数据管理的标准;负责更新和发布数据管理标准、策略和规程,负责数据字典录入;协调和沟通对数据字典和数据结构所做的变更,负责生成和发布数据字典报告;负责从数据字典中生成数据库和应用程序所用的数据定义。

知识:高级程序语言;数据字典的输入和输出命令;对数据字典和数据定义变化做好记录和整理文档的规范化手续。

人际关系;同数据分析员一起对数据字典和规范化过程进行修改;同系统分析员和程序员协调修改数据字典;为数据字典用户提供帮助。

3. 面向数据开发的方法与数据管理

数据管理工作开展起来的企业会对传统的过程驱动(process driven)的系统生命周期方法有很大的冲击。数据管理标准、策略和规程的实施,既可能改变传统的系统开发阶段的划分,也可能改变有关活动的顺序。这种冲击的重要意义,取决于从面向处理(process oriented)的方法上升到面向数据(data oriented)的方法所付出的艰苦努力。这种变化的扩大,还取决于企业内制定的数据管理标准的多少和种类。

这里不是介绍实现数据驱动(data driven)的设计方法的具体步骤,而是要讨论数据管理与系统生命周期方法的结合问题。

数据管理部门应该尽量减少数据标准的执行对完成开发项目进度的影响。我们的目标是改进系统中所使用的数据的设计,又不影响系统开发本身的进度。重要的是,尽早地发现违反标准的问题,使必须更正违反标准的重新设计工作减至最少。要做到这一点,就必须在数据处理系统开发过程中设置一些数据管理检查点。若数据管理标准是有效的,标准的执行或违反情况都应得到检查,一旦出来违反情况,必须能尽快地发现。如果在违反数据管理标准的情况出来后还不能尽快地发现并加以纠正,那么这些标准的实施将是十分困难或是不可能的。违反标准的情况发现得愈早,对项目完成进度的影响就愈小;对系统交付日期的影响愈小,更正违反标准的管理工作所获得的支持就愈大。

数据管理员编制系统开发期间的数据管理文档资料是非常重要的,开发人员必须知道他们的要求是什么,何时应得到这些文档资料。表 6-8 是项目开发生命周期对数据管理活动及文档资料的建议。

表 6-8　数据管理文档及活动建议

开发阶段	数据管理活动	数据管理文档
可行性研究	定义包括在本项目范围内的实体类。识别由这些实体类组成的主题数据库。画出这些主题数据库与其他子系统的数据结构之间的联系图。定义本项目内外的数据流和数据存储——新系统的数据边界	列出并描述实体类和主题数据库。画出本项目的整个数据体系结构图

续表

开发阶段	数据管理活动	数据管理文档
初步设计	定义所有的用户视图。在数据字典中定义包含在这些用户视图里的所有非冗余的数据元素	所有数据元素名称、属性、规划和意义说明的数据字典
初步设计结束	定义所有预计的用户视图。识别每一用户视图内的所有数据元素之间的联系。规范化每一用户视图,并将每一用户视图集成到逻辑数据库设计之中	批准的数据字典,批准的逻辑数据库设计
详细设计	从逻辑数据库模型研制出物理数据库。核实物理数据库设计是否满足用户视图的要求。定义所有系统数据结构中的所有数据元素组(片断、记录、文件、表)	包含整个系统所有物理数据流和数据存储的数据字典
详细设计结束	从数据字典中生成所有用于程序设计阶段的数据定义。生成所有由 DBMS 使用的数据语言定义	数据字典生成的程序语言数据定义和数据语言定义
程序设计	通过数据字典对程序语言数据定义作必要的调整。通读程序以确保:①所有的程序数据定义都来自数据字典;②程序员所使用的数据是有效的和一致的;③数据操作和变换符合数据管理标准和程序设计标准	定稿的程序语言数据定义部分。程序通过的批准

（资料译自：William Durell. Data Adminstration：A Practical Guide to Successful Data Management，1985：118—119.）

4. 数据管理工作目标和要点

　　数据管理人员与数据处理系统开发人员所追求的目标是不一样的。尽管数据处理人员是数据管理部门提供服务的最重要的用户和受益者,但由于应用开发项目一般受投资和时间的限制,只要项目能按时、按预算完成,而且质量还算可以,该项目就将被鉴定为成功,而参加人员和项目也会得到相应的评价。像这样的应用开发的目标和任务,实际上是短期的,而数据管理的目标却是长期的。数据管理目标是使信息资源的投资回报率达到最大,使数据的重复或冗余达到最小,对整个数据的生存期,不论是上哪个应用项目,都要改进这种资源的管理、控制、提高数据的质量。表 6-9 说明了应用系统的开发目标和数据管理目标的区别。

　　应用开发目标和数据管理目标常常是完全相反的,其原因是数据管理部门持有"数据驱动"的观点,而系统开发部门则持有"处理驱动"或"应用驱动"的观点。

表 6-9　应用系统开发目标和数据管理目标

应用系统开发目标	数据管理目标
面向单项应用	独立于应用项目
短期	长期
根据一个项目的投资回报来衡量成功与否	根据所有应用的全部数据有效使用来衡量成功与否

　　如果数据管理不在传统的应用开发权限之内,那么它应该被放在何处? 企业的哪一部门能包含数据管理的目标和任务? 有两个方面的专职人员,他们的任务类似于数据管理的任务,这两个部门是质量保证(或质量管理)部门和内部审计部门。企业的质量管理部门能否负责对新系统的质量和精度在投产前进行验收? 因为数据管理要为数据质量的控制和数据结构的设计负责,数据管理会成为企业内质量保证部门的一个富有生命力的部分或分支。内部审计的目标实际上也类似于数据管理的目标。它们都涉及信息系统中所使用的数据的安全性、可靠性和一致性。因此,内部审计可以把数据管理部门看作有效使用信息资源的助手或分部。这就是前面所说的建立企业数据管理部门或在有关部门中设立数据管理专门工作组的道理。

　　总结企业数据管理的成败经验,通过表 6-10 列出起决定性作用的建议(要做)和易犯的错误(不要做)的各项内容。

表 6-10　企业数据管理工作成败的要点

活动	要　做	不　要　做
规划	规划短期和长期数据管理目标,如何开展数据字典的使用,支持企业目标的数据管理活动;使高层管理人员参与制定和复查这些规划	不要仓促或盲目地开始数据管理工作或使用数据字典;未经充分地规划不要开始任何数据管理项目
文档	制定数据管理图表和数据管理部门每一职务的职责;所有数据管理活动开始之前,要写出成本效益的估算;编写数据管理标准和规程;吸收主管部门和用户参加到这些文档的制定和复查工作中	不要以为别人都了解数据管理的目标或方针;不要以为主管部门了解数据管理的任务和局限性
自动化	使数据字典全部自动化;使冗余性及符合命名常规的检查工作自动化;使来自数据字典的软件生成自动化	不要使数据字典数据有任何多余;不要人工检查是否遵守数据管理标准;不要人工做数据定义编码

续表

活动	要　　做	不　要　做
需要	宣传、提倡数据管理和数据字典的好处；向数据处理人员和最终用户进行数据管理原理的教育培训；拿出一些时间通过宣传教育手段建立起能同数据管理人员接触的联系方式	不要命令或强制执行数据管理标准；不要发布有关数据管理策略和规程的命令或布告；不要期望立即完全符合新的标准
适应	要使标准和数据字典规程与当前环境紧密衔接；使数据管理标准与现有的应用开发规则和方法相结合	不要期望业务需求或公司的政策去适合你的数据管理规则；记住，搞不搞数据管理，公司都必须继续繁荣；在你能够支持应用需求之前，不一定要坚持严格的控制和完全符合标准
保证	得到高层管理部门的赞成和支持；你们自己和其他一些人要致力于成功地实现	不能用一小部分时间或无计划的方法来完成；不可低估成功地进行企业数据管理工作所需要的资源或时间的耗费

（资料译自：William Durell. Data Administration：A Practical Guide to Successful Data management，1985：174-175）

本章小结

本章从情景案例开始，以高校信息资源管理以及图书馆信息资源管理入手，介绍了信息资源标准化管理的重要性。没有管理标准容易造成信息的重复录入与数据不对称、管理复杂与系统维护、升级困难以及信息不能有效共享导致信息缺乏一致性等问题。之后，介绍信息资源标准化的定义、分级、原理、过程、组织机构信息资源管理的基础标准、信息资源管理的基本思想、数据字典的建立以及数据管理工作等内容。

课后思考题

1. 目前我国信息资源管理的标准分为哪几级？
2. 信息资源标准化管理的特性是什么？
3. 信息共享的途径有哪些？信息共享涉及的关键技术是什么？
4. 开放系统互联的含义是什么？
5. 一个组织机构应该建立哪些信息资源标准？目的是什么？内容是什么？

第7章

信息资源规划

本章要点

　　信息资源与人力、物力、财力和自然资源一样,都是企业的重要资源,因此,应该像管理其他资源那样管理信息资源。信息资源管理的目的是通过企业内外信息流的畅通和信息资源的有效利用,来提高企业的效益和竞争力。显然,企业信息资源开发利用的前提是信息资源规划。信息资源规划不仅可以帮助理清并规范表达用户需求,落实应用主导,还可以整合信息资源,消除信息孤岛,实现应用系统集成。本章主要介绍信息资源规划的技术方法,共分3节讲述,第1节为"信息资源规划概述",主要介绍信息资源规划的概念、要点、意义和方法。第2节和第3节介绍信息资源规划的重要步骤:需求分析和系统建模。第2节为"需求分析",详细介绍业务需求分析、数据需求分析的概念、方法和实现过程。第3节为"系统建模",详细介绍功能建模、数据建模、系统体系结构建模的概念、方法和实现过程。

【情景案例】

信息系统建设的十大问题

　　《计算机世界》杂志曾对我国企业信息化建设情况进行调研,并据此总结出我国企业信息系统建设的经验总结和问题分析,并撰写了特稿"应用的反思——信息系统建设十大问题"。文章中列出的十大问题分别是:

　　(1) 信息化建设找不到重心;

　　(2) 谁来领导信息化建设;

　　(3) 连企业自己都没搞清需求;

　　(4) 产品宣传误导用户;

　　(5) 工程质量没有人保证;

　　(6) 服务变了味;

　　(7) 没把数据当回事;

　　(8) 老系统将走向何方;

　　(9) 人才培养被忽视;

　　(10) 信息孤岛整合困难。

　　由此可见,企业信息化需求的分析和确定是信息化建设的关键一步,也是整个信息化工作的起始步骤。怎样才能弄清楚企业的需求呢? 第一,需要有统一的"语言",掌握有关标准、规范;第二,要有正规的调研方法,掌握已有资料和新资料;第三,需要用户代表、部门负责人、业务领导系统分析员等共同参与。

　　资料来源:程鸿,罗赛军.应用的反思——信息系统建设十大问题,计算机世界,2008 新年特稿

课前思考:

不要看教材,思考如下问题:

1. 信息资源规划的需求分析需要考虑哪些问题?
2. 如何才能从根本上消除企业的信息孤岛?

7.1 信息资源规划概述

7.1.1 信息资源规划的概念

　　信息资源规划(information resource planning,IRP)是指对企业生产经营所需要的信息,从采集、处理、传输到使用的全面规划。在企业的生产经营活动中,会有大量信息的产生、流动和使用。要使每个部门内部、部门之间、部门与外部单位间频繁、复杂的信息流畅通,充分发挥信息资源的作用,不进行统一的、全面的规划是不可能的。

　　美国信息资源管理学家霍顿(F. W. Horton)和马钱德(D. A. Marchand)等在 20 世纪80 年代初指出:信息资源(information resources)与人力、物力、财力和自然资源一样,都是企业的重要资源,因此,应该像管理其他资源那样管理信息资源;信息资源管理的目的是通过企业内外信息流的畅通和信息资源的有效利用,来提高企业的效益和竞争力。而企业信息资源开发利用的前提工作是信息资源规划。

7.1.2 信息资源规划的要点

　　从理论和技术方法创新的角度来看,信息资源规划的要点有以下几个:

　　(1) 在总体数据规划过程中建立信息资源管理基础标准,从而落实企业数据环境的建设或改造工作。

　　(2) 工程化的信息资源规划实施方案,在需求分析和系统建模两个阶段的规划过程中执行有关标准规范。

（3）简化需求分析和系统建模方法，确保其科学性和成果的实用性。

（4）组织业务骨干和系统分析员紧密合作，按周制定工作进度规划，确保按期完成规划任务。

（5）全面利用软件工具支持信息资源规划工作，将标准规范编写到软件工具之中，软件工具就会引导规划人员执行标准规范，形成以规划元库（planning repository，PR）为核心的计算机化文档，确保与后续开发工作的无缝衔接。

7.1.3 信息资源规划的意义

信息资源规划是企业发展规划的延伸，管理创新的落实，属于中观规划。信息资源规划与企业发展战略规划和企业信息化总体规划的关系见图 7-1。

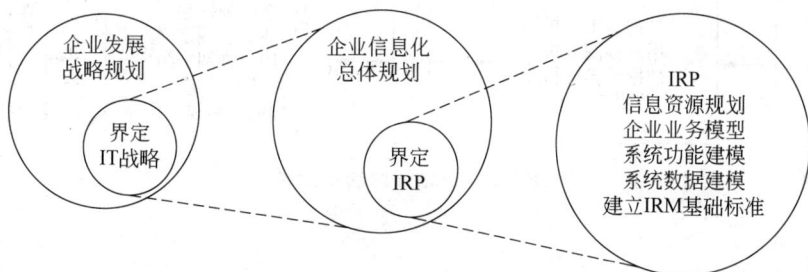

图 7-1 信息资源规划关系图

信息资源规划的主要作用有以下几方面：

（1）帮助理清并规范表达用户需求，落实"应用主导"。贯彻信息化建设的"应用主导"方针，前提是要摸准用户需求。只有正规的信息资源规划，才能通过分析和建模真正反映用户的需求。

（2）整合信息资源，消除"信息孤岛"，实现应用系统集成。"信息孤岛"产生的技术原因，是缺乏信息资源管理基础标准；信息资源规划过程就是开始建立数据标准的过程，从而为整合信息资源，实现应用系统集成奠定坚实的基础。

（3）指导 SCM、ERP、CRM 等应用软件的选型并保证成功实施。企业通过信息资源规划"建立两种模型和一套标准"，就有了应用软件选型与实施的主动权；否则，虽然经过管理咨询、多方考察和论证，由于自己心中无数，容易犯削足适履错误。

7.1.4 信息资源规划的工程化方法

在信息工程方法论中，信息资源规划的实施步骤可分为需求分析和系统建模两个阶段，详见图 7-2。

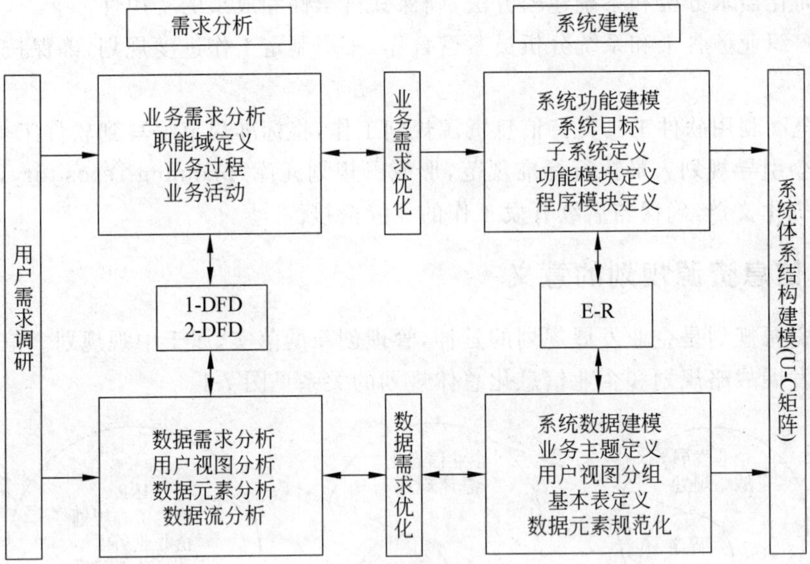

图 7-2　信息资源规划步骤

7.2　需求分析

　　需求分析是在对用户需求进行调研的基础上,进行业务需求分析和数据需求分析。信息资源规划的需求分析与一般的软件项目的需求分析是不同的,它的主要特点有:第一,它是一种全局分析,对整个企业、企业的大部分或主要部分进行分析;第二,需要组建"联合需求分析小组",要求业务人员、技术人员、高层管理人员一起参与需求分析工作,而且业务人员起到主导的作用;第三,需要建立全局的数据标准,提前做好数据集成的基础准备工作。

7.2.1　业务需求分析

　　在信息工程方法论中,业务需求分析是指系统、本质和概括地把握企业的功能结构,可以采用"职能域-业务过程-业务活动"三层次结构来表达,从而构建企业的业务模型。

　　业务模型应体现企业关键成功因素。在大多数企业中,都存在着少数几个对企业的成功和竞争力至关重要的因素,要想获得成功,涉及这些关键因素的任务必须完成好。不同的行业有不同的成功关键因素,例如对于汽车制造业,节油、款式、销售组织、控制成本可能是成功的关键;而对于软件公司,产品创新、销售、用户资料、服务、产品的多用途是成功的要点。在建立企业业务模型时,要反映涉及企业关键成功因素的业务活动。

建立业务模型由以下三个步骤组成。

第一步：识别定义职能域,建立职能域模型。

第二步：识别定义每个职能域的业务过程。

第三步：识别定义业务活动。

1. 定义职能域

职能域是指一个企业或组织中的一些主要业务活动领域。例如,一个综合性大学最主要的业务包括科研、师资、教学、学生四大主体,同时配套实验室、设备、房产、财务以及审计监督在内的财务与资产活动,还建有学术支撑、后勤保障、校园环境、安全保卫以及档案管理在内的支撑保障体系,并提供教学与培训、科研与咨询、校友联络等社会服务。可以将这些业务划分为 12 个职能域,详见图 7-3。

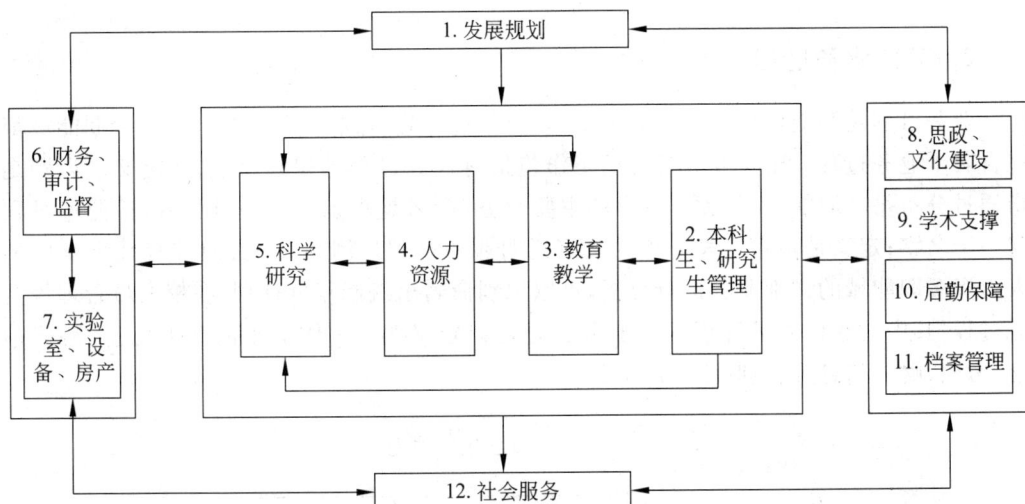

图 7-3　某大学的职能域

职能域是企业功能划分的抽象,与企业组织机构中的部门不是一一对应的关系。例如,综合性大学中人力资源是一个职能域,但其工作涉及保卫部、组织部、人事处、离退休处、国际合作处等多个职能处室,详见图 7-4。

划分定义职能域时,必须讨论清楚以下问题：

(1) 企业的长期目标是什么?

(2) 预计会发生或可能发生什么样的变化?

(3) 所定义的职能域是否包括了这些目标和将来变化?

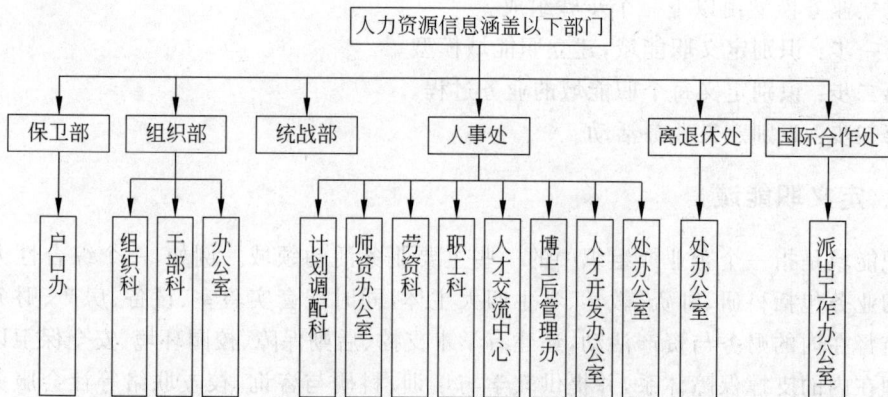

图 7-4　人力资源业务覆盖范围

2. 定义业务过程

业务过程是职能域中的主要业务工作,业务过程是组成职能域的步骤,每个职能域都包含若干业务过程。定义业务过程的工作包括对业务过程的识别、命名和定义。识别是指通过分析每个职能域,找到其各自的主要业务;命名是指识别业务过程后,给业务过程起一个名字;定义是指用一段简单的文字说明业务过程。例如:通过对综合性大学中的人力资源职能域的详细业务进行分析,可以识别命名出编制年度计划、在校人员管理等业务过程,其中对在校人员管理这一业务过程可以定义为:全体员工的基本信息、科研信息、考核、财务信息等管理(详见图 7-5)。

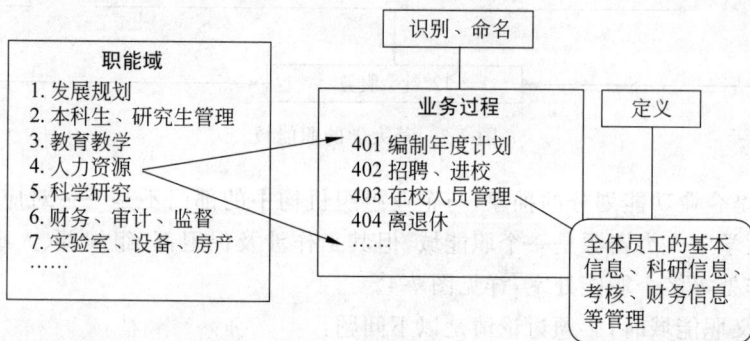

图 7-5　综合性大学业务过程定义

同职能域一样,业务过程的确定也应独立于当前的组织机构。企业的职能域和业务过程具有稳定性,而组织机构的变动性较大。业务过程的确定可以对照组织中各部门负责人的职责来考虑。因为业务过程与企业中各级主管的职责紧密相关,通过建立表 7-1

有助于找到企业的所有业务过程。

表 7-1　某综合性大学的部分业务过程与机构负责人关系表

机构负责人	教育教学			科学研究			人力资源		
	编制教学计划	教学任务下达	教学考核	编制科研计划	科研任务下达	科研考核	编制年度计划	招聘进校	在校人员管理
科研处长				*	*	*	×		/
教务处长	*	*	*				×		/
人事处长							*	*	*

　　* ——负主要责任；× ——主要参加者；/ ——部分参考者。

3．业务活动分析

　　每个业务过程都包含一定数量的业务活动。业务活动是企业功能分解后最基本、不可再分解的最小功能单元。对业务活动的命名通常是采取动词＋名词的形式。一般而言，一个业务过程含有 5～30 个业务活动。

　　例如：综合性大学中的人力资源职能域的"在校人员管理"业务过程，可以定义出建立档案、员工调动、信息查询、统计分析等业务活动，详见图 7-6。

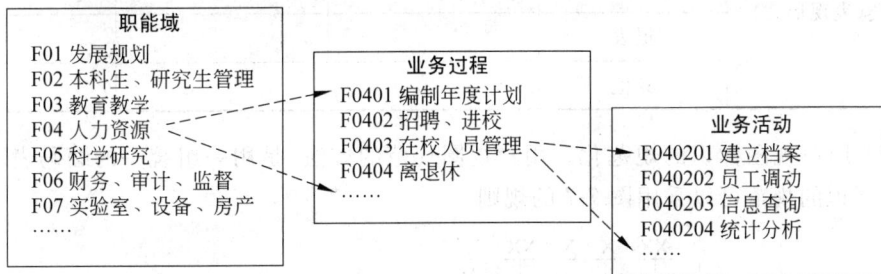

图 7-6　综合性大学业务活动定义

7.2.2　数据需求分析

　　在信息工程方法论中，数据需求分析是指对企业管理所需的信息进行深入的调查，建立数据模型。具体工作包括用户视图分析、数据元素分析和数据流分析。

1．用户视图分析

　　用户视图（user view）是用户所能见到的数据或信息的表现形式。用户视图是一些数据的集合，它反映最终用户对数据实体的看法，包括单证、报表、账册和屏幕格式等。用户视图是数据在系统外部(而不是内部)的样子,是系统的输入或输出的媒介或手段。常用的用户视图有纸面的(如单证、报表等)和电子的(如屏幕格式、表单等)。用户视图分析的目的是将用户视图规范化,建立稳定的数据模型。

用户视图分析,主要包括两大部分工作:用户视图的定义与规范化和数据结构的规范化。

1) 用户视图的定义与规范化

用户视图的定义与规范化工作主要包括用户视图的分类与登记、用户视图标识的规范化、用户视图名称的规范化、用户视图组成的规范化四部分。

(1) 用户视图的分类与登记。企业管理中采用了各种各样的单证、报表和账册,为了整理这些用户视图,有必要按类别对用户视图进行登记。用户视图可分为三大类:输入大类、存储大类、输出大类。每一大类可分为 4 小类:单证类、账册类、报表类、其他类。整理企业的用户视图时,可以按照表 7-2 的格式将所用用户视图分类进行登记。

表 7-2   用户视图分类与登记

项 目		三大类(从信息活动角度)		
		输入	存储	输出
四小类(表现形式)	单证			
	账册			
	报表			
	其他			

(2) 用户视图标识的规范化。用户视图规范的方法,是用一组统一的编码表示用户视图。标识的规范可以采用图 7-7 的规则。

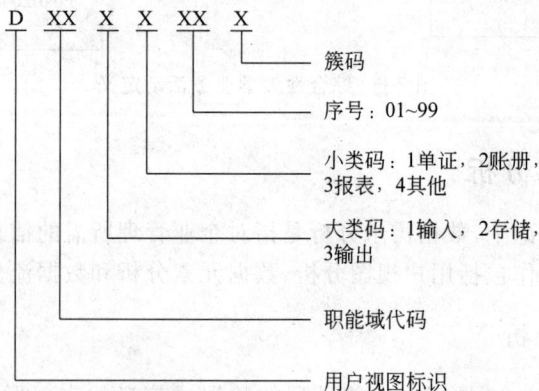

D XX X X XX X

- 簇码
- 序号:01~99
- 小类码:1单证,2账册,3报表,4其他
- 大类码:1输入,2存储,3输出
- 职能域代码
- 用户视图标识

图 7-7   用户视图标识规范

（3）用户视图名称的规范化。用户视图名称规范化的方法，是用统一的短语表示用户视图的意义和用途。例如 D042304 员工基本信息报表，D042304A 员工基本信息报表详情。

（4）用户视图组成的规范化。对每一用户的数据项逐一进行登记，就得到用户视图的组成。用户视图组成的数据项应是数据元素，不是复合数据项。例如，对员工基本信息报表可以采取表 7-3 的方式逐一定义其包含的数据项。

表 7-3　用户视图的组成

序号	数据项名称	数据项定义
01	RZNY	入职年月
02	XYBM	学院编号
03	YGBM	员工编号
04	YGXM	员工姓名
05	ZC	职称
...	...	......

2）数据结构的规范化

对用户视图中的数据项之间的关系进行分析，发现数据项在插入、删除和冗余等方面的问题，为解决这些问题而重新组织数据结构。数据结构的规范化通常要求数据项之间满足关系数据库的第一范式、第二范式和第三范式规则。

第一范式：指在关系模型中，每个数据项都不可再分，则该关系属于第一范式，简记为 1NF。

第二范式：若关系 R 属于 1NF，而且每个非主属性完全依赖于关键字（即消除了部分依赖），则 R 属于 2NF。

第三范式：若关系 R 满足 2NF，而且不存在非主属性对关键字的传递依赖，则 R 属于 3NF。

一个低一级范式的关系转化为若干高一级范式的关系的集合，这种过程就叫规范化。数据结构的规范化需要将不能满足第三范式的数据项结构规范为符合第三范式。

例 1：某大学的"毕业学生情况表"的结构如表 7-4 所示。

表 7-4　毕业学生情况

届别：　　　　　　　　　　专业：　　　　　　　　　　班级：

学号	姓名	基本情况		课程		
		性别	政治面貌	数学	经济学	管理学
001	张三	男	共青团员	90	89	96

　　这个数据结构的问题是：数据项"基本情况"和"课程"是复合数据项，可以再分，因此该数据结构不符合第一范式。为了消除复合数据项，就需要重新组织成如表 7-5 至表 7-11 所示的结构。

表 7-5　重新组织的数据结构表

序号	编号	名称
1	D03020301	毕业生情况表
2	D03020301A	毕业生情况表——专业表
3	D03020301B	毕业生情况表——班级表
4	D03020301C	毕业生情况表——基本情况
5	D03020301D	毕业生情况表——课程编号
6	D03020301E	毕业生情况表——课程成绩

表 7-6　D03020301，毕业生情况表

表号	届别	专业号	班号

表 7-7　D03020301A，毕业生情况表——专业表

专业号	专业名

表 7-8　D03020301B，毕业生情况表——班级表

班号	专业名称

表 7-9　D03020301C，毕业生情况表——基本情况

学号	姓名	性别	政治面貌	班号

表 7-10　D03020301D，毕业生情况表——课程编号

课程号	课程名
001	英语
002	数学

表 7-11　D03020301E，毕业生情况表——课程成绩

学号	课程号	成绩
001	002	90

例 2：某大学的"学生选课登记表"的结构如表 7-12 所示。

表 7-12　学生选课登记表

学号	姓名	性别	班级	专业	课程号	课程名	学分	分数

这个数据结构的问题是：主码是"学号＋课程号"，而姓名、性别、班级和专业仅依赖于学号，课程名和学分也仅依赖于课程号，都属于部分依赖于主码，因此该数据结构不符合第二范式。为了消除部分依赖，就需要重新组织成如下的结构：

学号	姓名	性别	班级	专业

课程号	课程名	学分	分数

学号	课程号	分数

例 3：进一步对例 2 规范化后的数据结构进行分析，如表 7-13 所示。

表 7-13　规范化后的学生选课登记表

学号	姓名	性别	班级	专业

发现该数据结构存在传递依赖，专业依赖于班级，而班级依赖于学号，因而专业传递依赖于学号，故不符合第三范式。为了消除传递依赖，可以将该机构规范为如下：

学号	姓名	性别	班级

班级	专业

2. 数据元素分析

数据元素(data elements)是最小的不可再分的信息单位，是数据对象的抽象。数据元素分析是指要分析数据元素在用户视图中的分布，即统计数据元素在用户视图中出现的次数。显然，出现频率越多的数据元素，越有可能是共享的数据元素；出现频率很低，特别是仅出现一次的数据元素，很可能是孤立的数据元素或是命名不当的数据元素。研究数据元素在用户视图中的分布，对于研究数据的共享、命名以及消除"同名异义"问题具有指导作用。

3. 数据流分析

在信息资源规划中，数据流是指用户视图的流动。数据流分析是通过绘制数据流程图来进行,站在整个组织(企业)实际应用的角度来分析企业数据的流动。

它与软件工程和管理信息系统中的数据流图是有区别的。在软件工程中,数据流图是描述系统逻辑功能的图形工具,即数据在系统内的逻辑流向和数据的逻辑处理。包括四种基本成分:外部项、处理、数据流和数据存储。数据流是指数据的流动方向。在管理信息系统中,数据流图是组织中信息运动的抽象,是管理信息系统逻辑模型的主要形式。数据流是信息系统处理功能有关的各类信息的载体,是各加工环节进行处理和输出的数据集合。

分析数据流的主要步骤包括:绘制各职能域的一级数据流程图和二级数据流程图;完成数据流程图中所标注的用户视图的组成登记;将上述两项工作结合,进行数据流的量化分析。

1) 绘制一级数据流程图(1-DFD)

一级数据流程图记录每个职能域的输出、存储和输入的数据流,是建立业务模型,调查记录某一职能内外信息的手段。在需求分析开始阶段,一旦定义了职能域,就应开始一级数据流程图的绘制工作。

一级数据流程图的基本符号有:

数据流

处理(所研究的职能域)

外部项(其他职能域或外单位)

综合性大学人力资源职能域的一级数据流程图的示例见图 7-8。

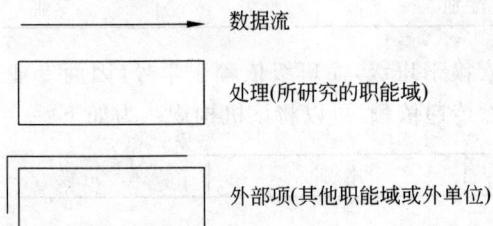

图 7-8   一级数据流程图示例

2）绘制二级数据流程图（2-DFD）

二级数据流程图是某一职能域中业务过程和数据需求的进一步调查的记录，关键是业务过程的识别与定义，以及存储类用户视图的定义与规范化。

二级数据流程图的基本符号有：

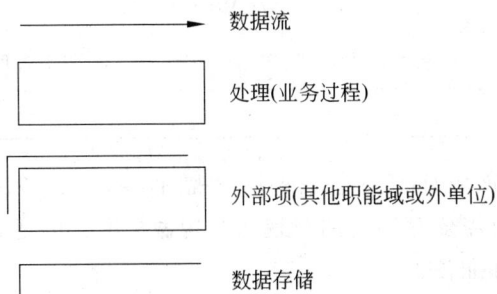

综合性大学人力资源职能域的二级数据流程图的示例见图 7-9。

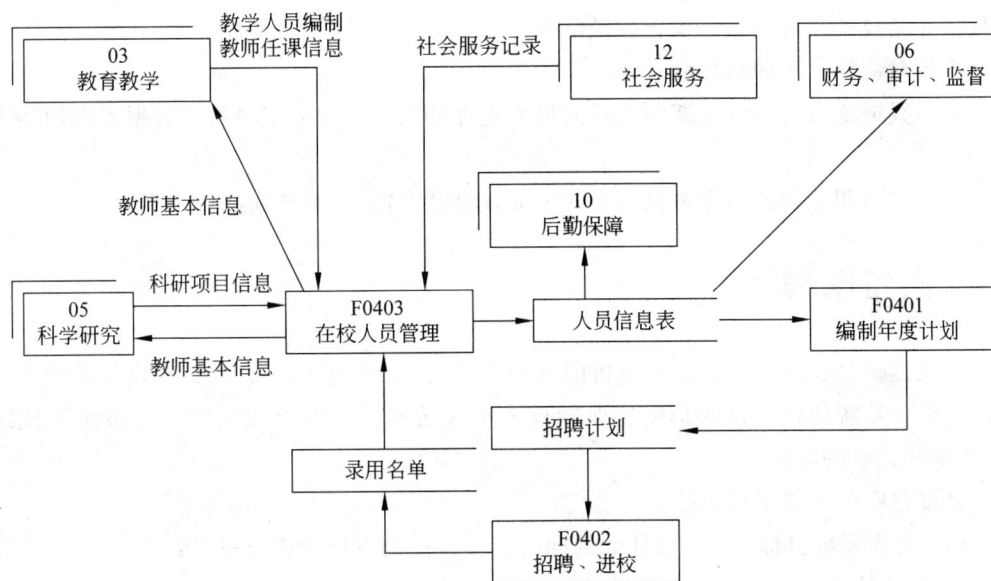

图 7-9　二级数据流程图示例

3）用户视图的组成登记

数据流程图绘制完成后，应对其中的用户视图逐一进行组成登记。登记的方法和形式见前"用户视图分析"部分内容。

按照用户视图规范化的方法与构建原则，一一列出管理信息系统的视图，如表 7-14 所示。

表 7-14　某高校部分用户视图登记

用户视图编号	用户视图名	流向	视图的组成	备注
D011101	zzjggl	输入	机构编码＋机构名称＋主要负责人＋……	机构管理
D013302	zzjgglbb	输出	机构编码＋机构名称＋主要负责人＋……	机构管理报表
D021301	jzyggl	输入	职工编号＋姓名＋出生日期、文化＋……	教职工管理
…	…	……	……	……

该高校设置 12 个职能域,平均每个职能域有 40 个左右的用户视图,共有 480 个左右的用户视图。按照数据结构规范化理论,对需要存储的用户视图结构做标准化的范式重新组织,可以直接为数据库的规划设计做好准备。

4)数据流的量化分析

数据流的量化分析是指估算出输入、输出和存储的数据量,为制定数据分布规划和提出数据存储设备和网路通信设备提供依据。

系统对数据流量的估算公式为

每一数据流量标准统计期的数据流量＝生存期换算系数×记录数×数据元素数 × 10×统计参数

还应按各职能域的一个量流向小计求和,按职能域的所有流向总计求和。

7.3　系统建模

系统建模是在前一阶段需求分析的基础上,进行系统功能建模、数据建模和系统体系结构建模。系统建模的目的是使企业管理人员和技术人员对所规划的信息系统形成统一、概括和完整的认识。

系统建模的主要工作包括:

(1)明确系统目标:解决做什么的问题。通常按如下层次进行思考:

① 企业的管理目标是什么?

② 信息系统如何支持企业管理目标?

③ 信息系统的用户类型划分及如何为他们服务?

④ 系统的特征是什么?

例如:如何制定北京联合大学的系统目标?

北京联合大学的基本目标是:发展应用性教育、建设应用性大学、培养应用型人才,面向大众,服务北京。

信息系统如何支持上述目标：

首先，北京联合大学作为一所高校，应具有高校的共同特点，所以一般的系统功能应该有，如办公自动化、人力资源管理、教务管理、学生管理、财务管理等。然后，如何突出应用性？可以通过实训系统、实训基地管理系统、考证系统等特色功能来体现。最后，如何体现面向大众、服务北京？譬如可以考虑与市劳动管理部门互通互联，对于人才供需状况随时掌握，也可建立学校自己的社会人才供需数据库、分析系统、预测系统等。

（2）系统功能建模，其目的是确定系统应该具有哪些功能。主要工作包括：

① 掌握企业的现有管理模式，了解存在问题以及改进方向；

② 根据企业业务模型提出利用计算机处理的模块；

③ 提出功能模型初稿：子系统、功能模块、程序模块。

（3）系统数据建模，其目的是明确系统应该具有哪些业务主题数据库。主要工作包括：

① 提出概念的主题数据库（数据库名称即内容列表）；

② 再进一步规范化，将表规范化为 3NF，形成逻辑数据库；

③ 进行 E-R 分析；

④ 提出规划系统的数据模型初稿：主题数据库、主题数据库中的基本表、基本表之间的关系。

（4）系统体系结构建模，其目的是识别和定义主题数据库和基本表与功能模块间的关系。主要工作包括：

① 确定各子系统产生什么主题数据库；

② 确定的子系统使用什么主题数据库；

③ 确定各主题数据库被哪些子系统应用；

④ 形成各子系统和全域的 U-C 矩阵。

7.3.1　系统功能建模

系统功能建模就是要解决"系统做什么"的问题。系统的功能模型（function model）是对规划系统功能结构的概括性表示，采用"子系统—功能模块—程序模块"的层次结构来描述。建立了功能层次结构之后，对层次结构一般需要进行统一编码。编码的规则如下：

在进行功能模型的构建中，经常从业务模型出发，通过对业务模型的分析，对业务过程和业务活动做计算机化的可能性分析，从而得到功能模型（见图 7-10）。

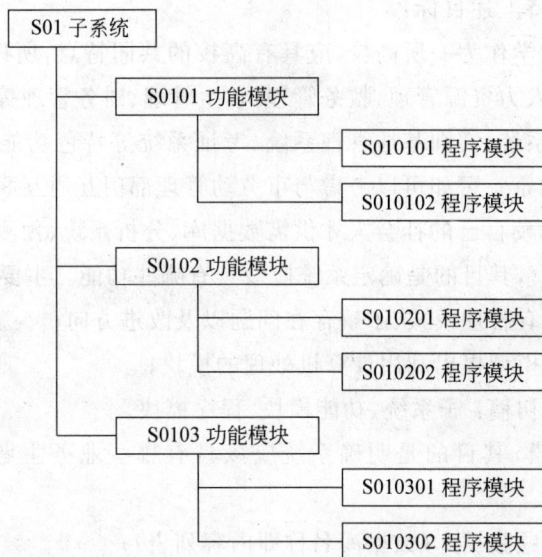

图 7-10　功能模型

功能模型和业务模型在层次上存在以下对应关系：

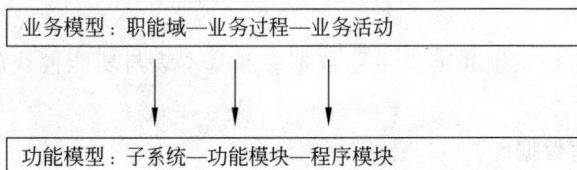

业务模型：职能域—业务过程—业务活动

功能模型：子系统—功能模块—程序模块

二者的区别：

（1）业务模型中不是所有业务过程和活动都可以计算机化,而功能模型中的所有功能模块都可计算机化。

（2）业务模型是对现行系统的概括认识,功能模型是对新系统的概括性认识,对业务过程和业务活动进行计算机化的可行性分类。

对业务过程和业务活动进行计算机化可行性分析,可以将其划分为以下三类。

A 类：可以由计算机自动进行。

I 类：可以人－机交互进行。

M：人工完成。

建立功能模型由三大步骤构成：

第一步：定义子系统。

第二步：定义功能模块和程序模块。

第三步：系统功能模型的讨论复查。

1. 定义子系统

定义子系统应该在对职能域的分析基础上,确定应该有哪些子系统,并且用文字进行描述。通常子系统定义时,需要描述以下方面:

(1) 子系统的名称;

(2) 子系统的目标是什么? 需要对系统总体目标进行分解;

(3) 说明子系统边界,子系统可能覆盖一个职能域,也可能跨职能域;

(4) 确定信息系统加工处理深度和信息系统类型,如事务处理(TPS)、管理信息系统(MIS)、联机实时处理分析(OLTP/OLAP)、决策支持系统(DSS)、主管信息系统(EIS)、战略信息系统(SIS)等;

(5) 列出子系统的主要功能。

例 4：某综合性大学的"教育教学管理子系统"的定义:

子系统名称：教育教学管理子系统。

本系统的目标：使用计算机管理教学管理过程,能够完成各项教务管理工作,而且质量好、效率高,并且能够改进各项管理职能,消除管理弊端,优化管理流程。

主要功能：实现教学计划、教学任务、学生成绩、学籍管理和教学评估信息的自动化管理。

用户：教务员、系主任、教研室主任、教师、学生和其他教学管理人员。

与其他系统的关系：教育教学管理子系统是高校管理系统的子系统,主要功能涵盖教育教学职能域,与在校人员管理、档案管理、财务、审计和监督等子系统间有数据关联。

2. 定义功能模块和程序模块

对每一子系统,需要进一步定义其包含的功能模块和程序模块,功能模块可以参照业务过程进行分析,程序模块可以参照业务活动进行分析。定义功能模块和程序模块时,需要说明以下问题:

(1) 对子系统的目标进行分解,落实到具体的功能模块上;

(2) 说明功能模块的边界,为哪个管理层次服务;

(3) 信息加工处理的深度或模块类型;

(4) 突出关键性功能模块;

(5) 确定功能模块—程序模块的关系;

(6) 分析选取已经开发和使用的有用模块;

(7) 用短文描述功能模块。

例 5：某综合性大学业务模型中,F03 为教学职能域,其具有的业务过程和活动举例如下。

业务过程	业务活动
F0301 安排课表	
	F030101 排列本学期开设课程
	F030102 对各教学单位分配任务
	F030103 下达教学任务登记书
	F030104 填报教学任务书
	F030105 安排课表
	F030106 下达课表
F0302 调课	
	F030201 申请调课
	F030202 审批调课
	F030203 变更课表

对以上业务过程和业务活动进行如下三方面的分析：

（1）哪些活动可以计算机完成？

（2）哪些活动需要人－机界面完成？

（3）哪些活动仍需手工完成？

经过分析，不可计算机自动完成，但可以通过人－机界面，由计算机辅助完成的活动有：F030105 安排课表。

只能手工完成的活动：F030201 申请调课；F030202 审批调课。

其他活动可用计算机完成。

经过调整和分析，得到如下功能模块和程序模块：

功能模块	程序模块
F0302 安排课表	
	P030201 形成本学期所开设课程表
	P030202 汇总各班所开课程
	P030203 下达教学任务登记书
	P030204 填报教学任务书
	P030205 编辑并打印课表
F0303 调课	
	P030301 录入调课结果
	P030302 变更课表

对安排课表功能模块的描述为：根据教学计划，自动汇总出本学期各班所开课程，通过局域网与各教学单位通信，人－机交互编辑课表。

3. 系统功能模型的讨论复查

功能模型定义好，还需进行详细的讨论和复查。复查的重点是：

（1）跨管理层次、跨业务部门的子系统和功能模块有无问题；

（2）关键功能模块的认定；

（3）共用或程序模块的认定；

（4）去除冗余模块；

（5）企业已有应用系统行之有效的功能模块应予以继承。

需要注意的是：基于职能域和业务过程的功能模型不同于面向最终用户的应用系统。因为功能模型的子系统是逻辑子系统，面向用户的应用系统中的子系统是物理子系统。功能模型中的子系统具有相对稳定性，面向最终用户的应用子系统常变。可以将可重用模块作为应用系统的组成部分。如果企业组织机构变化，只要对模块/部件重新组装即可，不必重新开发信息系统。

7.3.2　系统数据建模

数据建模是指从用户视图到主题数据库，从数据流程图到 E-R 图，从数据实体到基本表的过程。

开始数据建模之前，应该获取以下基础资料：

（1）各个职能域的用户视图及其组成；

（2）各个职能域的数据流程图（1-DFD 和 2-DFD）；

（3）各个职能域的输入数据、输出数据流和数据存储分析报告；

（4）全域的数据元素集；

（5）全域的数据元素－用户视图分析报告。

数据建模分为以下 3 个步骤。

第一步：进行实体－关系分析，按主题将用户视图分为实体大组，建立概念数据模型。

第二步：进行数据结构规范化，将每一实体规范为三范式，产生基本表，建立逻辑数据模型。

第三步：进行数据元素规范化分析，建立类别词和基本词表，控制数据元素的一致性。发现和处理"同名异义"和"同义异名"问题。

例 6：校园网中常见的教学资源包括媒体素材、题库、试卷、案例、文献资料、课件等。按照 IRP 方法，将教学资源分为多媒体教学资源库、图书情报信息库、管理信息库、动态综合信息库四大类资源库。

首先，确定主题数据库。例如教学管理中需要建立的典型的主题数据库有教师、学生、教学计划、教学设施、教材、课程门类等。这些数据库的数据元素组成应达到第三范式的数据结构，同时是共享的可为其他子系统调用。如教职员工管理中的教职员工主题数据库，其概念数据库可表达为：

教职员工（职工代码，职工姓名，出生日期，文化程度，简历，奖惩情况……）

而其逻辑数据库的规范化表示为：

教职工基本信息：

    主键：职工代码

      职工代码,职工姓名,出生日期,民族,家庭地址,电话……

教职工简历：

    主键：职工代码＋起始日期

      职工代码,起始日期,单位……

教职工奖励情况：

    主键：职工代码＋起码日期

      职工代码,起始日期,奖惩……

其次,确定核心数据元素。如数据处理系统中的职工姓名、员工姓名、职员姓名等,如不加以统一,其标识就可能是 EMP_NAME、NAME_OF_EMPLOYEE、EMPLOYEE_NM 等。如果采用职工姓名这一统一标准,其标识为 EMPNM,这就是少数的核心数据元素;这样做可大幅度减少全校数据处理系统中所使用的数据元素的总数,并可大大简化其结构。在数据元素的创建和命名上作整体的考虑,就可以把握全校有限数目的核心数据元素。

最后,信息分类编码标准化。如教职工代码按混合编码方式设计为:TPM010203,其中:T——教师、P——教授、M——男、01——部门、02——教研室、03——顺序号。这样信息分类编码具有足够的容量、属性系统化、一定的柔性和通用性。

在数据元素标准和信息分类编码标准基础上,再建立用户视图标准和数据库标准,这样能使后续系统开发和系统运行维护通过网络系统使用这些标准,将实现教学信息资源的整合,为系统集成打好坚实的基础。

7.3.3　系统体系结构建模

1. 系统体系结构的概念和表示

信息系统体系结构是指系统数据模型和功能模型的关联结构,采用 U-C 矩阵来表示。分为全域系统体系结构和子系统体系结构。全域系统体系结构模型是指全域 U-C 矩阵,表示整个规划范围所有子系统与主体数据库的关系。子系统体系结构模型是指子系统 U-C 矩阵,表示一个子系统范围内所有功能模块与基本表的关系。在 U-C 矩阵中,C 代表数据的产生,U 代表数据的使用,A 代表既产生数据又使用数据。

全域系统体系结构的表达方式见表 7-15。

表 7-15 全域系统体系结构

项　目	主题数据库 1	主题数据库 2	主题数据库 3	……
子系统 1	C	A	U	
子系统 2	U	C	A	
子系统 3		U	C	
……				

其中,C 代表所在行子系统生成所在列主题数据库,U 代表所在行子系统使用所在列主题数据库,A 代表既生成又使用所在列数据库。

子系统体系结构的表达方式见表 7-16。

表 7-16 子系统体系结构

项　目	表 1	表 2	表 3	……
功能模块 1	C			
功能模块 2		C		
功能模块 3	U	U	C	
……			A	

其中,C 代表所在行的模块生成所在列的基本表,U 代表所在行的模块使用所在列的基本表,A 代表既使用又生成所在列的基本表。

2. U-C 矩阵的建立方法

U-C 矩阵的建立步骤如下:

第一,逐一考察子系统的每个功能/程序模块之间的关系,找出它所存取的基本表。

第二,考察子系统的基本表,找出存取它的功能/程序模块。

例 7:某综合性大学在信息资源规划中定义建立了系统模型和数据模型,并分析了数据的存取关系,如表 7-17 至表 7-19 所示。请建立全域 U-C 矩阵和教务管理子系统的 U-C 矩阵。

表 7-17 系统模型

子　系　统	功　能　模　块
教务管理子系统	学生学籍管理
	教学计划与开课任务管理
	排课管理

续表

子　系　统	功　能　模　块
科研管理子系统	科研计划管理
	科研考核
人力资源管理子系统	编制年度计划
	招聘管理
	在职人员管理
	离退休管理
办学资源子系统	教材管理
	实验室管理
	教室管理

表 7-18　数据模型

主题数据库(一级表)	二级表	主题数据库(一级表)	二级表
教职员工数据库	教职员工基本信息表	办学资源数据库	实验室表
	教职员工教学信息表		教材信息
	教职员工科研信息表		教室信息
教学数据库	课程任务信息	科研数据库	科研项目信息
	课程表信息		科研考核信息

表 7-19　以上两表的存取关系

输入模块	二级表	输出模块	输入模块	二级表	输出模块
在职人员管理	教职员工基本信息表	在职人员管理	排课管理	课程表信息	在职人员管理
		排课管理			教室管理
		科研考核			实验室管理
教学计划与开课任务管理	课程任务信息	在职人员管理	科研考核	科研考核信息	在职人员管理
		排课管理			科研考核

　　经分析各子系统与主题数据库的关系,建立如表 7-20 与表 7-21 所示的矩阵。

表 7-20　全域 U-C 矩阵

项　　目	教职员工数据库	教学数据库	科研数据库	办学资源数据库
教务管理子系统	U	A		
科研管理子系统	U		A	
人力资源管理子系统	A	U	U	U
办学资源子系统		U		A

表 7-21　教务管理子系统的 U-C 矩阵

项　　目	教职员工基本信息表	课程任务信息	课程表信息
教学计划与开课任务管理		C	
排课管理	U		C

本章小结

　　本章着重介绍了信息资源规划的内容，具体包括需求分析和系统建模。需求分析包括业务需求分析和数据需求分析。业务需求分析是指系统、本质、概括地把握企业的功能结构，可以采用"职能域—业务过程—业务活动"三层次结构来表达，从而构建企业的业务模型。数据需求分析是指对企业管理所需的信息进行深入的调查，建立数据模型。具体工作包括用户视图分析、数据元素分析和数据流分析。

　　系统建模是在前一阶段需求分析的基础上，进行系统功能建模、数据建模和系统体系结构建模。系统的功能建模是对规划系统功能结构的概括性表示，采用"子系统—功能模块—程序模块"的层次结构来描述。数据建模是指从用户视图到主题数据库，从数据流程图到 E-R 图，从数据实体到基本表的过程。系统体系结构建模是指系统数据模型和功能模型的关联结构，采用全域 U-C 矩阵和子系统 U-C 矩阵来表示。

课后思考题

　　1. 如何将业务模型转化为信息系统模型？

　　2. 在一个组织中进行信息化，是否仅仅是将现有的业务流程计算机化？

　　3. 简述业务模型与系统功能模型的联系与区别。

　　4. 某单位进行信息资源规划，首先将各个部门转化为职能域，这样做是否正确？为什么？

　　5. 某单位职工月工资单如表 7-22 所示。

表 7-22　职工月工资单

职工编号	姓名	收入项				扣款项			合计
		基本工资	岗位工资	完成业绩	单项奖励	违纪	未完成业绩	事故	

本单证出自财务职能(F02),每月发给职工并存档。请按照用户视图规范化原则进行用户视图的登记。

6. 某单位在信息资源规划中建立了系统模型和数据模型,并分析了数据的存取关系,如表 7-23～表 7-25 所示。要求:①请建立营销、生产管理、采购管理和物资管理子系统的 U-C 矩阵;②请建立全域 U-C 矩阵。

表 7-23　系 统 模 型

子系统	功能模块	子系统	功能模块
营销子系统	客户管理	采购管理子系统	供应商管理
	分销渠道管理		采购计划管理
	订单管理		竞标管理
生产管理子系统	主生产计划管理	物资管理子系统	物资查询
	作业计划管理		仓库管理

表 7-24　数 据 模 型

主题数据库(一级表)	二级表	主题数据库(一级表)	二级表
客户数据库	客户名单	物资数据库	物资名称表
	客户购买记录		供应商名单
经营计划数据库	订单表		采购计划
	营销计划表		
	主生产计划表		

表 7-25　数据的存取关系

输入模块	二级表	输出模块	输入模块	二级表	输出模块
客户管理	客户名单	客户管理	分销渠道管理	营销计划表	分销渠道管理
		分销渠道管理			主生产计划管理
		订单管理			

续表

输入模块	二级表	输出模块	输入模块	二级表	输出模块
订单管理	客户购买记录	客户管理	主生产计划管理	主生产计划表	作业计划管理
		分销渠道管理			采购计划管理
订单管理	订单表	客户管理	采购计划管理	采购计划	竞标管理
					物资查询

7. 某学校业务功能模型局部如表 7-26 所示。

F03 学生管理

　　F0302 招生管理

表 7-26　某学校业务功能模型局部表

F030201	调档
F030202	选择
F030203	录取
F030204	通知学生
F030205	编班

如果需要开发管理信息系统,试建立系统功能模型。

第8章
信息资源开发利用

本章要点

　　信息资源管理的目的就是充分开发利用信息资源,而信息资源开发利用的目的是提高组织管理效率、实现组织追求的目标。信息资源开发利用的含义有广义和狭义之分,从广义来说,本专业的基本任务就是开发利用信息资源,包括信息系统建设、信息管理体制建设和信息内容开发利用等,从狭义的角度,仅指对信息内容的开发利用。信息资源开发和信息资源利用这二者之间既具有紧密联系,又有一定区别。本章共分5节讲述,第1节是"信息资源开发利用概述",讲述信息资源开发利用的基本含义、目的、任务、主要内容和模式。第2节重点讲述信息资源开发的流程与模式。第3节概述信息系统建设,这部分内容在以后的"管理信息系统分析与设计"这门课中将会详细学习。第4节为"信息资源利用",主要从人的需求角度探讨对不同类型信息资源的利用方式和行为。第5节是对信息内容开发利用的概述,主要讲述对信息内容开发利用的步骤和方法,而其中数据分析本身就是一个博大精深的领域,所涉及的课程有"竞争情报分析""统计学""数据仓库与数据挖掘"和"大数据分析"等,在此只是起到一点导入作用。

【情景案例】

数据分析有用吗

　　我们去超市购物都知道,当选择了商品在收银台交款时,收银员用 POS 机对商品条码进行扫描,不但得出本次购物金额合计,而且这些数据自动存在了数据库中,日积月累,成为海量数据。某大型家电连锁零售企业自从采用信息系统收银后已经数年,积累了大量数据。保存这些数据无疑是有成本的,能否使其发挥作用? 某日,公司老总王老板听说数据挖掘(data mining)(港台叫数据采矿)的名词,大意就是从大量数据中发现有价值的东西。老总找了一个数据挖掘专业公司,希望了解数据挖掘的有关问题。这个数据挖掘公司的李总接待了王老板。二人见面寒暄后进入谈话正题:

王老板：李总，可否给我简单介绍一下什么是数据挖掘？有何用途？

李总：王老板，我也不给你讲数据挖掘的定义和理论，就给你讲一个实际案例吧。名字叫"啤酒与尿布的故事"。话说多年以前的美国某超市，同样是安装了计算机收银系统，存储了多年的数据。该超市老板当时的心情与你现在一样，提出了保留这么多数据有何用的问题。于是就请来了一个数据挖掘专业小组，就该超市的数据进行分析。你想想，这可是海量数据啊！超市的商品种类多达 1 万多种，每日的客流量在数万人至 10 余万人，一年 365 天，天天营业，一年积累的数据就使得数据库的数据表增加千万行以上。能否从中找出规律？课题组开始了数据挖掘工作，如同在广袤的大地寻找矿藏，所以数据挖掘又名数据采矿。从各个角度观察变量之间的关系，当然许多工作都是无用的，最后发现了数条规律，其中之一是：啤酒与尿布同时被购买的概率明显较高，这其中是否具有必然原因？课题组只是提出这个问题，公司召开了中层经理会，大家讨论这个现象的原因。会上，一位女性经理马丽发言："这有什么好奇怪的？在我刚生完孩子坐月子期间，让老公去买尿布，他总是顺便买点啤酒，因为有了孩子事情太多，不能让他随便出门了，要待在家里，所以他就喝点啤酒。"这时其他女性经理也发了言："我们家那口子也是。"男性已婚经理也回忆了当初的情景。总经理感悟到："原来这就是数据挖掘，这个规律如果课题组不说，谁也没有意识到，一旦有人发现，竟如此简单。"总经理随后说道："那就改变一下商品布置，将尿布旁边摆上啤酒，看看效果如何。"一个月以后，发现啤酒的销售量明显上升。

王老板：这我就明白了，原来数据挖掘就是通过发现数据之间的规律，从而发现人的偏好，再根据人的偏好制定策略。

李总：对，就是这个意思。

王老板：那你看我们是否也可以进行一下数据挖掘，但是我们是经营家电的企业，不同于综合性超市，不知是否能发现有价值的规律？

李总：确实不敢保证，是否有价值要你们专业人员看，我们只是提供知识服务。

王老板：我想请你们先为我们工作看看，如果有价值，我们付款，否则不付款。

李总：这样做不是不可以，就怕你们不同意。作为行业惯例，提供数据分析服务的乙方应对分析结果保密，而甲方对乙方的服务付费，如果乙方尽力工作，甲方认为结果无价值而拒绝付费，乙方也就没有保密的义务。

王老板：这可不行，无论结果是否有价值，你们都要保密，至少对同行保密。当然，既然你们付出辛苦，我们同意付费。

李总：一般来说，狭义的数据挖掘是指使用特定的数据模型对数据建模，当然这些结果不一定具有价值，但是每类模型的收费也要 20 万元。看在朋友的分上，我们不拘泥于某种模型，而是加入人工分析，从多种角度考查各个指标的关联关系，总会发现某种有价值的东西。所以我们一般称其为"数据分析"，我们的口号是："只要你给我数据，必还给你惊喜。"这单生意就定为 20 万元吧。

王老板：痛快，成交。

李总派了一个以小张为组长的 3 人工作团队到了该家电销售公司，看到了该公司的数据表如图 8-1 所示。

A	B	C	D	E	F	G
序号	时间	商品编码	商品型号	商品名称	商品价格	数量
1	2010-2-13 13:00	201245	KY80-200	25寸液晶电视	3800	1
2	2010-2-13 13:10	501258	KX90-180	180升某品牌冰箱	2600	2
3	2010-2-14 18:00	261265	YR2304	某洗衣机	1200	1
4	2010-2-14 17:30	601286	AB002	某空调	1260	1

图 8-1 某家电零售企业的数据表示意

小张等 3 人辛苦工作了一个月，用了各种方法，包括关联规则、聚类分析、回归分析、决策树等，取得了一定的成果，并将成果向王老板做了汇报。王老板看了后，说道："3 人工作了一个月，得到这么多的数据规则、公式，真辛苦你们了，有些内容是有用的，我们如约付款。"

尽管小张可以交差了，但是他心里总有些不安，想到我们的口号是："只要你给我数据，必还给你惊喜。"王老板惊喜了吗？似乎不太惊喜。这时小张继续琢磨，还能从什么角度分析？冥思苦想后突然想到，可否把每日的营业时间分成若干段，看看各个时间段的营业额和比率。小张立即行动，将数年的数据汇总结果得到表 8-1。

表 8-1 某企业营业时间段的营业额统计

营业时间	营业额/万元	营业额比率/%
9:00—11:00	60	5
11:00—13:00	1 200	10
13:00—15:00	1 200	10
15:00—17:00	3 000	25
17:00—19:00	1 800	15
19:00—21:00	4 200	35
合　计	12 000	100

从表 8-1 中可以看出，19:00—21:00 这个时间段的营业额最高，占全天的 35%，是平均值 16.7% 的 2 倍以上。有些年轻营业员看到这个结果，感到有些奇怪，对课题组的小张说："你是不是算错了？我们每天在这里上班，亲眼看到客流量最大的时间段是中午，晚上的客流量并不大。"课题组为了保险，又重新算了一遍，证明没有算错，就将这个结果给了老板。

老板看了这个结果恍然大悟，说道，我经营家电十余年，竟然忽视了这个规律，我本来就隐隐约约感到应该这样,但是没有汇总所有数据,不敢断定,今天让你小子给点出来了。小张很纳闷,问道:"这是为什么?"老板问小张:"你结婚了吗?"小张说:"结了,有什么关系吗?"老板说道:"如果你今天上班,中午休息时间到商场看到一款冰箱很满意,你敢做主当时购买吗?"小张答道:"不敢当时购买,还要回家同老婆商量。"老板说道:"现在明白了吧? 中午客流量大,但是看得多,买得少。晚上虽然客流量较少,但是一般都是两口子一起来,当时购买的比率高。"

随后老板调整了营销策略,营业额也随之提高。小张也因出色的服务获得公司奖励。

(注:本故事为虚构,即使具有实际背景,也因时过境迁而情况发生变化,其中所述规律不一定适合当今现实。)

资料来源:作者自编

课前思考:

不要看教材,思考如下问题:

1. 论述数据挖掘或数据分析的含义(不要追究二者的区别)。

2. 信息资源开发利用的含义以及主要内容应该包括什么?

3. 对于一个组织机构的大量信息资源,如何有效地进行开发利用,使其为提升组织业绩做出贡献?

8.1　信息资源开发利用概述

8.1.1　信息资源开发利用的基本含义和目的

1. 基本含义

信息资源开发和信息资源利用是两个紧密相关又有一定区别的概念。按照我国信息资源管理专家马费成的定义,信息资源开发是指人们通过对信息的收集、组织、加工、传递使信息增值的活动和为了使这一活动得以有效进行而开展的信息系统建设、信息环境维护等活动。

信息资源利用是指人们根据分析问题和解决问题的需要,按照不同的思维方式,从不同角度去开展信息活动,并以信息作为决策的依据。

从上述表述来看,信息资源开发和信息资源利用二者从活动过程上就具有紧密联系。在信息的收集、组织、加工和传递过程中,包括收集何种信息、如何对信息进行组织加工、向谁传递何种信息等问题,始终要受到人的应用目的和理念的支配。所以说信息资源利用贯穿信息资源开发的始终。但是二者还是有所区别,从过程的阶段来划分,信息资源开发主要是信息资源管理活动的前期工作,而利用主要是后期工作。从人和事物、主观和客观的角度看,信息资源开发主要强调信息资源的客观规律,一般要按照标准和一定的流程开展工作;而信息资源利用则强调人的主观能动性,强调在观察信息的角度、分析信息的方法上满足人的需要,所以在信息资源利用方面创新的空间更大。

2. 基本目的

信息化建设的目的就是提高信息资源的开发利用水平。信息资源开发利用的共同目的都是为了发现信息资源的价值、获取信息资源的价值、利用信息资源的价值提升组织效益。但是二者的侧重点不同,信息资源开发的主要目的是将潜在的信息资源变成现实的信息资源,将数据变为有用的信息。信息资源利用的主要目的是使现实的信息资源发挥作用、产生效益。

8.1.2　信息资源开发利用的任务

编者通过总结有关专业会议和企业调查资料,提出了对于组织机构来说信息资源开发利用所要完成的任务可以分为 4 个层次。4 个层次都是以对数据的处理为核心开展工作,较低层次是高层次的基础,较高层次是低层次的延伸和发展,如图 8-2 所示。

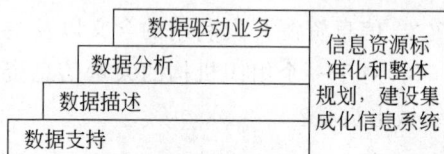

图 8-2　信息资源开发利用各层次任务

1. 数据支持

数据支持的任务就是在确定的时间将确定的数据传递给确定的人。在当今的组织管理中,管理信息系统是实现这一任务的典型工具。管理信息系统通过前台界面操作后台数据库,使得被授予不同权限的系统用户可以操作业务数据,包括增加、删除、修改和查询。

2. 数据描述与分析

数据描述和分析具有紧密关系,没有明确的分界线,但是侧重点不同。一般来说,数据描述侧重通过统计图、表和参数(如平均数、合计、百分比等)来表现单一指标特征,如营业额、人均收入、各产品销售比率等。数据分析侧重通过统计图、表、参数和模型表现和研究两个及以上指标的关系及其规律。例如:营业额和人均收入的关系、营业额和地区的关系、营业额和时间的关系、各产品销售比率和地区的关系等。

之所以将数据描述和分析作为两个层次对待,是由于其工作方式和目的有较大不同。数据描述是根据业务规定、有关制度和标准,由管理信息系统自动产生的统计图表或参数,属于日常工作范畴,主要目的是了解和监控日常工作情况。而数据分析,其核心工作是数据挖掘,在此基础上加上一定程度的定性分析,属于项目性工作,其目的主要是发现新的问题、机会或规律。现以学校的教务系统为例,当教师完成了某门课的成绩录入后,单击"提交"和"打印"之后,系统会自动出现成绩分布表,如表 8-2 所示,这就是日常的数据描述。

表 8-2　某门课成绩分布表

成　　绩	人数	百分比/%
不及格,<60	2	5.3
及格,60～69	6	15.8
中,70～79	18	47.4
良,80～89	10	26.3
优,90～100	2	5.3
合　计	38	100

平均分＝75.76;标准差＝8.64

如果为了深入研究教学规律,学校成立了教学数据挖掘项目组,分析各类有关指标数据之间的关系,其中之一是发现了物理成绩与数学成绩高度相关,如图 8-3 所示。

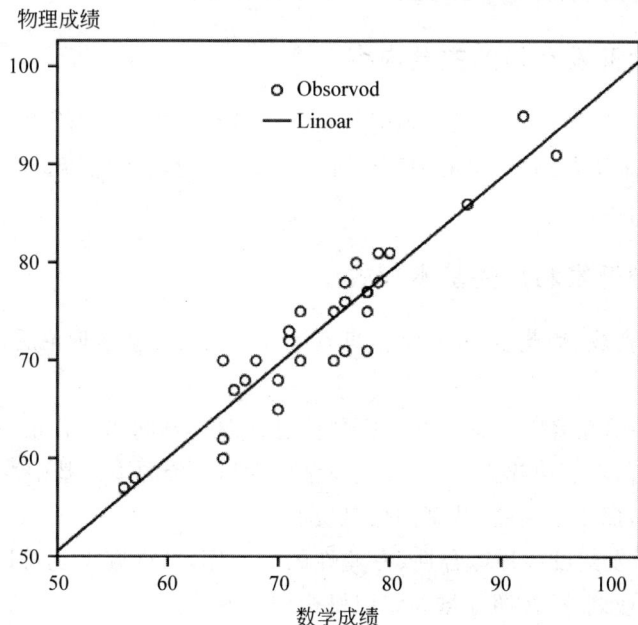

图 8-3　物理成绩与数学成绩回归图

其关系可以用模型表示,即:$Y=2.95+0.95X$,(Y 为物理成绩,X 为数学成绩)。这就为进一步深入研究教学规律提供了科学依据。

任何较大型组织机构,既需要定时产生大量业务报表,又需要经常进行数据分析。在企业管理中,每周、每月、每季和每年,各类业务都要产生相应的报表,例如:销售数据分布表、营业员业绩统计表、采购统计表、库存统计表、财务报表等。这些报表从各个方面反映了业务工作的基本状况。同时还要通过数据分析研究业务规律,如营业额与广告投入的关系、与节假日的关系等。

3. 数据驱动业务

数据驱动业务是在信息化高度发达的现代管理中,组织机构通过对信息资源的开发利用来决定组织机构各项管理过程,是信息资源管理工作从被动的从属地位到主动的起决定性地位的转变。对于企业来说,在计划决策环节,通过数据分析可以全面了解市场和客户,使企业推出更有针对性的产品和服务,使决策更符合市场环境,推动业务持续创新;在生产运营环节,通过数据全面洞察和监控一系列过程,从而做到随时纠正偏差和优化配置内部资源。工业 4.0 就是数据驱动业务的系统化实施(参见第 9 章)。

8.1.3 信息资源开发利用的主要内容和模式

1. 信息资源开发利用的主要内容

对信息资源的开发利用,狭义的理解主要是指对数据和信息内容的开发,包括信息应用需求调查、信息采集管理、信息的加工处理、信息综合分析等内容。广义的理解还包括信息系统建设等内容。

2. 信息资源开发利用的基本模式

我国学者(马费成、赖茂生)在总结信息资源开发利用的基本理论后,根据我国实践提出了三层次模式。

第一层次:基础性信息资源开发。这是信息资源开发利用工作的基础,重点是编制信息资源目录,对信息资源建立标准,并建设基础性信息资源库。基础性信息资源库跨越地域、行业和部门,属于公共的、共享的信息资源。

第二层次:开发建设各种综合性、专业性的数据库,其内容类别可以多样,例如按照专业划分、按照行业划分、按照地域和组织机构划分等。

第三层次:开发各种信息应用系统。这些系统建立在公共或专业性数据系统之上,对信息按照用户需求进行了一定的汇总和统计,具有相应的用户界面。

8.2 信息资源开发

8.2.1 信息资源开发的含义与目标

前已述及,信息资源开发是指人们通过对信息的收集、组织、加工、传递使信息增值的活动和为了使这一活动得以有效进行而开展的信息系统建设、信息环境维护等活动。本定义实际上包含了两个层次的内容:一是狭义的信息资源开发,即对信息内容(信息本体)的开发;二是广义的信息资源开发,包含了信息系统建设、信息技术的研究、信息设备制造、信息规则的制定、信息人员培养和信息环境维护等内容。

信息资源开发的目标是提升信息资源的价值和其他资源配置效益,即发现信息资源的价值、获取信息资源的价值、提升信息资源的价值和社会效益。对于一个组织机构来说,开发信息资源具有如下作用。

1. 为组织的生存与发展提供必要支持

信息资源是一个组织生存与发展的必要资源之一,自古以来人类社会的任何有组织的活动,包括生产活动、经济活动、军事活动、社会管理活动等,都离不开信息资源的支持。

2. 保证和提升管理职能作用

管理职能的作用就是通过计划、组织、领导和控制来实现对人、财和物的指挥调配,而其依据和媒介就是信息。

3. 发现问题和机会

利用信息描述组织的各项活动,描述组织的内部资源和外部环境,可以反映组织所处的状态,通过对信息的分析发现问题,为制定解决方案提供依据。同时也可以通过信息发现新的发展机遇,使得组织更好地进步。

4. 优化配置资源

支持组织活动的资源包括时间、物质、资金、人力,这些资源的状况都通过信息来反映,通过对信息资源的开发利用,可以有效地优化资源配置,从而放大这些资源的价值。

5. 提升人力资源素质

人力资源素质是任何组织机构中起决定性作用的资源。劳动者在充分掌握信息的基础上,可以更理解组织目标,利用信息系统和信息环境进行充分沟通,可以更有效率地工作。

8.2.2　信息资源开发模式

针对不同类型的信息资源、不同的行业和组织需求,应选择不同类型的开发模式和方法。典型的开发模式分两大类:需求驱动型开发模式和价值驱动型开发模式,不同的模式又包含若干方法。在实际应用中,应根据具体情况,综合考虑组织机构的需求和信息资源特点选择不同方法。

1. 需求驱动型开发模式

需求驱动型开发模式,也称面向用户型开发模式,主要是信息服务部门在与信息用户沟通的基础上,根据用户的需要提供信息内容的模式。这种模式的核心是满足用户相对直接的需要,主要为组织机构的日常运营服务。具体来说具有以下 4 种典型方式。

1) 信息搜集型开发

信息服务部门根据业务需要收集原始数据,然后将其存入数据库或数据文件。这是组织机构最常规的数据开发方式,如日常客户记录、职工业绩记录、各项生产作业数据记录等。

2) 展示与宣传型开发

对搜集到的原始数据进行一定处理,计算出反映事物总体的统计指标,如某类业务的总额、平均额、百分比等,属于信息的二次开发。再以数字、图或表的形式提供给用户。

3) 代理服务型

代理型服务也是定制服务,是信息服务部门根据用户需要对原始信息进行加工处理,如定题分析、设计用户交互界面、定制查询条件等,同样属于信息的二次开发。

4) 共建共享型开发

这种方法是在多个信息拥有者之间建立资源共享、互联互通的信息系统,使得用户可以在一处集中利用分散的信息资源。这种方式是"物理分散、逻辑集中"这一信息系统基本作用原理的直接体现。这一开发方式要求打破部门之间的界限,实现信息资源一处存储、多处使用。例如:北京市内各家书店实现了系统联网,连锁型企业实现信息共享等。

2. 价值驱动型开发模式

价值驱动型开发,也称面向信息资源内容(本体)的开发,是指以已经存在的信息资源内容为开发对象,对其进行统计分析、数据挖掘、评价和总结等一系列信息分析工作,实现信息资源的价值提升的过程。价值驱动型开发模式是为了满足信息用户比较深层次的需要,主要目的是发现业务问题和机会。具体开发方式有如下几种。

1) 转化型开发

将不同类型、不同载体、不同形式、不同文字的信息资源进行形式转化,从多角度展示给用户。包括多语言化、多介质化、数字化、多媒体化、多文件类型等。

2）挖掘型开发

对已有的大量信息进行深入挖掘,包括数据挖掘、文本挖掘等,通过发现隐藏在数据背后的规律来发现业务问题或新的业务机会。本章的情景案例即属于此类。对数据深入挖掘的方法可以较复杂,采用专门的方法和工具,也可以较简单,关键是多角度地考查信息,要求数据挖掘人员的素质较高,同时具备数据分析知识和业务知识,而且具有较强的创新性和责任感。例如:某公司经营一年后,销售人员按照惯例将每月业绩制成图表向总经理汇报,从图表上看,每月的营业总额呈现增加趋势,由此得出业绩良好的结论(见图 8-4)。但是数据挖掘人员从另一角度分析数据,发现客户人均购买额降低,大客户数量也逐月降低,由此得出公司存在问题的结论,从而使总经理得到警醒(见图 8-5 和表 8-3)。

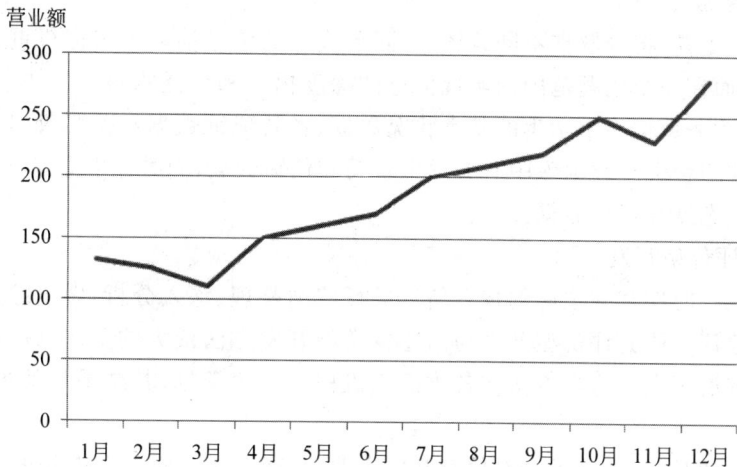

图 8-4　某公司各月营业额

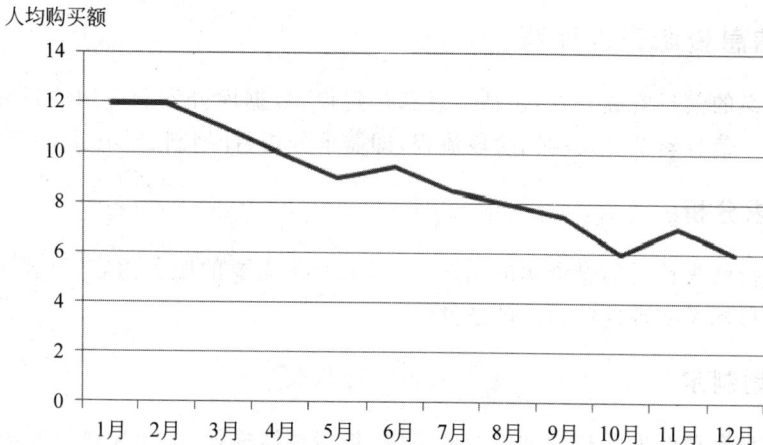

图 8-5　某公司各月人均购买额

表 8-3   某公司各月客户类型统计   单位：%

客户分组	1 月		6 月		12 月	
	人数	比率	人数	比率	人数	比率
小客户	30	27.3	110	61.1	350	74.5
中客户	50	45.5	50	27.8	120	25.5
大客户	30	27.3	20	11.1	0	0
总　计	110	100	180	100	470	100

3）主题集成型开发

按照某一主题，将分散在不同载体、不同形式中的信息抽取出来进行重新组合，形成新的信息，从而在一个主题范围内实现信息的深度揭示和广泛收集。例如学校分析学生行为，即抽取教务数据库中学生的基本状况数据、各科成绩数据和获奖数据，同时也抽取食堂数据库和宿舍管理数据库中有关学生就餐和住宿数据，同时也征集同学的评价信息，综合形成学生态度与行为数据。

4）研究评价型开发

通过对某一时期某一主题的现有信息进行归纳整理、深入分析，做出综合叙述、趋势预测和评价建议。研究评价型开发与前述各类型开发方法最大的不同，就是加入了研究者的部分主观的观点。这类方法在各类组织机构中也很常见，其结果是某主题的信息分析报告。

需要说明的是，上述分类是对信息开发实践的归纳总结，便于表达和学习。各类方法在实际应用中并无严格界限，往往是根据实际情况综合应用并加以创新。

8.2.3　信息资源开发流程

针对广义的信息资源开发，包括信息系统建设、数据库开发和应用项目开发等，马费成总结归纳了信息资源开发的四阶段流程，即需求分析、计划制定、项目实施和效益评估。

1. 需求分析

需求分析就是针对信息资源的用户，了解他们所需要的服务内容、所要解决的问题、所要达到的目标及实现这些目标的条件。

2. 计划制定

根据信息资源开发的规模和涉及的范围，包括总体规划、中期规划和近期规划。按照信息资源开发的工作性质，包括制度性规划和项目计划等内容。本书第 3 章概要介绍了各类规划,第 7 章详细介绍了信息资源规划内容。

3. 项目实施

信息资源开发项目同样符合项目管理条件,可以采用国际通行的项目管理方法来进行管理。项目管理包括 9 个方面的管理:范围管理、时间管理、成本管理、人力资源管理、质量管理、沟通管理、风险管理、采购管理和综合管理。

4. 效益评估

信息资源开发的效益评估包括信息资源开发成果的质量评估和经济效益评估两部分。

8.3 信息系统建设

8.3.1 信息系统的含义和基本功能

1. 信息系统的含义

信息系统(information system,IS)一般指的就是管理信息系统(management information system,MIS),是以现代信息技术为手段,通过信息机构和信息工作者为组织进行信息资源管理,包括信息的收集、存储、加工、传递和使用。目的是通过对信息资源的开发利用提高组织效率,达到组织目标。

2. 信息系统的功能

信息系统的基本功能就是在信息活动的 5 个环节上提供技术平台和处理手段,即对信息的收集、存储、加工、传递和利用提供操作平台和技术手段。在信息收集方面,既可提供手工录入界面,又可提供自动采集信息措施;在信息存储方面,提供了文件存储、数据库存储等方式方法;在信息加工方面,提供了数据汇总、统计图表等具体功能;在信息利用平台方面,提供了各种信息查询方法和商务智能系统。

8.3.2 信息系统总体规划

依据信息化战略规划确定信息系统的总目标,制定信息系统总体方案框架,作为在开发过程中的基本方向和逐步深入细化的基础。

1. 初步调查

信息系统是在当前管理系统基础之上的提高和扩展,因此,作为总体规划的第一步,必须对当前管理系统进行调查。可分为初步调查和详细调查,在总体规划阶段时是初步调查,在系统分析阶段进入详细调查。

2. 确定信息系统建设的总体目标

在初步调查的基础上,通过对现行系统的分析,提出现行系统存在的问题和薄弱环节,从总体上明确用户要求,最终提出新系统的建设目标。

3. 制定信息系统的总体方案及可行性分析

系统总体方案包括系统的综合平台(总体架构)、综合平台的构造工具、开发团队的组织方式、基本开发方法等。

可行性分析就是分析系统开发条件是否具备,包括技术上的可行性、经济上的可行性、管理上的可行性和开发环境的可行性。

8.3.3　业务流程改革和系统开发管理

1. 业务流程改革

信息化不是简单的计算机化,即只是以计算机代替原来的手工劳动,而是以新的管理系统代替旧的管理系统。管理系统作为一个整体,包括计算机信息系统、管理流程、管理制度等,所以由旧的管理系统变为新的管理系统,必然带来业务流程或管理流程的变革。流程就是由一系列基本活动组成的过程,在企业,一般叫业务流程;在政府或事业单位,一般叫管理流程。例如:"大学招生"就是一个管理流程,其基本组成如图 8-6 所示。

确定分数线　→　调档　→　录取　→　通知

图 8-6　流程举例示意

在开发系统之前,首先要调查清楚现在的业务流程,用流程图的形式表达出来,然后结合新系统的功能和目标,确定流程的改革方式,包括流程优化和流程再造。

2. 系统开发管理

信息系统的开发本身是一个复杂的过程,需要对其进行组织管理。具体包括如下环节。

(1) 建立项目开发组织;

(2) 制定总体开发计划;

(3) 进行系统开发项目管理。

8.3.4 系统开发过程

1．系统分析

系统分析阶段的主要任务是开发人员同用户一起，通过对当前系统的详细调查和分析充分理解新系统目标，即用户需求，并将它明确地表达成书面资料。系统分析的结果是产生新系统的逻辑模型，它通过图和文字说明描述了新系统要"做什么"，而对于"如何做"的问题暂时不考虑。

2．系统设计

系统设计的任务就是解决"如何做"的问题，将系统逻辑模型转化为系统物理模型，即计算机实现方案。系统设计阶段一般包括总体设计和详细设计两个步骤。总体设计的任务是划分出子系统、子系统中的模块，并画出模块结构图，详细设计则要确定每个模块内部的详细执行过程。

3．系统实施

当解决了新系统"做什么"和"如何做"的问题之后，下一步就是实际去做，即进入系统实施阶段。系统设计报告提供了实现系统功能的方法、技术和方案；系统实施则是对系统设计成果的计算机化过程，包括计算机硬件配置和网络构建、程序设计、系统测试和系统转换等阶段。

4．系统评价

当新系统运行一段时间后，要对其进行鉴定和评价。在当初系统规划时提出了一系列系统功能和目标，为了确定系统是否达到了预期目标和要求，要对其运行的实际效果进行评价，评价的内容包括系统功能评价、系统性能评价和系统的效果评价等。

8.4 信息资源利用

前已述及，信息资源利用是指人们根据分析问题和解决问题的需要，按照不同的思维方式，从不同角度去开展信息活动，并以信息作为决策的依据。由此看出，信息资源利用本质上与人更紧密相关，包括与人的思维方式、看问题的角度、信息心理和行为紧密相关，相比较于信息资源开发来说，更多地受到人的主观意志影响。

8.4.1 信息资源利用策略

信息资源可以划分为记录型信息资源、实物型信息资源、智力型信息资源和零次信息资源,对不同类型的信息资源应采取不同策略。

1. 记录型信息资源利用策略

记录型信息资源又分为非数字信息资源和数字信息资源。对于非数字信息资源的利用,主要通过传统纸质阅读等方式获取其中的信息内容,并在此基础上进行信息揭示与标引、信息存储与排序、信息加工利用、综合比较、归纳推理等一系列有序化的信息组织和分析研究工作。

同时,对于大量非数字信息中的有价值或有必要长期保存部分,要做好数字化工作,将其进行规范化、标准化后纳入计算机中保存。任何组织机构都会产生大量的非数字信息资源,包括会议记录、现场记录、工作日志记录、用户意见反馈、纸质调查问卷信息等。对于非数字化信息的数字化过程,具有两种形式:一是以文件形式存入计算机;二是以数据库形式存入系统。也可以二者结合,以数据库保存和管理文件名。不论采用何种方式,首要的工作就是分类、排序和做出索引,使之形成序列明确、便于查找的体系。将非数字信息资源转化为数字信息资源后,统计分析是经常采用的分析方法。

数字信息资源是指存于计算机中的信息资源,从范围来看,包括互联网信息资源、应用系统信息资源和单机信息资源;从保存形式来看,包括文件形式和数据库形式。对于数字信息资源的分析,是目前研究的热点,包括数据挖掘、联机在线分析、文本挖掘、大数据分析等。数据分析是一个博大精深的领域,正朝着一门独立学科,即"数据科学"的方向发展。

2. 实物型信息资源利用策略

对于样品、样机、文物等实物信息资源,既可以在技术研发方面发挥作用,也可以在组织文化建设方面发挥作用。在技术研发方面,许多新技术引进、新产品开发都需要利用反求工程(reverse engineering,RE),就是针对已有产品原型、实物、软件和影像等,利用相应技术探索该产品的设计、制造和管理的关键技术,进而开发同类产品并进一步升级。在概念和思维方式上,反求工程与产品正向设计不同,反求工程是逆向思维,根据已有产品来构造产品的设计模型,在此基础上进行再设计、再创造;而正向产品设计是按照"产品功能描述—产品概念设计—产品总体设计—产品详细设计—产品工艺流程设计—产品制造"的基本过程展开。但是在实际工作中,往往是二者交叉进行。

在组织文化建设方面,可以通过本组织自创始之日起的一系列产品样机、文物、文件、有重大意义的影响资料等信息资源进行组织的历史教育,宣传组织的创业历史和优秀组织精神。许多具有一定历史的企业、学校等组织都建有这样的展览室,一方面供来宾参观,宣传组织文化;另一方面对职工进行教育,以增强职工的责任感和使命感。

3. 智力型信息资源利用策略

智力型信息资源是存在于人脑中未编码的知识信息,属于隐性知识。根据张波教授(2007)的观点,组织中的隐性知识是建立在组织或个人经验基础上,并涉及多种无形因素的知识,是难以公式化和明晰化的知识。隐性知识一般分为两类:一类是技术方面的隐性知识,包括那些非正式的、难以表达的技能、技术诀窍等;另一类是认知方面的隐性知识,包括心智模式、信念和价值观,这些认知方面的隐性知识反映了组织或个人对现时的看法和对未来的预测。

由于隐性知识具有更高的不可模仿性而具有更高的战略价值,它可以使组织获得长久的能力与技术,获得更多的竞争优势,因为受到了许多组织的高度重视。在知识管理理论中,对隐性知识的管理是重要内容。对隐性知识的管理,其根本目的就是通过知识共享提升组织的竞争力。主要任务有:

(1) 隐性知识有序化。首先是将组织的隐性知识分类和排序,形成有序的整体,包括制定组织的知识地图。

(2) 隐性知识显性化。之所以称其为隐性知识,就是因为难以显性化,其原因既有知识本身难以用文字表达,也有知识掌握者不愿意公开的因素。此处是尽量将其显性化。包括尽量定量或半定量测量、文字描述、视频音频表达等。

(3) 隐性知识共享。使个人的隐性知识成为更多人的知识,为组织的持续创新和竞争力的提高提供有力的知识支持。隐性知识尽管难以明确表达,但是仍然可以通过交流和演示等方法共享,使更多的人掌握。知识共享是提高组织智能的核心,提高组织核心能力的关键。影响知识共享的障碍来自信息技术、领导和职工的认识水平、组织文化的阻力和管理措施不力等。

(4) 隐性知识的普及应用。隐性知识管理的最终目的是使掌握在组织个人中的有价值的隐性知识获得普遍的、制度上的应用。

为了有效管理组织的隐性知识、利用好智力型信息资源,可以采取如下措施:

(1) 以知识地图为工具系统化了解组织的隐性知识。首先是对隐性知识进行评估,评价其价值,然后用知识地图进行标示。知识地图首先对组织的知识进行分类,然后标出具体的人或团队所掌握何种特长知识。通过知识地图可以比较全面、系统地掌握本组织的隐性知识类型和所掌握的团队及个人,当然,知识地图也是动态调整的。

(2) 以宣传、演讲、树立标杆等方式灌输组织认同的价值观,反对组织不认同的价值观。对于正能量组织文化的树立,关键是领导的言行一致,行重于言。

(3) 以讨论、示范等方式传授特殊技能。例如某人具有通过观察客户购买行为的能力,从而使营销工作更加有针对性。这种技能难以用语言表述,但是可以由其进行示范,也可以用录像的方式编制教学影像片,以使更多的人掌握这种营销技能。当然这需要政策的配合,要让贡献特殊技能的人员获得应有奖励。

(4) 利用网络平台建立知识交流平台。例如在本组织的 OA 系统中建立专业论坛、博客平台等,提供职工互相交流的机会。

(5) 建立学习型组织,在组织内部营造利用知识交流、知识共享和共同创新的氛围。

4. 零次信息资源利用策略

零次信息属于非文献信息,以人们的日常观念、意见、口头表达、正式与非正式讲话等形式存在。零次信息内容庞杂、分布广泛,无法通过文献检索等形式获取,只能通过社会调查等形式收集。调查的方式有问卷调查、访谈调查和实际观察。零次信息的收集工作对于调查人员的素质要求很高,不但要求比较广博的知识,同时还要有比较丰富的经验和高度的责任感。在信息界流传的一句话是"进去的是垃圾、出来的还是垃圾",指的就是如果对零次信息收集有误,以后不论采取何种办法加工和分析,结果不但是徒劳无用,而且可能因误导决策而有害于组织目标的实现。对信息获取的要求是准确、及时和全面,为了达到这个标准,在获取零次信息时要注意如下 3 点。

1) 信息源的可靠性

信息源的可靠性针对两个方面:一是信息提供对象,对于访谈调查,要注意访谈对象的身份、所提供信息的可靠性和价值;而对于问卷调查,要注意被调查对象的代表性和分布特征。要根据所要收集的信息内容选择合适的被调查者。二是针对信息获取途径,面对面访谈的信息其可靠性高于问卷信息;对于会议信息,亲临现场显然要比收听报道和相关人士的口头传达可靠全面。

2) 获取信息的及时性

有些信息具有很强的时间性,时过境迁之后,信息就失去其利用价值。所以对于有些信息的获取,快速及时极为关键。

3) 信息内容

零次信息内容极为广泛庞杂,关键是如何判断哪些是有用信息、哪些是值得收集的信息,这就要求信息管理人员具有广泛的业务知识、实际经验,并且了解组织目标,从而判断信息的价值。

零次信息收集之后,要对其进行整理加工,首先形成记录信息,然后进行描述和分析,形成信息成果。信息成果归结起来有三大形式:一是消息类产品,包括舆情综述、动态简报、某现象述评等;二是数据分析类产品,典型的是问卷调查数据分析;三是研究报告,包括专题报告、调查分析报告、趋势分析和预测报告等。

8.4.2　信息资源利用中的用户行为

在一个组织机构中,信息用户指的就是需要和利用信息资源的各类岗位人员和各类业务部门。用户信息行为就是这些用户与信息资源和信息渠道相关的行为总和。用户日常的信息搜索、信息查询、信息录入上传、信息加工展示、依据信息决策等,都属于信息行为,这些具体信息行为都围绕着 4 个方面,即信息需求、信息查询与选择和信息使用。

1. 信息需求行为

信息需求是人们在从事各种社会活动过程中,为解决各种问题而产生的对信息的需要和不满足感。当人有了需求之后,就会进行各种各样的信息活动,获取所需信息。信息需求是引起用户信息行为的内在原因(马费成,2014)。任何信息需求都是为达成一定的目的,在组织机构中的信息用户根据各自职责的岗位目标的需要,产生各自相应的信息需求。信息需求的具体表现可以归纳为以下 3 种形式。

1) 获取信息的需求

人们希望通过搜索、查询、咨询等方式获取相应的信息。解决问题是管理者获取信息的根本目的。不同岗位、不同层次、不同类型的管理者和业务人员所面对的问题不同,所以需要不同的信息。

2) 发布信息的需要

用户向外部发布信息,是单向的信息传输。从主动性来划分,有主动和被动之分。主动发布是不受要求的信息发布,目的是达到告知、宣传等作用。被动发布是受到要求而发布的信息,常见的是业务人员向上级或有关部分上传或上交的数据、报表等信息。组织机构对于常规的信息发布都要求规范的格式、统一的平台、规定的内容等。

3) 交流信息的需要

交流信息是信息的双向传输。传统的交流是讨论、座谈等方式,电子化信息交流有网络视频会议、网络论坛、博客、电子邮件、微信等形式。组织机构可以有效地利用电子化交流手段,从而使职工沟通更加方便快捷。

2. 信息查询与选择行为

信息查询行为是用户根据一定的需求和目的在一定的范围内搜索信息。信息查询根据条件是否明确分为信息检索和信息浏览。信息检索的条件相对明确,范围限制得相对窄一些。而信息浏览的范围相对宽一些,以希望在一定方向上发现意外信息的行为。图 8-7 为中国知网(CNKI)期刊检索的查询界面。

在查询的过程中和查询之后又伴随着用户的信息选择行为,即使用户得到了符合当初条件设定的所有信息,一般也不会将所有信息下载保存,而是进行一定的选择行为。信息选择行为就是用户根据所要解决的问题需求,对于查询得到的信息进行综合判断并决定取舍的行为。

3. 信息使用

决策问题贯穿于管理活动的始终,其 4 个步骤为:收集信息、制定备选方案、选择方

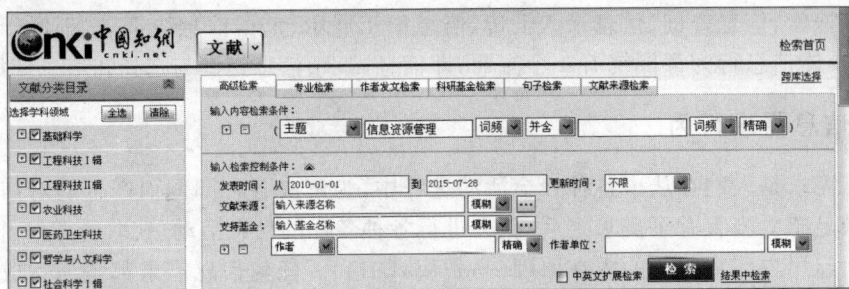

图 8-7   中国知网的期刊文献查询界面

案、实施与反馈。管理者面对所要解决的问题,产生信息需要,进而收集所需要的信息,根据需要和问题类型选择信息,利用已经掌握的信息构建总的解决问题框架,再进一步进行思考、分析、表述,使问题得到解释和明确,最后制定解决方案,达到解决问题的目的。在运行新的方案中还要不断收集业务运行信息,即信息反馈,通过信息反馈和环境变化,发现新的问题,再开始新一轮的决策过程,如图 8-8 所示。

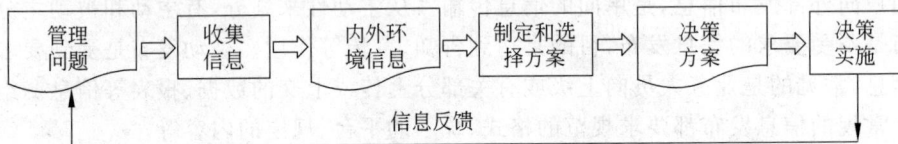

图 8-8   信息在管理决策中的循环过程

8.5   狭义的信息资源开发利用

8.5.1   基本含义和过程

　　狭义的信息资源开发利用,指的是对数据和信息内容本身的开发利用,主要包括信息的收集、加工处理、存储和传递、表示、评价和应用等内容。由于广义的信息资源范围十分广泛,涉及本专业所有专业课程,所以在许多应用场合,信息资源开发利用就是狭义的含义,而且仅指记录型信息资源,许多场合也并不严格区分开发与应用的区别和界限。

　　信息资源开发利用的一般过程为:信息需求分析、信息采集、信息组织、信息存储、信息综合分析、信息展示等。

8.5.2   信息需求分析

　　所谓信息需求,是人们在从事各种社会活动过程中,为解决问题所产生的对信息的需要和不满足感,关键是为了解决问题。提供信息服务实际就是从信息资源开发利用的角度帮助信息用户解决他们各自的问题,这也就是信息管理部门的价值前提。只有当信息资源与组织机构的需求相适应时,才能充分发挥信息资源的效用;也只有当信息化工作能够帮助组织解决一系列问题时,才有其存在价值。

1. 组织机构对信息需求的原因

一个组织机构的根本目的就是生存与发展,在生存与发展的道路上需要解决一系列问题,包括管理的效率问题、竞争优势问题和决策的科学正确问题,所以信息需求一般来源于内部管理需求、外部竞争需求和决策需求。不同类型的组织在这三个方面又分若干职能和层次。所以,信息管理工作必须经过信息应用调研来了解本组织的信息需求,特别是关键信息需求。

2. 管理信息的含义、特点和分类

由于管理信息的含义范围很广,所以一般用管理信息指代组织机构所需要的各类信息。管理信息就是对组织机构的日常运作、决策和战略规划等管理活动有用的信息。这些信息既可能存在于组织机构日常的经营、运行与管理之中,也可能来自组织外部。

管理信息除具有一般信息的特点外,还具有自身的共同特点。相对于某领域的专业技术信息来说,主要具有 4 个特点:

(1) 信息来源的分散。

(2) 信息量大而且多样。

(3) 信息处理方法的多样性。

(4) 信息的发生、加工和使用时间的不一致性。

管理信息通常用文字、各种单据、报表及图表等形式表示。根据使用的需要,可以按照不同的维度进行分类。最通用的分类是按照信息的来源,分为内部信息和外部信息。同时根据组织机构的业务种类分类,如生产信息、营销信息、人力资源信息、财务信息等。按照管理层次,可以分为为日常业务服务的执行操作信息、为中层管理服务的管理控制信息、为高层决策服务的战略规划信息等;按照信息的流向,可分为输入信息、输出信息、控制信息和反馈信息等。

3. 管理信息与决策的关系

在整个管理活动中,其最重要的职能就是决策。决策是一个在多方案中的选择过程,其目的就是为了消除不确定性,所以需要大量、准确、全面和及时的信息作为依据。决策的每一步骤都离不开信息,决策过程可以视为一个信息处理过程。

管理决策需要信息,但不是信息越多越好、对信息加工得越细越好。不同程度的决策需要不同的信息,如何把适当的信息提供给适当的管理者,是信息管理工作者需要认真研

究的问题。一般来说,一个中型以上组织机构的管理层次都可以分为高层、中层和基层 3 个层次,高层决策大多是非结构化决策,中层决策大多是半结构化决策,基层决策大多是结构化决策。不同层次的管理者或同一管理者面对不同问题,所需要的信息类型是不同的。表 8-4 说明了不同层次管理者对信息的需求。

表 8-4   不同层次管理者对信息类型的需求不同

信息要求	高层管理	中层管理	底层管理
信息来源	主要来自外部	以内部为主	内部
信息范围	较宽	较窄	较窄
概括性	概括	简单综合	具体
时间性	未来的	历史的	历史的
流通性	过去的	近期的	当前的
精度	较低	较高	高
发生频率	不常用	一般使用	经常使用

8.5.3   信息采集、组织与存储

组织机构的信息采集就是根据管理的需要,收集各类信息的过程。信息采集的任务和过程在本书第 4 章中有比较详细介绍。

1. 信息采集内容规划

信息采集是对组织日常业务活动、管理控制和战略决策等方面有用的信息进行选择、提取和收集的过程。这个过程是连续的、依靠制度保证的、专职人员与兼职人员共同完成的信息活动。信息采集活动包括以下环节。

(1)识别采集内容;

(2)对信息内容进行分类;

(3)设计信息采集内容体系;

(4)对信息采集工作的评价。

2. 信息源分析

对信息源分析即对信息来源的分析,按照大类分为两类:内部信息和外部信息。而内部信息又分为许多不同的信息产生地,外部信息来源就更复杂。之所以要进行信息源分析,是由于信息源分布广泛、数量庞大,而且信息的发生、加工和使用的时间、空间具有不一致性。信息源分析主要分为两大内容:

1）信息源分布特点分析

信息源的分布是一种自然现象，其最大特点就是不平衡性，包括信息数量分布的不平衡、信息产生和使用的不平衡等。

2）信息价值分析

分析信息对组织是否有用、是否具有价值、其采集成本如何等。

3. 信息采集与传输系统设计

当确定了信息采集内容和来源后，就要设计信息采集与传输系统，例如：超市的 POS 系统就是一种信息采集与传输系统。

4. 信息分类与组织

一个组织机构的信息内容十分庞杂，必须通过有效的分类与组织使之有序化、条理化和规范化，为信息资源的进一步加工、利用打下基础。信息资源的分类与组织方法从大类上分为三种：分类法、主题法和数据库方法。在本书第 4 章中有比较详细介绍。

5. 信息存储

对于记录型信息的存储，有纸质文件存储和电子存储两大方式。图书馆管理、档案和图纸管理就是典型的纸质文件存储。对于纸质文件存储，一是选择好存储地点和工具；二是要做好索引表。索引表是文献资料编号名称与物理存储位置的对应表，只有根据索引表有序地放置文件，才可以根据索引表方便地查找文件。

以计算机管理数据，主要有两种形式：一是文件形式，如 Word 文件、Excel 文件、PPT 文件等；二是数据库形式。数据库是以一定组织方式存储在一起的、彼此相互关联的、具有较少冗余的、能被多个用户共享的数据集合。数据库对数据的组织模型有 3 种类型：关系模型、层次模型和网状模型。绝大多数的数据库是关系模型数据库，是以二维表的形式组织数据。二维表就是有两个维度的表格。一个表格是一个实体数据类，如学生类、教师类、固定资产类。列表示实体类的属性，例如学生的属性有学号、姓名、性别、专业、班级、电话号码等。表的行是实体数据，例如一行是一名学生的数据。

数据库的存储分布方式有两大类：集中式和分布式。

1）集中式存放数据

它是指将数据集中存放在同一地理位置。

2）分布式存储数据

把数据存放在不同的物理地点。集中式和分布式存放数据各有优缺点，所以在现实中常常是二者结合。

8.5.4 信息综合、分析与展示

1. 信息综合

信息综合是指对所收集到的数据和信息进行加工处理,一般包括筛选、排序和综合处理。

(1) 筛选。根据所要解决的问题、所要计算指标的意义对数据和信息进行过滤和选择等。

(2) 排序。对所收集到的数据和信息进行分类整理,按照不同角度进行有序化。

(3) 综合处理。是指对所采集的信息进行分析整理、重新组合、计算等处理,形成目的性更强、价值更高的信息。例如,表 8-5 为将某企业将营业人员性别和客户满意度进行组合,并且计算合计和百分比的一种综合处理方法。

表 8-5　对营业员性别和客户满意度的数据综合统计　　　　单位: %

性　别		客户满意度			合　计
		满意	一般	不满意	
男	人数	40	30	40	110
	男性比率	36.4	27.3	36.3	100
	满意度比率	57.1	50.0	57.1	55.0
	本组合计比率	20.0	15.0	20.0	55.0
女	人数	30	30	30	90
	女性比率	33.3	33.3	33.3	100
	满意度比率	42.9	50.0	42.9	45.0
	本组合计比率	15.0	15.0	15.0	45.0
合计	人数	70	60	70	200
	性别比率	35.0	30.0	35.0	100
	满意度比率	100	100	100	100
	本组合计比率	35.0	30.0	35.0	100

2. 信息分析

信息分析即对原始数据或经过加工整理过的数据和信息进行定量和定性的综合分析,特别是分析各个变量之间的关系,目的是研究事物的总体状况、发展规律并进行预测。对于定量数据的分析,更多的是利用统计学方法、数据挖掘方法。例如,表 8-6 为某商品

价格和销售量这两个指标的原始数据。

表 8-6　某商品价格和销售量的原始数据

平均单价(X)	0.4	0.6	0.9	1.2	2	3
销售量(Y)	900	800	450	100	350	100

对这两个指标的数据进行统计学的回归分析,得到如下公式

$$Y = -1\,547.9 + 4\,664.62/X$$

图 8-9 为两个变量的观测点和回归曲线,据此可以掌握该商品的销售规律,并对同类商品做出预测。

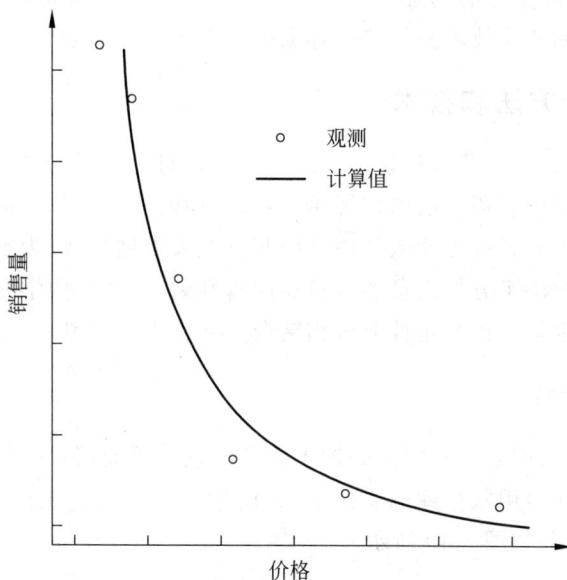

图 8-9　某商品价格和销售量的回归曲线

对宏观经济信息、行业发展信息、科技信息、竞争对手信息和本组织的管理信息、生产运营信息、资源变化信息等进行综合分析,目的是系统、全面、深刻地研究事物的总体特征、发现规律及趋势,为管理者提供有内涵、有深度、有价值的信息分析报告。

3. 信息展示

信息展示是指将对信息综合分析的结果通过信息技术手段展示给用户。展示的类别可以多种多样;展示的形式可以是指标数值、图、表、语音和视频等;展示的方法可以是界面展示、下载文件,如 Word、Excel、PDF 等文件展示。同时还可以按照用户的条件和数据变化情况进行分类。

1）按照用户需求的信息展示分类

按照用户需求的信息展示，分为固定内容展示和条件可变型展示两类。固定内容展示指是的单方向的信息输出展示，用户只能浏览而不能交互选择信息，包括文字、图片、动画、音频、视频和实物等形式。为了取得较好效果，尽量采用多媒体技术以多种形式展示，做到丰富、生动、形象。条件可变型展示，即条件查询，用户可以在一定范围内设置条件进行查询。

2）按照内容更新情况

按照内容更新情况，分为静态展示和动态展示两类。静态展示是在一定时期内所展示的内容相对固定不变。静态展示也应做到适时更新，只不过不是随时更新。动态展示是指展示事物随时发展变化的动态情况。典型的动态展示就是股票价格变化，不但价格随时更新，而且随之的各项技术指标的计算也是动态更新。

8.5.5　信息分析方法和技术

信息分析是对所收集的各类信息进行归类、汇总、计算和建立模型，目的是展示信息资料的本质特征、挖掘信息资料的内在规律、预测事物的发展趋势。信息分析是一个博大精深的领域，在此只是起到一点导入作用。按照方法大类划分，分为定性分析和定量分析两类，定性分析主要取决于分析人员的经验和逻辑判断，在学校中学习较多的是定量分析方法。在实际中，要定量分析与定性分析相结合。

1.　信息分析流程

有学者（如官思发、朝乐门，2015）归纳了两类信息分析流程：一类是传统的计算机辅助信息分析流程，即在专用数据库的支持下，利用所选择的软件工具和方法，展开具体的信息分析过程。其流程如图 8-10 所示。

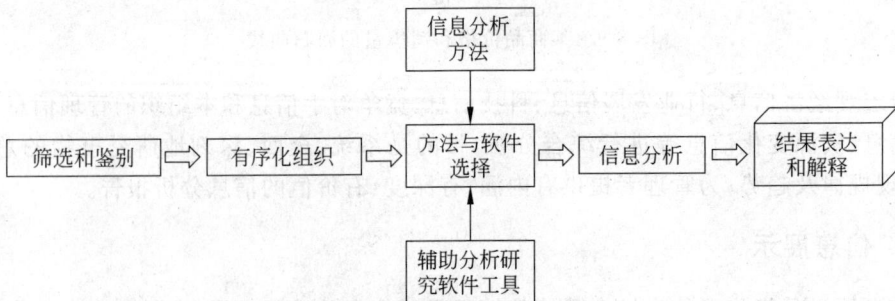

图 8-10　传统的计算机辅助信息分析流程

另一类是以计算机为主的数据分析，即以信息分析任务或课题为导向，基于大数据分析处理平台，以情报机构知识库建设为保障，以专题情报分析为核心的情报机构信息分析模式。图 8-11 为其示意图。

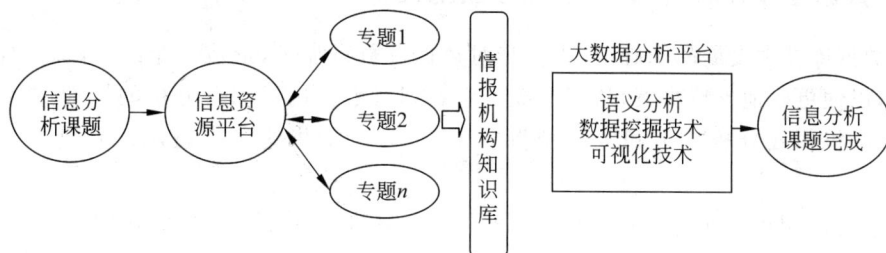

图 8-11　大数据环境下信息分析工作模式

2. 定性分析方法

对信息资源的定性分析是指分析人员对信息资料进行人工的主观的归纳总结、比较分析和逻辑推断等工作。定性分析的结论取决于分析人员的经验和思维能力,尽管不同的分析人员所得结论相差较大,但是作为组织机构的高层分析领域,是数学和计算机永远也无法替代的部分。下面简单介绍定性分析常用的一种思维方式,即:优势(strength)—劣势(weakness)和机会(opportunity)—威胁(threat)比较分析法,称为 SWOT 分析。这种分析将组织所面临的环境分为外部环境和内部条件两大部分。外部环境的特征和变化是客观存在的,对本组织可能形成机会,也可能构成威胁。内部条件是相对于行业平均水平或竞争对手而言,有些方面具有优势,有些则具有劣势。然后将外部环境和内部条件进行组合对比,研究有利于组织发展的措施。其分析的思维框架如表 8-7 所示。

表 8-7　SWOT 分析思维框架

内部条件 外部环境	优势(S)	劣势(W)
	1. 2. 3.	1. 2. 3.
机会(O) 1. 2. 3.	优势机会战略 发挥优势、抓住机会的措施	劣势机会战略 克服劣势、抓住机会的措施
威胁(T) 1. 2. 3.	优势威胁战略 发挥优势、躲避威胁的措施	劣势威胁战略 克服劣势、躲避威胁的措施

3. 数据仓库、联机在线分析和数据挖掘

在数据库技术发展的基础上,进一步对数据进行再加工,形成一个综合的、面向分析的环境,以便更好地支持决策,从而形成了一系列对数据进行综合分析的技术,即数据仓库技术、联机在线分析技术和数据挖掘技术,也有文献将这 3 类技术统称为数据仓库系统。

数据仓库(data warehousing,DW)是面向主题的、集成的、不可更新的(稳定的)、随时间不断变化的数据集合,用以支持经营管理中决策的制定过程。数据仓库提供经过深加工的、综合性的信息集合。数据仓库是建立在数据库之上的数据管理系统,属于不同的层次,具有不同的作用,同时二者具有紧密联系。数据库存储原始数据,并提供对数据的增加、删除、修改和查询操作,即对数据的操作性处理,支持日常管理业务。数据仓库是从保存原始数据的各个数据库中抽取数据,按照管理的需要进行汇总、综合和重新组合,例如按照日期、地域、部门、产品等不同维度汇总数据,一般不可以修改数据,只能查询,属于对数据的分析性处理,用以支持中高层的管理决策。数据仓库具有如下特点:

(1) 面向主题。即面向各个业务领域或分析领域的分类,如职工业绩分析、销售业绩分析等。

(2) 是数据的集成。数据仓库的数据是从原有的分散的数据库中抽取出来。

(3) 数据仓库的数据不可更新。数据仓库主要面向领导进行决策使用,故操作者一般只是查询,不去删改数据。

(4) 数据仓库的数据随时间变化。从数据源集成的数据,以及集成的方式不断变化。

从业务数据库到数据仓库,要经过数据抽取(data extract)、数据转换(data transform)和数据加载(data load)等过程,简称 ETL 过程。

主题数据库和数据仓库构成了高档次的数据环境,成为信息资源网主要和重要的资源载体。在此基础上,可以进一步对数据进行综合分析,例如进行多维度制表和建立变量之间的关系模型,相应的技术为联机在线分析和数据挖掘。

联机在线分析(on-line analytical processing,OLAP)是一种可以提供共享多维信息的、针对特定问题的联机数据访问和分析的快速软件技术。它通过对信息的多种可能的观察形式进行快速、稳定一致和交互性的存取,允许管理决策人员对数据进行深入观察。OLAP 委员会对联机分析处理的定义为:从原始数据中转化出来的、能够真正为用户所理解的,并真实反映企业多维特性的数据称为信息数据,使分析人员、管理人员或执行人员能够从多种角度对信息数据进行快速、一致、交互的存取,从而获得对数据的更深入了解的一类软件技术。OLAP 的目标是满足决策支持或多维环境特定的查询和报表需求,它的技术核心是"维"这个概念,因此 OLAP 也可以说是多维数据分析工具的集合。

数据挖掘(data mining,DM)就是从大量的、不完全的、有噪声的、模糊的、随机的实

际应用数据中,提取隐含在其中的、人们事先不知道的,但又是潜在有用的信息和知识的过程。数据挖掘从大量的数据中提取的信息和知识必须具备可信性、新颖性、有效性和易于理解这 4 个特征,本章开始的"情景案例"就是典型的数据挖掘案例。数据挖掘的任务是发现模式,具体方法包括关联分析、分类、聚类、回归、决策树、神经网络、时间序列以及各种统计模型等。图 8-12 为数据挖掘的方法选择界面。

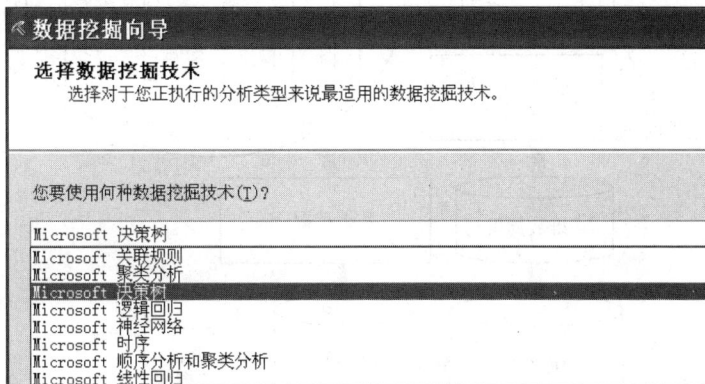

图 8-12　数据挖掘方法选择界面

作为数据挖掘的数据源可以是多种来源,既可以是业务数据库,也可以是数据仓库或其他来源。将数据源导入数据挖掘工具,形成挖掘目标数据集,也就是研究者感兴趣的、希望寻找其中关系的数据集合,然后用相应的工具进行挖掘。数据挖掘与联机在线分析的目的不同,联机在线分析是及时地从各个角度观察数据,实际就是从各个角度对数据进行描述性统计,计算数据的总额、平均值、百分比等。而数据挖掘的目的是发现变量之间的关联模式。数据仓库、联机在线分析和数据挖掘三者的关系如图 8-13 所示。

4. 统计分析与数据挖掘

对一手数据进行定量分析,常采用统计分析和数据挖掘技术。不论何种行业和业务,数据分析的目的都可都可归纳为 3 个方面:描述事物特征、发现事物规律、预测事物发展趋势。

统计学是收集反映事物特征的大量数据,进行整理、汇总、描述和分析,以展示数据总体特征和研究事物发展规律。分为描述统计和推断统计两大部分。描述统计是通过数据参数、统计表和统计图来描述数据总体特征。描述总体数据的参数有平均数、中位数、众数、标准差、比率、统计指数等;常用统计表有数据分布表、时间序列表、列联表等;常用统计图有直方图、条形图、饼图、折线图、雷达图等。推断统计是利用局部数据(样本数据)推断总体特征、利用过去和现在的数据预测未来趋势的统计方法,常用方法有参数估计、假

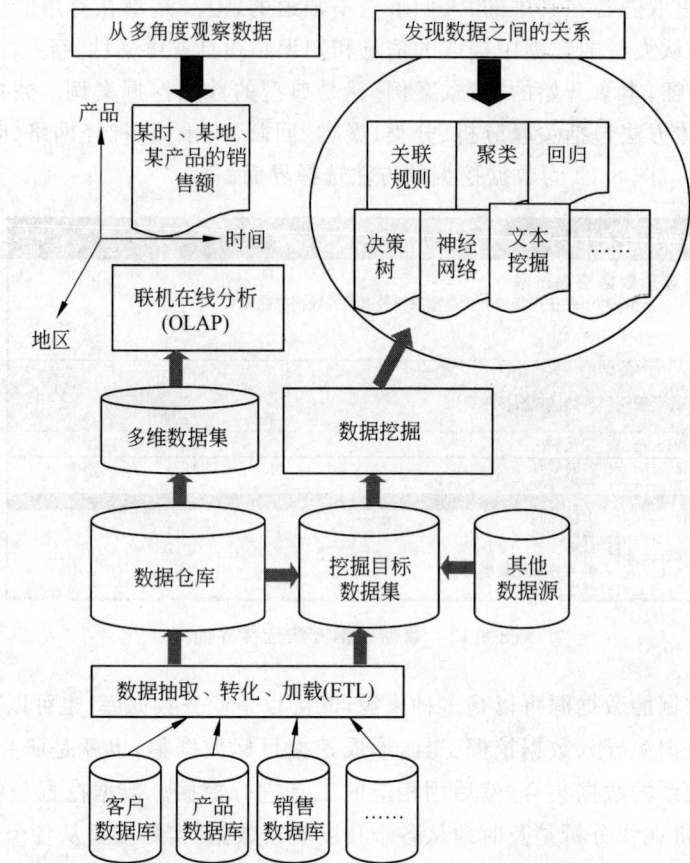

图 8-13　数据仓库、联机在线分析与数据挖掘示意图

设检验、相关与回归分析、方差分析、卡方检验和路径分析等方法。表 8-8 是一个学生性别与所在专业的列联表，从中可以考察性别与专业选择的关系。

表 8-8　学生性别在专业中分布统计　　　　　　　　　　　单位：%

专 业	统 计	性 别		合 计
		男	女	
信息管理	人数	20	9	29
	性别比率	45.5	18.0	30.9
工商管理	人数	13	15	28
	性别比率	29.5	30.0	29.8

专　业	统　计	性　别		合　计
		男	女	
金融学	人数	6	14	20
	性别比率	13.6	28.0	21.3
会计	人数	5	12	17
	性别比率	11.4	24.0	18.1
合　计	人数	44	50	94
	性别比率	100.0	100.0	100.0

　　统计学与数据挖掘二者既有比较明显的区别,同时又具有紧密的联系。

　　从二者的区别来看,首先是成立的时期和条件不同。统计的实践古已有之,自从人类懂得结绳计数以来,就开始了统计实践。统计学科的创立一般认为从 17 世纪德国的"国势学派"开始,至今已有 300 多年历史,当时的计算方法还很落后,只是通过人工笔算。数据挖掘是伴随着现代计算机技术的广泛应用和数据的大量积累而发展起来的,经历了"数据库—数据仓库—数据挖掘"阶段。1989 年 8 月在美国底特律召开的第 11 届国际人工智能联合会议上出现了"数据库知识发现"一词,可以认为是数据挖掘的开端。其次是所分析的数据对象有一定不同,统计学的数据来源一般为统计报表和社会调查数据,而数据挖掘的数据是数据库中大量积累的数据。三是方法和目标不尽相同,统计学中重要的组成部分是推断统计,是以样本数据推断总体特征,在算法上具有大量的差异显著性检验,而数据挖掘方法由于是基于大量数据,所以没有样本和总体的概念,也不作显著性检验。

　　从二者的联系来看,首先两套体系的对象都是数据,目的都是发现数据的特点和规律。同时在计算机广泛应用的现代,二者的数据分析对象在许多场合是共同的。三是许多方法是共同的,产生于后期的数据挖掘方法借用了统计学的许多方法,同时目前的统计学也将数据挖掘创立的算法纳入进来。从发展趋势和应用的角度来看,二者趋于融合,在实际应用场合并不严格区分。

5. 大数据分析

　　随着信息技术的不断发展,海量数据日积月累,大数据分析应运而生,成为信息时代的前端领域和典型特征。据百度搜索和其他数据统计,2015 年全球互联网网站数量已超过 10.6 亿,网页数量则是不计其数,中国的网页数量就达 1 500 亿。在这些庞大、形式多样的、跨越不同领域的数据中隐藏着很有价值的信息,任何行业都可以从这些信息中发现机会。

仅举简单一例,电信运营商可以通过居民家中电视机的机顶盒中的设置得出不同电视剧的收视率。同时自来水公司发现居民在晚饭后的看电视时间的总体用水量仍然是不均衡的,在某些时间段内,用水量突然上升。请大家想想是何原因?如果在电视广播和自来水供应这两个领域中独立地分析,很难得出结果。大数据分析将两个领域的数据进行综合分析,发现在某些电视剧的广告中间,用水量突然增加。定性分析推断:这些电视剧不但收视率高,而且吸引力强,观众在看剧时不上厕所;而有些剧尽管收视率不低,但是吸引力不很强。这就为广告行业提供了决策依据。

1) 大数据的特点

对于什么是大数据,目前业界并没有公认的说法。普遍认为大数据要具有 4 个特点,即 4 个 V。

(1) 规模性(volume)。大数据必然具有大规模,数据量以 GB、TB、PB、EB、ZB 为单位,1TB=1 024GB,1PB =1 024TB,1EB=1 024PB,1ZB=1 024EB。

(2) 多样性(variety)。数据的形式包括数字、文字、图片、音频、视频等多种形式;数据的组织方式包括结构化数据和非结构化数据,以非结构化数据为主。

(3) 实时性(velocity)。数据每时每刻都在变化。

(4) 价值性(value)。大数据具有价值,但是价值的密度很稀疏,如同沙里淘金。

2) 大数据时代

大数据的产生及其应用形成了当今时代的典型特征,2011 年 5 月,全球知名咨询公司麦肯锡(Mckinsey and Company)发布了《大数据:创新、竞争和生产力的下一个前沿领域》报告,标志着"大数据"时代的到来,指出"数据已经渗透到每一个行业和业务职能领域,逐渐成为重要的生产因素;而人们对于海量数据的运用将预示着新一波生产率增长和消费者盈余浪潮的到来"。各国政府对大数据都给予了高度重视。工信部正式启动《中国大数据产业"十三五"发展规划》,2015 年 7 月,中国工业和信息化部部长苗圩表示,将编制实施大数据产业"十三五"(2016—2020 年)发展规划,推动相关产业健康发展,优化产业发展环境,培育一批竞争力强的龙头企业集团。业界普遍认为,随着未来"十三五"有关大数据发展规划的出炉,大数据产业将迎来发展新高峰。

3) 大数据处理和分析的技术支持

大数据中蕴藏着巨大价值,不等于大数据可以直接应用,而要经过清洗、分析、建模等一系列过程。对大数据进行处理和分析的典型技术是 Hadoop,这个词本身没有含义,是系统开发者的儿子画的一只称为 Hadoop 的小象。Hadoop 是一个开源的框架,是一个能够对大量数据进行分布式处理的软件框架,可编写和运行分布式应用处理大规模数据,一般由许多并行的计算机组成 Hadoop 集群,可以存储和处理大规模数据集,客户端计算机发送作业到 Hadoop 集群并获得结果,如图 8-14 所示。

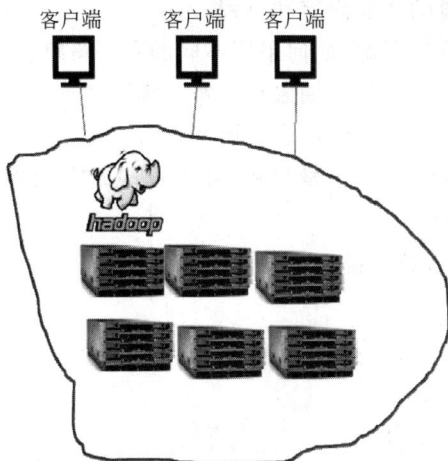

图 8-14　Hadoop 集群与客户机

本章小结

　　本章在讲述了信息资源开发利用的含义、目的、内容和基本模式的基础上,分别展开讲述信息资源开发和信息资源利用的内容。这二者既具有紧密联系,又具有一定区别。信息资源开发主要是信息资源管理活动的前期工作,主要内容是人们对信息内容、信息技术和组织机构等客观事物的改造,强调信息资源的客观规律,一般要按照标准和一定的流程开展工作。而信息资源利用主要是信息资源管理的后期工作,主要内容是研究管理者根据需要分析和利用信息资源的行为,强调人的主观能动性,所以其创新的空间更大。广义的信息资源开发利用包括信息系统建设等内容。狭义的信息资源开发利用仅指对信息内容的收集、加工、分析和利用,在对用户的需求分析基础上收集信息,对其进行分析,包括定性和定量分析。其中定量分析方法,包括统计分析、数据挖掘、联机在线分析等。大数据分析技术是目前快速发展的前沿领域。

课后思考题

　　1. 对于一个组织机构来说,为何要进行信息资源开发利用工作?

　　2. 结合你了解的一个具体的组织机构,如大学、公司等,谈谈信息资源开发利用的任务对于组织机构管理的作用。

　　3. 结合具体的组织机构,思考马费成提出的信息资源开发利用的基本模式是否适用。如果适用,可否构建具体内容? 如果不适用,请指出。

　　4. 本章提出了信息资源开发的两个模式,在现实中一定是界限分明的吗?

5. 简述信息系统建设的主要内容和过程。

6. 针对不同类型的信息资源，如何采用不同的利用策略？

7. 思考本章对用户信息行为的抽象是否符合实际情况。

8. 不同层次的管理者对信息的需求有何特点？

9. 信息分析包括定性分析和定量分析，在学校中研究较多的是定量分析，是因为定量分析比定性分析重要吗？

10. 大数据分析在各行各业都有哪些用途？

第9章

企业信息资源管理

本章要点

　　企业中的信息资源管理符合信息资源管理的一般规律，同时又具备自己的特点。本章从吉姆兄弟个人化定制生产入手，介绍企业信息资源管理的背景、内涵、特征和基本模式，其中发生的业务流程再造；然后以 ERP、CRM 为例，分析企业典型应用系统中的信息资源和信息资源管理；最后介绍因网络时代企业中大数据处理的需要而诞生的数据中心和工业 4.0，包括各自的内涵、类型、特征和典型案例。

【情景案例】

吉姆兄弟快逻辑

　　过去 20 年来，Dell 模式被认为是世界商业史上最好的模式之一，大规模定制取代了规模化生产，这是工业企业的一次巨大突破。随后，Dell 模式被模仿、被移植，加之于消费量最大的服装行业上，演变出规模化的个性定制。2006 年，北京的 Beyond Tailors 开始在国内第一个做互联网衬衫个性定制，随后，型牌男装、拉特兰、广州埃沃、优衫等一批衬衫定制企业涌入。2012 年，仅凭着 50 多个工人、6 个销售人员，吉姆兄弟生产销售了 12 万件定制衬衣，在这个行业站稳了脚跟。它在这个行业中的生存法则是什么？在无锡吉姆兄弟的工厂里，其董事长吴建科对记者反复强调了两个优势："新体验"和"快生产"。

　　在"量体裁衣"的量体环节这一入口上，吉姆兄弟努力创造超出顾客预期的有趣卖点。市场上量体常见的做法是以"密码定制"为噱头，实际采用套码，通过调节几个部位尺寸等方法省去对顾客的量体环节；或推出贴心服务，上门为顾客标尺量体，沿袭传统做法，却浪费人力、物力成本。吉姆兄弟却别出心裁，只需要顾客提供日常生活照片，即可从照片中获取顾客的体型数据。这种体验新奇是新奇了，但却有点不可思议，照片是平面的，立体数据如何获得？是否准确？吴建科告诉记者，这项量体技术的准确率保持在 95% 以上。从医院的 CT 扫描透视技术，能看出人体清晰的骨骼结构，吉姆兄弟的技术逻辑是，用 CT

成像的逆向原理,将平面照片用"点"来进行数字描述,然后通过人体三维数字模型进行三维还原,这样就可以轻松获得平面图片的三维尺寸。

为了让数据更加真实和丰富,创业之初,吉姆兄弟在无锡多个公众场所设置了人体体型数据采集机器,并从各地服装门店获取信息,两年来各种人体体型数据不断丰富。当技术人员向模型提供1~2个基础数据条件时(如身高、体重),模型能够模拟出所有身体其他三维信息。对于这项图像处理技术,吴建科介绍说:"目前在国际市场上独此一家。"通过这招秘籍,吉姆兄弟量体过程不仅酷炫新奇,而且在短短几分钟内就可以完成。

移动互联网时代,定制服务变得似乎更方便了。在吉姆兄弟的APP上,按照应用内的提示,完成选料、定款、拍照以及线上支付,即可完成定制,同时还可以切换不同款式的服装进行试穿、搭配。当一张照片出现在APP上时,照片中的人像瞬间变了模样,换上了新装,这种方式如同在生活、游戏里给卡通人物设计衣服,而现在变成了在手机上为自己设计时装。还可从不同系列的菜单中选择喜欢的样式,为自己换装。这种换装搭配也可以分享到微信、微博等社交应用上,这样一来,朋友们的建议、认可,理论上也会减少购物时的犹豫不决,让定制变得简单、高效。在吴建科看来,这是一箭双雕的新营销手段,吉姆兄弟可以借助熟人间的分享和推荐,获得更多的宣传和推广。

一厢情愿输出手机定制的新概念,并不能与顾客的关系维持太久。吉姆兄弟的策略是鼓励用户参与到对话中来,设置反馈意见功能,实现信息交换。用户把对产品的感受与见解反馈过来,也参与到了产品的改进与创造中。

吴建科说,吉姆兄弟定制衬衣的客户返退率不超过5%,今年8月推出的另一个大众品牌N6543的重复购买率更是达到了30%。要知道,在线定制这个市场,20%的重复购买率已经被认为是行业的天花板了。

量体只是在人口上解决了定制最初级的问题,最终形成差别优势的是产品的生产模式。吉姆兄弟重要的优势在于实现了半小时快生产路径,"这在整个衬衫定制行业里也是唯一"。既然衬衫产品的形态无法避免同质化,那就用规模化和高速度构成差异化竞争力。

从原料采购、生产、定制、销售到售后的所有定制环节,吉姆兄弟拥有一个集中了材料仓储、车间、流水线等所有环节和设施的独立工厂。在这背后,有吉姆兄弟自主开发、集所有管理环节为一体的庞大计算机软件支撑。吉姆兄弟把生产工厂称为实验室,"在技术研发和实践中寻求最快的可能"。这是快生产的根本条件。

一般来说,线上衬衫定制属于小规模,会找代理工厂生产,接收到消费者的订单,然后再按消费者的订单汇集成一个小批量的订单交给工厂,工厂按照订单进行生产——大量的时间被浪费在了各种中间环节上。吉姆兄弟自建生产工厂就实现了订单与生产一线的无缝对接。订单通过在线传输到公司计算机中枢分析系统,计算机瞬间分析获得人体三维数据、生成产品款式设计图、制作尺寸、原辅料配置等,将工艺流程数字格式化,再传到车间。进到吉姆兄弟的生产车间,看到的最大的不同是,生产工人不是在生产线上忙碌,而是对着电脑屏幕进行操作。"生产流程是由计算机操控、指挥完成的。"吴建科告诉记者。吉姆兄弟的"快",在于订单生成传输、技术分析、生产过程、供应链管理的高度信息化集成。

批量生产能让效率最大化,遵循这一原理,"吉姆兄弟最先想到的是批量生产出大大小小的袖管、领子,然后按订单拼接,就可以快速成衣"。吴建科回忆起当时的生产方式,"但实践证明这种做法是行不通的。除了材料的色差有可能难以吻合外,拼凑、矫正、修改等所花费的时间比单独裁剪缝制完成一件产品的时间还多得多。"后来吉姆兄弟重新定义了新的生产方式,采用单件即时生产,这意味着每生产一件衬衫都需要将生产过程"重新来过"。

这要求订单一到,计算机先是要快速算出人体尺寸,将人体尺寸转换成产品生产尺寸、完成产品设计,形成生产工艺指令,这些指令要细致到:先做什么,后做什么,如何裁剪,如何缝纫,每厘米缝几针,纽扣大小、规格、几号线、什么颜色,所需材料在仓库的什么位置,仓库是否有库存等细节。只有这样,生产线的工人通过电脑辅助才不会出错,在相同生产线上,同时批量完成不同衬衫的制作才有可能。整个生产流程由统一完整的信息链连接起来,重新整合的生产方式让规模化生产个性衬衫的瓶颈找到了突破口。相对于市场上定制一件衬衫最快 1 周的速度来说,吉姆兄弟一件定制衬衣最快可在一天完成,缩短了用户的等待时间,生产周期也被极大压缩。

资料来源:王卿.吉姆兄弟快逻辑.商界(评论),2013(12):138-139

课前思考:

1. 吉姆兄弟使用的信息资源有哪些?吉姆兄弟是如何管理这些信息资源的?
2. 吉姆兄弟的信息资源管理模式可以归为哪一种类型?试论述之。

9.1　企业信息资源管理概述

9.1.1　企业信息资源管理和信息资源

1. 企业信息资源管理的生成背景

信息资源管理是最近 20 年发展起来的一门渗透性很强的横断学科。如果我们以企业信息为逻辑起点来考察,那么,信息资源管理其实就是企业管理思想的重要组成部分。信息资源管理在企业管理领域生成的背景因素主要有 4 个。

(1) 全球经济和市场的影响;
(2) 竞争态势的形成;

（3）组织结构扁平化发展的要求；

（4）新技术的推动作用。

2. 企业内部信息资源

企业内部信息资源指企业内部产生的各种信息资源。企业内部信息资源需求的根本目的是了解企业目前的基本状况。一方面在经营决策时作为分析企业内部条件的依据；另一方面作为一种主要的诊断工具，监控企业的正常运行。企业内部信息资源从定性和定量两个方面来表现：定量的包括财务、市场、新产品开发、生产率、人事等信息资源；定性的包括劳资关系的性质、企业员工的认同感、劳动热情、社会地位等信息资源，还包括企业拥有的知识资源。知识资源在企业中非常重要，它向企业提供"是什么、为什么、如何做"等方面的信息。

3. 企业外部信息资源

企业外部信息资源指企业以外产生的、与企业运行环境相关的各种信息。其主要职能是在经营决策时作为分析企业外部条件的依据，特别是确定企业中长期发展战略目标和制定各种计划时更需要充分的外部信息。企业外部信息资源主要包括市场环境信息和用户信息。

市场环境信息包括国际动向、国民动向、产业界动向和竞争态势等信息资源。

用户信息资源包括：

（1）结构信息。即有关用户结构类型的各种数据。

（2）资源利用信息。即用户利用企业信息资源的各种记录与统计数据。

（3）用户访问信息。即用户访问企业服务平台的信息。

（4）相关信息。即用户需求和心理素质方面的信息。

（5）用户评价信息。即用户对企业产品及服务各方面的评价信息。

（6）用户资源信息。即用户对企业的建议、批评及用户自身具有的资料等信息资源。

4. 企业信息资源的特征

企业信息资源除具有一般信息资源的普遍性、客观性、无限性、相对性、抽象性、动态性、异步性、依附性、可传递性、共享性、可变换性、可转换性和可伪性等公共特征外，还具有自己的特性。

1）企业信息资源是一种综合性资源

为了维持企业的运转和获取经济效益，必须利用多方面的信息资源进行管理活动，由此决定了它的信息资源必定是综合性的。

2）企业信息资源是一种具有明显的社会性和再生性资源

它的社会性和再生性表现在：企业信息来源于社会，是对各种社会信息的收集、筛选、审核、整理；企业信息资源是社会各类客体属性的记录，但已是经过企业职工的再创造；企业生产各种产品，要作为商品进入社会流通交换。

3）企业信息资源是一种较强的智能性资源

在企业中信息资源管理人员、财务人员、工程技术人员、车间主任、各部门经理等都是信息资源的生产者，他们可能采用集体研究的方式，但最终的信息资源的生产却是由每个个体的大脑分别完成的。

4）企业信息资源的专业性很强

企业是经济运行的微观主体和基本单元，企业信息资源和其他信息资源有较大的差异，表现出很强的专业性。

5）企业信息资源的利用效果和企业信息意识息息相关

企业信息资源的利用程度对企业员工的信息认识水平有制约作用，即企业信息资源的丰富与否影响着企业员工的信息意识强弱；企业信息意识强弱影响到企业职工对信息资源的类型识别和敏感程度。

9.1.2 企业信息资源管理模式

1. 基于集成管理的企业信息资源管理模式

信息资源管理是一个集成概念，它融不同的信息技术和领域为一体，这些技术和领域包括管理信息系统、记录管理、自动数据处理和电子通信网络等。信息资源管理有关的领域和职业在 20 世纪 60—70 年代是相互隔离和分散的，但它们必定会重新聚合在一起。通过绘制企业集成系统图，识别企业运行过程中所形成的各种信息流，可以对它们实施统一的、分层次的、集成式的管理来充分发挥信息资源的潜在价值。

企业信息资源集成管理的前提是企业信息功能的集成，在各种信息手段集成实施的基础上来实现核心的企业内外部信息流集成。比如，利用 ERP、SCM、CRM 和 EC 等信息管理模式的两两整合，以及学习型组织的动态设计与企业双网的构建，能够得到适合当前企业信息管理基础设施的企业信息管理系统集成模型。

2. 基于知识管理的企业信息资源管理模式

在知识经济时代，知识共享、知识管理、学习行为是企业创造智力财富、增强竞争、实施战略的关键技术。知识共享是一个交互的过程，组织要致力于时间、人员、计算机等硬信息资源和知识共享的基石，并对智力资本、学习意愿、流程设计等软信息资源不间断地投入来有效管理信息资源。在电子商务企业中,要通过更好利用知识管理及技术的潜能来促进商务活动,通过知识管理实现企业与供货商、商家、消费者等之间的紧密联系,减少知识流动的时间,以达到保持竞争力的目的。知识管理在成功的企业 ERP 应用项目中担当重要角色,企业的竞争优势来源于利用现有的知识内化和整合业务流程、协同新系统和组织文化,提高组织有效知识共享的能力。

3. 基于整合的企业信息资源管理模式

从信息技术角度,信息系统整合的内容包括技术整合、构架整合、语义整合、用户整合等部分。以信息技术整合企业一系列复杂的决策和业务流程时,可能存在的问题有整合异构系统、数据库和应用软件、利用网络技术整合网络信息资源等。在电子商务环境下,企业信息资源整合有了新的需求,需要包括进面向合作伙伴的信息资源整合、基于电子客户关系管理的客户信息资源整合、建立跨企业边界的信息共享机制、应用网络安全技术保护信息安全等方面的内容。

4. 基于价值链的企业信息资源管理模式

价值链管理模式即企业通过信息资源价值链的透视,寻求高收益的业务领域,实施业务的战略选择,为顾客创造价值,从而获得竞争优势。在以制造业为核心、使用 ERP 系统的供应链中,基于价值链的信息分层的管理模式是,以产品生命周期中的价值链为主线,将产品从设计到消费分成不同的价值阶段,每一个价值阶段作为一层处理,用项目管理作为核算方法,使企业的信息资源管理分别从物流和价值流两个维度进行划分,形成信息网格以促进供应链的协调。

5. 基于信息成本的企业信息资源管理模式

信息成本是与市场行为中信息的生产、发送、传递、获取有关的成本,是市场交易成本的重要组成部分。信息成本产生于信息需求、信息资源的稀缺性和不对称性,在消费者在电子商务活动全过程(包括交易前、交易时、交易后)中都会产生,按照成本产生的因果关系、需求程度、与成本发生时间的关系等不同标准进行分类,可以从电子商务信息资源管理的技术、经济、人文等三个角度来降低消费者信息成本。

6. 基于 CRM 的企业信息资源管理模式

客户信息资源是企业信息资源中的重要部分,充分地挖掘、整理、分析、开发和利用客户信息资源成为企业打造核心竞争力的关键。基于 CRM 的信息资源管理模式包括客户信息资源的采集过程、客户信息资源的整理和分析过程以及客户信息资源的利用过程,运用在运营型 CRM、分析型 CRM、协作型 CRM 等三种客户关系管理系统中。

9.1.3　企业信息资源管理中的业务流程再造

1. 信息资源管理与业务流程再造的关系

1）BPR 是信息资源管理发展的必然结果

BPR 是 90 年代以来世界上最为流行的企业获得竞争优势的一种途径。其基本思想是指对企业过程进行根本性思考和彻底重新设计，以实现经营业绩如质量、成本、交货期、用户等方面的突破。

随着信息资源管理的发展和企业应用 IT 的越来越先进，人们已认识到，在原有的业务流程和管理模式下应用先进的信息资源管理技术不能发挥其潜在的优势以达到预期的目标；同时，先进的信息资源管理（IRM）已发展到有能力改变现有的业务流程结构和运营方式。在这种情况下，现代企业必须依据信息技术处理流程来重新设置企业组织结构。

2）信息资源管理是实现 BPR 的保证

信息资源管理是在分析原有旧的系统基础之上提出的并进行优化的新的系统。这种系统运行的好坏将直接影响 BPR 的成功与否。信息资源管理中的业务流程再造的一般过程是：

（1）按照一把手的原则，设立信息主管及相应的职位与职责，突出信息管理机构与信息管理人员的职业地位。

（2）先选择一两个核心业务流程进行局部重组，并充分利用现代信息资源管理先进方法，建立有效的处于良好运行的信息系统。

（3）根据新的信息系统业务流程对企业员工进行合理调配和培训，使他们逐渐能接受这种新方法，从而能更好地面临分流或新的职业。

（4）使组织中各类资源能协调一致发展，全面进行企业流程再造，实现组织机构的重组。

3）BPR 与信息资源管理相互依赖、相互促进

信息资源管理的目标是将所有可用的信息、信息技术、信息设备与信息人员合成一体，统一配置，综合管理，为充分有效地开发与利用信息提供保证。这就要求企业进行信息资源管理后业务流程也要发生变化，即要进行 BPR。而 BPR 的实现没有信息资源管理是不能进行的，因而它们是相互依赖与相互促进的关系。

2. 基于信息资源管理企业流程再造的实施

（1）进行深入透彻的调查和可行性分析，要以顾客为中心进行客户关系管理，把客户作为企业的重要资源，对企业、顾客等内外部环境进行分析调查，确立要实施的核心业务流程。

（2）在系统方案可行的条件下，进一步进行详细调查，提出信息系统分析报告和 BPR 的实施和设计的方案，找出整体流程成本最低、价值贡献最大、具有最大的改进潜力、在战略配合中特别关键的流程改造方案，保证建设的信息系统能够有效地支持重构后的业务流程。

（3）进行信息系统详细设计及 BPR 具体步骤的实施。

（4）进行人员培训和系统转换工作，实行新的信息系统和 BPR 环境，不断地维护和评价改造信息系统，直至达到满意。

这实际上是利用信息系统开发的生命周期进行的实施过程。改造后的流程能否有效执行，还涉及对企业经营理念、运行机制、企业信息化文化等一系列因素，同时，信息资源的组织、建设和利用是一项复杂的技术和管理水平高的系统工程，它的成败直接关系到 BPR 能否顺利实施。

9.2　典型企业应用系统中的信息资源管理

信息资源规划的重要作用在于解决企业信息化的两类问题。

第一类：系统集成问题。这类企业已经建立了内部网，接入了国际互联网并建立了网站，计算机应用已有相当的基础，但多年来分散开发或引进的信息系统，形成了许多"信息孤岛"。此时要解决的问题是：如何进行信息资源整合与实现系统集成。

第二类：系统重建问题。新建的企业需要建立新一代信息网络，或者企业原有信息系统陈旧落后需要重建。

要解决这两类问题，都需要进行正规的信息资源规划，然后，根据统一的功能模型、数据模型和数据标准来实施不同的应用软件项目。

1）整合应用项目

对于已成熟应用的系统，既要继续使用，又要解决信息孤岛问题，需要建立少量的数据转换接口，与新的数据环境交换数据，即通过数据集成实现新老应用系统的整合。

2）改造应用项目

对于已成熟应用的系统，如果建立数据转换接口与新的数据环境交换数据，其接口工作量庞大且复杂，就应该按新的统一数据模型和数据标准改造老的数据结构，也相应地修改应用程序。这实际上是不通过接口实现数据集成。

3）定制应用项目

要求开发商按统一规划建立功能模型、数据模型和数据标准，为企业开发新的应用系统。

4）购入应用项目

选购能与统一规划建立的功能模型、数据模型和数据标准都"对上号"的应用软件。

一般要求数据模型和数据标准都相符十分困难,需要与供应商协商解决部分的定制或改制,以满足企业的需要。

5) 新开发应用项目

完全按统一规划建立功能模型、数据模型和数据标准组织自行开发、联合开发或委托开发。

企业典型的应用系统有 ERP、DRP、SCM、SRM、CRM 等。这些应用系统可以分为两大类:全面信息资源管理、专门信息资源管理。我们以 ERP 和 CRM 为例,分别说明企业应用系统中的全面信息资源管理和专门信息资源管理。随后,介绍电子商务中的信息资源管理。

9.2.1　ERP 中的信息资源管理

1. 系统简介

企业资源计划(ERP)是指建立在信息技术基础上,以系统化的管理思想,为企业决策层及员工提供决策运行手段的管理平台。其形成发展过程,是从物料需求计划(MRP)到制造资源计划(MRPⅡ),再到企业的人、财、物等多种资源的整合优化。人们容易看到的是这种管理软件功能的扩展,不容易看到的是信息资源的整合发展过程:MRP 需要实现生产计划信息与原材料供应信息的共享,MRPⅡ进而需要实现与设备、员工等信息的共享,直到 ERP 需要实现与市场、价格、成本等信息的共享。

一般来说,ERP 系统包含了分销、制造、财务三大部分,这三大部分所涉及的功能模块有销售管理、采购管理、库存管理、计划管理、车间管理、质量管理、设备管理、财务管理、人力资源管理。

2. IRP 与 ERP 的关系

IRP 与 ERP 的关系如图 9-1 所示。其中包括 SCM(供应链管理)和 CRM(客户关系管理)在内的种种应用软件,只有架构在信息资源规划方案/信息标准之上,才能在企业信息资源的开发利用上发挥所期望的作用。由此可见,IRP 是 ERP 实施成功的保证,IRP 能为企业和 ERP 开发商架起沟通与共赢的桥梁。

如果企业要引进某一套 ERP 管理软件系统,企业信息化领导和信息主管(CIO)至少要很切实地思考和解决以下几个问题:企业当前的管理模式与这套应用软件的管理模式有多大差距? 按照这套应用软件

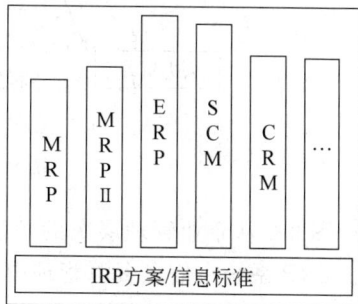

图 9-1　IRP 与 ERP 的关系

的管理模式重构业务流程的难度和风险有多大？完全采用要引进的这套应用软件系统，还是选用其部分模块？如果采用要引进的应用软件系统或其部分模块，那么与企业现有应用系统的数据接口有多少？这些接口由谁来做，软件供应商做，还是企业自己？

其次，在上述问题中还隐藏着更为关键性的技术-管理问题：企业的信息资源管理基础标准有没有建立起来？如果企业还没有完善的信息标准，打算结合新软件的引进建立吗？软件供应商能否提供建立企业信息资源管理基础标准的服务？如果企业有了信息标准，怎样解决企业的信息标准与引进软件系统中有关标准之间的矛盾？

这些问题都需要通过企业的信息资源规划（IRP）来解决。企业的计算机应用软件无论是开发还是引进，都应该建立在信息资源的统筹规划之上，都应该由企业把握信息资源标准的主动权。只有做好奠基性、先导性的信息资源规划工作，才能建立起集成化、网络化的计算机信息系统。

3. 基于 ERP 的知识管理系统

企业通过采纳 ERP 系统，来收集、传输、保存、加工和使用繁多的信息，以实现生产经营和管理过程的预测、管理、调节、规划和控制，ERP 系统是此阶段主要的信息管理手段。现有的 ERP 软件已经不仅局限于 MRP 和 CRP、文档管理、工作流技术、消息传递，经理信息系统（EIS）和商业智能（BI）也已经无缝集成在 ERP 套件中，进一步深化了 ERP，是进行知识管理的最有效的手段。这体现在了图 9-2 所示的基于 ERP 的知识管理系统中。

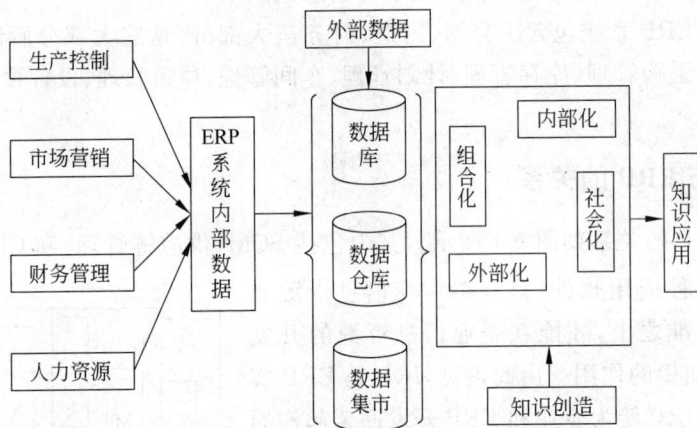

图 9-2　基于 ERP 的知识管理系统

图 9-2 从企业管理层次的角度说明了知识管理工具如何辅助企业各层管理者的决策。ERP 系统在信息资源管理中的作用是让企业更加全面地获得企业的内部信息，并统一信息的格式规范。内部信息主要是 ERP 各子系统产生的信息，ERP 信息资源集成企

业运作过程中各子系统(如财务、生产、市场营销等)所形成的各种信息流逻辑地内含着企业所生产和需要的全部信息资源。这些信息资源及其积累代表着企业的过去、解读着企业的现状、蕴含着企业的未来,只有对它们实施知识管理,才能充分发挥其潜在价值。外部信息流汇集主要是面向竞争对手、竞争环境及其他的外部信息。从企业内部和外部获取的,分布在数据库、数据仓库和数据集市中的数据,采用联机分析处理、人工智能、群件等技术进行处理,再结合各层决策者的经验,通过知识创新的 4 种转化活动,就产生了解决特定问题、对企业创新至关重要的各类知识。

知识社会化是指由共享的隐性知识创造出新的隐性知识,是个体之间分享经验、技巧的过程。个体通过观察、模仿、实践可以获得隐性知识。知识外部化是指隐性知识转化为显性知识。这个转化过程是知识创新过程的关键,可以通过隐喻、类比、模型等方法来实现知识的组合化是由显性知识到新的显性知识的转化过程。显性知识可以通过文档、数据库、模型库等的共享,利用分类、重组等组合的方式,综合为新的知识。这是把一般概念转化为系统知识的过程。从显性知识转化为隐性知识,就是知识的内部化。这是一个通过做而学习的过程。个体将共享的显性知识与自己原有的知识结合,来更新个人脑中的模型,拓宽、延伸和重构自己的隐性知识系统。对于组织的知识创新过程来说,个人的隐性知识又需要与其他人员分享,即社会化,由此产生了新一轮的知识创新。由此可见,知识创新是一种螺旋上升过程。

最后经过知识积累,进入知识的应用。知识创造过程经过组合化形成的显性知识系统,可采用文档化的方式保存在企业知识库;而隐性知识的最大特征是难以用明晰的符号系统表达,所以对持有隐性知识的关键员工,企业应予以特别关注,并着力培养他们对企业的忠诚度和归属感,鼓励其进行知识积累。

9.2.2　CRM 中的信息资源管理

1. 系统简介——从 CRM 到 e-CRM

1) CRM

CRM 是一种旨在改善企业与客户之间关系的新型管理理念,其核心思想是以客户为中心,将企业的客户(包括最终客户、分销商和合作伙伴)作为最重要的企业资源,通过客户关怀实现客户满意度。CRM 也是通过对客户关系的引导以达到企业最大化赢利的企业战略,企业利用 CRM 能够搜集、追踪和分析每一个客户的信息,充分了解并尽量满足他们的需求,还可以分析客户行为及其对企业利润产生的影响,实现企业盈利的最优化。

2) e-CRM

e-CRM 指面向电子商务的客户关系管理系统。电子化的 e-CRM 既能由内到外为企业提供自助服务系统,节省人力、降低运营成本,还可以由外到内地增进客户的满意程度,进而帮助企业扩大市场份额,提高获利的能力。也正因如此,企业的客户关系管理才从简单的前端业务,演化为影响企业全面发展与盈利能力的根本性任务。

相比于传统的 CRM,由于电子商务时代的 e-CRM 在交互方式、营销方式、响应速度、信息形态、信息成本、统计时隔、数据挖掘等方面都有较大的差异(见表 9-1),因此具有更多的优势:可收集更大量的客户信息,更准确地把握客户需求,实现更个性化的营销,为客户提供更快捷、更多样的服务等。

表 9-1 CRM 与 e-CRM 的比较

比较准确	CRM	e-CRM
交互方式	传统人工交流方式为主	网络交流方式为主
营销方式	一对一营销	一对一营销与规模经济相统一
响应速度	受制于人员响应速度	即时响应
信息形态	语音、文字为主	电子形式信息为主
信息成本	较高	较低
统计时隔	每隔一段时间统计一次	即时更新、即时统计
数据挖掘	根据统计数据分析客户动向及需求	动态跟踪客户,客户信息更易内部共享

2. 客户信息资源管理是 e-CRM 的基石

1) 客户信息资源管理

客户信息资源管理是指企业在整个经营活动中对涉及客户的一切领域,尤其是客户交互、管理与服务过程中所产生的数据、文件和各类信息,进行采集、存储、集成、分析和利用的过程。客户信息资源管理是 e-CRM 得以实施的基石。

2) 企业 e-CRM 对客户信息资源管理的需求

e-CRM 是一个以客户信息资源管理为基础内容,以 Internet 和电子商务为基本手段,以客户关系管理战略实施为最终目的的综合概念。e-CRM 又是一个与客户交互积累客户信息资源和利用资源进行决策的动态的过程。在市场调研、产品研发、产品生产、市场营销、产品销售、客户服务这些环节组成的企业经营循环中,e-CRM 贯穿始终,客户信息资源在每一环中都起着重要的作用。

3. e-CRM 中客户信息资源管理的实施

1) 客户信息的采集

e-CRM 的客户信息资源管理的信息获取渠道主要是数字信息方式,获取的数据主要是从服务器获取的日志文件和从客户端获取的 Cookies,这些数字信息资源具有载体形态数字化、传输手段网络化、存取方式虚拟化等特点,方便存储和利用。在这些数据中包含了点击流数据、浏览网页、浏览时间、用户会话、下载的内容等检索行为特征,通过对这些数据的挖掘与分析,不仅可以了解用户群的关注点和需求点,还可以了解单个用户的需求倾向。

2) 客户信息的存储与集成

为存储客户信息,e-CRM 系统要处理好静态数据和动态数据的关系。首先,在系统中创建一个客户基础数据,输入其各项相关静态数据,得到一个相应的客户号;其次,再在此基础上创建各客户的业务记录,这样就可很方便地对动态数据进行记录、更新和使用。

客户信息的集成是指客户信息数据按照时间或空间的序列保存,在进行一定层次的划分后存储在数据库中,并能够提供对所有应用系统的统一的访问。e-CRM 还需要与企业内部和外部的业务系统进行集成。在查询、统计中使用集成后的数据,可以提高运行效率。

3) 客户信息的分析

e-CRM 的数据挖掘功能既可以分析用户需求,又可以根据用户需求和兴趣提取信息,这正是客户信息资源管理不可或缺的一项技术。e-CRM 对客户信息的分析方法一般有用户注册信息分析法、网络日志分析法、Cookies 数据分析法等。

4) 客户信息的利用

客户信息本身并不直接带来收益,其价值的大小,取决于如何充分利用客户信息资源,开展提升企业价值的经营活动。e-CRM 可以利用客户信息资源分析出客户的不同需求与特征,从而为客户分类建模、客户定制产品、客户跟踪服务、新客户开发等一系列以客户为中心的企业经营行为提供信息支持。

9.2.3　电子商务中的信息资源管理

1. 企业电子商务活动中信息资源管理的目标

(1) 借助安全的信息网络,保证与电子商务相关的信息进入企业的营销活动中;

(2) 根据电子商务活动的需要采用相应的信息技术和信息设备;

(3) 树立信息资源是战略性资源的观念,设置信息资源管理者的合理地位;

(4) 建立并实施一系列有关收集、加工、传递营销信息及产生决策信息的科学方法;

(5) 接受政府有关电子商务法律、法规的指导,保障企业电子商务活动的安全运营;

(6) 寻求社会提供技术与商务等方面的支持,降低电子商务活动中来自信息网络、信息设备、交易人员及不法分子的威胁;

(7) 为所有企业职员提供信息素质教育、培训的机会,使他们具备从事电子商务活动的信息意识、信息能力和信息道德。

综上所述,信息资源管理的基本目标是借助信息技术、信息政策、信息人才等条件,实现企业电子商务数据的完整性、可靠性,并消除商务信息安全隐患、减少商务信息冗余,增强企业处理动态和静态条件下的内外部信息能力以提高企业的营销效益。

2. 企业电子商务活动中信息资源管理的模式

企业电子商务活动中的信息资源管理应是集技术管理、经济管理、人文管理于一体的高层次、战略型的综合管理模式。

1) 技术管理模式

技术管理模式是保证信息技术在企业电子商务活动中有效应用的管理手段。管理的重点内容是采用信息网络和多种信息系统来保证各类营销信息的获取、存储、加工、传递、并产生有效的决策信息;采用防火墙、信息加密技术等措施,增强营销信息的保密性和安全性。

2) 经济管理模式

经济管理模式是保证企业电子商务活动通过信息资源管理创造经济新增长点的管理手段。管理的重点内容是合理配置信息资源,评估信息网络、信息系统的经济效益,分析信息成本,确定信息商品价格,预测信息资源的经济效益,预测企业电子商务的发展方向,研究竞争对手,了解商贸政策等。

3) 人文管理模式

人文管理模式是完善电子商务的信息安全环境,保证企业电子商务正常运营的管理手段。管理的重点内容是:企业员工的信息素质教育、企业信息人才的配备、规划电子商务的信息战略、制定信息政策保证信息资源(如营销信息、信息人才、信息技术、信息设备等)发挥最大效益、利用信息法律解决电子商务中的信息安全隐患等。

随着电子商务的发展,企业的生产、管理都将紧密围绕营销信息来组织实施。企业采用信息资源综合管理模式,有利于企业决策者在安全的信息环境中加快信息的传递、提高信息的利用率,保证战略管理的实施;控制信息环境、促进信息利用与信息输出同步发展,有效地进行信息战略控制;筛选、分析信息,支持竞争战略的制定。

3. 企业电子商务活动中信息资源管理的内容

1) 创立企业内联网和外联网

通过企业内联网实时连通企业内部单位,加强企业内部各单位的联系,提高管理工作的效率和信息反馈的速度;借助企业外联网宣传企业产品和服务、树立企业形象,并阻挡非授权用户使用或窃取企业重要信息,保证电子商务的安全运行。

2）建设信息系统

如事务处理系统、知识工作系统、办公自动化系统、管理信息系统、决策支持系统和高层主管支持系统等。

3）普及信息技术

采用计算机集成制造技术,提高企业的产品开发、生产、销售、管理和决策等业务环节的自动化程度;采用信息通信技术手段,加工处理宏观信息、产品流通信息和价格信息;采用安全的加密技术、数字签名、电子安全交易认证、防火墙、虚拟专用网等信息技术,确保电子商务的安全运行。

4）开发信息资源

企业要依靠信息网络和信息系统加工和传递企业内部信息,建立高速大容量的外部信息采集、加工和传输系统,以适应市场需求的变化。对企业采集的各种信息应及时进行存储、加工、分析、预测,以提高企业管理者的决策水平。

5）设置首席信息经理(CIO)

CIO 是企业电子商务活动中实施信息资源管理计划的规划者和指导者。CIO 主管企业的信息中心,为企业电子商务活动中各参与者提供全面的信息服务。

6）增强信息人力资源管理

培育和引进一批高素质的数据处理人才、信息技术人才和信息管理人才,对企业员工开展信息素质教育,培养企业员工具备开发和利用信息资源的意识和能力,并树立良好的信息道德。营造重视信息资源及信息资源共享的文化氛围,制定企业部门和员工的信息责任。

7）颁布信息政策法规

信息政策法规是指保证企业在网络环境下正常运作,促进企业电子商务发展的一系列指导性文件、条例、法令等。信息政策法规是企业实施、控制和协调电子商务的重要因素,对企业的电子商务活动提供具有导向性和约束性的行动准则。

9.3 企业信息资源管理基础设施——数据中心

9.3.1 数据中心概述

1. 数据中心的概念

数据中心是以特定业务资源中的各类数据为核心,依托数据库管理、业务运行基础平台和网络系统,按照统一的标准,建立具有信息管理、数据综合分析、数据分类查询、综合统计分析及信息服务等功能的一体化业务资源数据管理体系。

企业通过建立自身的数据中心,即企业数据中心,既可为企业用户提供统一的信息服务,消除"信息孤岛",也可使企业信息系统资源运用更加高效,运维和管理更加科学。

2. 数据中心的发展阶段

1) 存储中心阶段

数据中心主要承担数据存储和数据管理,主要作为 OA 机房和电子文档的集中管理场所。

2) 处理中心阶段

此时,基于局域网的 EAM 系统、TMIS 系统等其他应用系统开始普遍应用,开始承担核心计算的功能。此阶段的典型特征是:面向企业核心计算;数据单项应用;企业开始组织专门的人员进行集中维护;对计算的效率及对企业运营效率的提高开始关注。

3) 应用中心阶段

此阶段具有以下几个特征:面向业务需求,数据中心提供可靠的业务支撑;大型广域网的建设开始普及;数据中心提供单向的信息资源服务;对系统维护上升到管理的高度,由事后处理到事前预防;开始关注 IT 的绩效,要求较高的可用性。

4) 运营服务中心阶段

企业数据运营服务中心的含义包括以下几个方面:企业数据中心不仅仅管理和维护好各种信息资源,而是运营信息资源,确保价值最大化;IT 应用系统建设能适应需求变化,系统设计更加柔性;与业务运营融合在一起,实时地互动,很难将业务与 IT 完全独立分开;IT 服务管理已经成为一种标准化的工作,并借助 IT 技术实现集中的自动化管理;IT 绩效成为 IT 服务管理工作的一部分;企业不仅仅关注 IT 服务的效率,而且 IT 服务质量成为关注重点;数据中心要求具有高可用性。

9.3.2　高效数据中心

1. 数据中心的效率

今天的数据中心正在快速变化。许多企业正在采用新技术和解决方案以实现企业的现代化发展。其中大部分企业寻求的是一条确保适当级别的 IT 服务交付、兼顾成本效益同时又与业务目标相一致的路径。对于某些数据中心而言,这意味着提供最佳级别的可用性、灵活性和可扩展性,而对于其他一些数据中心而言,其目标可能包括提供"充分的"服务级别,同时将新的支出控制到最低。无论哪一种情况,数据中心都要从效率和灵活性两方面来衡量。

2. 数据中心效率的类型

在 IT 组织向业务目标靠拢的过程中,数据中心与效率有关的发展可以分为 4 个典型阶段：基本型、整合型、可用型和战略型，每个阶段都是基于效率、可用性和灵活性的组合对数据中心加以区分，其衡量指标包括运营时间长度、基础设施冗余度、服务器虚拟化百分比、存储虚拟化百分比、网络、网络灾难恢复用时、应用和工具的管理方式、监管难度、员工项目工作时间等。

1）基本型

环境相对稳定，基于短期目标进行维护，具有独立的基础架构作为标准。各公司可获得服务器整合的优势，但是各应用程序和站点之间的可用性都不尽相同，也未通过实施工具加以改善。

2）整合型

通过服务器虚拟化和站点整合有效地精简了系统和设施的数量，从而降低了成本。服务器和存储技术得到充分利用，通过虚拟机（VM）的移动性改善可用性的目标有望实现。

3）可用型

IT 基础架构被看作一个统一的资源"池"，其中的资源可自由分配和扩展，以满足工作负载不断变化的需求，并确保运行时间和性能，同时提高利用率。重点在于评价并改善服务级别的同时，构建监管机制，以满足业务需求。

4）战略型

广泛采用基于政策的自动化工具，降低数据中心的手动复杂性，同时确保应用和数据的可用性需求和动态迁移。检测和度量始终被用于验证是否合规。运营战略型数据中心的公司可以自始至终：优化服务器、存储、网络和基础设施，以最大化容量和可用性；灵活设计，以支持不断变化的业务需求；使用自动化工具（如跨物理硬件移动虚拟机、自动化分级存储、自动化网络管理、自动制冷监控）来改善服务级别和可用性；拥有符合业务目标的规划，并不断更新。

目前在全球范围内，数据中心的分布遵循的是钟式曲线，约 1/5 的数据中心以最高的战略型优化级别运营，半数以上正向"整合型"和"可用型"环境的各阶段转型。

3. 高效数据中心的特征

1）优化 IT 设施，实现存储容量和可用性的最大化

虚拟化是数据中心能力改善的先决条件，事实上一旦数据中心达到高效的战略型数据中心阶段，它们将会实现服务器、存储和网络环境的高水平虚拟化，并且在软件和自动化工具的应用方面获得发展。

2）实施灵活性设计以支持不断变化的业务需求

在服务器、存储、网络和管理规划时应用更加灵活的设计，将解决安全威胁和服务中断等问题。战略型数据中心可以通过采用双活配置提供最佳的可用性以满足业务需求，

从而在发生故障的情况下实现故障切换。高效的战略型数据中心在灾难备份等方面也具有比基础数据中心更加完备的设计与机制。

3）利用自动化工具提高服务水平和可用性

引进更高水平的自动化可以实现更大程度的灵活性，有助于支持更高水平的可用性，依靠自动化工具和新技术可以提升系统可靠性，并通过减少系统管理员的工作量来降低出错率，确保应用性能满足其服务水平协议 SLA 的要求。

4）制定规划保证与业务目标的一致性

由于面对外部市场环境与企业内部的快速变化，企业迫切需要利用有效规划实现对复杂变化的应对，这主要包括技术规划、管理与 IT 规划以及对利用 IT 外包的规划。在制定技术规划方面，战略型数据中心表现更加积极。在管理与 IT 规划方面，战略型数据中心对外部环境变化具有更加充分的准备，它们在电力与空间预测、整体扩建方面都有更高的前瞻性。在 IT 外包方面，拥有战略型数据中心的组织更了解如何充分利用外部资源以实现高效的 IT 管理与运营。

4. 建设高效数据中心的措施——以 IBM 为例

（1）丰富的数据分析工具帮助快速实现对数据中心运行状态的分析评估，如数据中心机柜空间和电力需求分析工具、数据中心机柜功率密度的预测工具等；

（2）领先的制冷解决方案；

（3）利用直流供电及高频机技术降低变流环节能耗；

（4）通过 IBM 热场自动化管理工具 MMT 提高制冷资源的利用率；

（5）通过一系列数据中心空气质量监控技术实现净化空气、加强监测、降低硬件故障率的目的；

（6）通过自动化管理平台实现 IT 资产、设施资产、楼宇资产的智慧管理；

（7）通过热回收技术实现资源利用、提高效率并降低成本；

（8）利用 IBM 专利 PUE 计算工具与能效改善措施全面提升数据中心的能效。

9.3.3　数据中心建设

1. 第一代数据中心案例：中钢数据中心建设

中钢集团原数据中心位于西单，1997 年迁入，2006 年搬入中关村新址，期间 9 年，数据中心处于探索发展期。

2004 年，中国经济高速发展，中国钢铁工业产能急剧扩张，外部的压力迫使中钢集团进行战略转型，而集团内部数据大集中的需求也迫使 IT 要跟上企业发展的步伐，同时中钢也面临搬迁新址的变化。

　　1）数据中心的功能布局

　　机房不仅是摆放服务器的场所，前期建设既要考虑到后期的运维、管理，还应具有前瞻性。中钢集团在搬迁新址之前 IT 建设情况复杂，所属的二级单位被分配到多个办公地点，而且很多二级单位都拥有自己的服务器和机房。规划新机房，首先就要把这些机房集中起来进行管理。新机房建设好之后，专门划分出一块区域为托管中心，二级单位可以把自己的服务器搬迁到新的机房进行托管。另外，机房的前期规划，对后期的运维也会产生很大影响。比如，中钢新的数据中心在布线方面，前期考虑到一个机柜最多放多少服务器，然后线路布置充足。

　　2）机房的电力系统

　　中钢原数据中心是办公楼改造而成，电力成为限制其扩容的绊脚石之一，新的数据中心规划时，首先解决的就是电力问题。

　　3）空调节能

　　数据中心搬迁新址，首先面对的难题就是数据中心的空调。中钢大厦按照写字楼的规格建设，大厦的整体设计并没有考虑数据中心的需求，所以也就没有考虑空调室外机与外界热交换的需求，空调不能与外界进行热交换，就会导致空调效率大大降低。为了解决这一问题，和中钢物业配合专门为室外机添加了排风系统，并给数据中心添加了大楼中央空调的凉风。中钢对数据中心地板下面出风的布局也做了改善，根据服务器产生的不同热量，调整出风口的配置，这一细节对节能起到了很大的帮助。

　　2006 年 9 月，中钢数据中心搬入位于中关村的中钢大厦，实现数据大集中的集团管控。重新建设之后的数据中心，主机房加上机房辅助区域共有 750 平方米，备份机房面积150 平方米。为了保障数据安全，2009 年中钢集团建成了核心系统的异地数据级灾备。

　　中钢集团非常注意数据的安全，每天都会把数据备份到楼下备份机房的磁带中，每两个星期把这些磁带克隆后送到银行的保险柜保存。从灾备角度，核心系统的数据每隔十几分钟会同步到位于亦庄的中钢灾备中心，实现了数据本地备份及异地灾备的双保险。

　　记者发现中钢数据中心监控室空无一人。中钢数据中心安装了 7×24 小时自动监控系统，所有的服务器都采用远程监管，如果机房服务器、空调、电力等设施出现故障，就会立刻报警。如果在晚上出现故障，监控系统是语音合成的，还会给相关的管理人员打电话。

　　下面是中钢数据中心概况。

　　机房面积：中心机房加上机房的辅助区域共有 750 平方米（包括主机房、网络机房、托管机房、监控室、机房的消防室、培训教室、测试维修间、备件仓库）；备份机房面积 150平方米；灾备机房租用中金数据两个机柜的面积。

　　服务器：PC 服务器有 100 多台，主要运营部门级别的系统，比如财务申报系统及经营统计系统等；小型机有 10 台左右，主要负责集团大型管理的应用，如资金管理系统、OA、ERP、E-mail 等。

网络：千兆到楼层、百兆到桌面、预留万兆升级。

安全：网络安全，防火墙、防病毒网关、IPS、IDS，同时管理上还运用了网络隔离、上网实名制、防火墙详细防护、终端安全、互联网出口管理等措施对网络安全进行防护；数据安全，IPsec、VPN、数据备份及异地灾备双重保护。

虚拟化：主要采用服务器虚拟化、存储虚拟化在灾备中使用一些、网络虚拟化暂时没有需求。

自动化：7×24 小时自动化监控系统，不需要特定人员进行 24 小时监控室值班。

节能减排：暂时不需要应用的服务器进行休眠；4 个下属专业公司不单独设机房，由集团统筹管理；空调走风，下送风，上回风，并根据服务器产生的不同热量调整出风口的配置；采用 X86 以及 RISC 构架的小型机，利用 LPAR 技术实现虚拟化。

电力：UPS，设有柴油发电机。

性能优化：采取了负载均衡，优化网络性能。

2. 大型能源企业数据中心建设实践：神华集团

2010 年，神华集团将流程优化与信息化总体规划项目作为加强基础管理的"一号工程"，在集团公司统一领导和项目组的积极努力下，历时 8 个月的总体规划，于 7 月份通过了专家评审验收。依据细化的业务流程，神华集团设计了整体的信息化架构，编制了未来 3～5 年的信息化规划，并确定了实施这一规划的具体工程，即 SH217 工程。其中，集团公司新一代数据中心的建设作为 SH217 工程中的重要部分，担负着集团信息化基础设施平台的重要责任，为集团公司生产指挥、运营管理起重要的支撑作用。

1）发展历程

随着神华集团信息化进程的推进，集团数据中心的发展已经历了数据存储中心、数据处理中心和数据应用中心 3 个阶段，现在正向第 4 个阶段——数据运营服务中心迈进。

2）数据中心在企业信息化中的定位

SH217 工程的总体架构是建设"两横一纵"信息化平台，支持业务"七大能力"。其中，新一代数据中心的建设作为 SH2I7 工程中第 10 项目组工作的重要部分，定位于整个架构的一体化纵向管控平台部分，如图 9-3 所示。

从图 9-3 中可以看出，新一代数据中心位于信息化整体架构的底部，是所有信息化业务能力的支撑基础。

3）数据中心的功能

一体化纵向管控平台在 SH217 工程中的定义是"依托数据仓库、集成总线、门户、工作流及内容管理平台、集中身份管理等支持功能，实现纵向业务信息的穿透和决策支持系

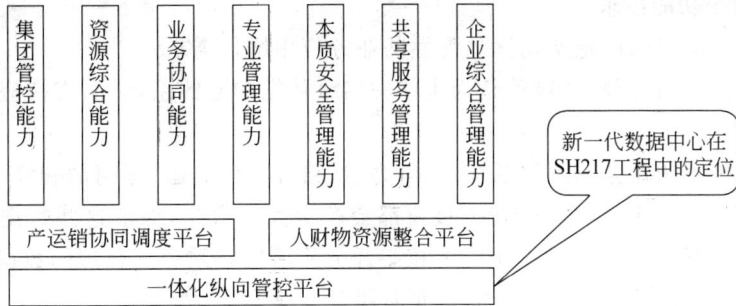

图 9-3　数据中心在 SH217 工程中的定位

统的应用"。将这个定义具体落实到数据中心的建设中，包含下面 3 个层次内容，如图 9-4
所示。

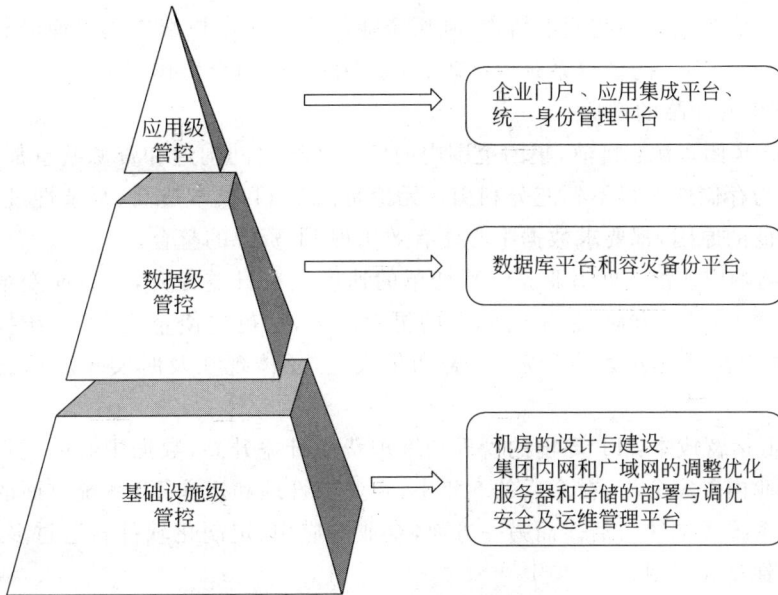

图 9-4　数据中心的管控层次和包含内容

从图 9-4 中可以看出，数据中心的建设从 3 个层级来满足 SH217 工程中一体化纵向
管控平台的需求。这三个层级从下至上是：基础设施级、数据级和应用级。通过这 3 个
层级实现了纵向业务信息的穿透，每个层级有不同的功能。

基础设施级：基础设施架构作为集团业务应用系统的保障，全面服务于集团的所有
应用系统。包括机房的设计与建设、内网和广域网的调整优化、服务器和存储的部署与调
优、安全及运维管理平台等几方面。结合 SH217 工程的实际，新一代数据中心的建设着

重考虑以下两个功能需求：

(1) 以动态的基础设施架构满足弹性的业务应用增长需求；

(2) 建设以集团总部、二级单位为主体的二级数据中心体系，全面支持应用系统分级部署。

数据级：集团的业务范围包括煤炭、电力、铁路、港口、航运、煤制油和煤化工，涵盖能源的产、运、销各个环节。其各个业务板块都会产生大量数据，保证这些数据在集团经营活动中的正常流转和安全是数据中心的核心任务。所以必须建立合理的数据库平台和容灾备份机制，在满足业务需求的同时，保证数据的安全。

应用级：随着集团业务的发展，集团范围内已建立了多个信息系统。这些信息系统分布在总部和子分公司的各个业务部门，建设年代、开发方法和实施厂商各不相同。如何将这些异质、异构的信息系统有效集成，是集团信息化水平提升的关键问题。通过对现有系统的调研，数据中心会利用统一身份管理平台来完成所有信息系统的用户集成；利用应用集成平台来实现信息系统间的协作；利用企业门户完成用户端应用界面的集成。通过这些手段，使集团内部的信息系统以清晰、有条理的方式组合协作起来。

4) 数据中心面临的挑战

(1) 整合集团资源：目前，集团范围内的信息系统之间沟通和资源共享都不充分，这使得服务器与存储性能得不到充分利用。无论是出于 IT 成本过高、复杂性过大，还是资源利用率过低的原因，都要求数据中心能有效实现 IT 资源的整合。

(2) 提高响应速度：集团业务流程变革的速度正在日益提升，一方面变革产生的各种风险随之增加；另一方面，带来时间上的更大压力，这也迫使企业 IT 系统提高响应速度，这不仅体现在解决方案的开发、部署和集成上，还体现在及时实现所承诺的服务水平上。

(3) 降低运营成本：IT 环境的管理和维护费用日益升高，数据中心的运行成本在不断攀升。据业内专家分析，在今后的 5 年中，企业在管理和运作 IT 系统方面的成本将是其直接购买系统成本的 3 倍。而另一方面，企业的应用、定制化软件普遍过多，有许多服务器未能得到充分利用。

(4) 提升信息安全：随着信息技术的发展和网络的进一步普及，企业面临着众多新型病毒和安全隐患的威胁，这些因素已经对企业提供优质服务造成了巨大影响。

(5) 关注绿色环保：随着集团各类信息系统的建设，使用的服务器和存储的数量大幅增长，这给数据中心在环境控制、电源与制冷、空间管理等方面造成了巨大压力。

5) 应对策略

(1) 整体部署，优化实施。在 SH217 工程中，第 10 项目组专门负责信息化基础设施提升，全面负责数据中心建设的各项工作。因而，不会把一体化管控平台的各项工作割裂开来，而是整体部署，统一优化实施。

（2）基础设施由"竖井式"转向资源池模式。传统应用系统的建设模式是"竖井式"建设，一个应用系统需要一整套甚至多套基础设施组件进行支撑，每个应用系统都是一个竖井。资源利用率低，无法实现共享。未来神华集团数据中心的建设模式是"资源池式"建设，通过虚拟化技术的应用打破了传统竖井式的资源壁垒，若干应用系统共享各类处理资源，支持随业务应用压力变化灵活调整资源供应，将大大提高运维效率。

（3）统一应用集成平台。集团现有应用的显著特点是业务流程多而且复杂。大多数应用系统接口较多，但缺乏统一的接口标准和规范；应用系统分散、应用系统之间整合以复杂的点到点整合居多；企业内外部整合需求逐步增多。基于 SOA 架构的应用集成平台，可有效解决上述应用集成难题。通过这部分的工作，可以使集团各个业务系统间的沟通由企业服务总线（ESB）来有组织地完成，而不会形成点对点沟通的复杂网状沟通，从而便于管理和调优。

9.4　企业信息资源管理新领域——工业 4.0

9.4.1　工业 4.0 简介

1. 工业 4.0 的源起

工业 4.0 源于 2011 年汉诺威工业博览会，最初的想法只是通过物联网等媒介来提高德国制造业水平。在 2013 年的汉诺威工业博览会上，由"产官学"组成的德国"工业 4.0 工作组"发表了题为《保障德国制造业的未来：关于实施"工业 4.0"战略的建议》的报告，正式推出"工业 4.0"战略，强调了以物联网和制造业服务化为核心的第四次工业革命，称物联网和制造业服务化宣告着第四次工业革命到来。

四次工业革命演化如图 9-5 所示。

德国"工业 4.0"是德国面向未来竞争的总体战略方案。在全球信息技术领域中，德国强大的机械和装备制造业占据了显著地位。德国提出并推动"工业 4.0"战略，是想通过打造智能制造的新标准来巩固全球制造业的龙头地位。工业 4.0 项目由德国联邦教研部与联邦经济技术部联手资助，在德国工程院、弗劳恩霍夫协会、西门子公司等德国学术界和产业界的建议和推动下形成，并已上升为国家级战略。

2014 年 10 月 10 日，中德双方发表《中德合作行动纲要：共塑创新》，宣布两国将开展"工业 4.0"合作，包括推进两国在移动互联网、物联网、云计算、大数据等领域的合作。这标志着中国工业从 3.0 自动化时代向 4.0 智能化时代迈进的号角已经吹响。

2. 工业 4.0 的主要内容

德国"工业 4.0"战略的本质是以机械化、自动化和信息化为基础，建立智能化的新型

大数据分析、
信息物理系统

信息技术的发展

智能生产
几十年之后工业
4.0

电的发明

生产的可编程化
1950年至今
第三次工业革命

蒸汽动力的发明

生产批量化
1840—1950年
第二次工业革命

生产制造的机械化
1760—1840年
第一次工业革命

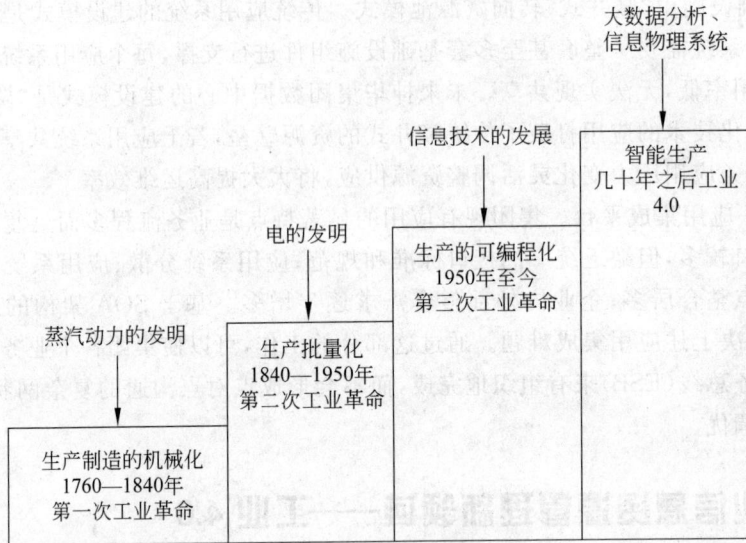

图 9-5   四次工业革命演化

生产模式与产业结构。其主要内容概括为"一个核心""两重战略""三大集成"和"八项举措"。

(1)"智能＋网络化"是德国"工业 4.0"的核心,它通过信息物理系统(cyber-physical system,CPS)建立智能工厂,实现智能制造目的。

(2)基于 CPS 系统,德国"工业 4.0"利用"领先的供应商战略"和"领先的市场战略"来增强制造业的竞争力。

(3)在具体实施过程中起支撑作用的三大集成分别是:关注产品的生产过程,在智能工厂内建成生产的纵向集成;关注产品在整个生命周期不同阶段的信息,使其信息共享,以实现工程数字化集成;关注全社会价值网络的实现,达成德国制造业的横向集成。

(4)采取的八项措施分别是:实现技术标准化和开放标准的参考体系;建立模型来管理复杂的系统;提供一套综合的工业宽带基础设施;建立安全保障机制;创新工作的组织和设计方式;注重培训和持续的职业发展;健全规章制度;提升资源效率。

9.4.2   工业 4.0 的战略层面

1. 工业 4.0 和互联网

从互联网发展的角度看,工业 4.0 是互联网从"虚"的服务业大规模进入"实"的制造业的开始,也即 CPS 体系的实现。未来的制造业将与服务产业一样,建立在互联网这一"共同的底盘"之上,人与人、人与机器、机器与机器之间将对话协同,工厂生产由"高度自动化"转向"智能"生产。由此,也可以说 4.0 之后,整个社会都将变得智能——工厂变成智能工厂,家居变成智能家居。智能物流、智能电网、智能穿戴、智能城市、智能汽车、智能医疗将成为我们生活的重要组成部分。

移动互联网、大数据、云计算、社会媒体和内存数据库技术的到来无疑快速推动了实体和虚拟世界的结合,这些技术的发展为改变产品销售方式、提高增值服务和商业模式创新提供了空前的可能。今天,传感器的成本和互联网的连接成本已大幅度降低,而带宽的飞速发展实现了基本的网络全覆盖。随着技术的进步例如云计算与大数据,各种商业标准软件实施费用得以大幅下降。此外,智能手机提供了随时随地和互联网链接的可能以及良好的用户体验。新数据库技术(如列存储、内存计算)产生给智能工业带来了无尽的想象空间。因此,工业 4.0 时代已经悄然到来,它的潮流来势迅猛。

2. 中国两化融合和工业 4.0 的比较

从全球角度来看,发达国家善于利用技术趋势推动和开发物联网,例如德国和美国已经制定了未来工业发展战略。美国制定了"未来制造"计划,而德国提出了工业 4.0 的战略。实际应用方面,物联网应用在过去几年稳定发展,主要表现在 M2M(machine to machine,机器对机器)方面。到 2013 年年底,M2M 设备已经达到 195 万部,428 个移动运营商已经提供 M2M 服务。在中国,物联网的发展处在初始阶段。尽管中国各个地区对物联网有一些试点探索和示范项目例如智能电网、智能交通、智能物流、智能家居、工业自动化、智能农业和卫生保健解决方案,但是和美国以及德国相比,中国仍有很大的差距。但是中国制定的两化融合—信息化和工业化高层次的深度结合为工业 4.0 打下了扎实的基础。

具体而言,两化融合主要聚焦在以下四个方面。

(1) 工业技术和信息技术的整合:指企业利用工业技术和信息技术的有效整合加快新技术的出现和刺激技术创新整合。例如,通过整合汽车制造技术和电子技术而衍生出的汽车电子技术以及一体化工业控制技术。

(2) 产品整合:指电子信息技术或电子元件以嵌入方式包含在产品中。例如,传统机床和数控系统整合后出现数控机床;智能技术应用到传统家电开发而产生智能家电,从而使这些产品通过信息技术含量的增加大大提高附加值。

(3) 业务集成:指将信息技术应用到所有业务,包括创新、制造、经营管理和市场营销,从而促使和刺激企业创新,提高企业管理。例如,信息技术的应用可提高生产的自动化、智能化和企业生产效率。此外,通过网络营销这一新的营销渠道可以接触到更多的目标客户,显著降低营销成本。

(4) 促进新兴产业:指通过信息化与工业化的结合产生的新的行业,例如工业电子技术、工业软件和工业信息服务等。

而德国工业 4.0 主要强调以下三个方面。

(1) 价值链的横向整合：以 CPS 的实施为基础，通过对价值链的横向整合产生新的价值链和商业模式的创新。

(2) 端到端的生产流程：以价值链为导向实现端到端的生产流程，实现数字世界和实体世界的有效整合，使产品价值链、不同公司以及客户需求融合到一起。

(3) 纵向整合：实现纵向的有效整合，建立有效的纵向的生产体系。

从这个比较可以看出，德国工业 4.0 更多推动在现有高端水平上的纵向、横向以及端到端的全方位的整合，包括公司内部、公司和公司之间以及公司和客户之间。而中国的两化融合更多的是促进信息技术在工业方面的应用，主要关注公司内部的信息化的提高和应用。因此可以认为两化融合是工业 4.0 实现的基础。在信息技术应用比较好的行业，可以适当快速推动工业 4.0，占领高地，走在世界的前列。

9.4.3　工业 4.0 的生产层面

"工业 4.0"项目主要分为两大主题：一是"智能工厂"，重点研究智能化生产系统及过程，以及网络化分布式生产设施的实现；二是"智能生产"，主要涉及整个企业的生产物流管理、人机互动以及 3D 技术在工业生产过程中的应用等。"工业 4.0"旨在通过充分利用信息通信技术和信息物理系统相结合的手段，使制造业向智能化转型。

1. 信息物理系统

信息物理系统(cyber-physical system，CPS)系统由美国科学家 Helen Gill 在 2006 年首次提出，可看作基于嵌入式的网络化智能信息系统。该系统在网络环境下通过计算单元和物理对象的集成与相互交换提高系统的在线信息处理能力，如在线通信、远程控制与各部件间自主协调等。CPS 系统具有如下特征：

(1) 网络与物理高度有机集成，局部具有物理性，全局具有虚拟性。

(2) 系统的每个物理组件中都嵌有传感器与执行器，具有在线通信、远程控制与各部件间自主协调等功能。

(3) 闭环控制与事件驱动过程。组件嵌入的传感器通过对对象姿态的感知与反馈，将控制决策作用于执行对象，从而形成基于事件驱动控制的闭环过程。

(4) 大规模、高效协调分配的网络化复杂系统。CPS 系统通过末端传感器对对象的信息采集，最终形成自下而上的信息数据传输模式，该模式融合各类信息并提供精确而又全面的信息。

(5) 在时间和空间等维度上具有多重复杂性。

(6) 系统具有自学习、自适应、自主协同功能，高度自治，满足实时鲁棒控制。

(7) 系统安全、可靠、抗毁、可验证。CPS 系统必须在保证自身安全性、隐秘性的基础上,抵御各类外部攻击并实现各种功能、结构各异的子系统之间协调运行。

基本的 CPS 系统由决策控制部分、检测感知部分与驱动执行部分构成(见图 9-6),决策控制部分根据控制要求下达控制指令;驱动执行部分根据控制指令驱动物理对象;检测感知部分与驱动执行部分是物理世界和计算世界的接口,检测感知部分根据感知信息,经过计算得到控制指令并反馈给决策控制部分。

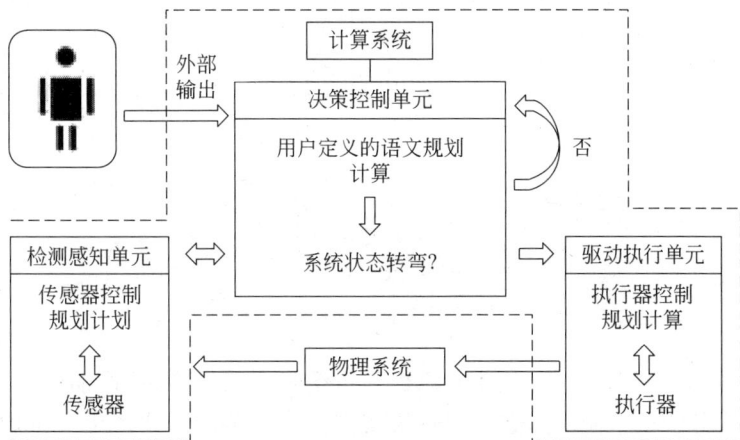

图 9-6　基本 CPS 系统构成

该系统通过网络方式将传统的集中式控制模式转变为分散式增强型控制模式。传统的行业界限也将因这种模式的转变而消失,制造业产业链分工将被重组,各种新的活动领域也会因此而产生。制造业的自动化生产从此进入智能化、循环化与绿色化的过程。

2. 智能工厂和智能生产

在 2014 年的德国汉诺威工业展上,一个由多家德国公司联合研发的"智能工厂"向我们初步展示了这一场景:展台上一条模块化生产线正在生产名片盒。与传统生产线不同的是,关于制作这一名片盒的所有信息都通过互联网被输入到产品零部件本身,这些产品零部件通过与生产设备进行信息交流,指挥设备"你应该这样生产我"。

而在未来的智能工厂中,这只算小菜一碟。因为在将来,工厂里所有的加工设备、原材料、运输车辆、装料机器人都装有前文提到的那个 CPS,都是"能说话、会思考"的原材料直接和加工设备联系,告诉它"我需要找哪台设备进行加工"。然后这些工件会告知负责下道工序的加工设备,"我还需要哪些材料"。接下来,运输车辆知道自己的任务来了,它会根据地下铺设的感应线路,把材料送给装料机器人。生产所有的后续工序,包括生产销售文件都由这些工件自己携带。如果工件出了错,或者顾客有了个性化要求,研发部的智能工程师会立刻报警,并将演算后的改进措施发给工件。智能化生产的工厂业务模式示意图如图 9-7 所示。

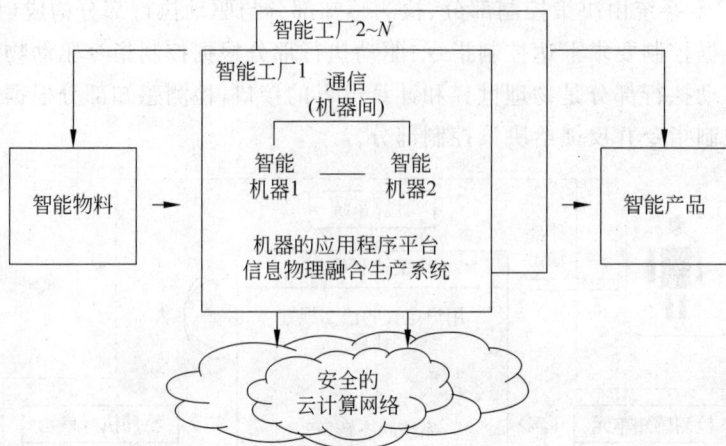

图 9-7   工业 4.0 智能工厂

控制这些智能工厂的企业,其业务流程和组织将会重组再造,产品研发、设计、计划、工艺到生产、服务的全生命周期数据信息将实现无缝连接。由此产生海量数据及其分析运用,将催生率先满足动态的商业网络、异地协同设计、大规模个性化定制、精准供应链管理等新型商业模式。

在工业 4.0 时代的推动下,智能制造业必将又一次焕发出新的生命力。主要体现在以下几方面:智能工厂设备将实现高度的自动化,生产系统具备灵活、能实时应对各种事件的功能,保证生产过程的彻底优化。同时,这种生产优势不仅体现在特定的生产条件下,而且可在 Internet 网络环境下实现横向的最优化。在智能制造的过程中,借助 CPS 系统实现实际装置与控制网络的有机连接,在时间与空间上拓展了技术人员的思维。一个智能产品的生产过程可从基础技术、智能制造单元技术、智能制造系统、智慧工厂与智慧产品等方面开展。基础技术部分包含智能传感器、信息物理网络技术、信息采集与处理、建模仿真;智能制造单元技术部分包含智能核心器件、实时运行监控、智能化执行单元等;智能制造系统部分包含测控一体化智能加工机床、机器人焊接、喷涂智能化系统、智能化整体壁板成型系统、智能化复杂结构装配系统与智能移动运输平台(见图 9-8)。

对于整个制造业产业体系来说,诸如全生命周期管理,总集成、总承包、互联网金融,电子商务等产业新价值链也将会出现,由此产生的生产力是极为巨大的。根据美国通用电气公司预测,这种变革将至少会为全球 GDP 增加 10 万亿~15 万亿美元—相当于再创一个美国经济。更为深远的影响是,制造业的这种革命将会渗透到人类社会。所有人和人、人和物以及物和物之间通过互联网实现"万物互联",这将重构整个社会的生产工具、生产方式和生活场景。这种如同科幻电影般的景象或许更让人激动。

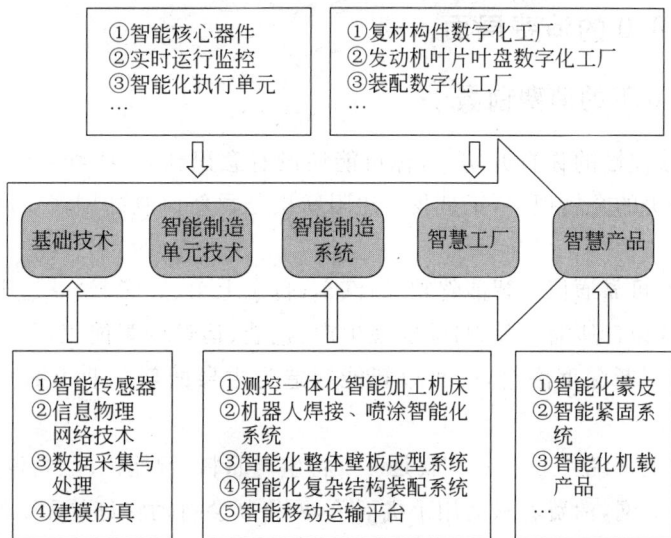

图 9-8　智能产品生产过程

3. 典型案例：上海明匠智能生产系统

2014 年 10 月 4 日，第十六届中国国际工业博览会在上海新国际博览中心开幕。在会上，上海明匠智能系统有限公司用实物展示了什么是"工业 4.0"。观众可以当场选择"我要一支红色圆珠笔"，"工业 4.0"流水线上的一台蓝臂机器人就会从一堆笔中准确地抓取出红色圆珠笔，放进银色托盘内。此时，接到网络指令的自动导航黄色小车就会接过这只托盘，将其自动运送到目的地。这是由该公司自主研发的国内首套工业 4.0 流水线，用这套工业 4.0 流水线实现的小批量、多批次生产的个人定制版路虎极光，今年年底就将在江苏常熟下线。明匠智能公司的创始人甚至预测，"工业 4.0"大概用 10 年时间就可取代现在风头正劲的淘宝网等网络销售渠道商。

上海明匠智能创始人陈俊说，这次展出的工业 4.0 流水线，在无线射频技术、工业以太网、在线条码、二维码比对、影像识别、机器人应用等方面实现了突破。由于"工业 4.0"直接将人、设备与产品实时联通，工厂接受消费者的订单直接备料生产，省却了销售和流通环节，整体成本（包括人工成本、物料成本、管理成本）比过去下降近 40%，消费者通过"工业 4.0"订购的商品比淘宝网购还要便宜。

陈俊说，该技术已经通过英国评审，取得路虎极光、神行者 2 代两个品牌共计 1600 万元的设备合同。按照计划，采用"工业 4.0"流水线生产制造的个性版路虎极光汽车，今年年底就将在江苏常熟下线。

9.4.4　工业 4.0 的消费层面

1. 工业 4.0 下的消费前景

清晨,当睡眼惺忪的你打开房门,你可能还没有意识到,一些细微的变革正在发生。因为门上那个精美的金属把手,正是我国沈阳新松公司新研制的国产研磨抛光智能机器人的"杰作"。

"全面感知＋可靠通信＋智能驾驶"的汽车;自主上菜、送餐、站一边听招呼的机器人服务员;顾客自我设计所需产品;自动实现生产、包装、运送的智能工厂……近年来,随着信息化与制造业不断深度融合,一种以智能制造为主导的新工业革命—工业 4.0 正在到来。

从消费意义上来说,"工业 4.0"就是一个将生产原料、智能工厂、物流配送、消费者全部编织在一起的大网,消费者只需用手机下单,网络就会自动将订单和个性化要求发送给智能工厂,由其采购原料、设计并生产,再通过网络配送直接交付给消费者。

2. 工业 4.0 下的个性化网络定制过程

与工业 3.0 的流水线只能大批量生产不同,"工业 4.0"流水线可实现小批量、多批次生产,最小批量可达到一件。也就是说,为消费者度身定做的孤版汽车或商品,也可以上流水线生产出来。在不久的将来,买车可能实现个性化定制——在手机里打开智能汽车工厂的 APP,从数百种配置中选择一款车型,然后在个性化订单中输入诸如"把轿车内饰设计成绿巨人"的要求,约一个月,一辆用工业 4.0 流水线为你度身设计、制造的"绿巨人版轿车"就会送到家门口,价格并不比量产车贵多少。

下面以汽车的工业 4.0 个性化定制为例,说明工业 4.0 下的个性化网络定制过程。

1) 智能订单处理

客户可以在智能手机里直接打开汽车厂商的 APP,从数百种配置中选择一款车型,然后在个性化订单中输入类似"把轿车内饰设计成绿巨人"的要求,指令第一时间传到工厂,工厂接受消费者的订单直接备料生产,节省了销售和流通环节,整体成本(包括人工成本、物料成本、管理成本)比过去大幅降低。约一个月,一辆在智能工厂度身设计、制造的个性化轿车就会送到顾客家门口,价格并不比量产车贵多少。

2) 顾客参与设计和研发

车企在设计环节采取越来越开放的心态,运用互联网等手段,邀请广大潜在客户和粉丝加入汽车的设计和研发,发动客户和群众提意见和需求,与客户随时互动,让其参与到需求收集、产品设计、研发测试、试乘试驾等各个环节,产品设计首先让用户满意,然后再考虑企业的利润,集中精力做好几款基础车型满足绝大多数的客户需求,对于个性化需求则通过开发选配模块来满足。具有独立正向模块化研发能力的车企最有可能率先取得突破,伴随着互联网汽车的来临,先天不足的合资车企有可能逐步退出历史舞台。

3）全程顾客参与

从汽车的设计和研发开始,一直到生产、销售、服务,全生命周期强调客户的参与感与满意度,给客户极致的产品体验和消费体验,不惜代价做好研发、品质和服务,强化口碑营销,建立和维护粉丝群。客户可通过移动互联网直接向车企订购车辆,订单经过系统快速匹配、排产模拟等在线环节实时给出预计交付时间,并实现客户对整个过程的可视化,经销商将逐步转型为产品体验中心和服务中心。

4）特殊需求定制

为实现最大限度的个性化定制并快速交付,有特殊产品特性需求的客户可以直接参与到设计、产品预订、计划、生产、运作和回收等各个阶段,甚至在即将生产前或者生产交付的过程中的临时需求变化,也努力使之变为可能,并实现获利。而且伴随着电动汽车等新技术的发展,包括电机、变速箱、控制系统等核心部件高度通用化和互换性,新产品和新规格可以更快地通过仿真技术跨过投产阶段直接推向市场,绝大多数的个性化定制可通过模块化部件的升级和设变的快速实施来实现。

5）生产环节快速响应

在智能工厂里,每一个零部件和汽车产品都有属于自己的身份信息,并贯穿其整个生产、装配和服务环节,能够实时进行识别、定位和追溯;每一辆汽车都可以根据客户的需求实时进行匹配和调整,也都理解它们被制造的细节(如物料、生产程序等)和生命周期内的自身使用情况,它们会积极协助生产过程,并与智能生产网络和智能物流相连接,整个网络体系能够对市场变化快速响应,甚至市场需求的短期变化(如下线前的配置调整等)也可以无时间差地由市场终端直接反映到生产线上。

本章小结

本章介绍了企业信息资源企业信息资源管理的基本概念、基本模式,信息资源管理中的业务流程再造等基本知识,然后以 ERP 和 CRM 为例介绍了典型企业应用系统中的信息资源和信息资源管理;然后,重点介绍了作为信息资源管理的基本设施的数据中心,介绍了数据中心的功能、发展阶段、基本类型、高效数据中心的特点,并以中钢集团、神华集团为例说明了企业数据中心的建设;最后,介绍了大数据时代的新型企业信息管理系统——工业 4.0,包括工业 4.0 的源起、主要内容,进一步分析了工业 4.0 的战略层面、生产层面和消费层面的主要内容。

课后思考题

1. 什么是企业信息资源管理？企业信息资源管理有哪些模式？
2. 如何分析企业中的信息资源？
3. 举一个企业应用系统的例子，说明其中的信息资源和信息资源管理。
4. 数据中心在企业大数据处理中有何作用？
5. 数据中心有哪些类型？高效数据中心有哪些特点？
6. 简述工业 4.0 的主要内容。
7. 你对中国进行工业 4.0 的前景有何看法？
8. 举例论述工业 4.0 在生产层面和消费层面的应用。
9. 结合数据中心、工业 4.0 对本章的引导案例进行分析。

第10章

中小企业信息资源管理

本章要点

中小企业是我国实体经济建设的重要组成部分,在提供就业岗位、推动经济建设、促进创新以及保证社会稳定等方面发挥着不可替代的作用。然而,自全球金融危机爆发以来,中小企业的生存和发展面临巨大挑战,借助信息化转变生产经营方式来实现产业升级是中小企业摆脱困境的必然选择。中小企业的信息资源管理越来越受到重视,这成为中小企业信息化建设中持续、快速、健康发展的重要问题。

本章共分4节,主要围绕中小企业的特点以及在信息化建设中的主要应用模式进行了阐述。第1节是"信息化是中小企业发展的必然选择",讲述中小企业的划型标准及特征、中小企业信息化的目的及作用、中小企业信息化的主要问题。第2节是"中小企业信息化的基本方式",讲述中小企业的类型划分、不同类型企业的信息化基本方式及中小企业信息化的实现步骤。第3节是"软件即服务方式"(SaaS),讲述SaaS的基本概念和原理、特点、主要应用类型和供应商。第4节为"网络环境下中小企业合作模式",主要讲述了四种中小企业的合作模式和特点。在本章节中,重点在于理解和学习对中小企业的特点、信息化建设的重要性、如何选择中小企业的信息化模式,以及对于当前一种创新应用模式SaaS的理解。读者应从基础理论到实际应用两个维度把握中小企业信息化建设以及信息资源的管理。

【情景案例】

SaaS 服务与企业信息化

某集团 A 是澳大利亚最大的钢铁制造商,自 1918 年起就开始向中国销售钢铁,已经有近 90 年的历史。集团中国分公司则是其在中国投资最大的制造业项目。80 年代改革开放以来,国内市场发生了巨大的改变,对于钢制品的需求也更加多元化。公司于 1983 年在中国设立压板工厂;2004 年 4 月,集团在华发展了 A-g、A-b、A-s 3 个公司来实三大事业体共同为中国市场提供全面的建筑解决方案。目前 A-g 在华员工已超过 2000 人。然而,在经营形式多元化、业务不断增长的同时,A 集团也面临着新的挑战。

(1) 集团内部信息统一化程度不高,容易产生矛盾和摩擦;

(2) 需要一个权限分级的管理平台,便于高层管理者对于各事业体的营销计划有全盘了解;

(3) 3 个事业体之间需要建立资源共享平台,整合个别优势,才能真正发挥合并效益;

(4) 销售作业流程复杂,影响业务顺利进行,需要一个简易的工作平台,提高效率。

A-g 分公司的客户关系管理项目负责人指出:"三个事业体虽然合并了,但彼此之间由于信息不同步,经常发生面对同一个客户的争夺战,不仅容易产生矛盾,还影响了集团在客户中的整体形象。另外,各事业体增长快速,公司原有的 ERP 平台中的销售模块的沿用已经无法满足销售代表对于信息共享的需要,于是管理层决定建立一个更高级的整合平台,以便管理所有的客户和业务。"在三家公司中,A-b 负责牵头这一项目,并进行集团内的总体协调。在选择 CRM 系统的过程中,他们对各种解决方案做了深入的评估,最终选择了的 SaaS(按需制定)模式。

A-b 分公司从 2008 年初开始部署基于 SaaS 的 CRM 解决方案,仅花了 6 个月的时间就完成上线。刚开始销售人员还不适应,原本只要口头报告的项目和计划,现在全都必须记录在平台上,每天的业务活动(如拜访、报价以及审批等)也要在网上申请,如果不依照程序,系统内预设的"关卡"就会阻止下一个工作的进行。

一年后,销售人员对于 SaaS 的反馈让管理层相当振奋。公司管理人员表示"员工们逐渐认识到这个系统其实是简化了现有的报告流程,因为业务活动不必发短信或邮件申请了,销售常用的报表格式也都存放在系统里,节省了来回请示的时间,也真正实现了无纸化办公。从系统的记录来看,公司销售人员能用上的时间越来越长了"。在 A-b 公司内部获得初步成功后,集团另一分公司 A-s 也已部署完毕,集团的目标是在 2009 年 5 月份让三大事业体都上线,届时用户将会超过 400 人。有了这个共同的平台,基层销售很快就可以了解到集团内的重要项目、成功案例,有助于明确和实现个人营销目标;对于管理高层来说,最大的好处就是能通过系统设置,尽早发现可能冲突的项目,进行集团内部协调、资源优化配置,发挥最大效益,创造 3 个事业体共赢的理想结果。

A-g 分公司 CRM 项目负责人表示:"当集团业务开始往下游延伸,形成完整的产业链时,仅靠组织的合并是不够的,更需要在观念、文化以至于管理手段上使用现代化的方式整合。从这个角度来说,SaaS 帮助我们形成了一种无形的、强大的力量,使整个集团变得更加紧密、更具竞争力。"

在国内,传统管理软件的发展要追溯到 20 世纪 90 年代中后期,随着中国与世界经济的接轨,国内企业在管理模式上的滞后日益凸显。于是,管理信息化逐步普及开来。从

HR、ERP、CRM 到协同 OA、知识管理(KM)、流程管理(BPM),林林总总的管理软件产品开始部署到企业内部,直到时下创新的 SaaS 在线软件租用模式出现。可以看到,管理信息化已经成为国内企业的"生活必需品"。

SaaS 有什么特别之处呢?其实在云计算还没有盛行的时代,我们已经接触到了一些 SaaS 的应用,通过浏览器我们可以使用 Google、百度等搜索系统,可以使用 E-mail,我们不需要在自己的电脑中安装搜索系统或者邮箱系统。典型的例子,我们在电脑上使用的 Word、Excel、PowerPoint 等办公软件,这些都是需要在本地安装才能使用的;而在 Google Docs(DOC、XLS、ODT、ODS、RTF、CSV 和 PPT 等)、Microsoft Office Online (Word Online、Excel Online、Power Point Online 和 One Note Online)网站上,无须在本机安装,打开浏览器,注册账号,可以随时随地通过网络来使用这些软件编辑、保存、阅读自己的文档。对于用户只需要放心地使用,不需要自己去升级软件、维护软件等操作。SaaS 提供商通过有效的技术措施,保证每家企业数据的安全性和保密性;SaaS 采用灵活租赁的收费方式;企业采用 SaaS 模式在效果上与企业自建信息系统基本没有区别,但节省了大量资金,从而大幅度降低了企业信息化的门槛与风险。

资料来源:李伟.三大案例分析:SaaS 在企业中应用的现状[EB/OL],http://www.chinaacc.com. 2013.3.29

课前思考:

不要看教材,思考如下问题:

1. 总结什么是 SaaS。
2. SaaS 的特点是什么?
3. 思考 SaaS 与企业信息化的关系。

10.1　信息化是中小企业发展的必然选择

10.1.1　中小企业的划分标准及特征

1. 中小企业的划分标准

中小企业(small and medium enterprises,SME)又称中小型企业,它是与所处行业的大企业相比在人员规模、资产规模与经营规模上都比较小的经济单位。此类企业通常可由单个人或少数人提供资金组成,其雇用人数与营业额皆不大,因此在经营上多半是由业主直接管理,受外界干涉较少。

但是,不同国家、不同经济发展的阶段、不同行业对其界定的标准不尽相同,且随着经济的发展而动态变化。各国一般从质和量两个方面对中小企业进行定义,质的指标主要包括企业的组织形式、融资方式及所处行业地位等,量的指标则主要包括雇员人数、实收资本、资产总值等。量的指标较质的指标更为直观,数据选取容易,大多数国家都以量的标准进行划分。

美国国会 2001 年出台的《美国小企业法》对中小企业的界定标准为雇员人数不超过 500 人,英国、欧盟等在采取量的指标的同时,也以质的指标作为辅助。具体指标参见表 10-1。

表 10-1　国外中小企业划分标准

国外划分标准	美　国	英　国	欧　盟	日　本
质和量的规定	质的规定: 雇员人数不超过 500 人的企业为中小企业。 量的规定: (1) 小制造业:从业人员在 200 人以下; (2) 小建筑业、矿业:从业人员在 25 人以下; (3) 小零售业:年销售收入在 18.5 万英镑以下; (4) 小批发业:年销售收入在 73 万英镑以下	市场份额较小;所有者亲自管理;企业独立经营	雇员人数在 250 人以下且年产值不超过 4 000 万埃居,或者资占年度负债总额不超过 2 700 万埃居,且不被一个或几个大企业持有 25% 以上的股权。其中:雇员少于 50 人、年产值不超过 700 万埃居,或者资产年度负债总额不超过 500 万埃居,并且有独立法人地位的企业	(1) 制造业:从业人员 300 人以下或资本额 3 亿日元以下; (2) 服务业:从业人员 100 人以下或资本额 5000 万日元以下; (3) 零售业:从业人员 50 人以下或资本额 5000 万日元以下; (4) 批发业:从业人员 100 人以下或资本额 1 亿日元以下

在国内,目前中小企业的划分以工业和信息化部、国家统计局、发展改革委、财政部联合发布的“关于印发中小企业划型标准规定的通知”(工信部联企业〔2011〕300 号,2015 年 6 月 18 日)的文件规定为标准。这次中小企业划型标准修订是我国历史上的第 8 次修订,也是涉及面最广、行业面最宽、划型较全的一次。该标准基本涵盖了国民经济的主要行业,涉及 84 个行业大类,362 个行业中类和 859 个行业小类,新增房地产业、租赁和商务服务业、信息传输业、软件和信息技术服务业等行业。根据文件规定,我国的中小企业划分为中型、小型、微型三种类型,具体标准根据企业从业人员、营业收入、资产总额等指标,结合行业特点制定。

2. 中小企业的特征

相对于大型企业来说,中小企业除了在人员规模、资产规模与经营规模等指标上有量的区分外,企业经营方面也很有特点。

1）经营机制灵活

中小企业由于自身规模小是中小企业的首要特征。基于这样的结构,中小企业的人、财、物等资源相对有限,组织结构相对简单,决策权力相对集中。中国有句俗语叫"船小好调头",应用到企业经营决策上,就意味着在市场的潮流中能快速应对市场的变化。企业的反应灵敏、灵活。

2）经营范围广泛

从个体上来看,中小企业普遍存在经营品种单一、生产能力较低的缺点,但从整体上看,由于量大、点多且行业和地域分布面广,它们又具有贴近市场、靠近顾客和机制灵活、反应快捷的经营优势,因此,利于适应多姿多态、千变万化的消费需求;特别是在零售商业领域,居民日常零星的、多种多样的消费需求都可以通过千家万户中小企业灵活的服务方式得到满足。

3）科技创新发展的主力军

现代科技在工业技术装备和产品发展方向上有着两方面的影响:一方面是向着大型化、集中化的方向发展;另一方面又向着小型化、分散化方向发展。产品的小型化、分散化生产为中小企业的发展提供了有利条件。特别是在新技术革命条件下,许多中小企业的创始人往往是大企业和研究所的科技人员,或者大学教授,他们常常集管理者、所有者和发明者于一身,对新的技术发明创造可以立即付诸实践。

因此,可以说中小企业是科技创新的良好的实践基地和平台。通过中小企业,让知识更好地服务于人类。

4）抗风险能力弱,融资困难

中小企业以其经营方式灵活、组织成本低廉、转移进退便捷等优势更能适应当今瞬息万变的市场和消费者追求个性化、潮流化的要求。但同时也是因其规模和结构等问题,其抗风险能力弱也成为中小企业成长中不容忽视的问题。

中小企业核心竞争力不够,其企业发展缺乏战略规划,产权机构和制度设计在成长中不够合理,造成企业若干问题的存在。因此,在企业的融资或贷款中,破产率高、企业管理制度和财务制度相对不完善、贷款额度不高等一系列问题造成其在银行等机构的传统的信用评分中难以获得高分。

综上,中小企业在社会经济发展中的作用有目共睹,不论是国外还是国内,中小企业都有着举足轻重的作用,也发挥着不可替代的作用。但同时中小企业的成长中也有若干急需解决的问题。如何扬长避短,促进中小企业的良性发展是中小企业成长需要关注的问题。从长远发展来看,只要中小企业根据自身状况,科学地制定发展战略,控制经营风险,化不利因素为有利条件,就能为自身的健康发展创造更大空间。

10.1.2 中小企业信息化的目的及作用

1. 中小企业的基本情况

根据国家发展和改革委员会 2008 年的资料显示,目前我国中小企业的数量已超过 4 000 万家,中小企业在提高经济效益、推动社会经济增长等方面起到了非常重要的作用。

《中国中小企业统计年鉴(2012)》显示,我国中小企业数量占全部注册企业总数的 98% 以上,中小企业提供了 75% 的新增就业岗位,开发了 75% 的新产品,发明了 65% 的专利,创造了 60% 的 GDP 和 50% 的税收,无论是就业还是创新以及经济发展,中小企业都发挥了非常重要的作用。全球金融危机爆发以来,中小企业受外贸出口大幅下滑和人工原材料成本快速上升影响,生存和发展面临巨大挑战,借助信息化转变生产经营方式来实现产业升级是中小企业摆脱困境的必然选择。但目前我国中小企业信息化建设存在较多问题,效果并不明显,整体应用水平低,因此,解决中小企业信息化建设过程中存在的问题,是促进中小企业信息化建设持续、快速、健康发展的关键。

作为占中国企业总数 99% 以上、对 GDP 贡献 50% 以上,同时对于解决就业、促进社会和谐发挥着重大作用的中小企业,其发展问题越来越受到国家和社会的广泛关注。时至今日,对于什么是中小企业在发展中的最关键问题尚未形成共识,从近期各方面的反映和课题组的调查结果来看,企业需要解决的总体性重要问题是融资问题、体制遗留问题、市场问题和信息化问题。仅就内部管理而言,信息化问题可能是一项最重要的问题。在国民经济和社会发展"十一五"规划中,国家发展改革委员会把推动中小企业信息化作为重要内容之一。

2. 中小企业信息化的目的和作用

企业信息化就是企业利用现代信息技术,通过先进的计算机网络技术去整合企业现有的生产、经营、设计、制造等各个环节,实现企业生产过程的自动化、管理方式的网络化、决策支持的智能化和商务运营的电子化,从而提高企业经济效益和企业竞争力的过程。一般来说,信息化会为企业带来如下好处:

(1) 提高管理和生产效率。利用信息系统进行生产管理、人力资源管理、库存管理、办公自动化等,可以提高速度、节约人力,使单位时间和人力的工作量大幅度提高。

(2) 提高企业资源利用率,降低成本。利用信息系统进行财务管理、物资管理等,可以降低库存、合理配备资源、加速资金周转,从而提高资源利用率,降低成本。

(3) 缩短企业与客户的距离,增强企业对市场的应变能力。开展电子商务,使企业管理人员和研发人员直面客户和市场,提高对市场的应变能力和机会捕捉能力。

（4）辅助进行正确的决策。利用计算机软件收集、处理并分析数据，或利用决策支持系统辅助决策。

（5）扩展生存空间，提高竞争力。基于互联网平台的电子商务突破了传统商务的时间和地点限制，基于互联网平台的企业合作在范围上更加广泛、方式上更加灵活。特别对于中小企业来说，由于规模较小、知名度较低，如果只限于传统经营方式，相对大企业来说，这些劣势很明显，但是互联网的出现为解决上述问题提供了很好的机会。

经过行业学者的研究证明：信息化对于企业竞争能力具有显著影响，企业信息化水平越高，竞争能力越强。这个结论出自对大企业的研究，但是对于中小企业仍有参考价值。企业的信息化在强化企业营销管理能力、市场反应能力、成本控制能力、财务运作能力、企业成长能力等方面均起到积极作用。

在第 3 章的信息资源职能中我们也阐述了，信息化管理对于企业的管理四大职能上的支撑作用，也充分说明了信息化对于企业竞争力培养有着重要作用。

此外，据阿里巴巴的调查研究（2010），2009 年受国际金融危机的影响，中小企业生产经营面临前所未有的困难。电子商务服务业作为重要的新兴产业，在帮助中小企业拓展新市场、降低生产经营成本、提高生产经营效率等方面发挥了重要作用。可帮助中小企业充分发挥小、灵、快的优势，完成从工业时代的"以产定销"向信息时代的大规模定制、柔性化生产、个性化营销的升级。2009 年，中小企业通过电子商务创造的新增价值占我国 GDP 的 1.5%，拉动我国 GDP 增长 0.13%。在国际金融危机的背景下，经常使用电子商务的中小企业 2009 年总营业额同比增速平均为 7%，其中电子商务带来的年销售额同比增速为 20.3%，是不使用电子商务的中小企业总营业额增速的 1.35 倍；使用电子商务的中小企业人均产能比不使用电子商务的中小企业高出 10.9%。

10.1.3　中小企业信息化的主要问题

1. 信息化的普及程度和深化程度有待发展

2010 年全国中小企业信息化建设调查报告中显示：52.3% 的企业具有不同程度的信息化应用。但是核心业务应用普及率普遍低于 10%，中小企业网站以信息发布为主，其次是开展电子商务，已经应用 ERP 的中小企业仅为 4.8%，已经开展电子商务的中小企业为 9%。四成多的中小企业愿意开展信息化，其中愿意投资于营销市场信息化、财务信息化和人力资源信息化的比率较高，超过 40%。在对信息化建设对自己企业的帮助程度调查中，一半左右中小企业认同信息化的正面作用。对信息化各项作用认同的企业比率如表 10-2 所示。

表 10-2   我国中小企业对信息化作用的认同比率

信息化作用	认同的企业比率/%
改善财务管理	55.5
更加及时、准确地获得市场需求信息	53.0
改善人力资源管理	51.2
更好地管理经销渠道	50.9
全面提升竞争能力	49.2

从中可以看出,中小企业的信息化普及程度和深化程度仍然处在不断发展之中。

2. 希望与现实之间具有差距

根据学者张士玉项目组对北京市中小企业信息化进行的抽样调查结果分析,其报告中指出 56.8% 的企业对本企业的信息化满意或很满意,认为一般的企业占 38.6%(见图 10-1)。

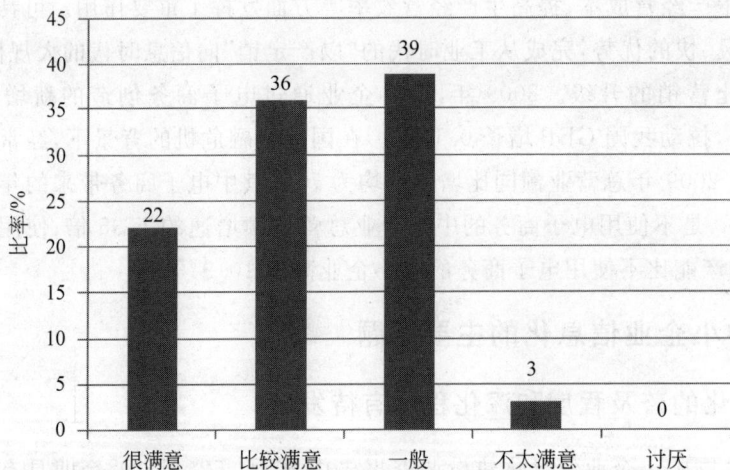

图 10-1   北京市中小企业对信息化的满意度

企业在已经采用的各项信息化应用中,只有对财务管理的满意度最高,很满意的企业超过 50%,对其余的应用满意度均一般,对网站的不满意度略高。企业对于信息化作用排第一位的是"提高管理决策水平",但是对其满意度却比较靠后,企业对信息化作用比较满意的是"加强管理控制"和"减少人员提高效率"两项。调查表明,在"提高管理决策水平"和"网站作用"方面,企业的希望与现实差距较大,而网站作用又分为若干方面,实际是电子商务的作用。企业的希望与现实差距如图 10-2 所示。从图中可看出,在网上销售、合作开发和合作生产 3 个方面,企业的希望与现实差距较大。

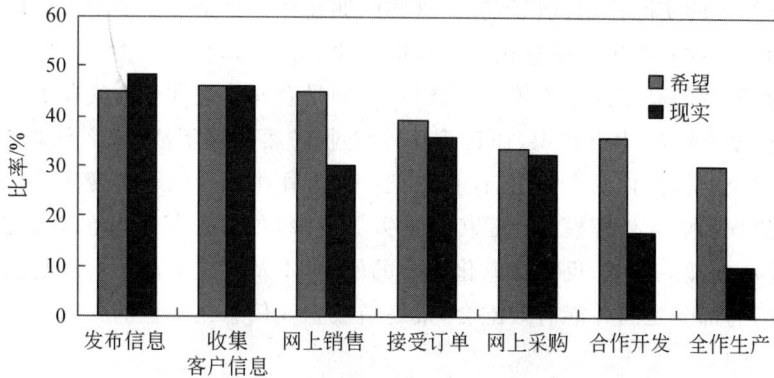

图 10-2　北京市中小企业对网站的希望与现实的差距

3. 资金和人才是主要制约因素

从图 10-3 中可看出,制约中小企业信息化的因素有四大方面,占第一位的因素是缺少资金,第二位是缺少人才,这两个因素远高于其他因素。

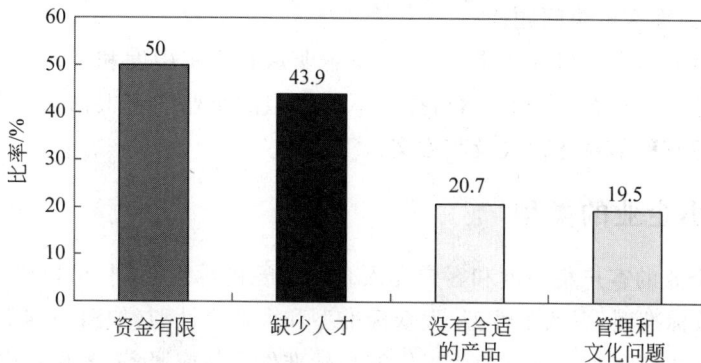

图 10-3　制约中小企业信息化的主要因素

4. 中小企业对信息化的认识不全面

根据上述调查报告记录,在企业访谈中,除了少数高科技企业对信息化的认识比较正确全面之外,许多企业对信息化的认识远不如大企业有关领导那样全面深刻。课题组在访谈中发现,对信息化的认识一般表现为两头重、中间轻的现象。两头重表现在:一头是初级业务应用,如会计电算化、网站展示等;另一头就是比较空地谈了一下信息化对企业长远发展的意义和时代潮流等。中间轻表现在:对于信息化在企业管理中的控制、计划决策、市场开拓等的实际作用认识不够。这些问题往往正是企业发展的关键问题,依靠传统手段可能难以解决,而依靠信息化往往可以解决。

这里必须强调的是信息化不等于计算机化,而是企业管理和企业文化的一场变革,这一点在大企业基本已经达成共识,而许多中小企业仍然认识不清,或者认识到了难以做到。尤其是在企业信息化的实施中,仅仅是把一些工作由原来的手工变成了计算机操作,但是其业务流程和业务处理模式还是传统的方式,各级的操作人员并没有真正的信息化意识,或者说从心理上抵制、反感信息化平台的使用,不及时提供真实可靠的信息资源,人与人或者部门与部分之间并能有效配合,最终造成企业信息化工程的失败。

10.2 中小企业信息化的基本方式

信息化为中小企业提高管理效率提供了有力工具,但是在现实中如何进行信息化困扰着许多中小企业,其焦点问题在于信息化模式及其方案的选择。国务院信息化工作办公室副主任杨学山强调在中小企业信息化建设中要有创新模式,在总结中小企业信息化要解决的三大问题中指出:首要问题就是要对中小企业分层分类,不要指望用一个特点、一种模式、一个方案来解决问题。

本书综合行业学者的研究成果,对于中小企业从客户集中度和客户介入企业运营的深度不同两个纬度进行企业分类,然后探讨不同类型的企业如何根据信息化内外功能强弱的不同选择适宜的信息化模式及其方案。

10.2.1 中小企业的类型

根据中小企业的客户集中度和客户介入企业运营的深度不同,可以将中小企业分为四种类型:少数标准型、少数个性型、大众标准型和大众个性型(如图10-4所示)。

(1) 少数标准型企业。这类企业提供的是标准件产品或服务,客户集中,客户的数量较少。如IT硬件分销公司、批发业等。

(2) 少数个性型企业。这类企业的产品或服务多为个性化的,客户集中且数量较少。如建筑设计、各类职业咨询公司等。

(3) 大众标准型企业。这类企业提供的是标准件产品或服务,客户分散,客户数量多。如饭店、娱乐业、旅游、房产中介、汽车零售业、零售行业等。

(4) 大众个性型企业。这类企业的产品或服务多为个性化的,客户分散,客户数量较多。如行业应用软件公司、诊所、汽车修理站等。

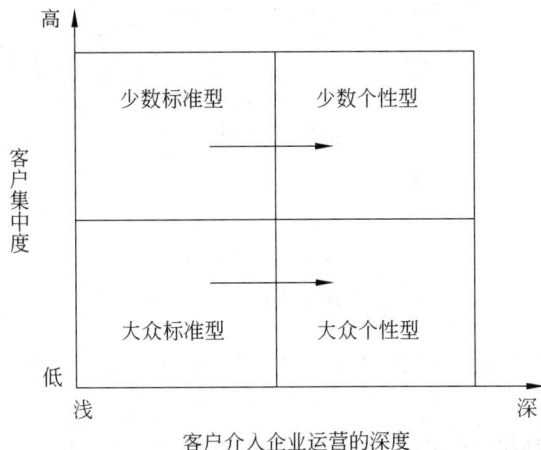

图 10-4　中小企业的四种类型

有些行业的企业可能会分散在四种类型中,企业可以根据自身情况酌情判断。

少数标准型、大众标准型企业与少数个性型、大众个性型企业的差异在于用户参与的程度不同,前者由于用户介入较少,提供的产品或服务多为标准件;后者则是用户较深入地介入企业生产运营活动,产品或服务的个性化更鲜明。少数个性型和大众个性型企业与客户的信息沟通渠道更为重要。而少数标准型、少数个性型与大众标准型、大众个性型企业的主要区别则在于客户的集中程度,前者由于客户较为集中,更容易与客户联系,与客户的信息沟通相对容易。而后者客户分散,与客户的信息沟通相对较难。

图中的箭头表示这些类型的企业之间可以相互转化。少数标准型企业可以向少数个性型企业转化。大众标准型企业可以向大众个性型企业转化。而信息化在企业之间的转化过程中发挥着重要作用。例如:服装业,客户一般参与度较浅,但是可以通过信息化提高客户的参与度。客户对企业运营活动参与加深,显然提高了客户对企业的忠诚度,也是对竞争对手提高了进入壁垒,所以企业应该考虑利用信息化提高客户对企业的参与程度。

10.2.2　中小企业信息化的基本方式

中小企业信息化的建设主要有两个方面:一是企业内部信息化管理,主要包括企业业务经营的管理、费用的管理、员工管理等方面;二是企业外部信息化建设,简单地说就是电子商务。通过互联网的接入,实现网络信息的发布和网上订单,让更多的客户知道企业的产品,让更多的客户能够找到企业。同时也包括网上采购等。

信息化建设过程中功能有强弱之分。企业内部信息化建设从弱到强,大致可以分为事务处理、系统处理、决策支持、综合服务四种方案(如图 10-5 所示)。

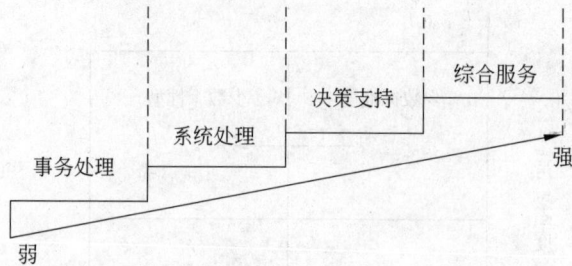

图 10-5　内部信息化建设强弱图

第一层次为事务处理：典型功能为统计、计算、文字处理，典型方案为 Word、Excel 等。

第二层次为系统处理：典型功能为计划、综合统计、管理报告生成，典型方案为管家婆软件、会计电算化软件等。

第三层次为决策支持，典型功能为分析、优化、评价，典型方案为决策支持系统、综合管理信息系统等。

第四层次为综合服务，典型功能为上述三种功能的综合集成，典型方案为 ERP 系统、进销存系统。

企业外部信息化建设功能从弱到强，大致可以分为展示、沟通、交易、协同商务四种方案（如图 10-6 所示）。

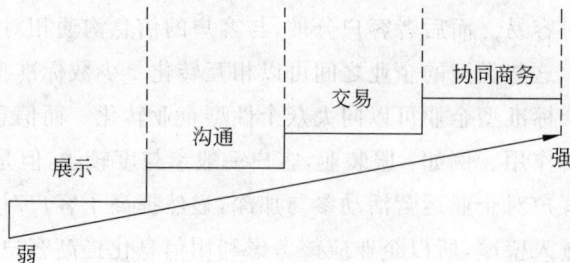

图 10-6　外部信息化建设强弱图

第一层次为展示：目的仅是宣传公司，介绍产品或服务的信息。典型方案为简单的网站。

第二层次为沟通：除具有展示功能外，还能提供与客户之间的沟通，如留言簿。

第三层次为交易：具有网上交易的功能，客户可以在线订购产品或服务。如网上购物、客户关系管理。

第四层次为协同商务：能与关键的交易伙伴们共享业务流程、决策、作业程序和数据,共同开发全新的产品、市场和服务,提高竞争优势。如供应链管理。

　　根据中小企业信息化建设中内外功能强弱的不同,可以将信息化模式分为内弱外弱型、内强外弱型、内强外强型、外强内弱型四种类型。

10.2.3　同类型中小企业信息化模式的应用

　　与大企业信息化建设不同,中小企业不需要功能面面俱到,不需要功能多么强大,找到适合自己的就是最好的方案。结合前面对中小企业的分类以及信息化模式的划分,可以得到不同类型企业与不同信息化模式的最优组合,如表 10-3 所示。

表 10-3　中小企业类型—信息化模式选择

企业类型	企业特点	信息化模式	举例
少数标准型	客户集中、提供标准化产品,如 IT 硬件分销公司、批发企业	外弱内弱型	展示性网站＋单机版进销存软件
少数个性型	客户集中、提供定制产品,如建筑设计、各类专业咨询公司等	外弱内强型	展示性网站＋局域网＋行业特殊系统
大众标准型	客户分散、提供标准化产品,如饭店、汽车零售业、零售行业等	外强内弱型	动态网站(客户在线选择)＋一般进销存软件
大众个性型	客户分散、提供个性化产品,如应用软件公司、装修公司等	外强内强型	动态网站(客户在线订制)＋CRM＋MIS＋专门系统

　　少数标准型企业,客户集中,产品或服务为标准化,其管理信息化要求的迫切性为最低,选择内弱外弱型即可。例如,某 IT 硬件分销公司的信息化方案为展示性网站＋管家婆软件。

　　少数个性型企业,客户集中,产品或服务为个性化。这类企业内部信息化的要求相对较高,选择内强外弱型。例如,某建筑设计公司采用的信息化方案为沟通型网站＋建筑专用信息系统。

　　大众标准型企业,客户分散,产品或服务为标准化。这类企业外部信息化的要求相对较高,选择内弱外强型。例如,某汽车销售公司采用的信息化方案为交易型网站＋小型管理信息系统。

　　大众个性型企业,客户分散,产品或服务为个性化,其管理信息化要求的迫切性为最高,多采用内强外强型。例如,某纺织生产企业采用供应链＋企业资源计划(ERP)。

　　信息化是中小企业进行现代化管理的必然选择。中小企业应该认真分析自己的特点,界定好自己所属的类型,选择适合自己的信息化模式及其方案。

10.2.4   中小企业信息化实现步骤

1. 信息化的全面规划

包括制定信息战略规划。信息战略规划的宗旨是以信息化支持企业目标实现，包括信息技术规划、信息资源规划和信息管理体制规划等。信息资源规划包括数据中心建设规划及企业数据模型、信息系统功能结构模型、信息系统体系结构模型。

2. 规范基础工作

对于企业基础性的工作制定统一标准、程序和规范。包括数据规范化、业务规范化和信息处理流程规范化。一个数据，要做到一处、一人、一时录入，可以多处多时使用，保证数据的完整、系统和统一。通过制度规范信息和信息处理的流程。

3. 建立信息化运行平台

包括硬件平台和软件平台。硬件平台的主要内容是规划和建设企业局域网及其服务器设置。对于中小企业的局域网，可以采用以太网方式组网，根据需要选择适当网络设备，服务器包括应用系统服务器和数据库服务器，可以将二者合为一台商用计算机。软件平台包括服务器操作系统的选用、应用系统支持软件、数据库系统的选用和客户机操作系统选用等。整个运行平台的规划以图的形式表达，图 10-7 为示意图。

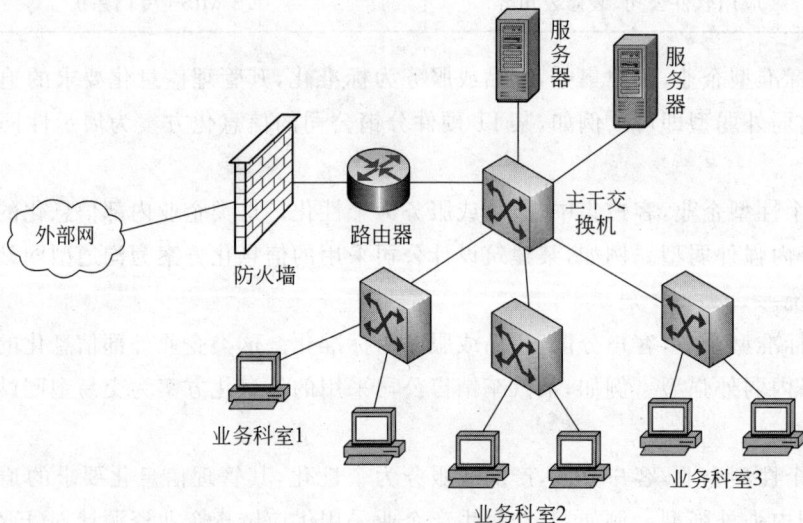

图 10-7   网络结构示意图

4. 配备使用应用系统

对于中小企业来说,配备使用应用系统具有两种方式:一是建立独立系统;二是租用公共服务平台提供的应用系统。

方式一:建立独立的应用系统。不同行业、不同企业特征选择不同类型软件,适合中小企业的软件一般比较综合,如销售管理、供销存、管家婆等。图 10-8 为一款适合中小企业的系统。

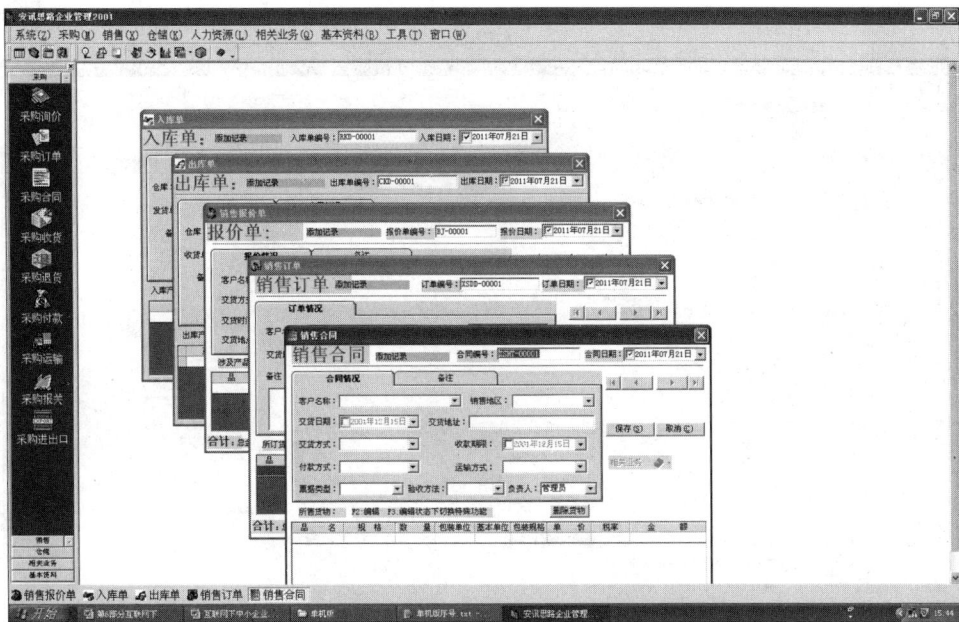

图 10-8   安讯思路企业管理系统

方式二:租用公共服务平台提供的应用系统(SaaS)。中小企业在信息化方面的主要问题是资金短缺和人才短缺,针对这些问题,可以不必建立自己独立的应用系统体系,包括建立数据中心、设立服务器、建设机房、购买系统软件并设立专人进行日常维护,可以租用应用服务商提供的服务,在公共的信息化平台上租用或定制开发适合自己的系统。

2005 年,由中国电信集团、联想集团、用友软件等 9 家公司成立了"中国中小企业信息化联盟",目的是为落实国家发改委中小企业司和信息产业部信息化推进司共同组织实施的"中小企业信息化推进工程"。这个联盟整合了联盟成员各自的优势资源,提供了一个名为"商务领航"的信息化平台,这个平台是在宽带网基础上专门为中小企业量身定制,能涵盖中小企业信息化各阶段需求的一站式信息化应用解决方案,可有效地解决企业在信息化方面的资金、技术、开发周期和技术保障等难题,为中小企业提供完整、综合、高附加值的信息服务。

近年来,这种方式有逐渐细化、专业化趋势,有些企业提供了让用户进行在线开发管理信息系统的功能,因为只有用户最了解自己的业务流程,同时业务流程也会发生变化,所以只要提供简单的开发平台,由用户自己开发的信息系统最适合自己需要。在这类平台上开发信息系统,一般不需要专门的 IT 技能,只是在平台界面上设计符合自己需要的业务表单、拖拽现有控件进行流程设计。图 10-9 为在线开发管理信息系统平台之一。

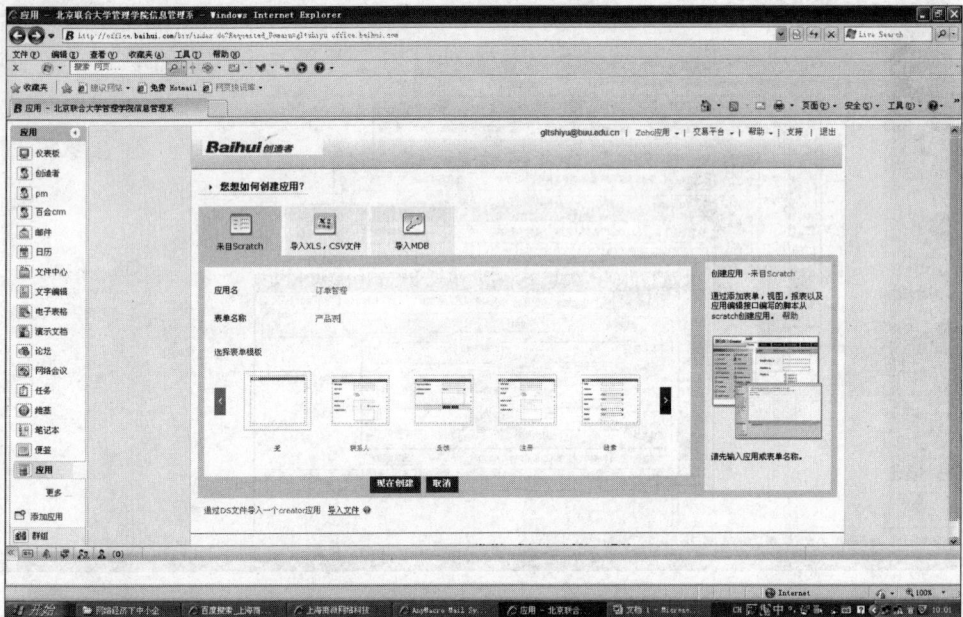

图 10-9　用户在线开发界面

5. 优化业务流程

对原有流程进行改造、优化,通过信息化不但可使原有流程提高效率,而且使流程更加合理,在本质上提高管理水平。企业可以自己确定业务流程的表达方式,图 10-10 为业务流程表达方式之一,同时体现了业务活动的顺序关系和负责主体这两个要素。

6. 进行企业管理软件的实施应用

组成项目指导委员会和项目小组,进行系统测试,之后进行系统实施。

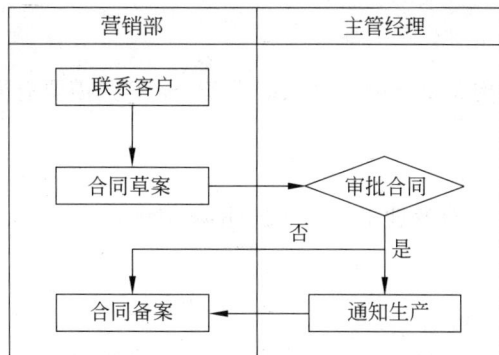

图 10-10　业务流程表达方式之一

10.3　软件即服务模式

10.3.1　基本概念和原理

SaaS 是 Software-as-a-Service(软件即服务)的简称,它是随着互联网技术的发展和应用软件的成熟,在 21 世纪开始兴起的一种完全创新的软件应用模式。

SaaS 与"on-demand software"(按需软件),the application service provider(ASP,应用服务提供商),hosted software(托管软件)所具有相似的含义。它是一种通过 Internet 提供软件的模式,厂商将应用软件统一部署在自己的服务器上,客户可以根据自己实际需求,通过互联网向厂商定购所需的应用软件服务,按定购的服务多少和时间长短向厂商支付费用,并通过互联网获得厂商提供的服务。

SaaS 应用软件的价格通常为"全包"费用,囊括了通常的应用软件许可证费、软件维护费以及技术支持费,将其统一为每个用户的月度租用费。对于广大中小型企业来说,SaaS 是采用先进技术实施信息化的最好途径。但 SaaS 绝不仅仅适用于中小型企业,所有规模的企业都可以从 SaaS 中获利。

10.3.2　SaaS 模式的特点

SaaS 作为一种新型软件应用形式,旨在实现由企业内部部署软件向软件即服务的转变。与传统的软件许可模式相比,它具有以下几方面的特点。

1. 付费

传统软件许可是一次性付费,而 SaaS 是定期按购买软件使用权付费。前者的投资额度更高。

2. 设备

传统软件许可需要构建复杂的信息系统设备,SaaS 只需要有简单的 PC 机。

3. 服务模式

传统软件许可需要培养专业的 IT 维护团队,SaaS 则是由提供商提供专业维护和服务。

4. 使用方式

传统软件许可的使用是在指定的安装了客户端的机器设备上,SaaS 则是在任何可以介入互联网的机器上就可以实现的服务。

5. 升级服务

传统软件许可一般由客户自己更新,更新周期较长,SaaS 则可以由软件提供商负责随时更新软件版本。

SaaS 模式将软件的"所有权"从客户转移到外部提供商;将技术基础设施和 IT 管理等方面的责任从客户转移给提供商。在前节的概述中,我们了解到 SaaS 与 ASP 模式、按需软件等模式有相似的含义,但从技术角度上来说,它们之间还存在细微的差别。

传统的 ASP 模式,每个客户使用一个数据库、一个 Web 站点或者虚拟目录。每个客户运行提供商为自己定制的实例,完全独立于主机上运行的其他客户的实例。提供商要根据客户需要,对数据库中的数据结构和应用代码作定制化修改。

SaaS 模式应用的最终目标则是提供商在负载平衡的服务器群上为不同客户提供主机服务,运行相同的实例。不同客户的数据彼此分开,可配置的元数据可以提供独特的用户体验与特性集。这种架构的 SaaS 系统可轻松适应大规模客户的需要,可在不对应用进行额外架构设计的情况下根据需求灵活地增加或减少后端服务器的数量。

传统的 ASP 只是针对每个客户定制不同的应用服务,而没有将所有的客户放在一起进行考虑。SaaS 模式下,在用户和 Web 服务器上的应用之间增加了一个中间层,用来处理用户的定制、扩展性和多用户的效率问题。相对来说,SaaS 更多注重一对多的规模效应。

总之用一句话概括其不同之处就是:SaaS 模式与 ASP 模式都具有"软件即服务"的理念,但是 SaaS 要比 ASP 复杂得多。

根据上述比较,我们可以更好地理解 SaaS 的特点。SaaS 提供商可消除客户的维护成本,利用规模经济效益将客户的硬件和服务需求加以整合,从而能够提供价格更低的解决方案。它消除了企业购买、构建和维护基础设施和应用程序的需要。这对于人力、财力紧张的中小企业来说,正好可以满足需求。因此我们说,对于许多小型企业来说,SaaS 是采用先进技术的很好途径。

10.3.3　SaaS 模式的应用

"SaaS"的概念起源于 1999 年之前。第一个 SaaS 应用程序是 SiteEasy,在 1998 年发起的 iteeasy.com 网站中,由总部位于亚特兰大的公司 WebTransit 的特劳特曼和德鲁加里威尔金斯共同开发。

最早应用实现的是 Salesforce 公司提出的 SaaS 并运用于 CRM 行业。2003 年 6 月,该公司首次将 SaaS 的概念推向市场,将网络托管服务模式推到中小企业信息化前沿。

与 Salesforce.com 同一时期创办的公司还有综合性网络应用软件提供商 NetSuite 公司。NetSuite 公司的核心业务是为中小企业提供 SaaS 模式的 CRM 软件。

2007 年 9 月,作为业界商用 BI 领域的佼佼者,德国软件公司 SAP 推出了 SaaS 模式的产品——Business By Design。

2008 年 4 月,以为小企业提供财务软件而闻名的 Intuit 公司向第三方开发者开放其 Quickbase 平台,实现 SaaS 商业模式。

2004 年 6 月,中国八百客公司成立,它是中国首家提供大型企业级 CRM 的托管商,标志着中国 SaaS 产业的开始。该公司于 2006 年 2 月推出了全球首个中文 SaaS 在线企业管理软件平台 800APP(CRM),随后推出了全球首个中文应用软件协同开发平台 800APP COMPOSITE,于 2008 年底再次融资成功,成为中国第一家获得海外投资的 SaaS 企业,致力于客户创造长期的价值和潜在的增长,助力中国企业快速有效实现管理自动化。图 10-11 所示为 800APP(CRM)。

2004 年 7 月,沃力森公司推出 Xtools CRM 在线客户关系管理平台。2005 年,中国电信推出品牌——商务领航,引领中小企业信息化。2006 年 6 月,微软和苏州软件园宣布启动中国第一个 SaaS 软件孵化器;7 月,金算盘软件有限公司将 ERP 与电子商务完全融合,推出了全程电子商务平台。2007 年 1 月,阿里巴巴与微软合作,推出阿里软件,建成"软件互联平台",为中小企业提供在线软件服务;4 月,神州数码与日本 Softbank BB 株式会社合资成立北京神州数码在线科技有限公司,提供 IT 基础运营服务、企业办公服务、企业业务服务和行业应用服务;11 月,IBM 与金蝶联手推出友商网,开设了应用在线会计平台。2008 年 7 月,用友公司推出 SaaS 平台伟库网,将管理软件、移动应用、营销与服务整合为一体,打造成全程电子商务服务平台。

目前,我国 SaaS 运营模式主要是政府牵头推动的中小企业公共服务平台,应用主要集中于在线 CRM、在线 OA、在线进存销管理等领域。国内的主流 SaaS 服务提供厂商除了上述厂商外,还有天天进账网、中企开源、CSIP、CDP、百会创造者、奥斯在线等。

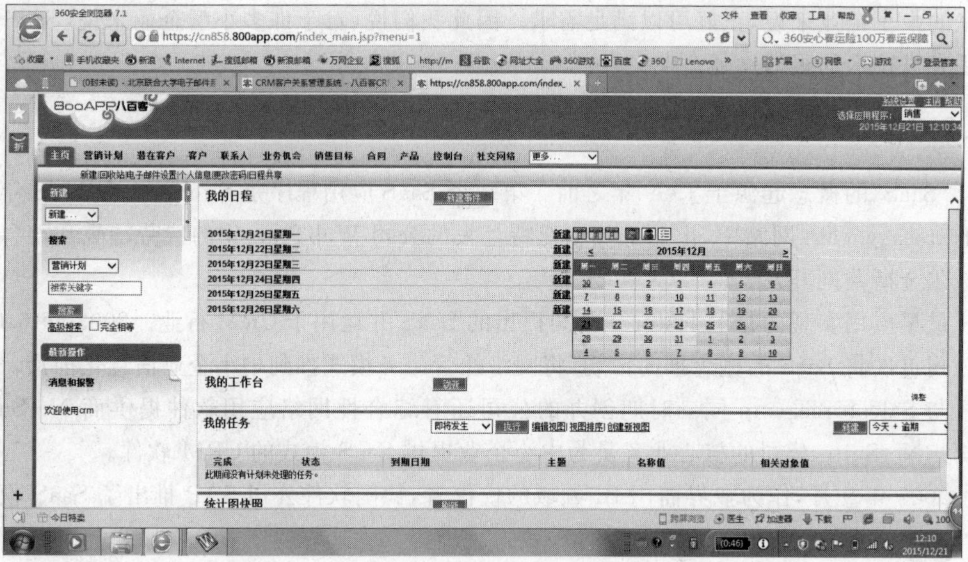

图 10-11   800APP(CRM)

"环球网(科技)"2015 年 1 月盘点了 2014 年最热门的 SaaS 软件,分别是 Salesforce、用友畅捷通、金蝶云之家、dayHR、八百客、XTools、北森测评、今目标。软件应用涉及客户关系管理、销售、企业协同办公、人力资源等多个领域。由此可见 SaaS 的应用在不断地扩展壮大。SaaS 作为一种正在全球兴起的新型软件应用模式,引发了一场软件业的革命,它对中小企业的信息化建设有着重要的影响。但同时也要看到,如今处在发展中的 SaaS 仍然有一些问题需要进一步完善,例如:企业的认知和接受、渠道建设、传统软件提供商的转型等问题。

我们要紧跟技术发展的趋势,不断开展深入研究并进行具体应用,以进一步推进我国中小企业信息化建设。

10.4   网络环境下中小企业合作模式

在信息化条件下,成功的企业合作可以明显地降低交易成本、提高运作效率、提高市场开拓的广度和深度、优化配置资源,从而提高企业竞争力。但关键问题是如何选择适合的合作方式并进行成功的合作。

可将企业的合作模式按照两个维度进行分类:一个维度是有无主导企业;另一个维度是合作的稳定性。从图 10-12 中可见,理论上可以得到 4 种模式。

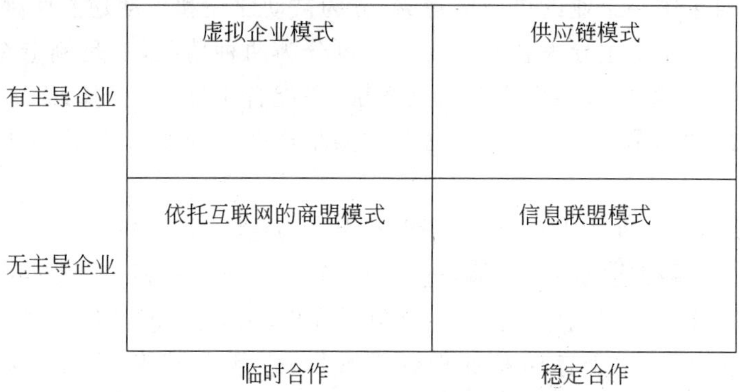

	虚拟企业模式	供应链模式
有主导企业		
无主导企业	依托互联网的商盟模式	信息联盟模式
	临时合作	稳定合作

图 10-12　信息化条件下企业合作模式

10.4.1　供应链模式

供应链是指产品生产和流通过程所涉及的原材料供应商、生产商、批发商、零售商以及最终消费者组成的供需网络。即由物流获取、物料加工，并将成品送到用户手中这一过程所涉及的企业和企业部门组成的一个网络。对供应链的管理目标是要将顾客所需的正确的产品能够在正确的时间，按正确的数量、正确的质量和正确的状态送到正确的地点，并使总成本最小。因此在管理中，强调对由供应商、制造商、分销商、零售商和顾客所构成的供应链系统中的物流进行计划、协调、操作、控制和优化的各种活动和过程。

供应链模式的合作基本上是由传统的分包模式在信息化条件下发展而形成，主导企业与其供应商为比较稳固的采购与供应关系，由于是在计算机网络环境下采用了信息系统，所以与传统的分包模式相比实现了一些突破：一是可以实现主导企业与客户的无逢接触；二是主导企业将某些数据与供应商共享；三是主导企业可以在整个供应链内对运输、仓储、供应商选择、生产计划等进行优化设计。

行业研究学者对中小企业供应链管理信息化建设方面作了专门研究，论述了采用供应链管理的三个作用：

第一，实现信息共享。在整个供应链中，从不同地点采集信息，包括不同部门和企业的信息共享。

第二，数据分析和决策支持。供应链管理者的任务是根据已知的信息，来为供应链的计划、实施和运行提供决策。信息技术提供了众多的数据分析软件产品，企业可以根据自己的需要选购一种数据分析软件为供应链管理者提供决策支持。

第三，流程再造。企业在使用供应链管理软件的同时，学习先进的供应链管理模式和流程。企业供应链管理思想和管理模式的进步可以提高企业的供应链管理水平，增加企业的经营收益。

在现实中,对于中小企业的供应链建立,分为被动建立和主动建立两种。被动建立供应链系统的企业,都是受主导大企业的要求。可分为两种情况,一是制造企业,例如海尔集团要求它的供应商都要采用供应链信息系统,以配合主导企业的网络采购方式。二是商业企业,典型的如汽车 4S 店,分销商必须按照生产企业的要求或所提供的系统进行供应链管理。

主动建立供应链管理的中小企业,是以本企业为核心,将客户、供应商、配送体系借助计算机网络和信息系统连成一个整体,进行统一管理。具体途径包括如下步骤:

(1)规划供应链。对整个供应链体系,包括客户、供应商、配送体系进行规划。

(2)建立数据库。用于存储和处理各类数据,包括产品数据、客户数据、供应商数据等。

(3)选择系统软件。系统软件可以复杂也可以简单,可以购买商品软件,也可以委托开发,对于中小企业,可以在网站上开发若干管理功能,在通过授权配置形成独具特色而又简单的供应链系统。

(4)系统运行调试。在初步运行中逐步修改、完善系统功能。

(5)流程优化和建立制度。在实行了供应链管理之后,企业的流程必然与原来不太一样,需要进行优化,包括对部分活动的增加、合并、删除、修改等,特别是有些原来串行的工作改为并行,同时为此重新制定规则、制度、变化岗位等。

如果企业经营活动比较简单的话,不必用专门软件和服务器建立复杂的供应链管理系统,在网站上开发若干管理功能,通过授权配置形成三层信息结构,然后在使用中逐步完善。研究学者孙锐在 2004 年提出了供应链信息结构三层框架,如图 10-13 所示。

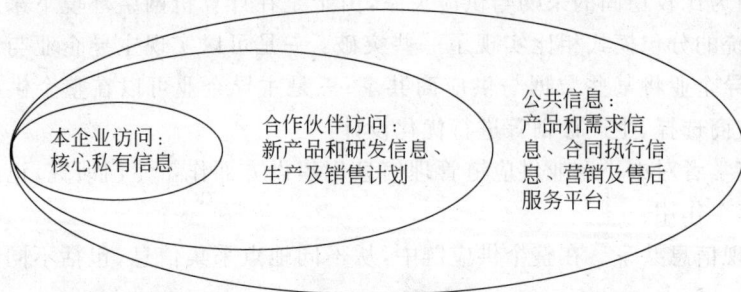

图 10-13   供应链三层信息结构

如果企业具备一定规模、经营活动的各个环节比较完备的话,可以采用商品软件建立供应链系统。作为供应链管理实践的一种,供应商管理库存(vendor managed inventory,VMI)是比较适合中小企业的一种管理方式,它是指由供应商按照预期需求以及事先达成的最高和最低的库存水平,代表买方组织对库存进行监督、规划和管理。它是一种以用户和供应商双方都获得最低成本为目的,在一个共同的协议下由供应商管理库存,并不断监督协议执行情况和修正协议内容,使库存管理得到持续改进的合作性策略。

10.4.2　虚拟企业模式

虚拟企业(又称虚拟公司、虚拟集成、动态联盟等)是指一些独立的厂商、顾客甚至竞争对手,以商业机遇中的项目、产品或服务为中心,充分利用各自的核心能力,广泛利用以Internet为核心的信息技术,以合作协议、外包、战略联盟、特许经营或许可甚至成立合资企业的方式所构建的以赢利为目的的动态的、网络型的经济组织。

虚拟企业的主要特点为:是各企业核心能力和核心资源的集成;有一个主导企业;为了完成某一个具体项目,是一种临时合作。

其基本指导思想为:充分利用信息时代的通信工具和通信环境,为某一产品的快速开发,在一些制造企业之间建立一个动态联盟,各联盟企业之间加强合作和知识、信息、技术资源共享,充分发挥各自的优势和创造能力,在最短的时间内以最小的投资完成产品的设计制造过程,并快速把产品推向市场,实现制造的敏捷性。

1. 虚拟企业的构成

从形式上来看,虚拟企业一般由以下三类或者是如下三类的组合。

1) 组织虚拟化

组织虚拟化的企业不一定具有如传统企业那样的组织实体,包括楼房、办公室等,只是通过信息网络把分布于不同地点的资源连接起来,例如:网络销售公司、物流公司等。

2) 功能虚拟化

虽然运作时也有完整的功能过程,如生产、营销、财务、设计等,但在企业本体内却没有完整执行这些功能的组织,它只有实现本身核心功能或关键功能的组织。其他虚拟的功能只是在信息系统软件功能上体现,通过互联网组织资源。例如:服装虚拟企业,在信息平台上具有一般企业的一切功能,包括营销、设计、采购、生产、客服等,但是主导企业也许只是具有服装设计的核心能力,而系统上的生产功能对联盟内的某些企业开放,这些企业具有生产能力,按照主导企业的计划生产。

3) 地域的虚拟化

虚拟企业在互联网平台上进行经营活动,而具体的人员,进行不同专业分工的成员企业在地域上是分散的,可以不在同一个地区、同一个省市、同一个国家,即所谓逻辑上集中、物理上分散。

2. 组建虚拟企业应具备的条件

组建虚拟企业应具备以下三个必要条件。

1) 企业要有明确的目标

整个虚拟企业作为整体，要具有明确的目标，要进行具体化和量化，例如：完成某项任务、某项订单、营业额目标、利润目标、成本目标等，这些目标经过分解形成各个成员企业的目标。

2) 企业本身具有关键性技术和资源

主导企业本身具有关键技术或资源，而这些技术或资源不可轻易复制。企业能将资源集中在附加价值高的功能上，而把附加价值低的功能转移给合作单位。例如：服装虚拟企业，主导企业或者具有设计技术，或者具有信息化平台下与客户动态交流的技术，当获得订单后，通过网络组织采购原料、制定生产计划、组织生产并配送。

3) 利用信息网络来实现企业职能

企业的主要职能，包括营销、设计、生产、采购、配送等都是在网络上进行，在信息系统的软件功能上具有这些功能，但物理上并不一定具有这些部门和办公室，实现这些流程，就是由信息流指挥物流和资金流，与物理上的部门没有必然关系。

3. 协同商务环境下虚拟企业的组成要素

随着电子商务的发展，协同环境下的虚拟企业越来越受到关注。协同商务环境下虚拟企业的相关组成要素如下。

1) 盟主企业

盟主企业也称为核心企业，是最先抓住市场机遇，并发起组建虚拟企业的企业。盟主企业主要从事经营决策类活动，如对市场目标的确定、伙伴的选择、产品的定位、伙伴间的沟通协调以及在虚拟企业运作过程中的领导和决策等。

2) 伙伴企业

伙伴企业是指为实现一定的市场目标而参与到虚拟企业中的企业，也泛指成员企业。虚拟企业中的伙伴企业主要进行生产运营的活动，包括执行盟主分配的任务、与其他企业进行沟通和调节、对虚拟企业运营状况进行反馈等。

3) 多功能项目组

企业根据市场机遇或联盟的要求而临时组建了多功能项目组，多功能项目组也是机遇的实现或消失以及联盟的解体而解散的团队组织。通常，当盟主企业发现市场机遇出现或收到代理请求时，伙伴企业则将多个基本组织单元进行组合，建立能够响应机遇的多功能项目组，形成敏捷型伙伴企业的动态部分。

4) 虚拟企业合作形式

虚拟企业间合作形式是虚拟企业各成员企业为了更好地实现虚拟企业总体目标的过程中而采用的成员参与方式。不同的合作方式有着不同的利益、风险分配方式。一般认为虚拟企业具有 5 种组织形式，即供应链式、合资经营式、转包加工式、插入兼容式、虚拟合作式。但供应链式和转包式可以归为上述供应链的合作模式。最典型的虚拟企业合作形式就是虚拟合作式,即若干企业针对某一商业机遇,通过计算机网络和相关信息系统共同参与经营活动。所谓插入兼容式,是企业在进行虚拟合作时,其人员具有一定的可置换性,它由一支相对稳定的核心队伍加上部分或多数临时人员组成。

上述内容是虚拟企业的一般理论,不仅限于中小企业,所以比较系统全面,中小企业可以根据这些思想进行适当简化,营造适合自身的经营环境。虚拟企业的形式很适合中小企业规模小、缺少资金、专业分工细化的特点,特别适合年轻人创业。在拥有核心技术或者业务的基础上,通过建设网站系统将产品的采购、生产、销售、配送从逻辑上串联起来,而这些流程的物理完成是由合作企业进行。

10.4.3　商盟模式

商盟的基本功能是信息交流,因此,其实质上是互联网服务商提供的一种服务方式,供各企业利用互联网的技术条件组织起来的商业联盟。

这种类型的合作方式是一种松散形式,一般没有实质意义上的主导企业,尽管许多“商盟”都有发起企业或“盟主”,但这种“盟主”一般只是做一些网站的维护、信息发布等工作,控制不了“盟员”的业务活动。在实践中这种类型的具体形式很多。阿里巴巴网站上的各类商盟即为典型的这类形式。

商盟可以按照地域划分,也可以按照行业划分,也有根据临时业务关系组建的商盟。对于一个企业来说,可以根据需要同时加入一家或多家商盟,也可以在互联网服务商提供的平台上自己组织商盟。商盟对于企业来说一般具有如下作用:

1. 信息交流与合作

各个企业在商盟内部互相交流供求信息,共享信息或提供信息,丰富了企业的信息渠道。在此基础上,企业内部科室实现互相合作。例如,对于大笔订单,单个企业无法完成,则可以在商盟内分工合作。如此对于企业不再是单兵作战,商业机会和市场进一步得到扩展,同时交易成本下降。此外,团队的作用也使得采购能力得到提高,相对于单个企业的采购,商盟形式可以获得更多的折扣。

2. 经验交流,利于成长

商盟成员企业互相交流经验,对于成员的培训和成长大有裨益。

3. 提高市场信誉

中小企业个体在市场信誉方面往往不够高,可以通过商盟形式提高整体的信誉,形成所谓“卖家商盟”。不论是 B2C 还是 C2C 形式的电子商务,现在都有“卖家商盟”形式,买家同一个商盟进行交易,而不是一个具体企业。这种形式既有优势,同时也有弊端。如果一个信誉不好的企业加入商盟后败坏的是整个商盟信誉,会导致其他企业受到牵连。

因此,商盟中的合作企业必须具有良好的商业文化和商业道德基础,遵守商盟制度,否则就会适得其反。

10.4.4   信息联盟模式

"信息联盟"是由若干企业组建,对外为一个网站,对于客户来说是由一个企业进行网络营销,网站的后台为数据库,存有市场、客户和各个企业资源的数据,数据库由各个企业共享。对内,根据既定规则分配来自客户订单的生产和服务任务并统一配置设备、原材料和人力等资源。各个企业仍为独立的企业,仍然独立核算,独立开展各自的传统业务和营销活动。

"信息联盟"模式的基本特征就是没有主导企业的稳定合作模式,这里对其定义为:若干独立企业以信息为纽带、以基于互联网的信息系统为手段、按照共同遵守的制度组成的联合体,共同开发、享有市场信息资源,并且在内部优化配置资源,从而达到所联合的企业整体提高竞争力及提高经济效益的目的。

组成信息联盟的企业强调区域性和行业性,也就是以产业集群为主,借助企业自然形成的集群,这样容易克服文化上的障碍,降低内部资源配置成本和沟通成本。刘冠全等学者提出的基于 ASP 的中小企业联盟模式结构如图 10-14 所示。利用 ASP(application service provider,应用服务提供)方式作为中小企业信息化,包括建立中小企业合作平台是良好的选择之一。2010 年张士玉等学者提出改进结构,如图 10-15 所示。两者最重要的区别是:后者企业信息联盟作为一个虚拟组织整体开展电子商务。

"信息联盟"具有如下功能和特点:

(1) 多个企业组建共同的网站,而不是在一个网站内建立各个企业的网页,让客户感到是在与一个而不是多个企业进行交易。

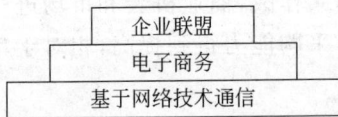

| 企业联盟 |
| 电子商务 |
| 基于网络技术通信 |

| 电子商务 |
| 企业信息联盟 |
| 基于信息技术 |

图 10-14   刘冠全等提出的企业联盟结构   图 10-15   企业信息联盟结构

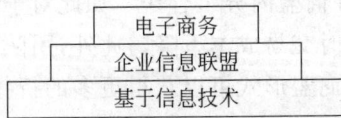

(2) 设专业人员进行网络营销,该专业人员是为整个"信息联盟"服务,而不是专为某个企业服务。

(3) 组建共享数据库,存储共同的客户资料,并且将各企业的资源数据、各种基础数据、标准和指标等数据作为"信息联盟"的共同数据。

(4) 在整个"信息联盟"内安排业务流程,共同利用企业资源计划(ERP)、客户关系管理(CRM)、供应链管理(SCM)等技术和信息系统,而不完全像是国内外已经出现的那种各个企业独立租用应用系统服务商提供的信息系统。

"信息联盟"的最大现实意义就在于为解决甚至是有效突破中小企业的信息化问题指出了一条可以借鉴的途径。

近年来,人们对大型企业利用信息化提高竞争力和经济效益的问题研究较多,典型的成功案例如海尔集团、北京联想集团等。但对中小企业如何利用信息化提高竞争力和经济效益的一般规律研究得不够充分。中小企业的信息化途径和规律具有与大企业本质的不同,其难度更大。本文提出的"信息联盟"思想,从企业内外两方面的业务来看,都不失为一条有效途径。

在对外开拓市场方面,就一般情况下,互联网对于中小企业的作用与大企业不同。大企业本来已经很出名,往往是客户先知道该企业然后再去找到该企业网站,而对于中小企业,往往希望通过网络营销扩大市场,充分利用互联网的自由、平等和开放等特点。但是单个的中小企业往往势单力孤,如果通过"信息联盟"的方式联合起来,则会形成与大企业抗衡的力量。

在优化配置资源方面,众多中小企业相对地理位置分散,专业化强,如果通过"信息联盟"的方式联合起来,将这些企业视为一个企业群,其内部资源优化配置的潜力极大。

在我国中小企业的成长中,自然形成了许多地域性、行业性的中小企业群,例如山西某地的铸锻件企业群、浙江某地的塑料制品企业群、服装企业群,广东某地的瓷砖企业群等。这类企业群或企业战略联盟如果能够利用信息技术进行有效的合作,无疑会更有效地开拓市场,进一步地提高竞争力。

目前,该模式从思路上说是一种很好的模式,也是很理想的模式,但是有如下两个关键问题难以解决:

第一,定量或半定量的指出中小企业组建"信息联盟"对提高竞争力与经济效益的作用。

第二,"信息联盟"的体制模式问题。若干企业联合起来,原来的实体还要继续保留并发挥作用,同时又新组建了一个"信息联盟"组织,它具有独立的资源,独立开展网络营销活动,并且对各个企业具有分配任务和配置资源的权力。那么"信息联盟"的基本体制模式则是各个企业合作的关键所在。"信息联盟"的基本体制模式可以是如下几种:

(1) 各个企业组建一个非营利机构;

(2) 由已有的 IT 企业提供服务;

(3) 由政府出面协调组建;

(4) 利用现存的为政府服务的信息中心;

(5) 国有企业可以由原工业局(原上级主管)组建"信息联盟"。

上述各种形式都有其优缺点,必须经过严格的调查研究和论证。中小企业依托互联网,以信息为纽带、以适当形式组成联合体以提高竞争力,是信息时代中小企业信息化的必然发展趋势。目前,"信息联盟"模式是一种解决问题的途径与方法,在理论上还有待于进一步深入,在实践上还有待进一步检验。

本章小结

　　本章主要围绕中小企业的特点和需求,详细讲解了中小企业信息化模式及应用。在基本概念描述、资料分析基础上,详细阐述了 SaaS 以及网络化时期中小企业信息化各种应用模式,并对其相应的特点进行了分析和比较,为中小企业的信息资源管理提供依据。

课后思考题

　　1. 什么是中小企业?

　　2. 中小企业的特征有哪些?

　　3. 怎么理解信息化建设对中小企业的重要性?

　　4. 中小企业信息化建设中的主要问题有哪些?

　　5. 简述中小企业的类型与信息化模式。

　　6. 阐述中小企业信息化的步骤。

　　7. SaaS 是什么?

　　8. SaaS 的特点有哪些?

　　9. 国内 SaaS 的主流供应商有哪些? 试结合案例说明一个 SaaS 软件的功能和应用。

　　10. 网络环境下中小企业合作模式有几种?

第11章

政府和公共信息资源管理

本章要点

相比其他信息资源管理来说,公共信息资源管理有其独有的特点,其所包含的两个组成部分——政府信息资源和公共信息资源两者之间又有所区别。本章分别介绍了两者的含义、类型和性质,然后分析了两者的管理手段。政府信息资源管理的手段是制定政府信息资源政策;公共信息资源管理的手段则是以经济手段为主,政府规制为辅,同时使用服务外包策略。然后,重点介绍了基础教育、公共卫生、社区、智慧城市等领域的公共信息资源管理。

【情景案例】

公共信息服务的商业化问题

2002年7月30日,《北京晚报》以《北京114查号台办中介收提成挣钱有点黑》为题,披露了114台向一开锁公司提供独家服务的新项目——凡成功提供一次开锁交易信息,属于汽车和保险柜开锁的收取30元信息费,文件柜收取15元,防盗门或其他锁具收取20元,其他情况包括配钥匙等收取5元。而河南郑州市,114台就与河南新视力广告公司签订了《114行业首查服务协议》,协议约定,客户向114查号台提出无具体名称、无限定范围的公交广告行业号码查询,114台首报新视力公司,新视力公司为此每月向114台支付4000元服务费。还有,据浙江《今日早报》报道,在旅游胜地杭州,尽管有民航售票处、国旅、青旅、航空国旅等10多家票务公司,但在查询时你若说不出具体票务公司的名称,114台就会告诉你民航杭州售票处或浙江经贸票务公司的电话。据说,这是因为杭州114台开展了"行业优先报号"活动,而要享有这一优先报号服务,客户必须支付更多的费用。

资料来源:蒋永福.论公共信息资源管理—概念、配置效率及政府规制.图书情报知识,2006(5):

课前思考：

1. 案例中 114 查号台的行为是否正确？试说明理由。

2. 为了方便人们对公共信息的查询,可以采取哪些措施？

11.1 政府信息资源和公共信息资源

管理资源是各级政府和部门的基本职能。按资源类型划分,不同的职能部门分别管理自然资源、经济资源和社会资源。本书主要关注经济和社会资源,如基础教育信息资源、医疗卫生信息资源、社区和城市信息资源等。

11.1.1 政府信息资源

1. 政府信息资源的含义

政府信息资源是指一切产生于政府内部或虽然产生于政府外部,但对政府各项业务活动有影响的信息的统称。政府信息资源是相对于其他社会组织而言的,包括企业、社会团体、医院、学校、图书馆等。政府部门作为社会的管理者,掌握了大量的信息资源。有统计显示,政府部门掌握的信息资源约占社会总量的 80%。

政府信息资源可分为狭义的信息资源和广义的信息资源。狭义的信息资源是指信息及其载体,可以将其理解为数据资源,是以数据库和数据仓库为特征的。广义的信息资源不仅包括信息及其载体,而且反映了信息采集、传输、加工、存储和利用的能力。在我国,广义上的政府信息资源也包括政协、人大、党务、法院、检察院等部门的相关信息,还包括关键领域的国有企业相关信息以及天气预报、路况等与公共服务相关的信息。

2. 政府信息资源的来源

政府信息资源的主要组成内容包括政府决策信息、为社会各界服务的信息、反馈信息以及政府间的交流信息。政府信息资源按信息来源分为固定信息和外部信息;按信息状态分为固定信息和流动信息;网络环境下又有文献信息和电子信息之分。将信息的来源称为信息源,按政府信息的采集空间范围来划分信息源,可以分为内部来源和外部来源。

1) 政府信息的内部来源

政府信息的内部来源主要是指从政府部门和政务处理过程或程序中获取信息,具体包括两个部分:一部分是直接处理政务的政府各职能部门及其政务程序;另一部分是产生政府决策信息的内部信息机构。

2) 政府外部信息来源

政府外部信息主要来自居民以及各基层企事业单位;各种咨询机构、行业部门;公共信息部门;国外政府机构以及信息机构。政府信息资源内涵丰富而复杂,既有相互包含又有相互交叉,可建立政府信息资源目录分类体系,具体实现政府信息资源管理、共享和服务,加强政府信息资源的开发利用。借助目录系统,可以对政府信息资源进行识别、导航和定位,以支持公众方便快捷地检索、获取和使用政府的公开信息资源。

11.1.2　公共信息资源

1. 公共信息资源的概念和内容范围

从宏观上说,信息资源有自然信息资源、私人信息资源和公共信息资源之分。其中的公共信息资源主要是相对私人信息资源而言的一种资源类型。私人信息资源一般是指由私人生产和提供的信息资源,其生产成本由私人承担,并采取等价交换的市场供给方式,即采取"谁付费谁利用"的供给方式。公共信息资源一般是指政府为了维护公共利益和社会公平而向公众提供的信息资源。广义的信息资源不仅包括信息内容本身,还包括与信息内容相关的信息技术、信息设施、信息人员等。

公共信息资源与政府信息资源是两个不同的概念,公共信息资源的外延要比政府信息资源的外延广,即公共信息资源包含政府信息资源。在对公共信息资源概念内涵的界定上,我们认同这样的观点。

以政府为主体的一切负有公共事务管理职能的组织(包括行政机关,法律法规授权、委托的组织,来源于纳税人税款的政府财政拨款的社会团体、组织等公务事业法人和社会组织)在行政过程中产生、收集、整理、传输、发布、使用、储存和清理的所有信息,称为公共信息。

从这一定义中可以看出,公共信息资源属于公共物品(public goods)的范畴。公共信息的内容范围包括以下诸方面。

(1) 政府机构信息,包括政府部门设置、职责、职能、部门业务管理办法等。

(2) 政务信息,包括政府文件、政府公报、重大会议活动、政府实施项目等信息。

(3) 政策法规信息,包括发布的国家和地方的政策、法律法规、条例等信息。

(4) 为社会各界服务的信息,包括国际、国内及地区的政府动态新闻、经济信息、统计信息、科技、教育与人才信息、招商引资、市场供求信息、预测信息、热点推荐、办事指南等。

(5) 反馈信息,即政府信箱、市政论坛、市民意见、建议等。这部分信息主要来自各行各业、各界的普通民众和专家学者。

(6) 交流信息。政府之间、政府各部门之间、部门的上级机关与下级机关之间建立起来的交流信息渠道,实现它们之间横向与纵向的信息交流。这部分信息也很丰富,如各部门的各种公文、会议情况、总结报告、记录数据办公档案、部门行政管理信息、经验介绍等。

2．公共信息资源的分类

关于公共信息资源的类型,由于划分标准的不同,可以有多种类型。

1）根据公共信息资源本身特性的不同

公共信息资源可划分为无排他性又无竞争性公共信息资源、有排他性而无竞争性的公共信息资源和有竞争性而无排他性的公共信息资源三种类型。无排他性又无竞争性的公共信息资源,如可公开的政府信息资源;有排他性而无竞争性的公共信息资源,如有密级的政府信息资源;有竞争性而无排他性的公共信息资源,如网络信息资源、图书馆馆藏信息资源等。

2）根据形成方式的不同

公共信息资源可分为政府自产性公共信息资源、政府购买性公共信息资源和社会生产性公共信息资源三种类型。政府自产性公共信息资源,就是政府活动所产生的信息资源,如政府机构信息、政务信息、政策法规信息等;政府购买性公共信息资源,就是由政府购买私人信息资源并提供给公众使用而形成的信息资源,如图书馆的大部分馆藏信息资源;社会生产性公共信息资源,就是由非政府部门活动所产生的公共信息资源,如民间交流活动、社区公务活动、企业经营活动以及网络交流活动所产生的信息资源。

3）根据受益者需求范围的不同

公共信息资源可划分为全国性公共信息资源和地方性公共信息资源两种类型。全国性公共信息资源一般为供全国公众使用的、无排他性的信息,如中央政府信息、网络信息等;地方性公共信息资源是指以满足地方公众需要为目的而形成和发布的信息,如地方政府信息、地区性天气预报、某部门或单位发布的本部门或本单位信息等。地方性公共信息资源一般也不具有排他性。

3．公共信息资源的特性

作为公共物品的公共信息资源,具有两个基本特性,即公共消费性(或称共享性)与外部性。

1）公共消费性

公共信息资源的公共消费性是指公共信息资源的效用在于公共消费,其目的在于促进公共利益。如果某种信息资源其目的不是为了通过公共消费来促进公共利益,那么它便不属于公共信息资源,而属于私人信息资源。可见,公共消费性是公共信息资源与私人信息资源的根本区别所在。

2）外部性

所谓外部性,又称外在性(externalities),是经济学中用来描述一种经济行为所产生的外部效用的概念。它是指这样一种现象:一个人的行为影响了他人的福利而相应的成本收益没有反映到市场价格中。如果对他人造成的影响是有利于他人的,就称为正外部性;如果这种影响是对他人不利的,就称为负外部性。

在公共信息资源的生产和消费过程中,普遍存在着外部性,包括正外部性与负外部性。公共信息资源的正外部性,主要表现为消费者可以免费或者廉价获得所需公共信息,进而有利于自身的学习、科研和决策。公共信息资源的负外部性主要表现为在公共领域中传播的虚假信息、冗余信息、不充分信息、黄色信息等劣质信息对消费者造成的精神负担、污染或侵害。正是由于公共信息资源的共享性和外部性特性,使得公共信息资源在生产和消费过程中难免出现"搭便车"(free rider)现象和"公共悲剧"(public tragedy)现象。因此,公共信息资源的配置一般采取政府配置方式。政府配置公共信息资源,必须坚持公共利益原则,以提高公共信息资源的共享效率为目标。同时,政府在配置公共信息资源时还要防范和遏制负外部性的产生。

11.2　政府信息资源管理

11.2.1　政府信息资源管理的概念和任务

政府信息资源管理的根本目标在于增强信息意识,提高政府信息资源开发和利用的能力,从而最大限度地降低政府信息活动的费用,保障国家的信息安全。

1. 政府信息资源管理概述

政府信息资源管理是指与政府信息资源开发和利用有关的决策、计划、预算、组织、指导、培训和控制活动,特别是与信息内容有关的资源如人员、设备、资金和技术的管理。

1) 管理目标的多样性

政府作为公共部门,其信息资源管理目标可归纳为:

(1) 为政府决策提供支持;

(2) 传递政治、军事、科技、经济和文化思想,实现政府职能;

(3) 实现"电子政府",执行"电子政务",提高政府效率;

(4) 树立政府形象,提高政府透明度,促进廉政建设。

2) 管理模式的灵活性

在组织层面,有党委、人大、政府和政协四大机构领导纵向组织。在功能层面,有政府的政治职能、社会职能、经济职能三大体系下的各职能机关。

3) 管理手段的多维性

行政手段、法律手段具有直接、迅速和有效的特点,是政府信息记录管理的主要手段。

各种通信、控制的技术手段是现代政府信息资源管理的另一手段。同时,可以引入市场手段进行管理。

2. 政府信息资源管理的任务

政府信息资源管理的任务包括内容资源管理、技术资源管理、经济管理、组织管理、政府人员信息能力管理、信息体制建设管理和法律政策管理。

1) 政府信息内容资源开发管理

政府信息内容资源管理是指对由政府产生和由政府自己收集、处理、传输、发布、储存、使用的那部分信息进行有规划的建设。

2) 政府技术资源管理

在电子政务环境下,政府信息资源管理的一项重要工作就是对信息的技术基础设施建设以及技术应用系统建设进行管理,这是实现政府信息资源开发利用现代化的一个关键。

3) 政府信息资源的经济管理

政府信息资源建设经济管理比较突出的任务体现在对政府信息化的项目管理中。由于政府信息化项目涉及金额大,因此要求对政府信息化项目的投资计划、投资总额进行严格审核,对项目内容严格把关,对项目产出效益严格监控。

4) 政府信息资源的组织管理

组织是保证计划实现所必需的手段。它的职能是设计一种组织结构,使参与政府信息资源开发与利用活动的人员明确自己在活动中的位置,了解自己在相互协调的系统中的作用,自觉地为实现政府信息资源开发管理的目标有效地工作。

5) 政府人员信息能力管理

政府公务员是政府信息内容的开发者和利用者,也是政府信息资源的载体,因此对这些政府部门的人力资源开发也是政府信息资源管理的重要内容之一。

6) 信息体制建设管理

信息体制建设管理主要包括建立有偿使用信息制度、建立信息任务外委制度、政府部门的信息中心要承担的责任和积极引导发展信息服务业。

7) 政府信息资源开发的法律政策管理

在政府信息资源管理中,制定相关的信息法律政策是重要的,它们在指导信息资源开发工作的同时,也构成了信息资源建设的保障环境。

例如,美国 NARA 信息资源管理战略规划(2014—2017)中,制定了 8 个 IRM 策略,分别是符合使命、工作人员、客户服务、企业架构、IRM 过程整合、风险管理与信息安全、IRM 治理和 IT 基础架构支持。这 8 个 IRM 策略充分阐释了 NARA 对信息资源以及信息资源管理(IRM)的理解,具体内容如表 11-1 所示。

表 11-1　NARA 的 8 个 IRM 策略中的 IRM 管理

IRM 策略	信息资源	IRM
符合使命	信息、人员、信息技术	在线公共获取(OPA);描述和授权服务器;文本处理;中心注册系统;统一沟通战略;机构变革、组织重组、协作和反馈工具;内部交流网络;战略人力资本规划
工作人员	NARA 员工	人力资源规划
客户服务	客户、信息技术	客户服务:电子文件档案馆(ERA)、OPA、Archives. gov
企业架构	信息、信息技术	业务架构(EA)
IRM 过程整合	信息、经费、信息技术	IRM 过程整合
风险管理与信息安全	信息、信息技术	政府文件管理、电子文件管理、个人身份信息管理、IT 安全管理
IRM 治理	经费、信息技术	设置监管部门
IT 基础架构支持	信息技术	建立信息基础架构、NARANET 基础架构和监管 IT 操作环境

11.2.2　政府信息资源管理政策

1. 政府制定信息资源管理政策的必要性

信息是一种国家战略资源,充分开发利用信息资源对一国核心竞争力的提升、政治文明的建设、国家安全的巩固、国民经济和社会的可持续发展举足轻重。

由于信息资源开发本身是一个受自然禀赋、发展水平、社会经济规模等多重因素制约的动态平衡的复杂过程,世界各国在制定、实施本国的信息化发展规划方面各有建树,形成了当前不均衡的发展格局:美国、日本、欧盟等发达国家和地区是信息经济的主宰;中等发达国家和新兴工业国家和地区加紧向信息经济过渡;发展中国家信息化程度最低,面临工业化和信息化的双重重任。作为世界信息共同体的一员,尽管中国在信息化建设领域取得了巨大成就,但要加速信息资源的开发利用仍面临许多障碍。障碍的破解必须在深刻反映国家利益与政治意图的前提下,制定和实施国家信息资源管理政策,将知识与信息应用到信息生产、处理、沟通、传播等领域,打破美国、欧盟、日本等发达国家制信息权垄断,实现跨越式发展。

2. 世界大国信息资源管理政策特征

(1) 政府强势介入信息资源管理;
(2) 从源头加强信息资源的自由获取、均衡流动;从制度上为信息公开、信息共享扫清障碍；

（3）与经济、技术紧密相连，鼓励竞争，放宽管制，促进信息产业发展和信息技术不断更新；

（4）注重国际合作，并在与国际环境接轨过程中寻求多种手段维护主权和自身利益；

（5）高度重视信息安全问题；

（6）大力发展教育和培训，提供训练有素的信息人才和用户。

3. 世界大国信息资源管理政策的差异性

在信息资源管理政策目标上，美国谋求的是全球范围内政治、经济、技术的霸权地位，具体目标强调的是"平衡"，"美国要把制定协调型信息政策确立为目标"。欧盟为整合欧洲诸国力量与世界超级大国抗衡，其信息资源管理政策立足于规范和统一成员国信息化发展步伐，发挥整体优势，维护其全球信息化发展进程中应有的地位。在信息资源管理政策制定原则上，美国坚持其自由的资本主义传统，强调信息自由流动和市场机制，注重平衡、协调政府与私人机构的关系；日本则对本国的自主信息体制格外关注，表现为更多地吸收和利用他国的信息资源，而不是向国外输出本国的信息资源，特别是技术信息资源。在信息资源管理侧重领域方面，欧盟各国注重充分发挥各国特长和优势互补。如北欧各国长于无线通信技术支持下的网上服务，德国、英国长于多媒体、数据库的开发应用服务，法国长于基于民族文化特质的内容服务等；日本为实现"科技立国"战略，高度重视科技情报，政策倾向大力扶持数据库建设；美国则凭借雄厚经济势力，在信息产品、信息服务等领域全方位发展。

4. 我国信息资源管理政策现状与问题

我国信息资源管理源于科技信息资源的开发利用，相关政策建设起步于 20 世纪 50 年代。1956 年，国务院科学规划委员会编制了《十二年科学技术发展远景规划》，规定了科技情报工作的主要任务，为我国科技情报工作发展提供了依据。随后，我国初步建立起科技情报系统。但在"文化大革命"期间，草创的科技情报系统遭到破坏，基本处于停滞状态。"文革"结束后，在国家一系列科技情报政策推动下，我国科技情报系统迅速进入恢复、重建阶段，并在知识产权建设方面取得了丰硕成果，完成了我国知识产权法律制度基本框架。20 世纪 90 年代后，我国信息资源管理政策建设进入新的发展阶段。一方面，科技情报政策（如《国家科学技术情报发展政策》等）进一步推动了科技情报事业的蓬勃发展；另一方面，受全球信息化浪潮影响，信息资源管理开始突破科技情报政策的狭小范畴，拓展到经济信息政策、信息产业政策、信息技术政策等方面，如《信息技术发展政策》等的颁布。据统计，20 世纪 80 年代以前，我国仅有 7 部关于图书情报的信息政策，1980—1989 年制定、颁布的信息政策开始缓慢上升，1999—2000 年呈现平稳上升趋势，而 2000

年以后迎来信息资源管理政策建设高潮。至今,我国有效的国家信息资源管理相关政策达千余条,侧重点也呈现出多样性,从科技情报、信息技术和知识产权 3 个领域扩展到信息安全和网络规范、个人隐私等方面,电子政务和电子商务方面的立法则在近几年开始占据重要位置。

11.3　公共信息资源管理手段

11.3.1　通过经济手段配置公共资源

政府配置公共信息资源,要做好"成本-收益"分析,其关键是安排好共享规模。若共享规模过小,就会出现资源浪费和供给不足的结果;若共享规模超越一定的限度,则会出现拥挤和成本过高的结果。这两种结果都会造成总体信息福利的损失,因而造成配置失败(政府失败)。

公共信息资源配置中的共享成本与共享收益,表现为联合成本与联合收益。公共信息资源共享行为的成本是多种多样的,它包括信息生产和信息耗费的有价资源。如图书馆馆际互借过程中的文献发送成本、用户的搜寻成本和用户等待成本;网络信息资源利用中时间、空间、频道、带宽等多种成本。这种成本随着共享范围的扩大有加速增加的趋势,例如馆际互借频繁会加大管理难度,降低用户使用频率;网络信息资源随着使用人数的增加,网络逐渐变得拥塞,用户成本会越来越大(如图 11-1 所示)。

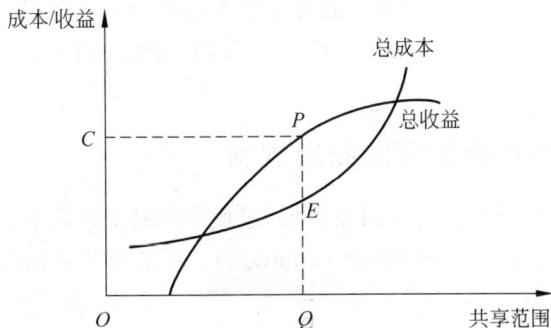

图 11-1　资源最佳共享规模

图 11-1 中总收益随着共享范围的扩大而扩大,总成本也会逐渐变大,这样一来就存在一个最佳的共享规模 Q,此时的社会联合收益与社会联合成本之差最大,即 P、E 两点间的距离最大。P、E 两点同时左移或右移都将造成共享效率的损失。可见,有效率的共享意味着联合收益是社会收益的测度,联合收益越大,联合成本越低,则越有效率。

11.3.2　公共信息资源共享策略

作为信息资源的一种,公共信息资源管理中,共享策略是一种有效手段。下面以基础教育为例,来说明信息资源共享的模式和运行机制。

教育公平是社会公平的重要基础,而促进教育公平的重要措施是合理配置教育资源,教育信息资源服务均等化关系到教育信息化能否真正促进教育公平的实现。"校校建信息资源库"模式已经不能适应信息时代基础教育信息资源建设的需要。

提出构建信息化环境下的"区域共建共享互换"基础教育信息资源建设新模式,将公共服务外包和市场运营理念引入教育信息资源优化配置领域,探索"企业开发、政府购买、用户使用"的优质教育信息资源均等化服务机制。

以"资金分流"的教育信息资源建设经费投入模式实现不改变经费投入总量,通过动态调控教育信息资源建设经费和教育信息化环境建设经费比例,提升基础教育信息资源配置效益。用户反馈决定教育信息资源购买费率不仅催生新的教育信息资源商业运营模式,消除基础教育信息资源建设中"管建不管用"的积弊,而且从源头上形成教育信息资源质量"准入"机制,促进教育信息资源质量在使用过程中持续"进化",切实提升基础教育信息资源建设质量。

将用户使用教育信息资源的积分作为拨付学校信息化环境建设经费的重要依据,促使学校为改进教育信息化环境,主动鼓励本校师生积极使用区域信息资源库的优质信息资源,提升信息资源使用率。可以预测,信息技术支持下的"区域内共建共享、区域间互换共享"将引发教育信息资源优化配置观念发生根本性改变,实现优质教育信息资源服务从"校内均等"到"区域均等"的跨越,从而以技术手段实现基础教育信息资源公共服务均等化。

11.3.3　公共信息资源管理的政府规制

为了保证公共信息资源的公共利益目标,进而保障社会的信息秩序与信息公平,政府必须对公共信息资源进行必要的规制(regulation)。政府对公共信息资源的规制,应主要做好如下三方面的工作。

1. 建立健全政府信息公开制度

政府是公共信息资源的最大拥有者,因此,政府信息的公开程度决定了公共信息资源的共享程度。政府信息资源是一种典型的公共物品,因而社会公众有权利要求政府开放其信息,政府也有义务公开其信息。

美国在 1990 年制定了《美国的公共信息准则》,在该《准则》中,提出了八条政府信息资源管理准则:

（1）公众有权获取公共信息；

（2）联邦政府应确保公共信息在任何形式下的完整性和良好的保存环境；

（3）联邦政府应确保公共信息的传播、再生产和再分配；

（4）联邦政府应保护使用或要求提供信息的人员的隐私权，也应保护那些在政府记录中有个人信息的人的隐私权；

（5）联邦政府应确保获取公共信息来源的多样性，无论民间部门还是政府机构都应如此；

（6）联邦政府不应允许随意乱收费，以免妨碍公众获取公共信息；

（7）联邦政府应保证提供有关政府信息容易使用的信息，对于各种形式的信息，都能以单一的索引查询；

（8）无论信息利用者居住在何地及在何地工作，联邦政府都应保证他们通过全国信息网络和像出借政府出版物的图书馆那样的程序来获取公共信息。

2. 实施政府信息开发利用主体的多元化策略，以提高政府信息资源开发利用的效率

以往人们普遍认为，政府信息资源作为公共物品，只能由政府提供，而其他部门不可能也不允许介入。这种认识其实是思维和政策选择上的误区。现在的人们已经普遍认识到，解决政府信息资源开发利用效率低下问题的关键是：打破政府垄断，引进竞争机制。而要引进竞争机制，就必须实行政府信息资源开发利用主体的多元化，允许非政府部门参与政府信息资源的开发利用。也就是说，为了提高政府信息资源的开发利用效率，有必要实行市场化、社会化的开发利用策略。

在政府信息资源的市场化、社会化开发利用方面，美、英、日等发达国家已有先例，并取得了较好的成效。如美国政府非常注重协调联邦政府和私营机构的关系，使两者在信息资源的开发活动中建立起亲密合作的伙伴关系。1990 年由 DTI 编辑出版的报告《政府拥有的可交易的信息：政府部门与私营部门信息交易指南》指出，在信息市场内，对于那些已经形成了市场价格的信息，政府可按市场价格出售；对于那些尚未形成市场价格的信息，政府在最初提供给私营部门时可以只收取信息成本费，此后信息价格会逐渐上升，直到一个完全的市场价格形成为止。该报告还指出，信息交易之后的信息抽取与加工活动应由私营部门投资完成，政府部门不要直接参与；并对可由私营部门提供的信息服务，政府部门不应在非商业化基础之上再提供类似服务。

3. 防范和制止公共信息资源的滥用

一些部门或个人往往利用公共权力把非排他性的公共信息资源转变为排他性的信息资源，从中谋取部门利益或个人利益，由此产生公共信息资源的滥用现象。

不久前,国内某高校图书馆,从阅览室拥挤现象中想到了"拥挤成本外部化"的办法——向学生"卖"座位。其价格因座位条件优劣从 30 元到 60 元不等。此事立即引起了学生和媒体的强烈反响。我们知道,图书馆也是典型的公共物品,它的宗旨是维护社会的信息公平,社会公众都可平等获得图书馆服务。然而,这所高校图书馆却把只具弱竞争性而无排他性的图书馆服务转变成了付费才能购买的排他性服务。这是一种典型的公共信息资源滥用表现。

公共信息资源的过度使用或滥用,必将带来缺失公平的畸形发展,最终也会导致整体信息福利减损的恶果。因此,为了保障社会的信息秩序和信息公平,政府必须对公共信息资源的过度使用和滥用行为加以严格的政府规制。

11.3.4　公共信息服务外包

早在 20 世纪 90 年代,美国学者萨瓦斯就提出可以将"数据录入、数据处理、图书馆管理等外包给私营企业"。政府网站信息服务外包,是指以合同或协议的形式,将全部或部分网站服务业务,如数据加工、网上事务办理、网站运营维护等外包给第三方服务提供者,并由双方共同承担政府网站信息服务项目开发的收益和风险。

目前,政府网站信息服务外包十分普遍,就美国的情况而言,"据估计,政府部门在国家层面可以从电子政务外包或者将某些国家机构职能剥离或者通过公私合作将部分服务转交给私营部门从而节约几十亿美元"。

在实际操作中,不同类型的外包运行模式差异迥然。一般情况下,在服务合同、管理合同以及租赁合同中政府部门的管理控制权限较大,而在许可经营、"建设—运营—移交"模式中,私人信息部门则拥有较大的自主运作空间;随着融资投入主体逐渐从政府部门向私营部门转移,私营部门的责任、自主权与运营风险也从服务合同、管理合同、租赁合同到"建设—运营—移交"和许可合同依次提升,合作许可期限因此逐渐延长,参见表 11-2。

表 11-2　公私合作项目的运作特点

选　项	服务合同	管理合同	租赁合同	建设—运营—移交	许可合同
融资投资	公共部门	公共部门	公共部门	私营部门	私营部门
融资投入资金	公共部门	公共部门	私营部门	私营部门	私营部门
与零售客户的合同关系	公共部门	私营部门(代表公共部门)	私营部门	私营部门	私营部门
私营部门责任与自主权	低	低	低到中等	中等到高	高
对私人资本的需要	低	低	低	高	高

续表

选　项	服务合同	管理合同	租赁合同	建设—运营—移交	许可合同
私营部门的金融风险	低	低	低到中等	高	高
合同、许可期限	6 个月至 2 年	3～5 年	5～15 年	15～20 年	20～30 年
所有权	公共部门	公共部门	公共部门	私营部门然后公共部门	公共部门
管理	主要是公共部门	私营部门	私营部门	私营部门	私营部门
设定零售关税	公共部门	公共部门	合同与监管	公共部门	合同与监管
收取零售关税	公共部门	私营部门	私营部门	公共部门	私营部门
主要目标	提高运营效率	改进技术效率	改进技术效率	鼓动私人资本和专业知识涌入	鼓动私人资本和专业知识涌入

　　简而言之,政府网站信息服务外包的运行要素包括:政府部门与私营部门的关系是合作联盟而非对抗对手,政府围绕网站具体服务项目制定明确的输出内容和输出标准,与私营部门形成固定期限的正式稳定合作关系,合理界定二者风险分担与收益共享机制,由私人部门进行基础设施和技能、人力等投入,建立信任和承诺,并按照规范面向用户提供服务。目前,政府网站信息服务外包的主要领域有 G2B 的信息服务电子采购项目、G2C 的门户网站公众服务项目、整合服务的一站式信息中心以及各种信息亭等。

　　但是,外包并不是解决电子政务各种问题的灵丹妙药。随着政府网站信息服务外包业务的推广,外包管理的复杂度和风险相应提高,极易陷入公私合作关系的陷阱,诸如商业化和市场化风险、操作风险、融资风险、技术风险、政治风险,以及失去控制、增加成本、未能满足信息服务要求等多种风险。为此,需要从政府监管、私营信息机构管理能力等多角度入手:

　　(1) 加强对政府网站外包的组织领导,如沙特政府专门成立了由财政部、信息与通信技术部等部门参与的电子政务指导委员会,从宏观上制定政府网站外包的制度框架,强调外包的生命周期规律;

　　(2) 强化政府部门对网站信息服务外包的管理和风险控制,进行外包成本收益分析、风险转换分析、财政状况分析、效率分析以及重大事件处理机制、数据安全、人员管理、访问控制等;

　　(3) 增强外包机构服务能力,在谨慎选择承包方的基础上,对相关人员进行政府网站工作流程等培训,提高服务项目开发和管理能力;

（4）巩固合作伙伴关系，共同制定服务质量标准，清晰界定合同权利义务，建立信任，畅通沟通机制；

（5）吸引政府、社会和企业各方力量，开展社会监管，对外包绩效进行客观评估。

11.4　几种事业单位的公共信息资源管理系统和服务

随着信息化步伐的不断加快，信息资源已经成为国民经济和社会发展的重要资源。有效地开发和利用信息资源，特别是有计划地开发社区信息资源、政务信息资源、公共信息资源，是发展国家和城市信息化的重要手段和任务。本小节以案例为主，对教育、公共卫生、社区、城市等领域的公共信息资源管理系统和服务内容作简单介绍。

11.4.1　教育信息资源共享

1. 教育信息资源共享的模式

随着现代信息技术的发展、互联网的兴起，打破了传统技术条件下地域、时间和行业的限制。通过卫星宽带、网络等方式接入教育部资源和其他远程教育资源中心，落后地区的资源贫乏学校可以打破教育成本、机会和质量的三角制约关系，用较少的投入，缩短教育差距，提高教学质量，还可避免重复投资，为国家节约大量资金。下面以教育信息资源的校（馆）际交换共享、卫星电视直播共享和互联网络共享等三种模式来探讨教育信息资源共享的模式。

1）校（馆）际交换模式

可分为垂直型共享和水平型共享两种。垂直型（纵向）共享指教育部门内不同层次之间协作共享信息资源。所有下级电教馆都与中心馆联结，并利用中心馆的信息资源。由于垂直型共享的各个成员之间具有行政和业务上的隶属关系，因而比较易于组织。水平型（横向）共享指一个地区内不同学校、电教馆之间的资源共享。在电化教育迅速发展的阶段，这是实现教育信息资源共享的主要模式。

2）卫星电视直播模式

在有条件的学校建立卫星电视地面接收站，通过卫星频道接收教育教学信息。对有计算机、电子教室或校园网的学校，采用卫星宽带网方式接入资源的同时，安装网络教学资源管理与应用平台，实现学校资源与教育部或区域资源中心的接入与交互。

3）互联网络模式

包括校园网共享和互联网共享两种。校园网共享是目前很多学校采用的结构，其内部网用户能够以一致的操作方式和知识结构共享信息资源。互联网共享是全国或一个地区学校之间可直接通过 Internet 共享信息资源。借助于数据库技术和远程通信技术，联机检索和网络检索技术极大地拓展了资源共享的范围,增加了用户数量,从而使信息资源得以更广泛地利用,使信息资源共享取得突破性进展。各学校签订优质资源的交换协议从而达到共享,如一个学校中的教师能够自动"漫游",连接 Internet 上的其他学校的资源库查找符合条件的资源,并直接用到自己所创作的教案中。

2. 教育信息资源共享策略

国家、地方政府和各教育单位应以立法的形式制定与优质资源共享平台相适应、以共享为核心的政策法规和管理制度,规范资源共享中的行为,提供政策上的保障,其中责、权、利明确的配套措施是关键。如制定学分互认的政策,协调学分互认的关系,并确定院校共享优质资源在教学中的应用比例及范围;明确在资源共享过程中的知识产权和利益分配的关系等。

3. 教育信息资源共享方式

1) 人力资源共享

面对高等教育大众化、大规模发展高等教育的要求,由此带来的师资队伍短缺不容忽视。而同时经济和社会快速发展,学科及专业不能及时调整适应未来经济、科技和社会产业结构的发展以及人才市场的需要,为解决这一难题,可以建立教师资源共享网,鼓励教师跨校联聘、互聘、兼课,使好老师成为更多学生的共同财富;建立相关学科领域专家库;建立教学督导员库;互享高水平学术讲座等。

2) 物力资源共享

教育资源共享的物力资源主要包括基础教学实验室、实验仪器、图书馆、专用教室及实践基地、食堂、体育场馆、计算机中心等。同时也可共享各种社会的优质资源,如校车、礼堂、学生公寓、超市、纪念馆、文化馆、展览馆、影剧院、工厂、农村、部队和科研院所等。这是一种采取资源整合的方法,提供供所有师生使用的教育教学环境和高质量服务。

3) 课程资源共享

教育资源可共享的课程资源目前主要包括:教学大纲、实验、案例库、试题库、教案、教学课件和教学素材、教师教学指导资料等,这些都是显性的课程资源。此外,课程资源还可能包括不易用文字、视频等直观表达的隐性资源,如教学思想、教学方法、教学改革、教学团队建设与管理、理论教学与实践教学的关系、课程考试方法等。配合隐性课程教育资源的使用,显性课程教育资源才能得到最大限度地共享。

4) 文化资源共享

文化资源本身不仅是学校生存的根本所在,同时,它还以极强的渗透力,参与到教育产业化的各环节,成为推动学科和地区发展的先导和动机。美国著名的"硅谷"就是由斯坦福大学的文化资源所造成的,我国的如清华紫光、北大方正等。因此共享优质的校园文化,对培养高素质的人才、全面地提高教育的质量有着不可磨灭的作用。

5) 地区信息资源共享

由于我国偏远地区和西部地区经济欠发达、信息闭塞、教育基础薄弱、教育资源匮乏等诸多原因,致使我国教育优质资源分布区域不均衡。因此,我们应通过教育资源共享打破地域限制,带动优质资源的共享。利用国家信息网、教育网和全国高校互联网上的各种教育信息,实现资源共享。

11.4.2 公共卫生信息资源管理

1. 简介

中国疾病预防控制中心按照本中心的业务类型和业务流程,将信息资源分为两大部分,即业务数据和科研数据:业务数据是指在监测、调查、干预、实验室管理、教育培训等业务工作中产生的数据。科研数据是指在科学研究活动中产生的数据;建立了国内国际公共卫生数据检索平台,满足公众查询使用。湖北省疾控中心对全省 61 个监测系统全面梳理,大致分为业务管理、基础信息、传染病监测、损伤和中毒等疾病监测、地方病监测、健康危险因素监测、卫生应急监测 7 个部分 58 类监测对象,61 个监测系统中传染病监测系统最多 25 个(40.98%),其次是健康危害因素监测系统 11 个(18.03%),卫生应急监测 7 个(11.47%),业务管理系统和基础信息系统各 6 个(分别占 9.84%),损伤和中毒等疾病监测、地方病监测各 3 个(分别占 4.92%);通过对现有信息资源的分析发现,传染病监测产生的信息资源较多,而对于慢性非传染病、实验室监测等方面相当薄弱。

2003 年 SARS 疫情暴发后,国家在同一平台上建立了以个案监测为基础的法定传染病、专病/单病、传染病预警等疾病监测信息管理系统,以事件监测为基础的突发公共卫生监测系统,以疾病预防控制基本信息为主的基础公共卫生信息系统等,部分专业根据工作需要陆续开发了独立的业务应用系统,但由于缺乏业务模型和数据采集标准,各核心业务系统之间缺乏有效的信息关联和映射,很难进行跨系统的深入分析,监测系统中的统计分析均基于该系统采集的内容进行简单的统计报表分析,尚不能实现跨数据库间的综合分析与利用。

2014 年湖北省疾控中心对全省 61 个监测系统调查显示,61 个系统共有 9370 个监测指标,信息量记录总量 3.26 亿个,61 个监测系统分别由 8 个所处 23 个科室管理,其中大部分科室(69.60%)管理 1~2 个监测系统,数据信息资源量巨大,管理相对分散。为增进省、市各专业公共卫生信息相互沟通交流,促进信息的深层分析与利用,全省实施公共卫生信息定期会商,通过视频会商系统定期通报监测数据质量和监测信息,搭建了信息交流平台;同时为了全面收集全省公共卫生监测相关资料,系统分析疾病发病趋势和影响因素,为该省疾病防控工作提供依据,湖北省疾控中心编制了涵盖 61 个监测信息系统监测内容的《公共卫生监测报告》,从单纯传染病分析到疾病和健康信息全面、系统的收集和分析,努力探索公共卫生信息的综合分析和信息共享。

2. 存在的问题和解决方案

数据挖掘难以深入,信息资源共享利用不足的问题仍然存在。公共卫生信息资源散落在不同部门、业务系统中,信息系统条块分割、管理分散,信息资源的发现与共享利用率低。其次监测系统虽大部分已建立网络报告系统,但多是为解决部门内单一问题独立开发的系统,数据难以互相利用;即使同一网络监测平台上的子系统,因缺乏有效的共享机制和协同技术,数据一致性和同步更新性较差,如中国疾病预防控制信息系统上大疫情与结核病专病两个子系统结核病部分数据一直难以同步;还有同一监测对象有多个网络监测平台,如国家和省级分别开发预防接种、疫苗冷链管理系统,数据重复采集,增加了基层工作量。最后不同应用系统往往是不同的公司开发,标准不统一,开发技术和水平也不均衡,一旦业务上需要共享和交换数据,面临诸多问题。近年来信息化报告程度虽然不断提高,但信息化共享利用低,难以进行深层次的数据挖掘分析,信息技术的优势无法充分发挥。面对迅速崛起的大数据,如何建立各监测系统信息有效共享,如何整合现有长期监测数据并形成数据仓库,利用大数据分析为政府的决策提供科学依据,是各级疾控机构面临的严峻挑战。

在这一点上,美国政府偏重技术的 IRM 战略值得我们借鉴。美国政府各部门制定IRM 规划的重要影响因素就是信息技术的变革。在 IRM 规划的八大策略中,有 7 项都涉及对信息技术的管理。这也与 NARA 本身的战略目标发生变化有很大的关系,其战略目标已从传统的注重信息管理转向触发并提供信息利用,而信息技术是实现信息有效利用的重要方式,因此,NARA 的 IRM 更倾向于信息技术管理。NARA 是管理美国联邦政府信息资源的代表机构,因此可以说,美国政府 IRM 其实更偏重技术管理。

因此,公共卫生信息平台应致力于共享机制、标准、政策的发展,打破信息仅在各自的小系统内孤立循环的现状,建立多个信息系统的“无缝衔接”,使各类信息互补互通,提高信息的利用价值。在现在系统的基础上,不断拓展监测范围,从疾病监测到健康监测,逐步延伸监测与疾病的发生、发展相关的危险因素,建立一个综合信息监测平台,发展为对居民健康的全过程、全方位的监测。为了使信息平台良好运转,需要建立一个组织管理框架,重视数据和信息的集成,注意数据的清洗和过滤,建立信息质量评估和验证机制,进一步提高数据的精确性、全面性、可比性,通过对多个异构的数据源有效集成,将单纯数据库为中心的数据环境发展为一种综合体系化的新环境,用于支持管理决策。

11.4.3   社区信息资源管理

1. 社区信息服务

社区信息服务(community information service,CIS)是图书馆为读者提供的各类信息服务之一,又称为"社区情报服务"。20世纪60年代最先产生于美国,之后在西方国家发展起来。我国的社区信息服务如今也迅速地开展起来。

社区信息服务是信息服务在社区的具体体现,它以一个社区内的所有居民为服务对象,有它独特的特点和性质。社区信息服务的内容多种多样,主要包括提供健康、财政支助、住房、交通、教育、保姆服务、就业、娱乐及该地域内所发生的重大事件等方面的信息,从而使居民能够准确而又快速地获得与自己息息相关的信息。根据英国图书馆协会的相关研究报告,社区信息服务是帮助个人或团体解决日常问题、参与民主进程的服务。该服务的重点是人们面临的至关重要的问题,如家庭、职业、权利等问题。

在北京、上海、广州社区信息服务各网站中,他们把社区信息服务分为以下几类:家政服务、综合修理、医疗保健、文体娱乐、礼仪服务、教育培训、咨询服务、房屋管理与修缮、物品回收与旧货交易、餐饮、购物、社会福利、设施服务等。除了网站建设外,社区信息咨询、电子社区等信息服务形式也相继出现,社区信息服务在中国如雨后春笋般开展起来。

2. 社区信息资源

社区居民不仅仅需要各种新闻、置业、商业信息,还需要专业的知识,如专业数据库中的各种专业论文、专利文献、数据分析报告、前景分析报告等,甚至需要为其提供定制化的服务。可以满足这些信息需求的社区信息资源主要包括:

1) 社区配套信息基础设施

包括电话系统与电话呼叫系统、宽带电脑网络系统等。电话已经进入了家家户户,除了更好地开展好电话使用与收费的服务方式外,很多社区还设立了电话呼叫系统。比如社区医院或者社区办公室等,他们公开自己的电话,居民有任何情况都可以通过一个电话与机构取得联系,获得帮助与服务。社区连通了宽带网络后,通过 ADSL 方式与 Internet 相连,用户可以直接到因特网上获得信息。社区再就业、家政服务、文娱服务、教育、医疗咨询、法律咨询等内容都可以通过电话、电脑、网络完成。

2) 社区居委会

社区居委会和社区办公室往往会通过小区会议或信息公告等形式告知有关信息,或者举办社区座谈会交流心得,为社区居民提供信息服务。

3) 社区内的信息中介

中介,顾名思义就是中间人,起着沟通与信息传递的作用,他们主要承担着家政、家教、培训、房产等信息的交流。

4）社区学校图书馆

学校图书馆有一定的藏书量，学校的学生与教职工可以通过图书馆获得一定量的信息。由于就近就读的教育政策，学校学生多为双楠社区居民，学校老师居住在双楠的也比较多，他们通过图书馆获得信息，并带回社区，或与家人分享，或与邻居进行沟通，图书馆的信息便与社区进行了有效的传递与通信。

3. 社区信息服务策略

1）社区信息系统建设

典型社区的社区网络框架由三级组成：社区服务站、街道局域网、智能小区。其中，社区服务站是一个整体的信息交流平台，对它的建设与维护也就意味着进行社区服务信息网的构建与维护。社区信息系统采用 TCP/IP 技术，由 Web、FTP、数据库、DNS、E-Mail 服务器和浏览器建立网络。

社区服务站终端建设。在社区中心平台配备相应数据库服务器、交换设备作为社区信息网络平台的支撑系统，社区工作站通过 ADSL 接入了宽带城域网，用 VPN 虚拟技术或其他手段将各站点连接起来，组成社区网络。同时也建立起与 Internet 的连接。双楠社区应配置一套网络终端设备、工作站、触摸一体查询机。

建立社区服务信息网。社区网站包括社区主页、街道风采、社区信息发布、综合信息服务（包括电子政府服务、家政信息服务、劳动就业信息服务、社会保障与医疗信息服务、教育信息服务、置业信息服务等）、社区论坛、社区留言板等，居民可以通过社区网络接入 Internet，进行网上咨询、网上留言与回答；政府可通过社区网站发布社区的新闻和通知，居民也可以通过网站论坛发表意见，参与社区的建设；房产、中介、家政等信息也可以通过网站进行刊登，使信息得到传递。

街道局域网建设。在社区服务信息网中设立街道板块，主要对社区内各街道的局域网的重要信息进行发布与交流，而各个街道则有义务对本街道网络进行开发与维护，并与社区服务信息网保持政策与风格的一致性。街道网络是社区信息系统的子系统，用于发布街道信息和社区服务信息，方便社区居民办事。

智能化小区管理系统建设。随着居民对生活环境要求的日益提高，传统的住宅小区管理已经满足不了人们的要求，并且还要耗费大量的人力物力，管理效果也不理想。用计算机网络控制技术实现住宅小区的智能化管理不仅能满足居民的居住要求，而且能满足安全、舒适、方便的需求，充分体现了"人性化"的原则。既能提高住宅的附加值，又能为住户提供一个安全、便捷、高效、管理自动化的数字化网络社区，使社区信息能更有效地流动，并实现最大限度的信息共享。

以上各个系统互相贯通，同时可以和上、下级部门实现数据交流，真正做到上情下达。

通过这个系统平台,各个子系统之间可以实现数据的共享和资源的充分利用。基于安全性的考虑,要把比较重要的资料进行加密控制,并保证这些资料只在内部交流。

2) 社区行政机构职能的发挥

电子政务与电子社区有机结合。社区政府积极引导社区信息的公开,利用推进电子政务中办公自动化应用和网站建设的契机,建立各类查询系统,进一步推动双楠社区集体政务财务的公开,促进社区集体经济健康发展和社会稳定。同时将更多的政府信息通过网络途径传递给社区居民。

社区培训中心。社区培训中心主要用于开展网上教育、计算机培训、再就业培训等工作,提高社区就业人员的素质和工作能力。工作可以由社区居民委员会组织开展,或与高校、职业介绍所等进行联办。通过社区培训中心,社区居民不仅仅能得到知识,也能得到再就业、继续学习的机会。

社区呼叫中心建设。呼叫中心(call center)利用了城市普及的电话网,将计算机技术与电信集成,采用局域网、数据库管理、路由选择、IVR(自动语音应答)、ACD案(自动呼叫分配)、ACR(自动呼叫接收)等技术。用高效可靠的 SQL Server 为系统的数据管理平台,快速响应用户的请求。居民通过智能呼叫器,将所要求的服务通过电信网传到管理中心,中心根据用户的"点击"通过网络联动出勤为居民服务。

信息座谈会的组织。政府机构定期组织开展信息座谈(一般通过居民委员会实现),这既是社区信息服务开展的一项服务,也能够通过这样的途径了解社区居民的需求,便于社区服务更长远、更优质地开展,同时也给群众提供了一个发表自己意见的平台。

3) 信息咨询机构开展类图书馆服务

社区信息服务中我们鼓励和支持信息咨询机构开展社区信息服务,主要是为用户提供专业化或特色化的服务,为需要二次信息甚至三次信息的居民提供服务,促进信息在社区中的迅速传递,并发挥其作用。具体包括:信息代查,即信息咨询机构接受用户委托请求,帮助查询国内外文献信息机构的信息并代为索取一次文献。信息传递,即与图书馆联系,为用户提供期刊论文、学位论文、会议论文、科技报告、专利文献、可利用的电子全文数据库等。信息检索,即为用户提供所需信息,主要将 Internet 或者数据库或者书刊作为文献的来源,并通过信息的加工,生产二次信息。信息咨询与分析,即针对需要的信息进行咨询,提供需要的数据分析、市场分析、投资风险估算、行情分析等。

11.4.4　城市信息资源管理

1. 物联网

人类社会利用网络虚拟世界,实现了网上交友、网上购物、网上游戏、网上办公、网上订票、网上教育、网上仓库管理、网上电力调度、网上生产控制、网上交通监控等。但有些虚拟世界的活动必须依赖于现实物理世界,例如网上购物必须依赖于现实世界物流系统的支撑;有些人类社会的活动必须依赖于虚拟网络世界与现实物理世界的实时交互,例如网上仓库管理、网上电力调动以及网上生产控制等方面的应用。虚拟网络世界与现实物理世界分离的状况必将阻碍虚拟网络世界的发展。

物联网最初是从连接物品的角度进行研究的,自然会把与物品联网的技术作为物联网技术。物品联网的第一项技术就是物品的信息标识,目前信息标识技术中最为成熟并且得到广泛应用的是射频标识(RFID)技术,它已经被广泛应用于仓储和物流;用于物品感知的传感器网络技术,由于具有标识和感知物品的能力,也自然归类于物联网技术。

2. 智慧城市的概念和特征

智慧城市也称数字城市,是指充分利用新一代信息技术如物联网和传感网,以整合与系统的方式来管理城市的运行,涉及智能楼宇、智能家居、路网监控、智能医院、城市生命线管理、食品药品管理、票证管理、家庭护理、个人健康与数字生活等诸多领域,让城市中各个功能彼此协调运作。

智慧城市具有以下几个特征。

(1)全面物联:智能传感设备将城市公共设施物联成网,对城市运行的核心系统实时感测。

(2)充分整合:物联网与互联网系统完全连接和融合,将数据整合为城市核心系统的运行全图,提供智慧的基础设施。

(3)激励创新:鼓励政府、企业和个人在智慧基础设施之上进行科技和业务的创新应用,为城市提供源源不断的发展动力。

(4)协同运作:基于智慧的基础设施,城市里的各个关键系统和参与者进行和谐高效的协作,达成城市运行的最佳状态。

3. 智慧城市的技术体系

图 11-2 为智慧城市的技术体系。

图 11-3 所示为政府信息资源管理的架构模型。

如图 11-3 所示,政府信息资源管理系统分为资源层、管理中间件层和服务层等三层。资源层将各类信息注入政府中心数据库,形成统一数据源。使用 PC、PDA、手机、RFID 等设备通过检测技术、中低速无线或有线短距离传输技术来获取数据和短距离传输数据。管理中间件层处于服务层和资源层之间,它是政府信息资源管理实现的核心层。负责政府信息资源的管理,对众多应用任务进行调度,使资源能够安全高效地运用。服务层是架构模型的最上一层,它是信息资源管理的实现层。主要是为信息资源管理提供实现平台,实现信息共享,帮助用户实现所需功能。

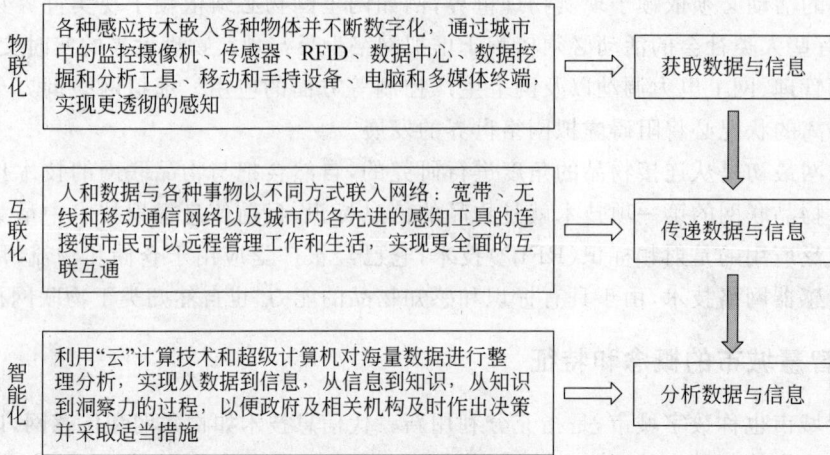

图 11-2 智慧城市技术体系

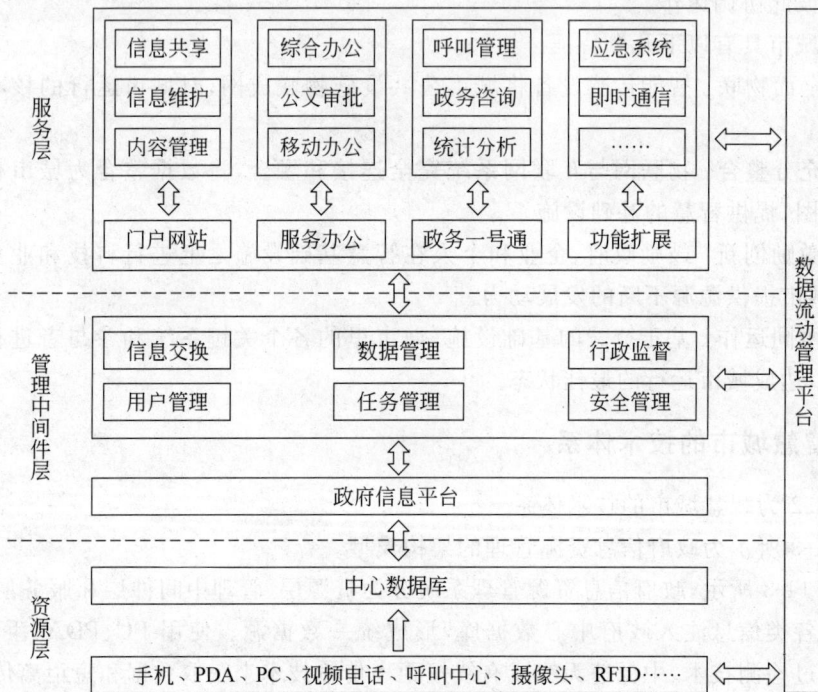

图 11-3 政府信息资源管理的架构模型

例如,城市应急指挥平台构建在城市基础信息交换平台之上,应用包括各种人工和自动报警终端、统一应急接警、分类/分级处警、指挥调度系统、各联动部门指挥系统和辅助决策系统共 5 个部分,实现统一接警、统一指挥、多方联动,大大降低了指挥工作难度,提高了应急事件处理效率。

4. 智慧城市背景下的政府信息资源管理

伴随着我们国家城市化发展历程,城市现代化也烙上了产业革命的印迹;而城市信息化也要经历"对象数字化、过程数字化、决策数字化"3 个过程,才能达到所谓最高境界——智慧城市。智慧城市将"P2P 的无限沟通"带入"M2M 物联时代",打造数字政务、数字产业和数字民生。

政府是一个城市的"大脑",建设智慧城市的重要任务是建设智慧政府,即必须加强政府信息资源的管理。这是因为:第一,智慧城市建设的目标之一就是实现数字政务,而数字政务的发展必须加强政府信息资源的开发和利用。第二,政府信息资源管理的一个重要目标是通过实现智慧政府带动企业、学校、医院、社区等的智慧化发展,从社会各个角度实现智慧城市的目标。通过政府信息资源搭建的网络平台,充分利用政府提供的各种信息资源,让信息技术和社会各种信息资源有效地服务于城市各个方面的运营和发展。第三,在网络时代,政府活动的支持信息不仅仅限于政府内部,信息来源明显呈现多元化趋势,国内外的政治、经济、科技、市场、文化、贸易等方面的信息都是政府决策的基础,社会上的一些中介组织、公司、咨询公司等提供的信息甚至比政府系统内部提供的信息更真实、范围更为广泛。第四,个人及家庭要求政府网站提供的信息服务是全方位的、深层次的,如教育、就业、娱乐、医疗、在线报刊、外语翻译、旅游、商业广告、技术服务、电子商务、外部网站链接等。因此,政府信息资源应该是开放性的、大范围的,以整个社会信息资源为基础,并且通过政府信息资源的管理,提高全社会信息资源的开发利用,推动智慧城市的建设与发展。

5. 智慧城市建设对政府信息资源管理的要求

1) 加快完善政府信息资源管理体系,拓宽政府信息资源库建设的深度和广度

根据笔者上述的政府资源架构模型,各级政府需要建立自己的中心数据库,目前高层政府的信息资源库建设比较好,但是基层政府信息资源的开发利用工作还要加强。这样政府信息资源也可以很好地与社会信息资源进行整合,比如政府信息资源管理中心通过对环境资源信息、规划建设信息、经济社会信息、地理信息、定位信息、遥感信息等方面信息的管理与整合可以实现政府各部门之间的信息共享、交换。除此之外,还要解决政府资源网建设的互联互通和重复建设的问题。

2) 探索政府信息资源的新管理模式

设立信息联络员和工作站,比较有效的一个方式是政府部门在下属的部门、企业、公司、学校、组织、社团等单位以及城市社区、农村地区设立信息联络员和工作站,构建纵横

交错、上下结合的信息网络,形成高效率、全方位的信息采集与反馈系统。要管理所有这些工作站需要太多的公务人员,所以可以考虑将信息资源建设外包。当前比较常见的是将系统的开发、维护和网络建设外包,而对于信息工作外包则不多。可以选择政府信息工作的一部分,如将信息的收集委托给社会机构、公司或者选择一些政府部门进行试点,把其信息工作全部外包。经过一段时间之后,进行经验总结,然后再看是否值得推广。政府部门可以联合社会机构如图书馆、情报所、社会信息咨询公司、软件开发商、高校、商业公司来共同开发信息资源。联合应该以政府为主导,借助社会机构的优势。这样有利于提高信息的采集效率和综合利用水平,更有利于提高政府信息资源网的运行效能。

本章小结

　　本章在讲述了政府信息资源和公共信息资源的基本含义、分类的基础上,分别介绍了政府信息资源管理、公共信息资源管理的主要手段和策略。其中前者主要靠政策规制,后者使用经济手段、资源共享、政府规制、服务外包等策略。最后介绍了教育、公共卫生、社区、城市等领域的公共信息资源管理,并分别给出了若干案例。

课后思考题

1. 什么是政府信息资源、公共信息资源? 二者各有什么特性? 二者有何异同?
2. 试举一个例子,说明公共信息资源的内容。
3. 政府信息资源管理的手段主要有哪些?
4. 政府信息资源管理与国家信息战略有何关系?
5. 公共信息资源管理的手段有哪些? 试论述之。
6. 公共信息资源共享程度越高越好吗? 试说明理由。
7. 结合本章所学知识,分析你所在大学的公共信息资源管理。
8. 回顾一次你的就医经历,说说其中用到了,以及可以用到哪些公共信息资源管理手段。
9. 尝试去你所在的社区进行调研,分析其公共信息资源管理。
10. 在智慧城市中,是如何进行公共信息资源管理的? 你所在的城市已经具备了智慧城市的哪些方面?

第12章

实验课程指导

本章要点

本课程包括 3 个实验项目,要求总结、撰写实验报告,课内学时建议：16 学时。

实验一：信息资源规划实验(课内 12 学时)

1. 组织单位调查；

2. 设计信息资源管理标准；

3. 设计业务模型；

4. 设计系统功能模型；

5. 设计系统数据模型；

6. 设计系统体系结构。

实验项目二：软件即服务(SaaS)实验(课内 2 学时)

实验项目三：北京市中小企业公共服务平台(课内 2 学时)

附录：实验报告撰写及实验考核要点。

12.1 信息资源规划实验

课内 12 学时。任务是完成对某一个真实的组织(可以是企业、学校或政府部门)进行信息资源规范标准和信息资源规划的设计任务。

12.1.1 组织单位调查

时间：课内 2 学时,课外 8~16 学时。

教学目的：

(1) 培养学生调查研究能力；

(2) 培养学生团队合作能力。

教学内容：

(1) 演示讲稿,讲清本课程目的、要求、内容等概况;

(2) 演示讲稿,简要复习本课基本理论;

(3) 演示讲稿,调查的内容和注意事项;

(4) 学生分组,确定组长和组员;

(5) 要求调查一个中小型组织机构,例如一个企业、一所学校、一个商店、一个医院等的业务状况和信息化状况。

教学手段：在多媒体教室,用 PPT 文件演示讲稿和要求。

其主要操作步骤如下。

1) 概述

(1) 本实验介绍;

(2) 主要理论复习。

2) 分组

将学生按每 3~4 人分成小组,完成如下各项工作内容。分组方式:

(1) 根据本班人数确定组数,组数＝总人数/3。

(2) 确定组长,鼓励学生通过公开竞争担任组长,可以采用公开答辩方式,也可以采用学生推荐方式。

(3) 确定组员,由各组组长写出该组名单。

重点：讲清每个同学的成绩与全组的成绩紧密相关,成绩为优的小组,全组同学成绩都为优;成绩为不及格的小组,全组同学成绩都为不及格,所以组长至关重要。

3) 调查内容

要求以各小组为单位,调查一个真实的组织机构,可以是一个企业、一个学校或医院等,了解如下内容:

(1) 组织的使命、宗旨、基本目标是什么?

(2) 组织的主要业务范围是什么?

(3) 主要工作类别有哪些?

(4) 主要业务过程有哪些?

(5) 某一个业务过程的主要业务活动是什么? 业务流程是什么?

(6) 整个组织或某一个职能领域的所有报表、单证、账册和其他记录。

(7) 这些用户视图中的数据项有哪些?

(8) 各业务活动产生什么表单? 使用什么表单?

(9) 本单位有无因数据的多人多处录入而产生数据冗余、不统一或信息孤岛等情况?

(10) 本单位的信息化基础建设(包括网络、数据库和应用系统等)如何?

(11) 基本数据有无规范和标准?

（12）信息化可否有效地支持组织目标？

（13）本单位信息化的效果如何？有何问题？

（14）本单位信息化的效率是否满足需要？有何问题？

（15）本单位信息化的经济性如何？投入产出是否合算？

12.1.2　设计信息资源管理标准

时间：课内 2 学时,课外 8 学时。

教学目的：培养学生进行信息管理规范化和标准化的能力。

教学内容：

（1）设计数据元素标准；

（2）设计信息分类编码标准；

（3）设计主题数据库标准,包括概念数据库和逻辑数据库；

（4）设计用户视图标准；

（5）设计数据字典。

教学手段：在实训基地,教师演示辅助讲义,学生使用《信息资源管理系统》分组工作。

主要操作步骤：

（1）设计数据元素标准,确定数据元素的标识和名称,如表 12-1 所示。

表 12-1　数据元素标准

数据元素标识	数据元素名称
EQP-QTY	设备数量
EMP-NAME	职工姓名

（2）设计信息分类编码标准。识别所需要的信息分类编码,对每一编码对象制定相应的编码规则并编制代码,例如：

班级编码：0205322。具体如下：

020——2000 年级

5——管理学院

3——本科

2——信息管理与信息系统专业

2——第 2 班

（3）设计主题数据库标准,包括概念数据库和逻辑数据库。

将主题数据库标准填入概念字典中,只填全域数据模型,子系统数据模型暂时不填,如图 12-1 所示。

主题数据库标识	主题数据库名称	基本表标识	基本表名称
CWGL	财务管理	CWGL_GZ	工资
JSGL	教师管理	JSGL_MD	名单
		JSGL_ZC	职称
SXGN	实训功能	SXGN_KC	实训课程
XSGL	学生管理	XSGL_CJ	学生成绩
		XSGL_JC	学生奖惩记录
		XSGL_JY	学生就业情况
		XSGL_QK	学生情况

图 12-1　主题数据库标准

（4）设计用户视图标准，如图 12-2 所示。

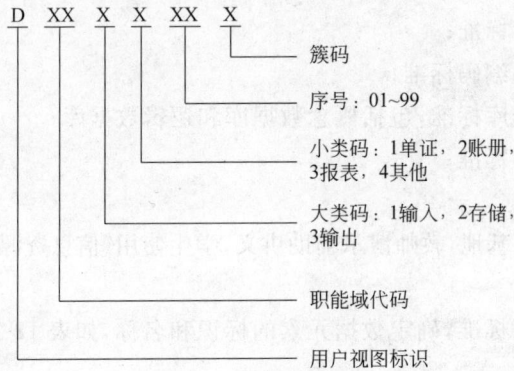

图 12-2　用户视图标准

例如：D012304 月生产计划报表；D012304A 月生产计划报表详情。

各小组经过反复讨论，确定设计标准，然后利用信息资源管理系统软件，录入最终结果，如图 12-3 和图 12-4 所示。

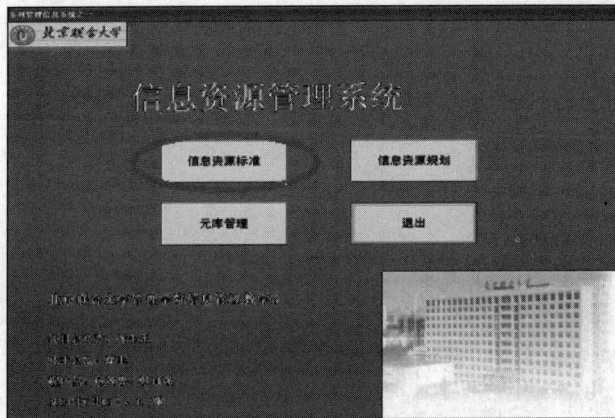

图 12-3　信息资源管理系统主界面

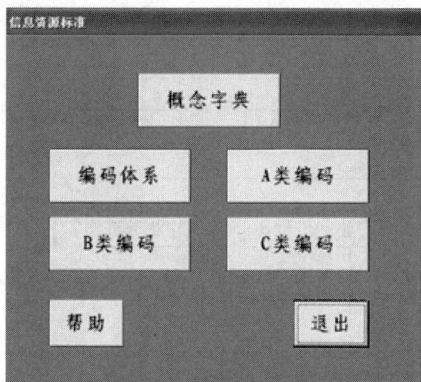

图 12-4　信息资源标准

（5）设计数据字典，将上述标准结合企业实际设计该企业的数据字典。

12.1.3　设计业务模型

时间：课内 2 学时，课外 2～4 学时。

教学目的：

（1）综合运用管理学和信息管理学知识；

（2）遵循自顶向下原则进行信息管理；

（3）培养利用信息手段支持组织目标的方案设计能力；

（4）掌握业务模型的设计方法、内容和过程。

教学内容：

（1）设计职能域模型；

（2）设计某一个职能域的业务过程模型；

（3）设计某一个业务过程的业务活动模型；

（4）绘制一级数据流程图和二级数据流程图。

教学手段：在实训基地，教师演示辅助讲义，学生使用《信息资源管理系统》分组工作。

主要操作步骤：

（1）在组织调查的基础上，建立该组织的 3 级业务模型，如图 12-5 所示。

（2）选择其中一个职能域继续分解业务过程，选择其中一个业务过程继续分解为业务活动，如图 12-5 所示。

（3）将业务模型填入信息资源管理系统中的信息资源规划模块，如图 12-6 所示。

（4）分析企业使命和关键流程。

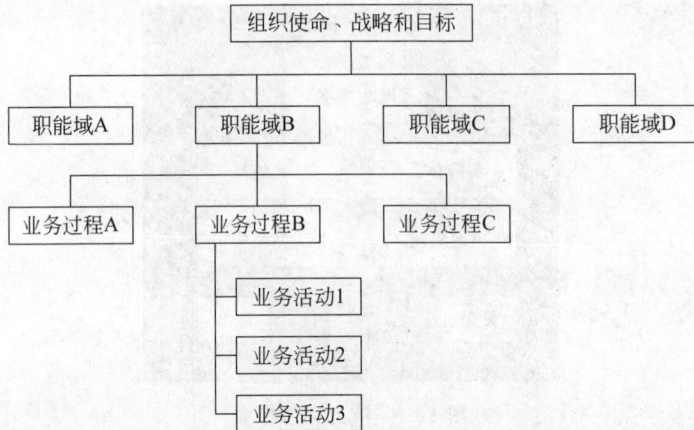

图 12-5　组织业务模型

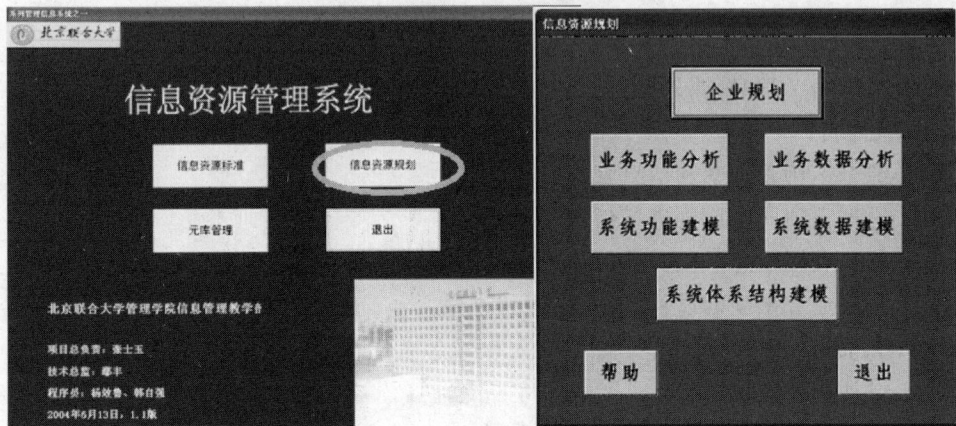

图 12-6　信息资源规划

将企业使命目标填入"企业规划"模块;分析企业的关键成功因素,针对关键成功因素设计关键流程,填入"企业规划"模块。

利用系统软件设计企业业务功能模型,如图 12-7 所示。

(5) 分析该组织的数据需求,绘制数据流程图。

① 全域数据需求分析:分析整个企业的信息需求,手工绘制一级数据流图(即全域数据流程图,1-DFD);

② 职能域数据需求分析:分析某一个职能域的用户视图的输入与输出关系,手工绘制二级数据(即职能域数据流程图,2-DFD)。

③ 确定好数据流图后,录入信息资源管理软件,如图 12-8 所示。

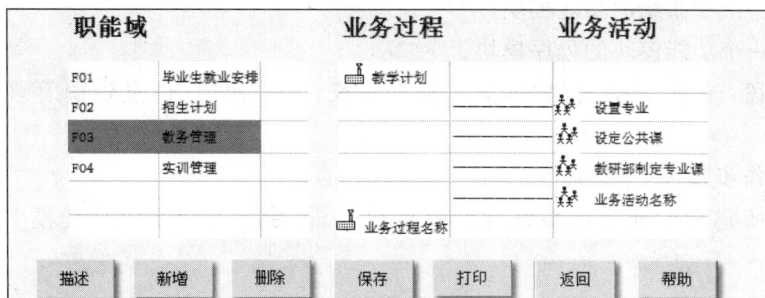

图 12-7　业务功能模型

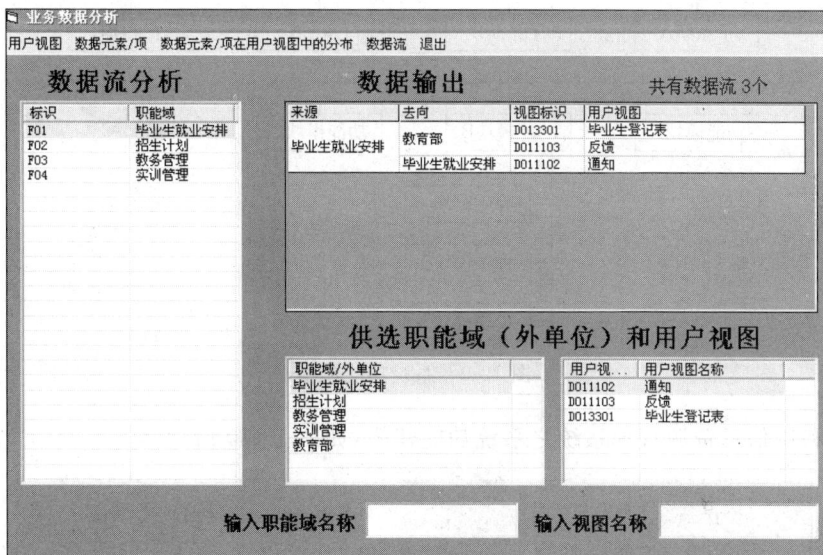

图 12-8　业务数据分析

重点：强调先手工绘制（可使用 Word 或其他绘图软件）数据流图，然后再录入系统，因为手工绘制强调分析数据。此时教师应检查各组是否具有手工绘制的数据流图。

12.1.4　设计系统功能模型

时间：课内 2 学时，课外 2 学时。

教学目的：掌握系统功能模型的设计方法、内容和过程。

教学内容：

（1）设计子系统模型；

（2）某一个子系统的功能模块；

（3）某一个功能模块的程序模块。

教学手段：在实训基地，教师演示辅助讲义，学生使用《信息资源管理系统》分组工作。

主要操作步骤：

（1）对所建立的业务模型进行计算机化分析，建立 3 级系统功能模型，如图 12-9 所示。

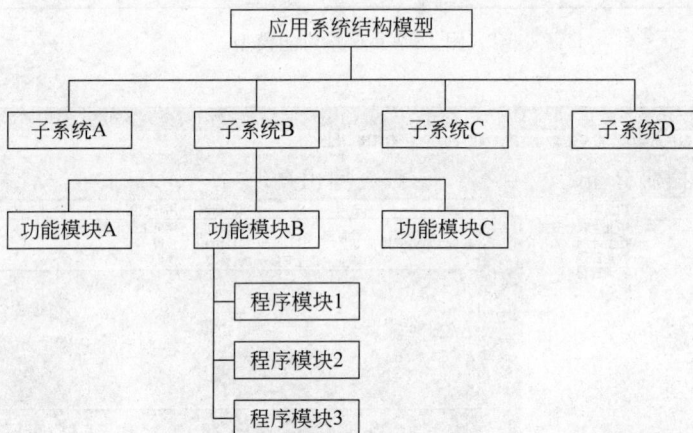

图 12-9　系统功能模型

（2）利用信息资源管理系统之系统功能建模，如图 12-10 所示。

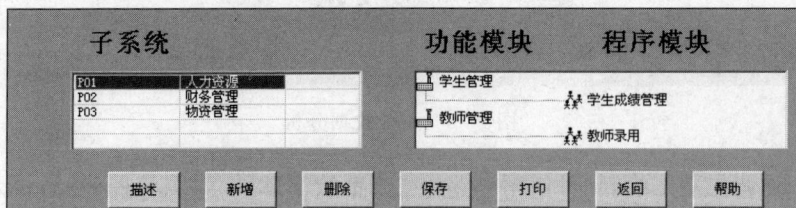

图 12-10　系统功能建模

重点：对业务模型进行计算机化分析。

难点：结合功能模型初稿对原业务流程进行优化。

12.1.5　设计系统数据模型

时间：课内 2 学时，课外 4 学时。

教学目的：明确该组织信息系统对数据信息的需求，全面考虑该组织的数据库设计实施问题。

教学内容：

(1) 定义主题数据库；

(2) 将概念主体数据库分解为基本表；

(3) 确定基本表的组成；

(4) 确定基本表之间的关联，即 E-R 关系。

教学手段： 在实训基地，教师演示辅助讲义，学生使用《信息资源管理系统》分组工作。

主要操作步骤：

(1) 定义主题数据库标识及名称，如图 12-11 所示。

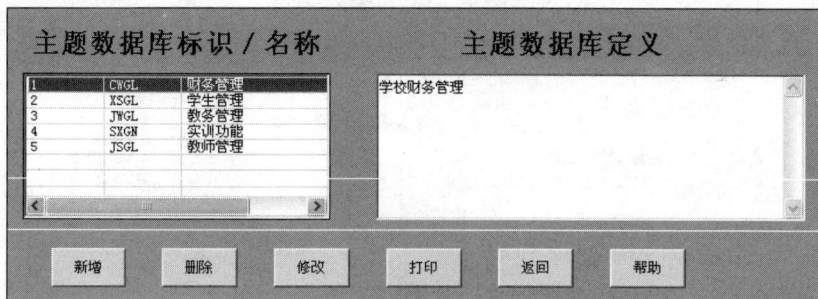

图 12-11　定义主题数据库标识及名称

(2) 分解基本表，将用户视图分解为基本表，确定表的数据项，填入系统，如图 12-12 和图 12-13 所示。

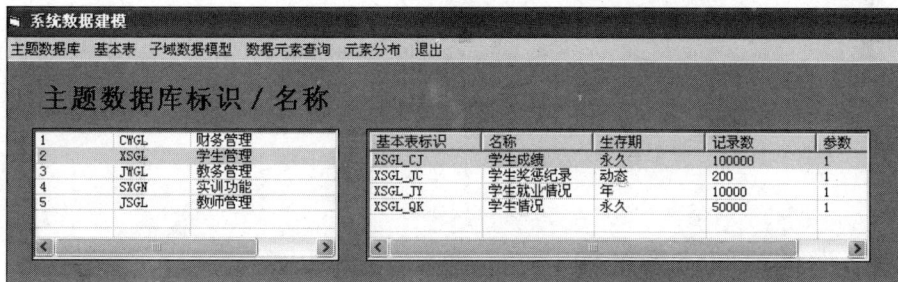

图 12-12　分解基本表

(3) 建立数据模型，确定逻辑数据库和 E-R 关系，建立全域和子系统的数据模型，如图 12-14 所示。

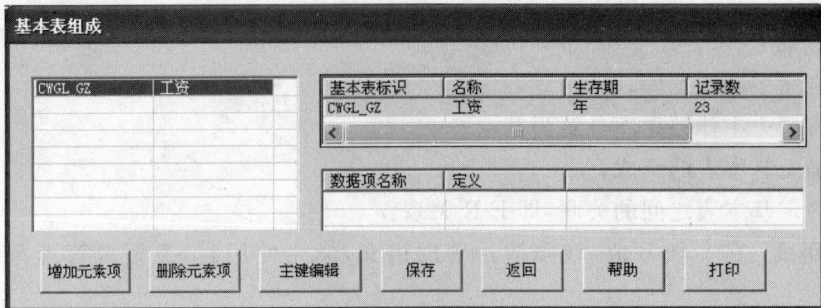

图 12-13　确定表的数据项

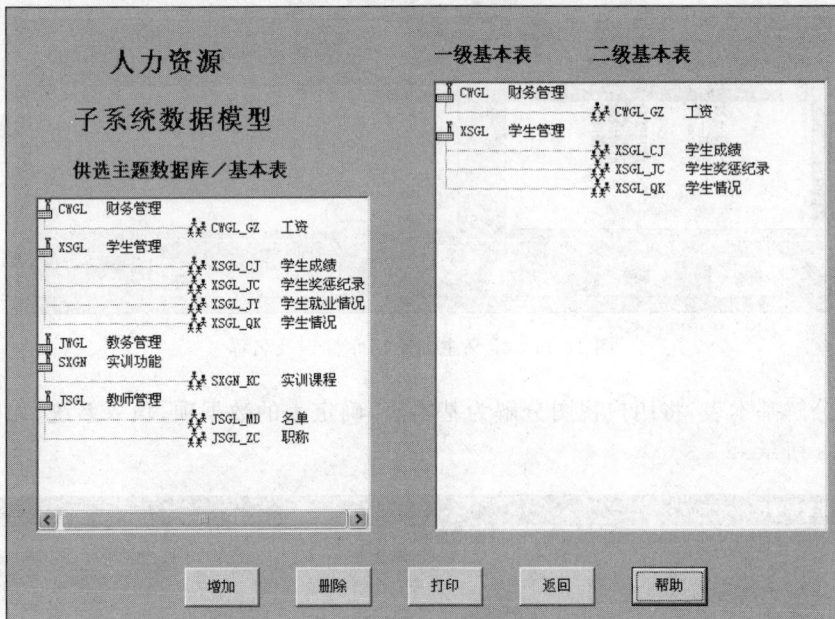

图 12-14　建立数据模型

12.1.6　设计系统体系结构

时间：课内 2 学时，课外 2 学时。

教学目的：掌握系统体系结构的设计方法、内容和过程，使用软件形成实验成果。

教学内容：

（1）形成全域的 C-U 矩阵；

（2）形成某一个子系统的 C-U 矩阵；

（3）检验 C-U 矩阵的正确性。

教学手段：在实训基地，教师演示辅助讲义，学生使用《信息资源管理系统》分组工作。

主要操作步骤：

（1）确定各子系统模块与基本表的存取关系，如图 12-15 所示。

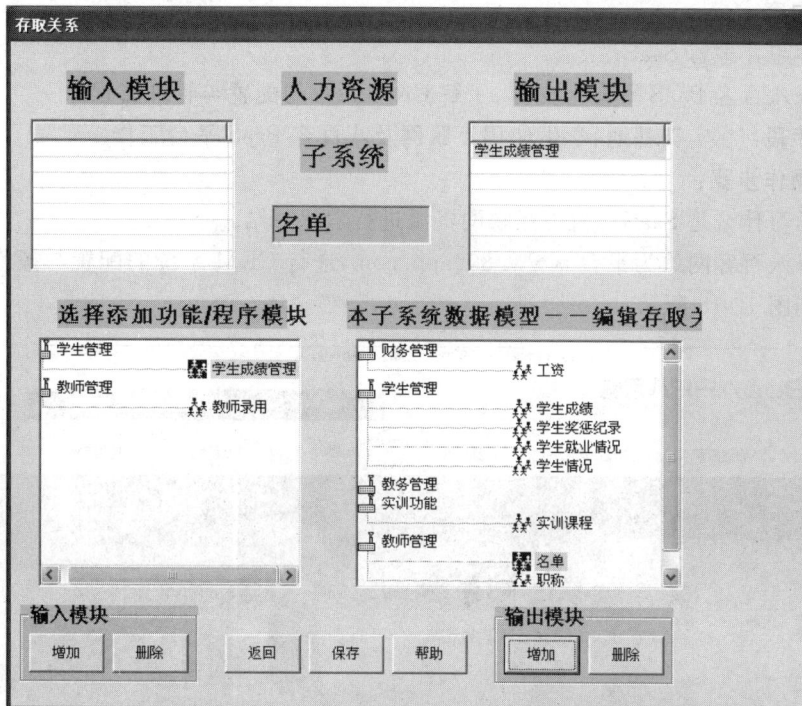

图 12-15　子系统模块与基本表的存取关系

（2）系统生成 C-U 矩阵，如图 12-16 所示。

图 12-16　系统生成 C-U 矩阵

12.2　软件即服务（SaaS）实验

时间：课内 2 学时，课外 0 学时。

教学目的：了解软件即服务(SaaS)，了解客户管理系统(CRM)在企业日常工作中的应用。

教学内容：

(1) 学习并理解 SaaS；

(2) 以八百客 PaaS 平台为支撑，了解 CRM 系统的配置与管理流程。

教学手段：在实训基地，学生使用互联网及八百客 PaaS 平台工作。

主要操作步骤：

(1) 学习什么是 SaaS。利用互联网资源进行学习总结。

(2) 以八百客网站为平台 www.800app.com，进行 CRM 系统的配置与操作练习，如图 12-17 和图 12-18 所示。

图 12-17　八百客网站

图 12-18　CRM 系统登录

（3）使用授权账号进入系统,并创建一个账户,分配角色和建立简档,设置系统内同一角色的信息共享规则。如图 12-19～图 12-23 所示。

图 12-19　系统设置——个人设置

图 12-20　系统设置——建立账户

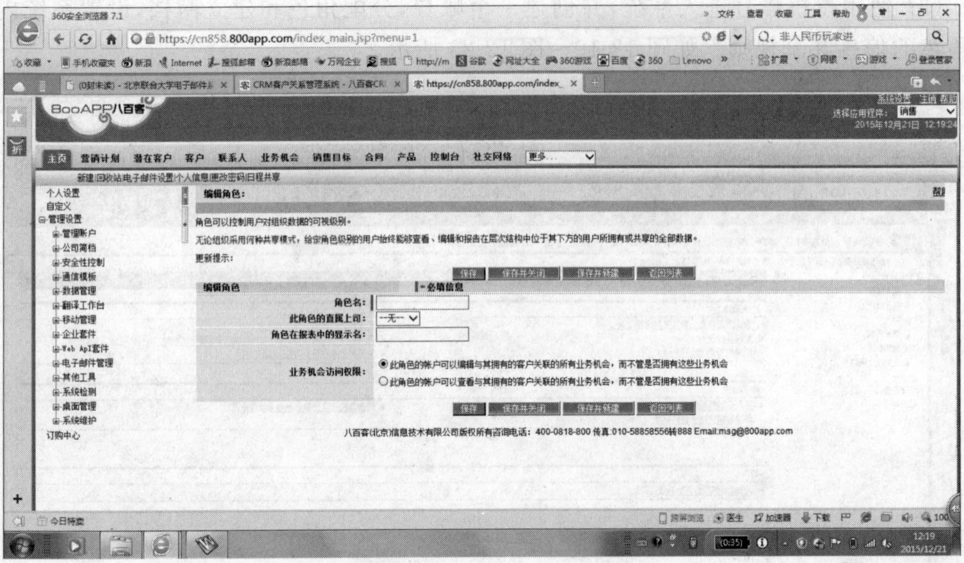

图 12-21　系统设置——设置角色

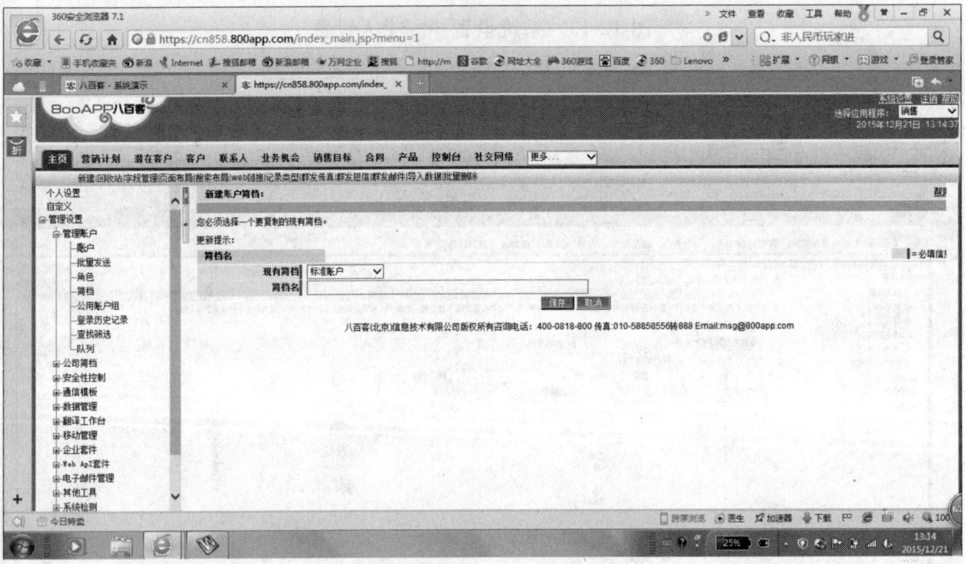

图 12-22　管理设置——建立简档

图 12-23　安全控制——共享规则设置

（4）建立数据资源。

系统数据可以通过导入 csv 文件来完成。首先要求将系统数据整理成 csv 文件。大多数应用程序（包括 Goldmine、Palm Desktop、Microsoft Excel、Microsoft Access 和 FileMaker）允许将联系人数据导出为以逗号为分隔符的文本文件（.csv）。建议使用以下方法为企业的客户和联系人信息创建导入文件。

① 导出并合并为一个 csv 文件。

② 使用 Microsoft Excel 以适当的字段名标记文件各列。

③ 通过特殊列标记所有人，为每个联系人和客户记录指定所有人。

④ 将电子表格导出到一个 csv 文件（将电子表格的后缀.exe 改为.csv），如图 12-24 所示。

提示：在导入全部数据之前先导入一个包含 5 条记录的小测试文件，以确保所准备的导入文件正确无误。创建 csv 文件后，单击"下一步"按钮，进入"上载文件"界面，选择表类型，单击"浏览"按钮选择上传文件所在路径，选择语言，后单击"下一步"按钮。按系统导向完成数据的提交导入。

（5）设计软件 UI（用户界面）。

① 设置和调整页面布局，如图 12-25 与图 12-26 所示。

② 搜索布局、视图，编辑视图，查看设置结果，如图 12-27 和图 12-28 所示。

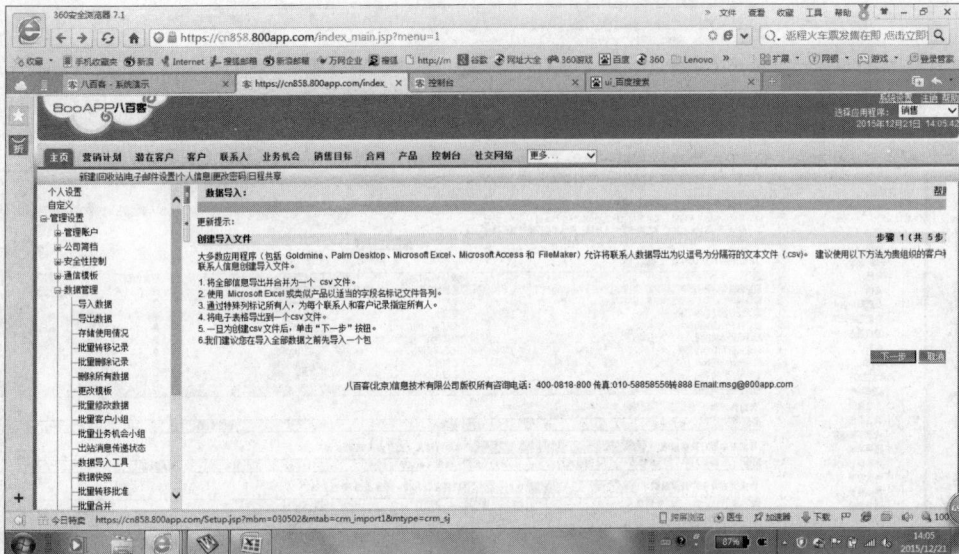

图 12-24　数据管理——导入数据

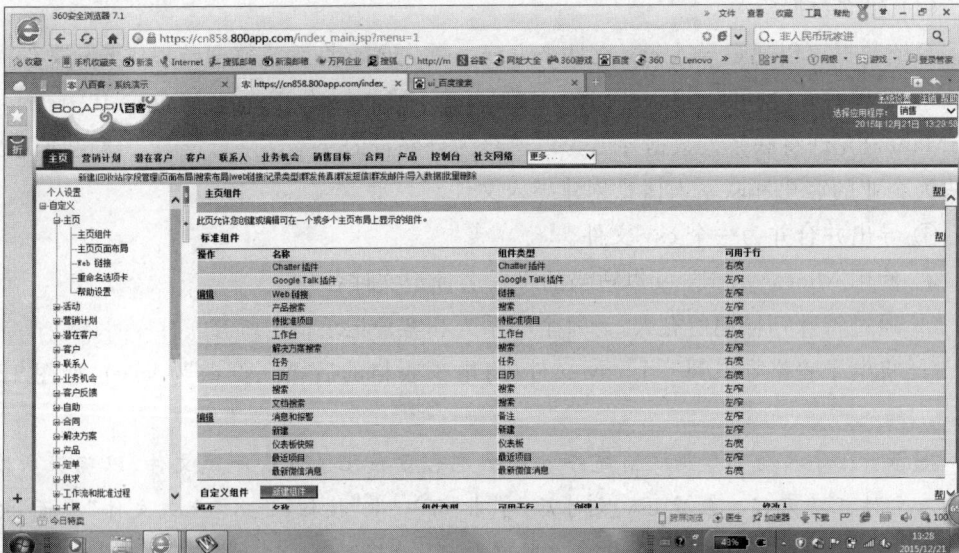

图 12-25　建立主页组件

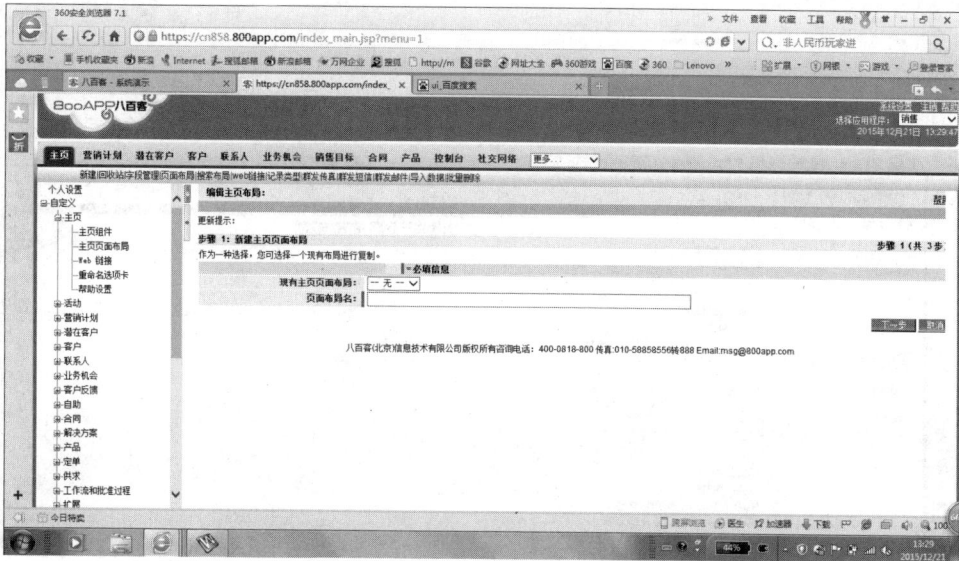

图 12-26　编辑页面布局

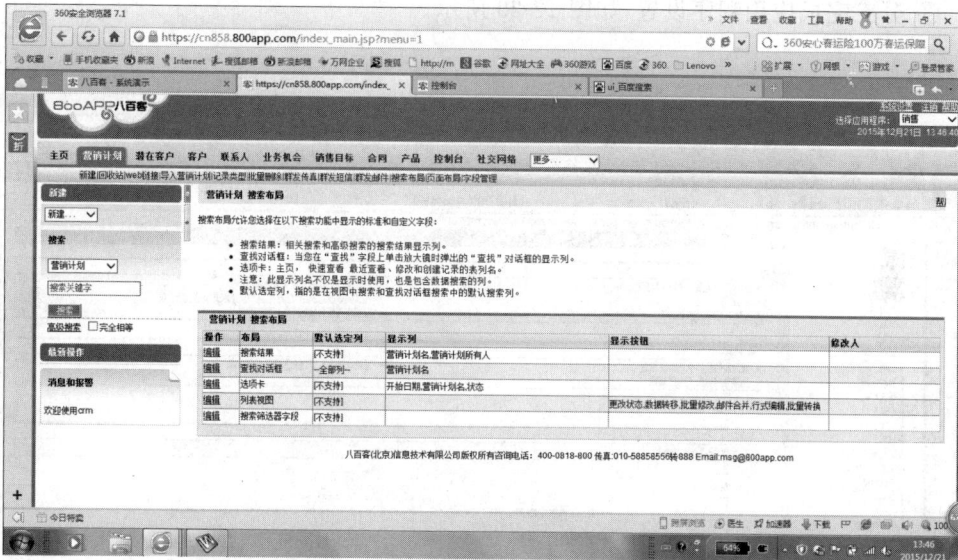

图 12-27　搜索布局

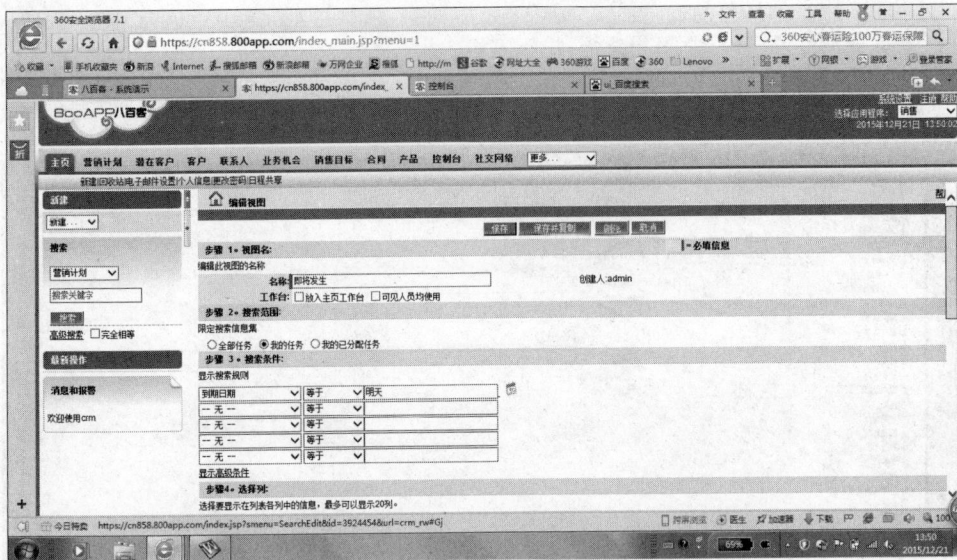

图 12-28　编辑视图

③ 分工完成应用程序设置，如图 12-29 所示。

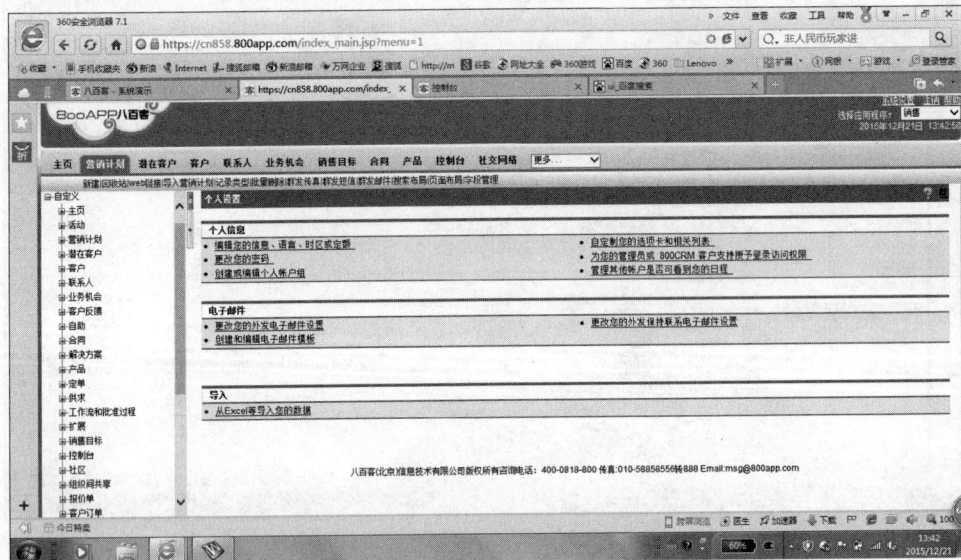

图 12-29　各模块的应用设置

在此处可根据学生的分工，分别完成如销售管理、协同办公、人力资源、物品管理、客户管理、销售、服务与支持、竞品情报、公车管理等应用模块的程序设置，建立系统需要的应用程序。

（6）工作流程见图 12-30。

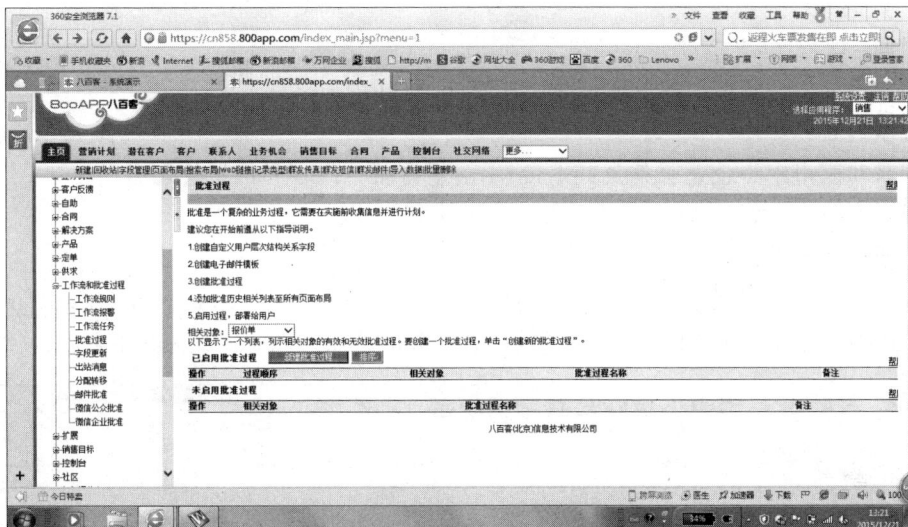

图 12-30　系统设置——工作流和批准过程

审批：系统设置—自定义—工作流和批准过程-批准过程，建立批准步骤（可以有多个，但需由系统中的账户数量决定，而步骤也由账户中的角色决定）。

（7）数据统计分析（报表），见图 12-31。

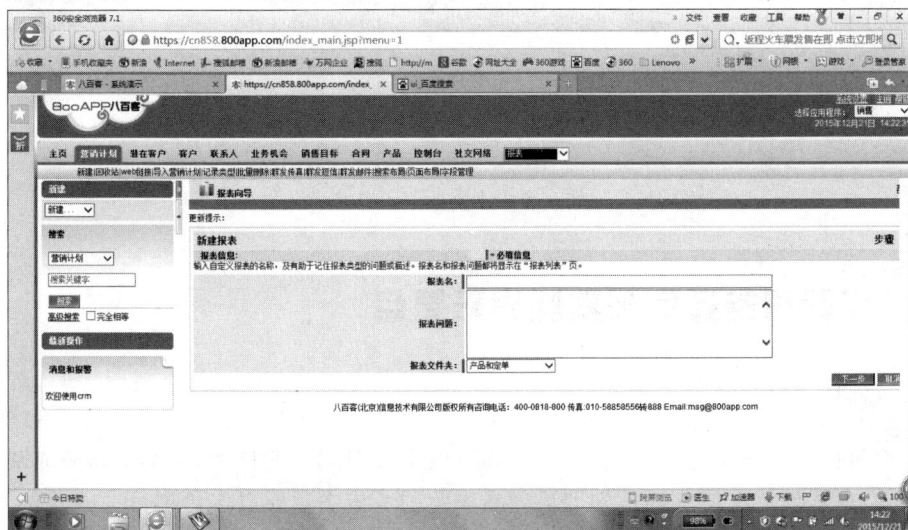

图 12-31　创建自定义报表

12.3 北京市中小企业公共服务平台

时间：课内 2 学时，课外 0 学时。

教学目的：了解北京市中小企业公共服务平台内容。

教学内容：

登录北京市中小企业服务公共平台，了解平台服务内容和信息管理流程。

教学手段：在实训基地，学生通过互联网进行学习。

主要操作步骤：

登录北京市中小企业服务公共平台 http://www.smebj.com/portal/zxjpt/index.jsp，了解平台的服务内容和模式，思考其信息服务的特点。图 12-32 为其主页。

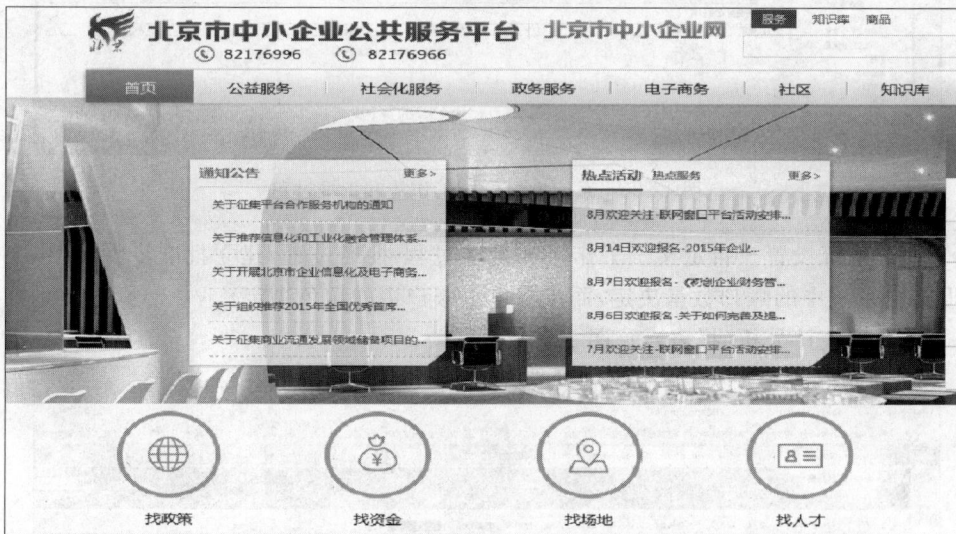

图 12-32　北京市中小企业服务公共平台主页

12.4 实验报告撰写及实验考核要点

1. 说明

实验项目一由小组完成，实验项目二和三由个人完成。考核中，学生个体完成基本流程，实现信息管理流程体验和认知即可。在实验的考核中主要以实验项目一的考核为主。以下的考核重点也是围绕实验项目一的。

2. 实验考核重点

（1）学生按要求撰写实验报告。

（2）教师对整个实验进行分析，组长给组员评分写评语，教师给各位同学评分和实验意见，得出学生综合评分。

3. 实验技术要点

（1）职能域、现实的组织部门与部门负责人的关系与区别。

（2）将业务模型转化为系统模型，注意进行分析。

（3）全面统计用户视图是不可能的，但要尽量多一些。

（4）进行实际的调查，争取合作单位的配合。

（5）在计算机房中，采用 Windows 操作系统。

（6）安装北京联合大学信息资源管理系统。

4. 具体考核项

（1）工作态度。

对于一个中小型组织进行信息资源标准和规划，需要 3～6 个月的时间，学生在一周内的工作距离实际要求相差很远，所以有必要考查工作态度。工作态度包括工作的认真程度和调查的真实程度。

（2）调查资料。

考查对于一个组织进行调查的深入程度和广泛程度，包括：

① 对于组织使命、总目标的表述是否全面、准确。

② 对于组织常用的单证、报表和账册等用户视图的调查，对于组织所用编码对象的调查的全面和准确程度。

③ 对于组织业务流程和工作任务的调查的全面和准确程度。

（3）信息资源标准的建立。

① 对概念理解的正确性；

② 工作内容的全面程度；

③ 工作量。

（4）信息资源规划。

① 对概念理解的正确性；

② 工作内容的全面程度；

③ 工作量。

（5）实训报告：主题明确、概念正确。

（6）实验报告参考样式：

×××公司信息资源规划方案

一、企业业务调查

1. 企业概况

2. 企业目标

3. 主要业务

4. 信息化总目标

二、数据分析

1. 用户视图登记和标准

2. 数据项登记与命名

3. 数据元素标准

三、信息分类编码标准

1. 信息编码文件体系

2. 产品编号标准

3. 职工编号标准

4. 客户编号标准

四、业务模型

1. 职能域

2. 业务过程

3. 业务活动

五、数据流图

只针对营销管理职能域制作数据流程图

1. 营销管理职能域一级数据流程图

2. 营销管理职能域二级数据流程图

六、建立系统功能模型

1. 子系统

2. 对营销管理职能域进行计算机化分析

3. 建立营销管理的子系统模型

七、数据结构模型

1. 主题数据库

2. 客户数据库逻辑模型

八、系统体系结构模型

1. 全域模型

2. 营销管理子系统体系结构模型

九、本人的工作

1. 工作要求

2. 工作过程

3. 论述

十、总结

参 考 文 献

[1]　马费成,赖茂生.信息资源管理[M].2 版.北京:高等教育出版社,2014.

[2]　李兴国.信息管理学[M].3 版.北京:高等教育出版社,2011.

[3]　董焱.企业信息文化建设[M].北京:西苑出版社,2009.

[4]　董焱.中小企业信息化建设与治理[M].北京:知识产权出版社,2012.

[5]　林军.沸腾十五年:中国互联网 1996—2009[M].北京:中信出版社,2009.

[6]　卢泰宏.信息资源管理:新领域和新方向[J].情报资料工作,1994(1).

[7]　谢阳群.美国联邦政府的信息资源管理[J].国外社会科学,2001(5).

[8]　姚建芷.国外信息资源管理的启迪[J].嘉应大学学报,1995(3).

[9]　涂以平.企业信息资源管理理论研究现状评述[J].现代情报,2008(8).

[10]　吴菁.21 世纪信息资源管理的趋势——知识管理[J].现代情报,2006(2).

[11]　李慧芳.信息资源管理的研究现状和发展趋势[J].科技信息(学术研究),2008(8).

[12]　吴慰慈.从信息资源管理到知识管理[J].图书馆论坛,2002(10).

[13]　夏义堃.政府信息资源管理与公共信息资源管理比较分析[J].情报科学,2006(4).

[14]　邱均平,苏金燕.国内信息资源管理研究综述[J].图书馆论坛,2007(6).

[15]　杨学山.中国信息化发展的机遇[J].全球化,2012(3):34-36.

[16]　杨学山.在全国电子政务建设和发展经验交流会上的讲话[J].信息化观察,2010(4):40-41.

[17]　杨学山,舒华英.关于北京市信息化建设的座谈讲话.座谈会(作者在场).北京信息化管理办公室,2003.

[18]　马费成.信息资源开发与管理[M].2 版.北京:电子工业出版社,2014.

[19]　高复先.信息资源规划——信息化建设基础工程[M].北京:清华大学出版社,2002.

[20]　傅湘玲.企业信息化集成管理——理论与案例[M].北京:北京邮电大学出版社,2006.

[21]　钟义信.信息科学原理[M].3 版.北京:北京邮电大学出版社,2002.

[22]　中国就业培训指导中心.企业信息管理师(国家职业资格二级)[M].北京:中国劳动社会保障出版社,2007.

[23]　中国就业培训指导中心.企业信息管理师(国家职业资格一级)[M].北京:中国劳动社会保障出版社,2007.

[24]　张凯.信息资源管理[M].3 版.北京:清华大学出版社,2014.

[25]　黄梯云.管理信息系统.[M]4 版.北京:高等教育出版社,2011.

[26]　刘泽生,刘利成,李明.IRP 使信息孤岛变通途[C].安徽省电机工程学会优秀学术论文集,2005.

[27]　李毓宁.关于知识经济条件下组织变革的思考[J].南京化工大学学报(哲学社会科学版),2001(3):50-52.

[28]　秦泗凯.试论企业组织扁平化及其实现路径[J].商业经济,2010(1):11-16.

[29]　王予红.虚拟组织的概念及研究内容综述[J].同济大学学报(社会科学版),1999,10(4):81-89.

[30]　胡昭阳.虚拟组织概念及沟通问题探讨[J].新闻与传播研究,2015(4).

[31]　陈航,武丹.企业团队协作与学习型组织[J].商场现代化,2007(10).

[32]　卢小宾,张淑君.我国信息资源管理专业人才培养模式研究[J].情报科学,2011,29(10):45-50.

[33]　王剑.CIO综合素质结构[J].现代情报,2004(11).

[34]　王守宁,司光昀.我国CIO现状及发展研究[J].情报科学,2004,22(6).

[35]　张辉.基于信息资源管理的企业竞争优势的培育[D].济南:山东大学,2008.

[36]　赵凤荣,裴冬梅.企业信息资源管理研究[J].商场现代化,2010(10).

[37]　汪传雷,王正如,刘新妍.转型社会企业信息资源管理探析——基于三个企业的案例分析[J].情报杂志,2011,30(9).

[38]　中华考试网.人力资源案例分析:优化组织结构,创造管理利润[EB/OL].http://www.examw.com/hr/anli/123035/2011.1.23.

[39]　平小利.关于CIO你必须知道的那些事儿[EB/OL].http://www.ciotimes.com/cio/108087.html.2015.1.29.

[40]　蔡余杰,纪海,许嘉轩.合伙人制[M].北京:当代世界出版社,2015.

[41]　周毅.信息资源管理[EB/OL].http://course.jingpinke.com/details?uuid=9685fc4b-12a5-1000-b278-3ae136a7d8d2.2015.12.20.

[42]　蔡文海.企业信息资源整合与共享——基于IRP的信息化解决方案[EB/OL].http://www.yesky.com/Enterprise/218714852997201920/20020912/1630219_1.shtml.2002.9.13.

[43]　高复先.信息化IRP之路文集[M].大连:大连理工大学出版社,2008.

[44]　李晋.网络信息资源组织方法研究[J].科技情报开发与经济,2012,22(8):72-74.

[45]　岜欣.网络信息资源组织的方式与方法[J].Silicon valley,2014(17):147-148.

[46]　潘芳莲.网络信息资源组织方法研究[D].郑州:郑州大学,2002.

[47]　刘斌.网络信息资源组织的方法[J].东莞理工学院学报,2002,9(2).

[48]　张磊.搜索引擎综述[J].泰州科技,2008(8):33-37.

[49]　赵晓静.Web文本挖掘综述[J].电脑学习,2008(5):20-21.

[50]　涂承胜,鲁明羽,陆玉昌.Web挖掘研究综述[J].计算机工程与应用,2003(10):90-93.

[51]　王伟.Web挖掘技术及其在互联网中的应用研究[D].济南:山东大学,2013.

[52]　刘翔.多媒体信息综合检索的关键技术研究[D].杭州:浙江大学,2004.

[53]　文本挖掘教程[EB/OL].http://www.cnblogs.com/woodcutter/archive/2010/10/10/1847495.html.

[54]　从真实案例中看大数据中的个性化服务[EB/OL].http://www.d1net.com/cloud/cases/252052.html.

[55]　三只松鼠[EB/OL].http://baike.baidu.com/link?url=1tRyG85tJKwkZ7CViRa8EIQfmaEiqR5m2P8dpo7kAq9wvrXO54jNJx-uAh0dSsheV8U3liiByKnk-0LzGCklaa♯6.

[56]　常量.企业信息资源安全管理体系构建研究[D].长春:吉林大学,2009.

[57]　代君.企业成长中的信息资源杠杆战略及实施[J].情报杂志,2005(3):76-78.

[58]　方澜.现代企业信息资源战略研究[D].武汉:武汉理工大学,2003.

[59]　黄杰.企业信息资源集成管理研究[D].武汉:武汉理工大学,2005.

[60]　霍国庆.企业战略信息管理的理论模型[J].南开管理评论,2002(1):55-56.

[61]　孔学峰.信息悖论与企业信息战略管理[J].中国发展,2005(1)：31-34.

[62]　李培.企业信息战略研究[J].河南图书馆学刊,2003(4)：10-12.

[63]　刘智,张钰.《美国国家档案与文件署2013—2016年信息资源管理战略计划》介绍及其启示[J].知识管理论坛,2014(3)：1-6.

[64]　(美)迈克尔·库恩,格雷格·B.托德.击败你的对手,从建立信息管理战略开始[J].IT时代周刊,2007(2)：76-77.

[65]　屈宝强.国外战略信息管理理论研究综述[J].情报资料工作,2006(5)：40-43.

[66]　屈宝强.企业战略信息管理绩效调控[J].图书情报知识,2007(120)：31-34.

[67]　沈波,徐升华.企业信息资源的战略特性研究[J].信息资源管理学报,2011(1)：86-90.

[68]　王少文.现代企业信息资源管理战略研究[J].经济师,2005(8)：150-151.

[69]　信息悖论[EB/OL].http://baike.baidu.com/link?url=IbOvYxc_eXbdWUW8bqXJEUG7stbDsXWW_bs Eh0g3k-H0xuxwtYEkw0sufiD8XXYFPnnFAUkqq9hN_aUesxJk0K.

[70]　许金叶.企业战略应与信息资源集成相融合[J].财务与会计,2011(5)：8-9.

[71]　严韧.战略信息管理相关问题探讨[J].现代情报,2006(10)：190-191.

[72]　张波.基于组织层次的信息战略研究[D].合肥：安徽大学,2010.

[73]　张收棉.企业战略信息管理绩效评价体系研究——以制造性企业为例[J].情报杂志,2009(1)：74-78.

[74]　张天平."维基解密"事件的战略信息战价值探究[J].信息网络安全,2011(2)：35-36.

[75]　衷爱东,中国远洋运输(集团)总公司战略发展部科技信息管理室经理[J].IT经理世界,2010(2)：89.

[76]　主父笑飞,赵景芳.美国信息战略探析[J].现代国际关系,2006(7)：31-37.

[77]　高慧琴.我国信息资源标准管理现状研究[J].企业技术开发,2011,30(3)：111-113.

[78]　李丹.高校信息化建设过程中的信息资源标准化研究[J].上海商学院学报,2012,13(5)：82-90.

[79]　傅柯萌.国外信息资源标准现状研究[J].情报杂志,2012,31(1)：12-16.

[80]　高昂,朱虹.信息资源标准一致性测评需求及指标[J].中国标准化,2014(7)：60-69.

[81]　温钊健,刘向.ISO国际信息标准体系的结构[J].情报杂志,2011,30(3)：143-147.

[82]　傅柯萌,马费成.我国信息资源标准体系结构研究[J].情报科学,2010,28(11)：1601-1606.

[83]　八百客APP[EB/OL].http://www.800app.com/services/CRM-gkys.htm.

[84]　陈怀楚.清华大学信息系统的建设与运行.中国教育网,2006(7)：14-16.

[85]　熊曙初,罗毅辉.基于IRP实现网络信息资源整合与重构的研究[J].现代情报,2006(7)：78-84.

[86]　熊曙初,曹郑红,罗毅辉.基于IRP的校园网教学资源整合的研究[J].湖南商学院学报,2006,13(4)：108-111.

[87]　信息资源规划[EB/OL].http://wiki.mbalib.com/wiki/.

[88]　用户视图[EB/OL].http://baike.baidu.com/view/2818234.htm?fr=aladdin.

[89]　王映雪.顶层设计方法与实例[EB/OL].http://qkzz.net/article/f512e2d2-cb6b-4aed-b096-0af24d0e6ebe_2.htm.

[90]　武森,高学东,[德]巴斯蒂安.数据仓库与数据挖掘[M].北京：冶金工业出版社,2003.

[91]　张波.组织知识管理与实践[M].北京：知识产权出版社,2007.

[92]　百度百科[EB/OL].http://baike.baidu.com/view/22068.htm.

[93]　大数据贵阳宣言[EB/OL].http://baike.baidu.com/link?url＝yFPA71by2LNSOe4cMPWZUT3WqH_
OKM0uQcTQ112mOHLQ_AYZO9IkbBG9dvHwSdc4d7J6EZW5VYV44xn1U5NHHNo_G_I9KgcF_
K7CNiKULXWp2YItX7EFy9pbCFvoDklJyOgH4_y5tFs1gWeB8PDogq.

[94]　官思发,朝乐门.大数据时代信息分析的关键问题、挑战与对策[J].图书情报工作,2015,59(3)：
23-24.

[95]　[美]Chuck Lam.Hadoop实战[M].韩冀中,译.北京：人民邮电出版社,2013.

[96]　中国就业培训技术指导中心组织编写.国家职业资格培训教程：企业信息管理师(国家职业资格
二级)[M].北京：中国劳动经济出版社,2007.

[97]　陈红缨.公共卫生信息资源管理现状与对策[J].公共卫生与预防医学,2015(3)：60-62.

[98]　龚花萍,刘帅.关于政府信息资源规划的研究和思考[J].图书馆学研究,2013(5)：57-61.

[99]　辜寄蓉,苗放.“数字成都”综合信息资源管理平台框架设计[C].第四届海峡两岸GIS发展研讨会
暨中国GIS协会第十届年会论文集,2006：208-212.

[100]　郭韫丽.美国公共图书馆社区信息服务典型案例——北星网服务模式探析[J].图书馆建设,
2010(1)：67-70.

[101]　郝春红.美国NARA信息资源管理战略规划(2014—2017)分析[J].知识管理论坛,2014(5)：
22-26.

[102]　黄萃,夏义堃.政府网站信息服务外包的利弊分析[J].电子政务,2014(9)：58-62.

[103]　蒋永福.论公共信息资源管理——概念、配置效率及政府规制[J].图书情报知识,2006(5)：
11-15.

[104]　刘涤非,赵励宁.我国教育信息资源共享模式与策略研究[J].情报科学,2010(10)：1491-1495.

[105]　乔剑.信息服务外包在我院的应用[J].中国医药导报,2008(26)：86-116.

[106]　曲翠玉.论政府信息资源管理的任务和方法[J].中国管理信息化,2014(13)：112-113.

[107]　沈苏彬.物联网概念模型与体系结构[J].南京邮电大学学报(自然科学版),2010(4)：1-8.

[108]　肖英.国家信息资源管理政策研究[J].中国科技论坛,2008(2)：12-16.

[109]　熊才平.技术支持下的基础教育信息资源公共服务均等化[J].教育研究,2013(11)：107-113.

[110]　徐波.近五年我国政府信息资源研究与发展[J].情报科学,2014(10)：150-155.

[111]　余杰,沈治宏.社区信息服务策略——以成都市双楠社区为例[J].现代情报,2007(3)：80-82.

[112]　张小凤,程灏.智慧城市背景下的政府信息资源管理研究[J].产业与科技论坛,2013(3)：
224-225.

[113]　陶秋燕,薛万欣.网络经济下中小企业成长模式研究[M].北京：北京交通大学出版社,2013.

[114]　陈剑,冯蔚东.虚拟企业构建与管理[M].北京：清华大学出版社,2002.

[115]　中国人民大学赴南海市考察团.信息化是怎样推动经济与社会发展的——南海市的实践及其启
示[J].中国特色社会主义研究,2001(4)：50-53.

[116]　国家发展和改革委员会中小企业司,信息产业部信息化推进司,国务院信息化工作办公室.全国
中小企业信息化调查报告(2007)[R].2008(2).

[117] 张士玉.北京中小企业信息化问题调查研究报告[R].北京学研究基地项目(项目编号：12303ZX 1201),2008.

[118] 郜惟.SaaS 理论及应用研究综述[J].农业网络信息,2011(3)：69-71.

[119] 陈鹏,薛恒新.面向中小企业信息化的 SaaS 应用研究[J].中国制造业信息化,2008,37(1)：10-13.

[120] 王兴鹏,王学军,代增辉.基于 SaaS 的中小企业信息化建设新模式[J].企业管理,2008：48-50.

[121] 编辑部信息.中国中小企业信息化联盟成立[J].安庆科技,2005(3)：16.

[122] 王小初.中小企业信息化联盟意义重大[N].每周电脑报,2005-9-12(34).

[123] 田金玉,赵彦峰.ASP：加快中小企业信息化进程的捷径[J].中国管理信息化,2006,9(11)：7-9.

[124] 史臻.中小企业信息化联盟的运行机制分析[J].消费导刊,2008(12)：101.

[125] 张士玉.基于信息化平台的中小企业合作模式研究[J].管理现代化,2010(2)：26-28.

[126] 张士玉,黄艳,赵森茂.中小企业信息化的途径[J].企业管理,2008(1)：104-105.

[127] 彭赓,赵天博,陈明洋,龙海泉.企业信息化水平与竞争力关系的实证研究[J].中国软科学,2008(7)：95-101.

[128] 张天平,蒋景海,欧阳敏芝.中小企业信息化进展的问题及对策[J].吉首大学学报(自然科学版),2010(3)：108-111.

[129] 刘冠权,李从东,李广海.基于 ASP 的中小企业联盟模式研究[J].组合机床与自动化加工技术,2006(10)：107-109.

[130] 杨学山.推进中小企业信息化重三点[N].每周电脑报,2006-6-26(19).

[131] 陈志刚.中小企业供应链管理信息化建设研究[J].中小企业论坛,2009(8)：106-107.

[132] 刘迷.协同商务环境下虚拟企业组织结构研究[J].合肥学院学报(社会科学版),2011,28(1)：85-88.

[133] 赵宏霞,王新海,杨皎平.B2C 电子商务中介与卖家商盟在交易信任中的作用机制——基于团队生产激励的视角[J].中国管理信息化,2010,13(8)：98-101.

[134] 孙锐.电子商务环境下基于 Extranet 的供应链合作联盟探讨[J].北京邮电大学学报(社会科学版),2004,6(1)：45-48.

[135] 王建龙,张方旭.VMI 在佛山市中小企业供应链管理中应用分析与对策[J].商业文化,2010(8)：74-75.

[136] 张丽玲,刘慧贤.卖家商盟制度于网上 C2C 购物影响研究[J].东方企业文化,2010(4)：124.

[137] 林汉川,秦志辉,池仁勇.中国中小企业发展报告 2015[M].北京：北京大学出版社,2015.

[138] 文萍.中小企业的经营特点、发展困境及战略选择[EB/OL].http://www.gx.xinhuanet.com/zxqy/2007-07/18/content_10593767.htm,2007.7.18.

[139] 梁爽.盘点：2014 八大热门 SaaS 软件[EB/OL].http://tech.huanqiu.com/news/2015-01/5408941.html,2015.1.14.

[140] 百度百科.八百客[EB/OL].http://baike.baidu.com/link?url=1frDv6eIrViwmzfHHPk3T4WAGDY1IjGDFrUwItEIbyLhfajUKTPh4DzhW6kMEL30CvTW3kxi_cUIewqttcumMK,2015.12.27.

[141] 李伟.三大案例分析：SaaS 在企业中应用的现状[EB/OL]. http://www.chinaacc.com/new/403_406_/2010_3_29_su632729593992301028378.shtml,2010.3.39.

[142] ZDNet 至顶网.SaaS[EB/OL]. http://www.zdnet.com.cn/wiki-Service_SaaS,2015.12.27.

[143] ZDNet 至顶网.SaaS 服务应与中小企业经济生活"心贴心"[EB/OL]. http://ec.zdnet.com.cn/managesoft/2009/0612/1378811.shtml,2009.6.12.

教师服务

感谢您选用清华大学出版社的教材！为了更好地服务教学，我们为授课教师提供本书的教学辅助资源，以及本学科重点教材信息。请您扫码获取。

➤➤ 教辅获取

本书教辅资源，授课教师扫码获取

➤➤ 样书赠送

管理科学与工程类重点教材，教师扫码获取样书

清华大学出版社

E-mail: tupfuwu@163.com
电话：010-83470332 / 83470142
地址：北京市海淀区双清路学研大厦 B 座 509

网址：http://www.tup.com.cn/
传真：8610-83470107
邮编：100084